Alain MEIGNANT

MANAGER
LA FORMATION

5e édition *actualisée et enrichie*

Directeur de collection : Myriam Dubertrand

EDITIONS LIAISONS

1, avenue Edouard-Belin 92856 RUEIL-MALMAISON

ISBN : 2.87880.416.3

Éditions LIAISONS 2001

SOMMAIRE

Deuxième partie

DÉMARCHES, MÉTHODOLOGIES, OUTILS

DU MÊME AUTEUR

La formation, atout stratégique pour l'entreprise, Éditions d'organisation.

Saute, manager ! Les techniques outdoor dans la formation des cadres, avec Janet Rayer, Éditions d'organisation.

Le plan individuel de formation, Press-Pocket Business.

La qualité de la fonction Ressources Humaines : diagnostic et action, avec Robert Dapère, Éditions Liaisons, collection « Diagnostic d'entreprise ».

Les compétences de la fonction Ressources Humaines : diagnostic et action, Éditions Liaisons, collection « Diagnostic d'entreprise ».

Ressources humaines : déployer la stratégie, Éditions Liaisons, Prix 2001 du livre d'entreprise FNAC-Arthur Andersen.

PRÉFACE

Je suis reconnaissant à Alain Meignant d'avoir imaginé, entrepris et réalisé un projet aussi ambitieux qu'utile : rassembler en un seul ouvrage un panorama complet des divers aspects de la formation en entreprise.

Il fallait la richesse de son expérience en conseil et en management, sa capacité d'analyse, de réflexion et de travail et sa solide persévérance pour réussir ce pari : offrir à tous ceux qui dirigent des hommes, car commander c'est aussi former, à tous les responsables de formation et les formateurs, un outil permanent de réflexion et d'action.

Manager la Formation n'est pas un livre dont la vocation serait, dès lecture achevée, d'orner passivement une bibliothèque à côté d'innombrables ouvrages sur le management et la formation.

Alain Meignant nous offre un assistant toujours disponible auquel il convient de réserver une place sur son bureau, prêt à nous apporter ses conseils utiles à deux niveaux.

1) Celui de la problématique d'abord. Un problème bien posé est déjà à moitié résolu prétendait Aristote. La formation manque souvent de vision globale, associant gestion anticipée des compétences, objectifs et finalités de l'entreprise, potentiels et perspective des hommes.

2) Celui des démarches et des méthodes ensuite. Elles sont de plus en plus nombreuses mais toutes nécessitent une adaptation pour répondre à des situations diversifiées et spécifiques.

Ces deux aspects sont indissociablement liés : on ne pourrait choisir un outil ou une méthode pédagogique non cohérents avec le sens général de l'action de formation, mais on ne peut atteindre l'efficacité en harmonie avec le sens que grâce à une méthodologie rigoureuse.

Cette double exigence s'accroît avec la place elle-même grandissante de l'investissement formation dans l'entreprise, son caractère vital pour toute expression sinon toute survie, sa complexité et ses contradictions.

L'ouvrage d'Alain Meignant met bien en évidence que la formation ne se résume pas à un rapport classique client/fournisseur, mais nécessite l'optimisation de la qualité des rapports de trois partenaires :

– le décideur, chef d'entreprise et hiérarchie responsable de l'intégration de la formation comme élément dynamique du développement collectif ;

– l'organisme de formation et les formateurs responsables de l'adéquation entre la réponse pédagogique et les objectifs généraux ;

– le formé lui-même, souvent oublié, responsable de sa propre contribution à la convergence entre son projet personnel professionnel et son engagement actif dans la formation.

La formation et les formateurs sont au centre de contradictions à gérer entre les exigences de chaque acteur, le court et le long terme, l'efficacité pointue et l'ouverture, la bonne maîtrise de connaissances et le développement de l'innovation créatrice, la transmission d'héritage et le changement culturel.

Il n'existe aucune recette pour gérer ces contradictions, mais Alain Meignant, avec professionnalisme, sens du concret et beaucoup d'humour et d'optimisme, donne à chacun d'entre nous tous les atouts pour trouver son meilleur chemin et faire de la formation un lieu d'éveil pour un futur meilleur.

Qu'il en soit remercié.

Pierre Le Gorrec

Président d'honneur de l'AFREF
Association française pour l'expansion
par la formation

INTRODUCTION

Le but de ce livre est d'aider les directions d'entreprise à mieux intégrer la formation dans une stratégie d'ensemble de rentabilité économique et de fidélisation de leurs clients.

Traçons rapidement le décor. L'excellence des organisations, leur compétitivité, la satisfaction de leurs clients ou de leurs usagers sont de plus en plus liées à la compétence des hommes et à leur capacité d'innovation. L'investissement dans l'intelligence est l'une des sources principales de création de valeur.

Il y a des années maintenant que la formation a été décrite comme un atout stratégique dans la compétition économique. De plus en plus d'entreprises en ont tiré les conséquences. Mais nombreuses sont encore celles pour qui la formation reste une « taxe » obligatoire, que l'on paie avec autant d'enthousiasme que la taxe professionnelle.

Dans ce début des années 2000, le décor qui se dessine accélère la nécessité des changements. Citons-en sept composantes majeures.

La mondialisation des marchés intensifie la concurrence. La compétition se joue sur le prix, mais aussi, et de plus en plus, sur la qualité technique, sur le service et sur l'innovation. Obtient-on ces avantages compétitifs sans des hommes compétents ?

La part des grandes entreprises, servant souvent de référence en matière de politique de formation, décroît dans le tissu économique. Les établissements de moins de 50 salariés concentrent plus de 55 % des salariés aujourd'hui contre 42 % il y a trente ans. Dans l'industrie, les établissements de plus de 500 salariés rassemblent 22 % des effectifs contre 35 % en 1975. Ces entreprises ne peuvent pas avoir de responsable de formation à temps plein. Comment mettre à leur disposition des méthodes adaptées ?

Les technologies de l'information bouleversent tous les métiers. Il faut former des salariés qui les maîtrisent, et les former sans cesse parce que ces technologies évoluent vite. Dans le domaine de la formation, le développement des ERP, la possibilité d'utiliser Intranet et des systèmes client-serveurs sur des postes standard peut profondément modifier la gestion de la formation, du recueil des besoins à la gestion du budget, responsabiliser davantage les managers. Des solutions d'externalisation existent. Le e-learning a fait une entrée remarquée sur la scène pédagogique. Quelle politique adopter dans l'entreprise sur ces différents points ?

Les quinze premières années vont voir partir en masse à la retraite les enfants du « baby-boom » de l'après-guerre. Nombreuses sont les entreprises qui verront partir une bonne moitié de leurs salariés au cours de cette période. Comment transmettre ce qu'ils savent ? Comment intégrer des jeunes, qui ont vis-à-vis du travail des attentes très différentes de leurs aînés et qui ont tiré les conséquences du discours ambiant sur l'employabilité ? Comment répondre à une demande montante de validation externe des compétences acquises dans l'entreprise ? Comment préparer les managers à travailler autrement avec cette nouvelle génération ?

Le marché de l'emploi est devenu plus favorable au cours des deux premières années du siècle. Son évolution sera liée à la croissance, qui faiblit déjà fin 2001. Quel que soit l'avenir, on peut constater que les entreprises ont de plus en plus de mal à trouver des gens formés dans certaines spécialités. Devront-elle les former elles-mêmes ? Faudra-t-il trouver des solutions inédites en remettant en cause des routines sur les prérequis ? Faudra-t-il chercher de la main-d'œuvre qualifiée à Bombay, à Tunis ou à Akademgorod ?

Faudra-t-il imaginer des modes d'organisation en réseau qui permettent de travailler partout dans le monde, là où sont les compétences, comme le montrent déjà des expériences de centres d'appel en Irlande ou au Maroc ?

Dans un contexte de fusions, absorptions, restructurations constantes, la permanence de la « culture d'entreprise » pose question. Faudra-t-il développer des institutions fédératrices, comme le sont les exemples d'universités d'entreprises qui ont poussé comme des champignons sur la planète au cours de ces dix dernières années dans l'orbite des grands groupes internationaux, à Atlanta, à Pékin, à Jouy-en-Josas, et parfois virtuellement sur Intranet. Faudra-t-il « démocratiser » ces institutions, en les ouvrant à plus de personnel, en créant les conditions pour que leur création soit à la portée d'entreprises moyennes ?

Ces dernières années ont vu la montée en puissance de la notion de « gestion des compétences » ou, mieux, de « gestion *par* les compétences ». La compétence étant un savoir-faire professionnel observable en situation de travail, la formation ne peut être que l'un des éléments qui permettent de l'obtenir, aux côtés de l'expérience passée, du contenu du travail lui-même, etc. La notion de « besoin de formation » a-t-elle un sens, vue du côté de l'entreprise ? L'entreprise a besoin de compétence, la formation n'étant qu'un moyen parmi d'autres pour l'acquérir. Quelles conséquences en tirer sur le « recueil des besoins » préparant l'élaboration du plan de formation ? Quelles conséquences en tirer sur l'évaluation ? Quelles conséquences en tirer sur la palette des moyens de développement des compétences à proposer aux salariés et aux managers, au lieu de recourir à la routine automatique du « stage sur catalogue » ?

Pour répondre à ces enjeux, la France a consacré, en 1998, 1,67 % de son Produit Intérieur Brut à la formation professionnelle, soit environ 22 milliards d'euros. Les entreprises ont financé 39,7 % de cette dépense, soit 8,625 milliards d'euros. Ces sommes ont-elles été bien dépensées ?

Les interrogations stimulantes et les chantiers passionnants à conduire pour répondre à cette question, et surtout pour préparer l'avenir dans le décor que nous avons planté plus haut, ne manquent pas pour les professionnels de la formation dans ces années 2000. Les réponses appropriées ne pourront venir que d'une intégration profonde du manager de la formation dans la dynamique de développement de l'entreprise.

Le rattachement structurel fréquent de la formation à la fonction ressources humaines ne suffit pas pour assurer cette intégration. Trop souvent, on constate dans les entreprises que les logiques, les méthodes de travail des uns et des autres se juxtaposent, se voisinent, plus qu'elles ne s'enrichissent mutuellement.

En réalité, on sait bien qu'il ne suffit pas d'avoir la conviction de cette nécessaire articulation entre formation, stratégie d'entreprise et gestion des ressources humaines pour que les pratiques réelles progressent.

Parmi les directeurs du personnel, qui n'a éprouvé, par exemple, la difficulté de passer d'une analyse prévisionnelle des emplois et des compétences à un plan de formation qui en traduise les conclusions ? Notamment, que faire si la procédure de recueil des besoins laisse dans l'ombre ceux qui ne demandent rien, alors que l'analyse prévisionnelle montre que ce sont parfois ceux qui en ont objectivement le plus besoin ?

Qui n'a hésité à entreprendre une action de requalification de certaines catégories de personnel de crainte d'introduire une bombe à retardement dans un système régi par un système de classification rigide ?

Qui n'a pas senti que le principe, de plus en plus affiché, selon lequel le rôle central dans la gestion des ressources humaines de leurs équipes revenait au management, avait nécessairement des conséquences sur la nature même de la mission du service central : le passage d'un rôle de gestionnaire d'activités (la formation, le recrutement, etc.) à un rôle d'assistance aux opérationnels, jugés sur leurs résultats, modifie profondément les méthodes de travail et la « culture » d'une direction du personnel. Ce n'est pas du tout la même chose de passer une série de coups de téléphone du type « il me reste quelques places pour mon stage de la semaine prochaine sur l'analyse de la valeur, est-ce que vous avez quelqu'un à inscrire ? » que de passer « contrat » avec un opérationnel pour que, grâce à un ensemble d'actions coordonnées de formation, d'organisation, de mouvements de personnel... un résultat visible s'affiche sur son compte d'exploitation.

Qui n'a pas compris que quelque chose n'allait pas quand le service de formation doit (ou pense devoir) recommencer de zéro l'analyse des besoins de formation d'une catégorie de personnel alors que par ailleurs la DRH a « investi » dans une description systématique des emplois et des compétences et fait réaliser par l'encadrement des entretiens annuels d'appréciation qui devraient logiquement être la source principale d'identification des besoins individuels ?

Qui, parmi les DRH, ne s'est pas dit que le niveau du budget formation ne pourrait pas indéfiniment être justifié auprès du comité de direction par un discours général sur « l'investissement formation » qui ne soit pas accompagné de la démonstration de résultats effectifs ? Qui n'a pas conscience qu'un système de gestion de la formation, très orienté sur la gestion administrative et la déclaration fiscale annuelle, n'est pas un outil de management de la formation ?

Qui n'a pas regretté que les arbitrages financiers en termes d'affectation de ressources à la formation s'appuient aussi peu sur des données objectives d'évaluation des résultats atteints dans le passé et de pronostic de résultats pour l'avenir, ou sur des scénarios permettant de choisir le meilleur rapport coût/avantages entre des solutions alternatives ?

Quel DRH n'a pas eu la tentation de faire de la formation une sorte de « terrain neutre » dans les relations sociales, lieu privilégié de consensus, au risque de ne plus pouvoir imprimer à la politique de formation une volonté stratégique cohérente avec les objectifs de l'entreprise ? Mais lequel n'a pas, dans le même temps, éprouvé le sentiment qu'il y avait une contradiction entre le fait qu'il « lâche » des budgets formation dépassant de plusieurs points l'obligation légale de 1,5 % de la masse salariale, alors que, par ailleurs, et souvent en parallèle, il négocie parfois « au couteau » pour quelques décimales de cette même masse salariale ?

On pourrait énumérer encore bien des domaines dans lesquels les jointures entre la formation et les autres champs de la gestion des ressources humaines grincent. En voici quelques-uns parmi les plus typiques.

Contradiction entre le résultat d'une gestion qui a conduit à serrer au maximum les effectifs, surtout dans le contexte des 35 heures, et la montée des besoins qui nécessitent un absentéisme accru pour formation. Étonnement devant les taux d'annulations tardives d'inscriptions qui sont la conséquence logique de la contradiction précédente. Montée des budgets formation pour compenser ce phénomène contre-productif : on finance un stage supplémentaire pour « récupérer » les absents des séminaires précédents qui ont fonctionné en sous-effectif.

Liaison formation/gestion des carrières, entre les deux écueils extrêmes de la formation « automatique et obligatoire », et le « libre-service formation » dans lequel les personnes ne se forment que si elles-mêmes (et leurs chefs) en ont envie (ce qui n'a rien à voir avec le besoin réel). En évitant bureaucratie et laxisme, quelle troisième voie choisir ?

Contradiction entre une politique de formation encourageant les techniciens supérieurs à préparer des formations leur permettant d'accéder à des statuts de cadres, et une politique de recrutement de ces mêmes cadres qui privilégie systématiquement le recrutement externe de cadres diplômés.

Liaison formation/organisation du travail : cette dernière permettra-t-elle réellement aux « formés » de mettre en œuvre ce qu'ils ont appris ? Sinon, quel gaspillage de ressources !

De plus en plus d'entreprises ont pris à leur compte le slogan « tous DRH », titre d'un livre à succès mettant l'accent sur la responsabilité des cadres dans la GRH. Mais combien d'entreprises en tirent-elles réellement les conséquences sur la manière d'évaluer et de promouvoir les membres de l'encadrement ?

Contradiction entre les « messages » diffusés par la formation et la pratique quotidienne (ah, ces directions de personnel qui forment tous les cadres de l'entreprise à la « Qualité Totale » ou à l'entretien d'appréciation sans en appliquer les principes à elles-mêmes !), ou avec la « culture » ambiante (ah, ces directions générales qui prescrivent autoritairement des séminaires de management participatif à leurs cadres !). Dans le même esprit, une question pour provoquer un peu le lecteur : dans votre direction de personnel, pour votre propre équipe, mettez-vous en œuvre les principes et méthodes de gestion des ressources humaines et de développement des compétences que vous préconisez dans les services opérationnels ?

Contradiction, peut-être la plus importante de toutes, entre la préparation de l'avenir et les pressions et les contraintes du court terme : « bien sûr, on sait que les 45 opérateurs de l'atelier B3, si l'on ne fait rien pour eux, vont être complètement inadaptés aux nouvelles techniques de fabrication dans trois ou quatre ans, mais, vous comprenez, les effectifs sont serrés, le carnet de commandes plein, on ne peut pas les libérer pour se former, et puis le patron de l'atelier n'est pas vraiment conscient du problème, et puis il faudrait faire une analyse avant et on n'a pas le temps et les consultants sont trop chers, et puis..., et puis..., et, finalement, c'est trop tard, il faut boucler le plan de formation pour la semaine prochaine, et puis j'ai un directeur de marketing à recruter d'urgence en ce moment, je ne suis vraiment pas disponible, on verra l'an prochain ». Voulez-vous parier que, l'an prochain, d'autres urgences amèneront à reculer l'action préventive qui s'impose... jusqu'à ce que, trois ans plus tard, on soit amené à traiter le problème « à chaud » ? Soit dit en passant, l'utilisation du terme « plan social » pour désigner ces opérations « à chaud » souvent douloureuses n'est-elle pas un abus de langage, si la notion de plan, et donc d'anticipation des évolutions, a encore un sens ?

Disons-le aussi : quel DRH n'a pas parfois été agacé par le langage des formateurs, leur manière de lui renvoyer des problèmes qu'il n'a pas la possibilité de résoudre (« je ne peux pas travailler tant que la direction générale ne m'a pas indiqué ses objectifs stratégiques et opérationnels à cinq ans »), un certain goût pour le jargon pédagogique et une certaine façon de laisser entendre qu'ils sont le cœur du cœur, l'âme de l'âme de l'entreprise, coquetterie qu'ils partagent avec bien des fonctionnels, mais que leur travail particulier et souvent leur parcours personnel encouragent.

On pourrait continuer encore, mais ce petit panorama du travail qui reste à accomplir pour intégrer effectivement la formation dans la gestion des ressources humaines est sans doute suffisamment éclairant. Au-delà, nous risquerions de décourager le lecteur alors que nous n'en sommes qu'à l'introduction !

Nous voulons au contraire l'aider à se mettre au travail pour trouver des solutions à ces questions. Le but de ce livre est d'aider les directions à mieux intégrer la formation dans une politique d'ensemble de gestion et de développement des ressources humaines, à faire mieux travailler ensemble les managers, les équipes de formation et les autres spécialistes de la gestion du personnel.

C'est donc un livre à lire à trois (au moins). Il est construit en deux parties. La première est consacrée à la problématique générale, permettant de bien situer le sujet, de comprendre ce qu'est une politique de formation et comment on peut communiquer dessus, et de s'auto-évaluer sur ce que nous appellerons les « cinq piliers » de la qualité du système de formation. Cette auto-évaluation sera d'autant plus utile qu'elle sera faite en commun par les différents acteurs concernés par la formation (direction, DRH, managers, RF).

Le seconde sera consacrée aux méthodes, permettant de passer de la compréhension à l'action, en ce qui concerne tous les processus clés du management de la formation : analyse des besoins, plan de formation, choix des méthodes, techniques et démarches pédagogiques, élaboration des cahiers des charges et choix des organismes de formation, gestion administrative et managériale, évaluation des résultats. Ces méthodes sont validées par l'expérience pratique des entreprises, et nous en présenterons quelques exemples significatifs.

Chaque chapitre se conclura par une fiche résumant les points principaux à retenir.

Nous y parlerons de résultats, sans confondre ceux-ci avec des tableaux statistiques comptabilisant les heures/élèves ou les semaines/stagiaires, ou des courbes montrant triomphalement la montée des dépenses de formation, rebaptisées pour l'occasion « investissement ».

Nous parlerons de problèmes de production, de qualité, de productivité, d'efficacité résolus ou en voie de l'être. D'un potentiel humain valorisé, faisant la preuve de son engagement, de sa mobilité, de son adaptabilité aux changements. D'un management aussi attentif à valoriser les compétences de son personnel que les équipements matériels. De risques de conflit social, de sous-rentabilité d'investissements matériels ou de traitement de l'information, évités.

Bref, une traduction concrète de ce qu'écrivit A. de Geus, l'un des dirigeants de la Shell, dans un article de 1988 dans la *Harvard Business Review* : « la capacité à apprendre plus vite que ses concurrents est pour l'entreprise le seul avantage compétitif durable ».

La France a la chance de disposer dans le domaine de la formation d'une expérience qu'ont peu d'autres pays industrialisés et qui lui donne, au moins potentiellement, cet « atout » stratégique dont nous avons parlé un peu plus haut. Mais un atout ne se suffit pas à lui-même. Il faut savoir le jouer. Comment faire ? Passons à la suite.

Première partie

PROBLÉMATIQUE

Chapitre I

DE QUOI PARLE-T-ON ?

« La solution est la formation.
Mais quelle est la question ? »
d'après Woody ALLEN

UNE DÉFINITION... ET SES CONSÉQUENCES

L'entreprise n'a pas de problèmes de formation. Elle a des problèmes que, peut-être, la formation peut l'aider à contribuer à résoudre. Parmi ces problèmes, celui-ci :

Disposer à temps,
en effectifs suffisants,
et en permanence,
des personnes compétentes
et motivées
pour effectuer le travail nécessaire
en les mettant en situation de valoriser leurs talents
avec un niveau élevé de performance et de qualité,
à un coût salarial compatible avec ses objectifs économiques,
et dans le climat social le plus favorable possible.

C'est la définition même de la finalité de la gestion des ressources humaines. Déclinons ensemble ses conséquences.

1 – Disposer à temps

Cela suppose une bonne synchronisation entre l'expression des besoins en personnel et la gestion des flux d'accès aux postes. Les principes du « juste à temps » chers à l'industrie automobile s'appliqueraient assez bien à la gestion du personnel. Les postes seraient pourvus en gens compétents au bon moment, sans stock intermédiaire ni retard coûteux. Pour ce qui nous intéresse ici, cela suppose à la fois une bonne anticipation des besoins, et une optimisation des différents moyens disponibles pour disposer de gens compétents : on peut recruter à l'extérieur, prendre quelqu'un dans un secteur voisin par mobilité interne, ou avoir par la formation préparé des personnes aptes à prendre ce poste. La notion de stock permet d'évoquer le problème de la gestion des flux de personnel : ne pas avoir trop de personnes prêtes à prendre le poste pour ne pas créer des mécontentements... mais ne pas en avoir trop peu pour pouvoir choisir les meilleures.

Elle permet aussi d'évoquer le problème de la connaissance du stock : lorsqu'un poste est disponible ou va l'être, quelle connaissance ont les décideurs des candidats internes possibles ? Bien souvent, trop souvent, on recourt au recrutement externe tout simplement parce qu'on ne sait pas identifier les compétences existant en interne, et surtout parce qu'on ne s'est pas donné les moyens de développer le potentiel de personnes qui, sur le moyen terme, auraient pu se préparer à occuper ces postes. C'est un problème d'optimisation : quelle est la meilleure utilisation possible des ressources attribuées à la direction des ressources humaines sur un problème donné ? recruter ? former ? muter ? Il n'y a pas de réponse unique, bien entendu. La question essentielle est de savoir si le choix de l'une de ces solutions est le fait de l'habitude et de la routine, ou de la pression du court terme, ou si les outils de la gestion des ressources humaines permettent d'arbitrer entre ces différentes possibilités pour retenir la solution optimale.

Ajoutons que le problème sera d'autant plus sensible que l'on n'aura pas développé dans l'organisation une flexibilité qui assure une sécurité de fonctionnement en cas de manque de personnel sur un poste, une certaine polyvalence des personnes qui restent pouvant éviter les ruptures d'activité.

Retenons quatre mots clés importants : anticipation, gestion des flux, optimisation, flexibilité.

2 – En effectifs suffisants

C'est-à-dire ni trop ni trop peu. C'est tout l'aspect quantitatif de la gestion de l'emploi. Nous retrouverons ici le problème de l'anticipation : à quelle échéance peut-on prévoir les besoins en effectifs de façon fiable ? Il y a en cette matière deux axes complémentaires. L'action :

comment préparer les flux d'accès aux emplois, et la prévention ? Comment éviter que des salariés ne se trouvent complètement écartés de l'emploi par un trop fort décalage, trop tardivement identifié, entre leur niveau de compétence et les postes disponibles ?

Le problème se posera en particulier lors d'opérations de modernisation ou de restructurations. Les nouvelles installations, présentant souvent un niveau plus élevé de technologie, trouveront-elles pour les faire fonctionner des personnes suffisamment préparées ? Quelle sera la part des « anciens » qui se seront adaptés, des « anciens » considérés comme inadaptables (mais alors, que deviennent-ils ?), et des nouveaux qu'il aura fallu recruter pour certaines qualifications.

On retrouve ici nos mots clés d'anticipation et de gestion des flux. Ajoutons-y modernisation, adaptation et prévention.

3 – En permanence

Il ne suffit pas de réussir un « coup ». Le fait d'avoir une ou deux fois, sur des problèmes sensibles, su « monter au créneau » pour régler le problème à temps et en effectifs suffisants ne garantit pas à l'entreprise la sécurité de fonctionnement dont elle a besoin. Il faut qu'à chaque fois le problème soit traité correctement, que son système de gestion des compétences soit « sous contrôle », autrement dit qu'il ait la capacité, en permanence, de fournir en quantité, délais et qualité les prestations que la direction, le management, et le personnel lui-même, sont en droit d'attendre de lui.

En réalité, il s'agit ici d'un mode de gestion permettant d'anticiper à moyen et long terme non seulement les effectifs et les qualifications à organisation constante, mais aussi les évolutions du contenu des emplois et de l'organisation en fonction des évolutions des produits, des marchés, des techniques, des stratégies... et de la structure démographique de l'entreprise. Comme il est quasiment impossible de prévoir à cinq ou dix ans ces évolutions, il faudra disposer de moyens pour les observer en permanence et réguler le système de gestion des compétences de manière à l'optimiser.

Nos mots clés, ici, seront la gestion prévisionnelle des emplois, la stratégie à moyen/long terme, et la régulation des processus.

4 – Des personnes compétentes

Le Larousse définit le mot « compétent » comme suit : « qui a le droit de connaître d'une affaire ; capable de bien juger d'une chose ».

Cette double définition donne bien la double dimension de la compétence : l'expertise sur un sujet et la légitimité à exercer cette expertise. Tout le monde sait signer, mais quelques-uns (et parfois un seul) ont compétence pour le faire.

Replacée dans le cadre de l'entreprise, cette définition nous indique une voie féconde de réflexion : quel est le niveau d'expertise que doit atteindre un salarié pour effectuer le travail qui lui est demandé, et est-il en situation d'exercer réellement cette expertise ? Cette question sera centrale lorsque nous aborderons la question spécifique de la formation : comment définir le niveau de connaissances, de savoir-faire, et de comportements professionnels requis par un emploi, et comment créer les conditions dans lesquelles cette expertise pourra effectivement s'exercer. Ce dernier point est essentiel. Il y a là l'une des causes essentielles de non-qualité de la formation, et donc de gaspillage de ressources.

Nous ajoutons ici quelques mots clés à notre liste : définition des exigences de compétence liées à un poste de travail, et conditions d'application. Nous pouvons y ajouter la notion d'évaluation : les compétences sont-elles acquises, et sont-elles effectivement transférées en situation de travail ?

5 – Et motivées

Il ne suffit pas de disposer de gens compétents. Encore faut-il qu'ils ne restent pas l'arme au pied et qu'ils se mettent en mouvement pour agir efficacement. La motivation n'existe pas « en soi ». Elle est produite par un ensemble complexe de facteurs qui concernent l'ensemble de la gestion des ressources humaines et de l'organisation : rémunération, avantages sociaux divers, conditions de travail, possibilités de carrière, intérêt du travail, ambiance relationnelle avec les collègues et avec le management, autonomie et responsabilité attachées au poste de travail, adhésion aux valeurs de la culture d'entreprise, etc. On ne « motive » pas seulement par un stage de motivation. Cela peut aider, mais seulement si les autres conditions sont réunies.

La motivation dépendra donc largement de la capacité de l'entreprise à permettre aux salariés d'exercer et de développer leurs talents, et à les placer dans une situation dans laquelle ils agiront pour les mettre en œuvre. Cela est un point central pour la formation : on ne forme pas quelqu'un malgré lui. On peut l'envoyer autoritairement en stage, mais il en profitera d'autant mieux qu'il aura compris son utilité pour lui-même. De même, il ne mettra en œuvre ce qu'il y aura appris que s'il se sent incité par son environnement, et en particulier son encadrement, à le faire.

Par ailleurs, la reconnaissance par l'entreprise de la compétence du salarié, sous une forme monétaire (sur sa fiche de paie) ou non-monétaire, est évidemment un élément important de motivation. Il ne suffit pas à lui seul, mais on aurait tort de le négliger.

Nous voici avec quelques mots clés supplémentaires : rôle de l'encadrement, appréciation, environnement favorisant le développement des potentiels, culture d'entreprise, validation, reconnaissance.

6 – Pour effectuer le travail nécessaire

Mais quel travail ? Celui d'aujourd'hui, strictement ? Un travail permettant la flexibilité et la polyvalence ? Un travail d'exécution de tâches définies par des bureaux d'organisation ou un travail permettant autonomie et responsabilité ? Un travail défini par les niveaux de qualification et de classification de la convention collective ou le travail réel dans une organisation du travail concrète ?

On sait bien que dans de grandes entreprises, sous une dénomination apparemment homogène, le contenu réel des postes de travail est très influencé par des situations locales. Un opérateur dans l'industrie chimique, un rédacteur dans l'assurance ne font pas la même chose dans deux établissements différents. Dès lors quel est le contenu de ce travail ? Quels sont les critères qui vont présider à l'affectation d'une personne à un poste ? Le fait qu'il ait une classification formelle correspondant au poste ? Le fait qu'il ait un niveau de formation initiale académique qui détermine qu'il soit présumé du niveau voulu pour le tenir ? Le fait qu'il ait suivi une formation, ou ait une expérience, correspondant aux exigences du poste ? Mais correspond-elle aux exigences du poste qui va nécessairement évoluer dans les années à venir ? Faut-il disposer d'une réserve de puissance (ici de connaissances) qui permettra, le moment venu, de s'adapter à ces évolutions (au risque de placer dans les postes des gens surqualifiés et de les démotiver) ou viser « au ras » du poste, avec le risque inverse d'incapacité future à s'adapter ?

Quand on recrute une secrétaire BTS trilingue pour lui donner des tâches de dactylo, que fait-on ? Quand des entreprises industrielles décident de ne recruter que des bac + 2 pour leur confier des tâches de production dont le temps de cycle est inférieur à 40 secondes, ou quand un centre d'appel recrute des BTS pour répondre à des appels téléphoniques avec un standard de 4 minutes maximum, quelle est la vision de la gestion des ressources humaines qui sous-tend une telle décision ?

La notion de « travail nécessaire » est moins simple qu'il n'y paraît. Retenons pour l'instant quelques mots clés : emploi, poste, classification qualification, organisation.

7 – En les mettant en situation de valoriser leurs talents

C'est là un développement de la notion de motivation. Valoriser ses talents, c'est aussi être placé en situation de le faire. On sait bien que certains modes d'organisation, certains styles de rapports hiérarchiques, ont des effets directs sur l'épanouissement des capacités professionnelles et même intellectuelles. Les psychologues d'Olivetti avaient montré que des salariés placés dans des situations de travail répétitives perdaient après quelques années certaines de leur capacités intellectuelles, et notamment ce que les spécialistes, après les travaux du grand spécialiste suisse Piaget, appellent les capacités hypothético-déductives, c'est-à-dire la capacité à comprendre la réalité d'une façon conceptuelle. Ils ne comprennent plus cette réalité que de façon opératoire, c'est-à-dire à travers un ensemble de schémas cause-effet réducteurs. Si j'appuie sur ce bouton, il se passe tel phénomène. Cela ne permet pas une compréhension du phénomène lui-même si celui-ci n'est pas immédiatement lisible par la seule perception sensible. Pour prendre un exemple métallurgique, ce n'est pas du tout la même chose de comprendre que la température d'un four de traitement thermique se modifie lorsqu'on agit sur une commande que de comprendre ce qui se passe dans la structure moléculaire du métal, qui ne peut être appréhendée que par des concepts physiques abstraits.

Cela est d'une grande importance pour la formation puisque l'on connaît bien les problèmes que pose l'existence dans des entreprises en cours de restructuration ou de modernisation de personnel peu qualifié, disposant d'un niveau de formation initiale bas et dont l'activité professionnelle n'a pas permis le développement de capacités d'adaptation.

On a observé dans la dernière décennie, dans beaucoup d'entreprises, des expériences visant à remettre en mouvement des capacités d'apprentissage, préalable obligé à l'acquisition de nouvelles compétences professionnelles nécessitant, avec le développement de systèmes de production de plus en plus automatisés, la maîtrise de mécanismes intellectuels abstraits.

Mais ces opérations ont un coût. Certaines études ont montré qu'il y avait dans la pratique des entreprises deux pôles. D'un côté, les entreprises dont l'organisation, les modes d'implication des salariés, le « bain » d'information dans lequel ils étaient plongés, le souci de donner aux postes de travail un contenu favorisant un apprentissage constant, les mettaient en permanence en situation de vigilance sur les évolutions de leur activité (on les appelle parfois les « entreprises apprenantes »), et de l'autre des entreprises qui, faute d'avoir mené cette politique, ont dû recourir « à chaud » à des actions de formation « lourdes » au succès hasardeux, pour des reconversions externes dont les expériences de sociétés spécialisées comme SODIE montrent qu'elles réussissent, dans le meilleur des cas, à 80 %.

Les spécialistes ont un talent inimitable pour trouver des dénominations pour désigner les pratiques sociales. Retenons ici le mot clé d'« organisation apprenante », en notant que, si nous avons surtout insisté sur les personnels dits « peu qualifiés », la question se pose en réalité pour le personnel de tout niveau, comme l'a montré en 2000 la situation du marché du travail. Les diplômés compétents ne s'y trompent pas. S'ils ne trouvent pas dans l'entreprise une situation de travail qui valorise leurs talents, et s'ils possèdent une qualification demandée sur le marché du travail, la solution est simple pour eux : ils s'en vont chercher ailleurs une situation plus favorable. Et c'est ainsi que les entreprises s'arrachent par tous les moyens les diplômés des spécialités demandées, à grand renfort d'opérations de séduction sur les campus ou de chasseurs de tête, et au détriment parfois des équilibres salariaux.

Notons quelques mots clés : motivation, organisation.

8 – Avec un niveau élevé de performance et de qualité

Nous disposons d'un questionnaire que nous utilisons en « pré audit » de la fonction personnel, ou plus simplement comme support à la réflexion de responsables de la fonction personnel au cours de séminaires. Certaines des questions portent sur la contribution de la fonction Ressources Humaines à la compétitivité de l'entreprise. Ce sont souvent celles qui ont le score le plus bas. Ce n'est pas parce que cette contribution est nulle, c'est parce que les responsables de la fonction ne savent pas comment en présenter la démonstration de façon convaincante. Ce n'est pas un hasard si aujourd'hui, par exemple, on s'interroge toujours avec anxiété sur les méthodes qui permettraient de calculer le fameux « retour de l'investissement » de la formation.

Quelle est donc la contribution de la fonction RH, formation comprise, à la qualité et aux performances ? C'est là un débat de fond, qui change l'angle de vue sur ses activités. Pour la formation, qui nous intéresse plus particulièrement ici, le problème est crucial. Les opérationnels se moquent complètement de savoir si 43 stagiaires ont suivi 1 032 heures de stage sur la qualité qui ont coûté 150 500 francs. Ils veulent savoir si ces actions ont eu un effet tangible sur le taux de rebuts, les retours clients, l'attente des clients au guichet, où l'accélération de la facturation, visible sur leur compte d'exploitation (et si possible avec un bénéfice supérieur à 150 500 francs !).

Ce n'est pas l'existence d'une prestation qui importe, c'est sa valeur ajoutée. C'est un point qu'un fonctionnel ne devrait jamais oublier.

Notons quelques mots clés nouveaux : performance, investissement, communication.

9 – À un coût salarial compatible avec les objectifs économiques

La masse salariale est évidemment un élément clé des charges d'exploitation d'une entreprise. Sa maîtrise est l'un des objectifs principaux d'une direction de personnel. Ne traitons pas ici, ce n'est pas le sujet, des effets de report et des effets de noria, du GVT et des systèmes de rémunération. Notons simplement que la recherche d'une cohérence entre le système de rémunération et la politique de gestion des ressources humaines mériterait souvent d'être observée de plus près (1).

Que signifie par exemple de ne pas prendre en compte dans la part variable des rémunérations de l'encadrement, lorsque celles-ci sont individualisées, les comportements effectifs de cet encadrement en ce qui concerne la gestion des ressources humaines ? Nous avons eu l'occasion, dans une entreprise américaine, Norton, de constater qu'un des critères de calcul de la part variable des augmentations individuelles des cadres était le fait qu'ils avaient effectivement apporté leur aide à la réussite des projets d'application que leurs subordonnés avaient élaborés au cours de leur formation. Ce système a le mérite de la cohérence ; si l'on dit que le responsable hiérarchique doit avant tout développer la capacité de ses subordonnés à faire plutôt que de faire lui-même, il faut bien que cela se traduise dans un enjeu pour lui. Il faut avouer que cette cohérence n'est pas très fréquente. Mais ce système ne serait-il pas plus rentable, en définitive, que les innombrables stages destinés à « sensibiliser » l'encadrement sur son rôle managérial ?

(1) On pourra voir le chapitre réservé à ce sujet dans *Ressources Humaines : déployer la stratégie,* Alain Meignant, Éditions Liaisons, 2000.

L'autre aspect du contrôle de la masse salariale est que, du moins en France, les budgets formation sont calculés en référence à cette masse salariale. C'est une particularité qui paraît bien exotique dans d'autres pays. Pourquoi pas au montant du chiffre d'affaires ou à la marge brute plutôt qu'en référence à un poste de charges ? Il y a dans notre pays une obligation légale, qui a des avantages en incitant des entreprises qui ne le feraient pas spontanément à se préoccuper de formation, mais qui a parfois donné aux responsables de personnel une vision très réductrice de celle-ci, considérée comme une taxe obligatoire au même titre que les cotisations sociales. Mais cela évolue rapidement. N'oublions cependant pas qu'en France près de la moitié des entreprises versent encore leur « obligation légale » au Trésor public !

L'imputation comme charge sociale de la formation a un certain nombre d'effets pervers, dont le principal est souvent que son montant est fixé d'une année sur l'autre en référence à des normes imposées par les services de gestion plus qu'en référence à des besoins identifiés. Les services spécialisés font valoir des besoins, qui conduisent à une augmentation des budgets que les statistiques nationales permettent de constater. Les dépenses de formation des entreprises ont plus que doublé depuis 1972, année 1 de la mise en œuvre de la loi de 1971. En 1998, dernière année dont les chiffres sont connus au moment où nous écrivons ces lignes, les budgets consacrés à la seule formation continue par les entreprises approchaient les 7 milliards d'euros, et les dépenses globales de la collectivité nationale (apprentissage compris) atteignaient 22 milliards d'euros, soit 1,75 % du PIB.

Nous en arrivons à un volume de dépenses tel que se pose inévitablement la question de la productivité de la formation : peut-on faire plus et mieux avec autant, et si possible moins ? Il est certain que des « gisements » énormes de productivité existent en matière de formation. Régulièrement, la presse sort un « dossier » s'interrogeant sur l'usage des fonds de la formation, l'interrogeant sur la valeur ajoutée réelle des 99 organismes paritaires de collecte agréés (OPCA) qui drainent 40 % de l'obligation légale des entreprises, et dénonçant (après des rapports publics comme le « rapport Péry ») l'incapacité de ces dispositifs à réaliser l'égalité des chances qui était l'une des finalités politiques fortes de la loi de 1971.

La question centrale est celle-ci : jusqu'à quel point est-il légitime de prélever pour financer la formation, au-delà de l'obligation légale, des sommes qui, du coup, ne sont plus disponibles pour autre chose ? Tout responsable de personnel qui doit négocier « au couteau » quelques décimales d'augmentations collectives, tout en présentant par ailleurs un budget formation dépassant de plusieurs points l'obligation légale, comprendra sans doute de quoi je veux parler. La conséquence qui découle de cette question est claire ; il ne s'agit plus désormais de gérer un budget captif, mais de manager une activité en cherchant à optimiser son efficience, c'est-à-dire le rapport entre son coût et les avantages qu'elle procure. Dans bien des cas, ce sera une véritable révolution culturelle.

Il en est du budget formation comme de la consommation des automobiles : les performances et la sécurité de celles-ci se sont accrues, mais la consommation en carburant a diminué. C'est ce défi auquel nous sommes confrontés aujourd'hui.

Retenons pour l'instant les mots clés suivants : management de la formation, efficience, productivité, qualité.

10 – Et dans le climat social le plus favorable possible

Il faut y penser aussi. La formation est restée parfois trop longtemps dans une logique « sociale », utilisée par les directions de personnel comme élément de régulation dans les relations avec les partenaires sociaux, supposée « terrain neutre ». On est entré maintenant dans une logique de la formation beaucoup plus managériale, beaucoup plus proche des orientations stratégiques et des objectifs opérationnels, des soucis d'efficacité et de rentabilité.

S'il faut se féliciter de cette évolution qui concrétise une prise de conscience par les dirigeants et les responsables opérationnels qu'ils disposaient là d'un atout important pour atteindre leurs objectifs, il ne faut pas pour autant en conclure que les partenaires sociaux n'ont plus, du coup, voix au chapitre. Ils l'ont formellement par l'obligation de les consulter sur le plan de formation, mais ce n'est pas l'essentiel. Ils peuvent, aussi, avoir de bonnes idées ! Ils ont une connaissance du « terrain », de la sensibilité de la base, que n'ont pas nécessairement les représentants de la direction, et qui peut se révéler précieuse pour la réussite d'une politique de formation. Plusieurs expériences d'accords d'entreprise sur la formation ont montré que les organisations syndicales, pour la plupart d'entre elles, étaient disposées à entendre des arguments d'efficacité économique et à situer la formation dans cette perspective. Il ne s'agit pas de négocier des objectifs d'entreprise qui, par nature, ne sont pas négociables, ni d'essayer d'obtenir que les organisations syndicales approuvent tout ce que propose la direction, ce qui n'est pas leur rôle, mais de négocier les conditions de leur mise en œuvre dans un esprit de concertation.

On a assisté au cours de la dernière décennie à un déplacement du balancier. Il n'y a encore pas si longtemps, la préoccupation de ne pas provoquer l'irritation des organisations syndicales en affichant des politiques de formation trop marquées par une volonté du chef d'entreprise a conduit à des consensus mous, sur des plans de formation qui se résumaient à des catalogues de stages offerts à la consommation sans priorités définies. Cela a souvent conduit à un grand laxisme, et au désintérêt des dirigeants pour la formation.

Le balancier est passé de l'autre côté, et la tendance a été que la direction, dans sa grande sagesse, appuyée sur les fonctionnels des ressources humaines armés des méthodologies sophistiquées adéquates, décide souverainement de ce qui est bon pour le personnel. C'est bien, c'est même indispensable et essentiel, qu'ils s'en préoccupent, mais le risque de la technocratie n'est jamais très loin lorsqu'on procède de cette manière (1).

L'un des corollaires de cette attitude est de s'appuyer largement sur l'encadrement. Là aussi, c'est une évolution positive, car aucune politique de formation efficace ne peut exister sans le soutien et l'implication de l'encadrement, mais cela suppose que ce dernier sache faire. Et, en cette matière, le savoir-faire est aussi le savoir-écouter. Le risque est ici de caporalisme et d'arbitraire, le responsable hiérarchique non préparé se sentant investi par sa fonction du pouvoir de prescription de formation sans juger utile de consulter les intéressés, ou en les consultant seulement pour la forme.

Caporalisme et absence d'écoute n'ont jamais bien auguré du climat social. Il ne faut pas oublier que c'est l'individu qui fera l'effort de se former, et il ne le fera que s'il en a envie. Si ce n'est pas le cas, des désignations autoritaires à des formations sont à la fois inefficaces sur le plan de l'apprentissage... et efficaces pour pourrir un climat social.

Quant aux partenaires sociaux, ils ne se laisseront pas oublier. Le démarrage difficile, en 2000, du dossier « formation » de la Refondation Sociale initiée par le Medef en est une preuve récente.

Mots clés à retenir : concertation, dialogue, négociation.

(1) Pour situer les choses aujourd'hui, en 2000, une enquête Insee montrait que 25 % de salariés estimaient avoir suivi une formation de leur propre initiative, 25 % selon une initiative conjointe, et 50 % sur décision de l'employeur. Mais il est instructif de voir les différences entre catégories professionnelles : 37 % des cadres qui se sont formés ont suivi une formation à la seule initiative de leur employeur, 60 % des employés, 70 % des ouvriers.

11 – Mots clés

Au fil de ces lignes, nous avons formulé quelques mots clés qui vont maintenant être la base de notre réflexion. Rappelons-les, par ordre d'entrée en scène :

anticipation, gestion des flux, optimisation, flexibilité, modernisation, adaptation, prévention, gestion prévisionnelle des emplois, stratégie à moyen/long terme, régulation des processus, exigences de compétence liées à un emploi, conditions d'application, évaluation, rôle de l'encadrement, appréciation, environnement favorisant le développement des potentiels, culture d'entreprise, entreprise apprenante, motivation, validation, reconnaissance emploi, poste, classification qualification, organisation, organisation qualifiante, performance, investissement, communication, management de la formation, efficience, productivité, qualité, concertation, dialogue, négociation.

Voici, pensera peut-être le lecteur, un bel échantillon de la langue de bois des spécialistes de la gestion des ressources humaines ! Le mot communication au milieu de cette liste rend perplexe. Nous essaierons dans ce livre de mettre un peu d'ordre et de clarté dans tout cela, et de montrer les voies et moyens de l'action.

L'essentiel est que, au minimum, l'ensemble des managers de l'entreprise soient d'accord sur les finalités.

12 – Test : où en êtes-vous ?

Voici un petit test à faire en commun entre managers, responsable de personnel et responsable de formation. Il devrait vous permettre ensemble d'identifier des zones de progrès possibles.

Ce tableau n'a pas la prétention de vous permettre un « diagnostic ». Il cherche à vous amener à envisager de façon active les conséquences de ce que vous avez lu dans ce chapitre sur la situation de votre entreprise. Bien entendu, ce sont les lignes du tableau sur lesquelles vous avez répondu que vous saviez plutôt mal faire, où la formation joue actuellement un rôle faible mais qui pourrait devenir important, qui doivent attirer particulièrement votre attention.

Le test sera d'autant plus intéressant que vous le remplirez à plusieurs et que vous comparerez vos réponses. Si elles concordent, on peut penser que vous avez une vision commune. Si elles ne concordent pas, le débat sur les différences d'appréciation permettra peut-être de rapprocher les points de vue et d'amorcer ensemble (c'est l'essentiel) une réflexion sur un plan de progrès.

	1 Savez-vous le faire actuellement ?				2 Pour bien le faire, la formation devrait jouer un rôle				3 Actuellement, la formation joue un rôle			
	pas du tout	plu-tôt non	plu-tôt oui	oui, tout à fait	très faible	ré-duit	im-por-tant	dé-ter-mi-nant	très faible	réduit	im-por-tant	dé-ter-mi-nant
Disposer à temps												
En effectifs suffisants												
Et en permanence												
Des personnes compétentes												
Et motivées												
Pour effectuer le travail nécessaire												
En les mettant en situation de valoriser leurs talents												
Avec un niveau élevé de performance et de qualité												
À un coût salarial compatible avec les objectifs économiques												
Et dans le climat social le plus favorable possible												

13 – Mais enfin, de quoi parle-t-on ?

Ce chapitre s'intitule « De quoi parle-t-on ? ». Nous n'avons pas encore répondu explicitement à la question, mais tout ce qui précède devrait avoir apporté au lecteur un début de réponse. Il s'agit de remplacer une logique par une autre. Il s'agit d'abandonner, si ce n'est pas encore fait, la traditionnelle conception de la formation qui considère celle-ci comme une obligation légale, qu'il s'agit d'administrer au mieux en évitant de laisser dériver les postes de charges sociales et en privilégiant la satisfaction de besoins individuels à court terme plus ou moins bien liés à des objectifs de l'entreprise. C'est une logique de gestion.

Il s'agit de la remplacer par une logique managériale : la formation, ce n'est pas faire gérer des stages par un service spécialisé ; c'est analyser des situations, prendre ou faire prendre des décisions par l'ensemble des acteurs concernés en fonction du meilleur rapport coût/avantages escompté et des ressources disponibles externes et internes, mettre en œuvre ces décisions, contrôler pour rendre compte des résultats et réguler en cours de route, et tout cela pour contribuer à la finalité de la fonction personnel que nous avons détaillée dans la première partie de ce chapitre, et, par là, à l'efficacité économique de l'entreprise. Si votre entreprise est déjà engagée dans la période de transition d'une logique à l'autre, il s'agit de consolider et de pérenniser le changement.

Paul Watzlawick, un psychologue américain, a développé une théorie qui ne manque pas d'intérêt pour le sujet qui nous occupe ici, celle de ce qu'il appelle l'ultrasolution, dont l'archétype est résumé par cette célèbre plaisanterie de carabin : *« opération réussie, patient décédé »*. L'une de ces ultrasolutions est « plus de la même chose ». Elle repose sur l'idée que, si une solution n'a pas donné les résultats voulus, c'est parce qu'on n'y a pas mis assez de moyens. On ne change rien à la conception d'ensemble, mais on multiplie les moyens. En faisant cela, on court le risque de ne pas régler le problème, puisqu'on ne remet pas en cause la logique de base et, de surcroît, on peut se trouver confronté à un degré de complexité ingérable dû à l'ampleur des moyens mis en œuvre. N'est-ce pas ce qu'on fait lorsqu'on décide, parce que l'entreprise ne dispose pas des compétences dont elle a besoin, d'augmenter les dépenses de formation (rebaptisées pour l'occasion « investissement ») sans modifier la logique de prise de décision (donc de management) sur l'engagement des actions ? Des responsables de formation, dont le positionnement dans le processus de décision reste marginal (ils continuent à gérer des stages, mais plus nombreux), se trouvent alors, du fait même de l'augmentation du volume de leur activité, de moins en moins disponibles pour promouvoir une nouvelle logique. L'ultrasolution est le parfait cercle vicieux. On dépense plus. Mais plus de formation n'est pas une meilleure formation. Comme le fit un bulletin interne de France Telecom, on pourrait ici paraphraser Woody Allen : « La formation est la solution. Mais quelle est la question ? ».

Il ne faut pas « plus de formation ». Il faut une meilleure synchronisation du développement des compétences avec les politiques, les plans d'action, et les objectifs de l'entreprise, une meilleure intégration de la formation dans les processus de décision du management. Ce n'est évidemment pas le problème du responsable de formation seul. C'est celui de l'ensemble des « acteurs » concernés, en premier lieu le directeur des ressources humaines qui doit le soutenir, et porter cette logique au niveau du comité de direction.

Beaucoup d'entreprises sont maintenant engagées dans des changements, tandis que d'autres en sont encore à se demander comment aborder le problème. Certaines ne se posent même pas la question. Rappelons ici la citation d'un dirigeant d'un grand groupe multinational, A. de Geus, de la Shell, que nous citions dans l'introduction de ce livre : *« la capacité à apprendre plus vite que ses concurrents est peut-être le seul avantage compétitif durable »*. Elle résume parfaitement l'enjeu des changements en cours. Voilà de quoi il s'agit.

Cette conception managériale de la formation est une conception dynamique : il ne suffit pas d'avoir une panoplie de méthodes, de fiches, d'outils, mais il faut conduire un processus d'amélioration permanent. Cela suppose d'avoir une politique, de construire un « réseau » de travail avec les acteurs pertinents, qui permettront que les outils servent à quelque chose, de savoir construire une action sur plusieurs années et se donner les moyens de suivi et de contrôle pertinents... et d'avoir la ténacité nécessaire. Ce sont ces points qui seront développés dans les prochains chapitres.

Chapitre II

LA COMMUNICATION INTERNE SUR LA FORMATION ET LA GESTION DES RESSOURCES HUMAINES

« C'était à ce moment précis que commençait la cuisine traditionnelle de l'invité... avec son invariable première question : "Monsieur Bartram, comment justifiez-vous votre existence ?"
Bartram sourit. Il fit une réponse précise, disant : "Je n'ai jamais essayé. Lorsque je leur donne satisfaction, mes clients trouvent mon existence justifiée". »

Isaac ASIMOV, *Le Club des veufs noirs.*

I. Dialogue imaginaire (?)

Imaginons le dialogue suivant entre le DRH d'un établissement, le responsable de formation (RF), et le directeur de l'établissement (DE), à l'occasion de la préparation du plan de formation :

RF. Cette année, notre investissement formation sera de 1,2 million d'euros, soit 4,5 % de la masse salariale.

DRH. Nous avons cette année fait un effort particulier auquel nos partenaires sociaux seront sensibles.

DE. Ce que je vois, moi, c'est que les dépenses vont augmenter. L'an dernier, nous y avons déjà consacré 3,5 %. Vous savez que nos budgets sont serrés et que nous devons contrôler au maximum les augmentations de charges sociales.

RF. Oui, mais nous avons de plus en plus de demandes à satisfaire. Et encore, tous les services n'ont pas répondu à notre questionnaire de recueil des besoins... Et puis, vous savez à quel point il est important d'investir dans le développement de la compétence des hommes. D'ailleurs, vous avez sans doute vu la note du siège à ce sujet, et le président l'a rappelé dans sa dernière conférence aux cadres.

DE. Ils sont bien gentils, au siège, mais ils ne voient pas nos problèmes sur le terrain. Moi aussi, je crois à l'importance de la formation, mais je crois aussi à mon compte d'exploitation. C'est là-dessus qu'ils nous jugent, au siège, et, croyez-moi, ils ne plaisantent pas. Et d'abord, quels sont les résultats de ce que nous avons fait cette année ?

RF. Je n'ai pas encore tous les chiffres. Mais j'ai des résultats partiels. (Il sort un document informatique et commence à énumérer le nombre d'heures stagiaires réalisées.)

DE. Vous ne me répondez pas ! Je ne vous parle pas de cela, je vous parle de résultats ! Vous me parliez tout à l'heure d'investissement, dites-moi ce que cela nous rapporte. Par exemple, vous m'avez convaincu l'an dernier de monter une action de formation des agents de maîtrise à l'économie d'entreprise. L'idée m'avait paru bonne parce que nos agents de maîtrise ont surtout une bonne formation technique et qu'il faut les faire évoluer vers un rôle de gestion. Ça nous a coûté cher, sans compter les absences. Qu'est-ce que cela a donné ?

RF. Les stagiaires étaient très satisfaits. Ils ont trouvé ce stage très intéressant et les animateurs très bien. Nous avions bien choisi l'organisme.

DE. J'en suis ravi, mais qu'est-ce que cela a rapporté à l'entreprise ?

RF. Ce n'est pas facile à dire, c'est de l'investissement à long terme. Il faudrait faire une étude.

DRH. L'organisme nous avait proposé, à l'origine, de faire suivre la formation d'un plan d'action dans lequel chaque stagiaire aurait eu à mener personnellement une application, ils appellent cela « formation-action ». Il nous proposait aussi de faire une évaluation systématique deux mois après. Mais cela faisait monter le coût de leur intervention, vous savez comment sont les organismes extérieurs. Et puis, nous avons craint que les chefs d'atelier ne soient mis en cause, parce qu'eux-mêmes auraient bien besoin de se perfectionner en économie d'entreprise. Cela aurait pu être gênant pour le climat interne.

DE. Oui, peut-être. Mais c'est un peu comme si on supprimait notre service après-vente parce que cela risquerait de faire de la peine à nos clients si on leur disait qu'ils utilisent mal nos produits, ou à nos services de production qu'ils ont fait des erreurs sur la Qualité. À ce propos, puisque vous citiez le siège tout à l'heure, je vous rappelle aussi que le président attache beaucoup d'importance à la qualité, et qu'il dit toujours que chaque service interne doit considérer les autres comme ses clients. Dans ce cas-là, je me demande si l'on n'a pas raisonné « produit » avant de raisonner besoins du client.

DRH. Oh, vous savez, cette mode de la Qualité, il faut en prendre et en laisser. C'est bien pour les produits, mais c'est beaucoup plus difficile pour des activités comme celles de services fonctionnels comme les nôtres.

RF. Vous avez vu qu'on a programmé un stage de cinq jours pour les acheteurs ? D'après le chef de service, beaucoup sont des autodidactes, ils doivent apprendre les bases de leur métier.

DE. C'est bien long. Je suis sûr que trois jours suffiraient (regardant sa montre). Bon, excusez-moi, j'ai un rendez-vous important. Il faudrait que l'on revoie tout cela dans le détail. Pour cette année, débrouillez-vous pour rester à 3,5 %. Vous n'aurez qu'à expliquer aux chefs de service qu'ils laissent passer trop de demandes. Et puis, si l'on fait plus cette année, les syndicats ne voudront jamais qu'on redescende en dessous et je n'ai pas envie de jouer les marchands de tapis au comité d'entreprise. Tenez-moi au courant, vous savez quelle importance j'attache à ces problèmes, et on pourrait peut-être profiter de l'occasion de ce nouveau plan de formation pour faire passer quelques messages. Je me sauve, j'ai rendez-vous avec notre banquier pour discuter avec lui du prêt pour notre investissement dans l'atelier N. Avec ce matériel, on devrait gagner 20 % de productivité, ça vaut le coup de s'en occuper.

RF. Il n'y a pas de formation à prévoir dans cet atelier ? Le directeur technique ne m'en a jamais parlé !

DE. Si, bien sûr, mais on verra ça plus tard, il y a assez de boulot comme cela avec les problèmes techniques et le dossier de financement. Et puis le constructeur a des programmes tout faits, il a l'habitude. Allez, à bientôt...

II. QUELQUES POINTS CLÉS DE LA COMMUNICATION

La plupart des points clés de la communication des services fonctionnels de personnel et de formation sont dans ce dialogue imaginaire et caricatural sans doute, mais dans lequel le lecteur aura peut-être reconnu quelques situations familières présentes ou, nous l'espérons pour lui, passées. Résumons ces problèmes.

1 – Le sens des mots

Le dialogue s'ouvre par la référence à « l'investissement formation ». Cette expression, certes valorisante, ne correspond que fort peu à la réalité pour au moins quatre raisons.

Pour un directeur d'établissement, la notion d'investissement a un sens précis. C'est une dépense immédiate dont il espère un bénéfice futur. Ce bénéfice est estimé, d'emblée, en termes monétaires, puisque le dossier d'investissement comprend une estimation du « temps de retour », période au-delà de laquelle les coûts supplémentaires sont amortis et laissent la place à des bénéfices accrus. En matière de formation, il est rarissime actuellement qu'un projet soit présenté en ces termes. Dans le cas du dialogue ci-dessus, l'exemple de la formation économique de la maîtrise le montre bien.

Deuxième caractéristique de l'investissement, il s'impute budgétairement à l'actif, puisqu'il est considéré comme constitutif du patrimoine de l'entreprise. La formation est imputée sur un compte de charges. On voit que c'est sur le montant des charges que s'ancre le début du dialogue ci-dessus. La référence n'est pas le bénéfice attendu de la réponse à des besoins indentifiés, mais les inconvénients pour les résultats d'exploitation, et pour le dialogue social, d'une augmentation des charges. À défaut d'une réponse claire sur les résultats attendus, l'arbitrage se fait sur le taux de charges.

Troisième caractéristique, l'investissement est toujours plus ou moins en rupture par rapport à l'existant. L'exemple de l'investissement en machines à la fin du dialogue le montre bien. De cet investissement on attend un changement significatif de la productivité. Dans ce cas, à propos de formation, on poursuit la tendance à partir de « demandes » peu spécifiées, coupées de leur contexte d'objectifs économiques et industriels. Le seul changement clairement identifié est l'augmentation des dépenses !

Enfin, l'investissement prépare l'avenir. Dans le plan de formation tel qu'il est présenté ici, cette préparation de l'avenir est absente, ou du moins peu explicite, évoquée sur le mode du *credo*. À défaut de pouvoir répondre de façon précise sur les effets de la formation économique des agents de maîtrise, le responsable de formation évoque le fait que *« c'est un investissement à long terme »*. Mais le seul fait prouvé est qu'il n'a pas mis en place le moindre dispositif pour évaluer ces effets à long terme, et qu'il a même refusé la proposition de l'organisme extérieur de faire une évaluation différée et un suivi d'application. En fait, on a l'impression que les actions de formation prévues au plan, étant surtout la résultante des « demandes » du terrain, s'exprimeraient plus justement en termes de maintenance (c'est-à-dire de maintien et de perfectionnement de l'existant) qu'en termes d'investissement. L'usage du mot ne change rien à la chose !

2 – Parler de la même chose

Deuxième problème, les trois interlocuteurs ne parlent tout simplement pas de la même chose. Le responsable de formation parle activités, budget et heures/stagiaires. Le directeur du personnel parle « sécurité de fonctionnement » : ne déstabiliser ni l'encadrement ni la relation avec les partenaires sociaux. Le directeur parle de son compte d'exploitation et de ses projets industriels. Le seul terrain commun sur lequel ils se retrouvent est le montant des charges, sur lequel le directeur d'établissement, faute de mieux, statue à partir d'une position d'autorité. C'est, l'on en conviendra, un terrain de dialogue bien réducteur si l'on souscrit aux finalités décrites dans le chapitre I ! On échappe de peu au même réflexe d'autorité sur la durée du stage des acheteurs, que le directeur est prêt à faire passer de cinq jours à trois jours sans autre argument que son impression que c'est trop long, sans discussion sur les objectifs.

3 – La légitimation

Troisième problème, les fonctionnels cherchent ici à légitimer leur proposition de plan à partir des orientations du siège, comme s'ils avaient besoin de compenser la faiblesse de leur argumentation par l'évocation d'une autorité supérieure. Il est probable qu'ils n'auraient pas fait autrement s'ils avaient délibérément cherché à agacer leur directeur d'établissement !

Celui-ci est bien placé pour savoir ce qui compte vraiment pour la direction générale : c'est ce sur quoi celle-ci le juge. Il n'est sans doute pas arrivé à cette position de responsabilité sans avoir appris à faire la part des choses entre les incantations des services de siège, et même des présidents, et la réalité des rapports qu'il entretient avec eux. On a vu souvent un directeur écarté pour ne pas avoir atteint ses objectifs industriels, bien rarement pour avoir négligé de faire augmenter le budget de la formation. Le problème ici est que la proposition des fonctionnels ne s'ancre pas aux enjeux réels de leur interlocuteur, à ce qui est vraiment important pour lui. Ce dernier ne manque pas de retourner l'argument en faisant référence à un autre message du président concernant la Qualité. Sur ce terrain, nos fonctionnels n'ont pas grand-chose à dire quand on leur pose la question de leur activité en termes de « clients/fournisseurs », et la possibilité de dialogue tourne court.

4 – Enregistrement de demandes ou offres de service ?

Le responsable de formation, dans le dialogue ci-dessus, esquisse bien une tactique d'« entrisme » dans le projet d'investissement industriel évoqué à la fin, mais la difficulté réside dans le fait que, à l'évidence, personne n'a pensé jusque-là à l'impliquer dans le processus de préparation de cet investissement. Rien d'étonnant si son image interne est celle d'un gestionnaire de stages, peu présent sur le terrain puisqu'il semble découvrir ce projet fortuitement à l'occasion de cet entretien bien que, comme il l'indique, il ait interrogé les services (qui n'ont pas encore tous répondu) sur leurs « besoins ».

Qu'il utilise un questionnaire pour « recueillir les besoins » est sans doute une indication sur sa manière de procéder : la vraie communication passe surtout par le dialogue direct, au contact du terrain et des situations concrètes, pas par un questionnaire qui, à tort ou à raison, paraîtra administratif. Par ailleurs, le fait même que ce soit lui qui prenne l'initiative de l'envoi du questionnaire est en soi un problème. Si la formation était réellement intégrée à la préoccupation de l'encadrement, c'est ce dernier qui devrait, devant les conséquences de ses objectifs en termes de compétence du personnel, s'interroger sur ses besoins. Il ne le fera généralement pas spontanément s'il n'y est pas aidé par les fonctionnels spécialisés, qui lui fourniront la méthodologie nécessaire, mais c'est quand même d'abord son problème à lui puisque son métier d'encadrement est d'optimiser les ressources mises à sa disposition pour atteindre ses objectifs.

Il n'est pas fait mention d'entretiens annuels, qui sont pourtant théoriquement le moment privilégié du dialogue entre le salarié et le manager sur les besoins et les aspirations auxquels la formation pourrait apporter une réponse.

Le résultat est qu'on ne pense pas ici au responsable de formation lorsqu'il y a une opération à fort enjeu. Le réflexe spontané est de faire confiance au constructeur de matériel. Où pourrait être la valeur ajoutée du responsable de formation dans le traitement efficace du problème ? Quelle offre de services, explicite ou non, fait-il ? Quel lien, d'ailleurs, y a-t-il dans ce cas avec le directeur du personnel, qui devrait être tout autant concerné puisqu'un investissement pose presque toujours des problèmes d'effectifs, d'organisation du travail, et de qualification ?

5 – Un dialogue taylorisé

Dans ce dialogue, finalement, la formation est l'affaire de qui ? Le responsable de formation gère le plan et l'activité. Le directeur du personnel gère la sécurité de fonctionnement. Le directeur d'établissement est finalement assez ambigu dans sa position. Il demande des comptes, mais jusqu'à quel point n'a-t-il pas une part de responsabilité dans le problème ? Il a laissé se faire l'année précédente l'action de formation économique pour les agents de maîtrise sans apparemment avoir été très exigeant sur les objectifs. Dans le projet d'investissement, tout semble indiquer qu'il en fait un problème à part, limité au moins dans un premier temps à ses aspects techniques et financiers. Pour les aspects humains « on verra plus tard ».

On a en fait un dialogue que l'on pourrait dire taylorisé. Chacun y intervient à partir de sa spécialité et de son champ de responsabilité. Il n'y a pas de lieu ni de méthodologie de synthèse qui organiserait la synergie entre eux, et surtout pas de langage commun. Chacun parle du point de vue de son activité et de ses préoccupations propres. On ne détecte pas une toile de fond fédératrice qui serait constituée par une connaissance par tous des objectifs opérationnels de l'établissement, et par une culture managériale partagée sur la manière de construire le plan de formation en référence à ces objectifs. On a le sentiment que le plan de formation est une activité en elle-même, à la recherche de sa légitimité.

6 – Une réponse « à côté »

Notons dans ce dialogue que les fonctionnels répondent souvent à côté des questions qui leur sont posées. Lorsqu'on pose la question des résultats, ils répondent volume d'activités, ou degré de satisfaction. Puisque nous parlons d'investissement, imaginez que le banquier auprès duquel vous avez placé vos économies, à vos questions sur leur rendement, vous réponde qu'il a effectué pour votre compte l'année dernière cinquante-quatre opérations de vente et d'achat et vous demande aimablement si vous en êtes content. Vous serez sans doute sensible à sa courtoisie, mais ce que vous attendez de lui est qu'il vous donne la valorisation de votre portefeuille.

C'est pourtant le type de réponse que font encore trop souvent les services de formation, souvent les mêmes qui tiennent le discours de l'« investissement formation » !

7 – Images

Lorsqu'on est à l'extérieur de l'entreprise, on arrive avec l'habitude à détecter rapidement quelques signes de l'image qu'a la formation auprès des responsables et du personnel. Il y a les entreprises où l'on vous parle du 1,5 %, de la taxe obligatoire et de la déclaration 24-83, celles où l'on vous parle de catalogue, de subtiles (?) distinctions entre formation professionnelle (qui serait « pour l'entreprise ») et formation générale (qui serait « pour les salariés »), celles aussi pour lesquelles la formation correspond à la possibilité d'aides publiques dans des situations de mutation... et celles enfin où l'on vous explique comment la formation contribue à l'accroissement de la compétence des hommes et des équipes pour réussir les plans de développement. Faut-il préciser que nous préférons ces dernières ?

Mais il arrive parfois qu'il y ait un décalage entre une situation dans laquelle les responsables sentent bien, et affirment, que la formation pourrait être pour eux un atout dans la réussite de leurs objectifs, mais dans laquelle, en même temps, l'image de la formation dans l'entreprise est très marquée par le passé. Plusieurs entreprises ont fait réaliser par des spécialistes des études internes d'image de la formation. Dans l'une d'elles, alors que la direction générale et le service formation proclamaient de concert le rôle clé de l'encadrement dans l'information et l'orientation des salariés vers les formations pertinentes, ces mêmes salariés, répondant à un sondage réalisé par l'Ifop, estimaient que l'encadrement jouait ce rôle... dans 5 à 7 % des cas selon les services.

Intéressante information sur le décalage entre l'image et la réalité, n'est-ce pas ? Cela montre l'étendue du travail à accomplir pour faire correspondre l'image et les intentions.

Dans ce cas, la raison principale était que le discours valorisant la formation tenu au niveau de la direction n'était pas relayé par des méthodes permettant effectivement à l'encadrement de jouer le rôle qu'il était supposé jouer. Cet encadrement ne refusait pas ce rôle, mais ne savait tout simplement pas comment faire. Il était, comme l'on dit, « sensibilisé », mais n'était pas préparé à jouer un rôle actif avec des outils simples qui auraient concrétisé des intentions par ailleurs justifiées. Du coup, l'image que les cadres avaient eux-mêmes des spécialistes de la formation était celle de « donneurs de leçons » plus que d'apporteurs de solutions aux problèmes qu'ils soulevaient eux-mêmes.

N'oublions jamais que les cadres voient, dans la grande entreprise, et même dans la PME, défiler dans leur bureau toutes sortes de fonctionnels qui, chacun dans sa spécialité, leur explique qu'ils ont un rôle clé à jouer : contrôleurs de gestion, spécialistes Qualité, responsables de la Sécurité du travail, informaticiens, sans parler des différents sous-services de la direction du personnel (recrutement, promoteurs des entretiens d'appréciation, de la gestion prévisionnelle des emplois, promoteurs des « démarches participatives », etc.). Trop souvent, ces spécialistes se présentent en ordre dispersé, sans réelle cohérence entre eux, lorsqu'ils ne sont pas en concurrence ouverte, et laissent les opérationnels tirer tant bien que mal la synthèse de leurs apports. Rien d'étonnant à ce que, dans cet environnement, l'encadrement, d'une part, interprète ces apports de la manière qui lui convient le mieux et, d'autre part, privilégie ceux qui lui apportent des solutions sur ceux qui lui posent des problèmes en les laissant les résoudre.

III. UN AUTRE DIALOGUE

Nous avons commencé ce chapitre par un dialogue condensant un certain nombre des difficultés de la communication sur la formation. Nous voudrions maintenant en proposer un autre qui, sans prétendre être un modèle, peut laisser entrevoir ce vers quoi il faudrait tendre. Retrouvons nos trois personnages de tout à l'heure.

RF. Cette année, je voudrais vous proposer d'augmenter le budget formation. Nous avons calculé qu'il faudrait prévoir 1,2 million d'euros, soit 4,5 % de la masse salariale. La procédure d'analyse des besoins que nous avons mise en place cette année a permis de réduire de moitié les demandes dont on ne voyait pas très bien le rapport avec l'entreprise. Cela dégage des ressources pour la formation accompagnant l'investissement dans l'atelier N. Mais il faudra compléter. Je me suis renseigné à l'extérieur, et j'ai constaté que, dans ce genre d'opération, la part de la formation tourne autour de 10 % du budget d'investissement. C'est du moins ce que font nos principaux concurrents. Certains ont fait moins, mais ils ont eu des problèmes de mise en service des installations. C'est difficile de faire la part de la formation là-dedans, mais, si vous en êtes d'accord, je pense que le risque de pannes et de retards de livraison chez les clients que nous courons si nous ne préparons pas les gens correctement nous coûterait beaucoup plus cher.

DE. C'est évidemment un risque que nous ne pouvons pas courir. La DG a choisi notre usine pour cet investissement, et nous avons tout intérêt à ce que cela marche. Il y a déjà assez d'aléas comme cela dans ce genre d'opérations. Mais pensez-vous qu'il faut former tout le monde ?

DRH. Nous avons regardé cette question avec le groupe de travail qui a étudié les évolutions des emplois. Ces installations devraient tourner avec 10 % de personnel en moins. Avec les départs à la retraite et les possibilités d'affectation dans d'autres services, cela ne devrait pas être un problème. Nous avons établi la liste des personnes qui resteront, et nous sommes en train de faire un bilan de leurs compétences pour bien les orienter vers les formations les plus adaptées. Ces analyses sur l'évolution des emplois nous ont été très utiles pour bien définir les nouvelles compétences, compte tenu des évolutions de technicité et des changements d'organisation du travail. On voit où l'on va sur trois ou quatre ans. Il y aura à traiter les problèmes de reconnaissance des nouvelles qualifications, et nous sommes en train de préparer le dossier pour engager la discussion avec les syndicats. De plus, la manière dont nous avons abordé la question est tout à fait cohérente avec les procédures du chapitre 6.2. de la nouvelle norme ISO 9001, pour laquelle l'audit de certification est prévu en cours d'année.

DE. Bon, mais attention aux dérives. Vous avez regardé de près la clause formation du contrat avec le constructeur ?

RF. Oui, bien sûr. Nous sommes en train de renégocier avec lui parce qu'il voulait nous placer ses programmes standard. Pour le reste, nous envisageons un partenariat avec un organisme extérieur en ce qui concerne les formations générales de base qui seront nécessaires. Nous regardons aussi avec notre OPCA (1) si nous pourrions monter un dossier nous permettant d'accéder à des aides régionales ou européennes. Ils ont par exemple des contrats qu'ils appellent Engagements de développement de la formation qui pourraient nous aider. Si cela marche, cela nous permettrait de compenser au moins une partie de nos flux de trésorerie externes que nous devrons consacrer au paiement des factures de cet organisme extérieur.

DE. Tenez-moi au courant, si vous pensez qu'il est utile que j'intervienne. Apparemment, cela marche bien, votre nouveau système d'analyse des besoins ?

RF. C'est mieux. Cela nous a permis de réduire à moins de 5 % les demandes folkloriques sans rapport avec nos politiques. La plupart des services apprécient que nous partions des plans d'action et de leurs objectifs à eux. Mais il reste des grandes différences d'un service à l'autre. Cela marche mieux en production que dans les services fonctionnels, sauf le service achats qui est très demandeur. Je présenterai un tableau comparatif à la réunion de direction sur le sujet. À ce propos, si vous en êtes d'accord, il serait bien que vous puissiez passer un message aux retardataires.

DE. D'accord. Il faut quand même être conscient qu'on leur demande une gymnastique intellectuelle dont ils n'ont pas eu l'habitude. Cette année, j'ai surtout lancé des plans d'action dans les services de fabrication. Pour les fonctionnels, c'est plus difficile à faire. J'ai vu quand

(1) OPCA : organisme paritaire de collecte agréé. Ces organismes gérés paritairement, constitués sur une base de branche professionnelle nationale, régionale (OPCAREG) ou interprofessionnelle (notamment l'AGEFOS-PME), ont pour rôle de collecter, selon les accords, tout ou partie de l'obligation de financement de la formation, de reverser ces fonds pour financer les actions, les congés individuels de formation et les programmes d'intégration des jeunes, et aident les entreprises à monter des opérations de formation exceptionnelles en préparant des dossiers d'ingénierie financière recourant à divers financements complémentaires.

même que vous aviez prévu une grosse opération pour les acheteurs, et j'aimerais que nous en parlions avant de nous quitter (souriant). Au fait, Monsieur le DP, vous cherchez sans doute à donner l'exemple sur les plans d'action Qualité pour les services fonctionnels ?

DRH. Nous avons choisi cette année de progresser en ce qui concerne la formation en améliorant le processus d'élaboration du Plan. Nous avons vu tout à l'heure les premiers résultats. Nous étudions actuellement avec le responsable de formation le problème de la vérification des prérequis lors de l'inscription à des stages. On inscrit parfois des gens qui n'ont pas le niveau suffisant pour suivre, et qui ne profitent pas de la formation, ou des gens qui sont au-dessus du niveau et qui perdent leur temps. Nous sommes en train de nous rendre compte que c'est un gaspillage qui nous coûte très cher. Nous avons également lancé une opération pour réduire de 10 % le turnover des jeunes embauchés dans les six premiers mois en améliorant leur intégration dans les services. C'est un peu tôt pour avoir du recul, et je vous tiendrai au courant le moment venu. Si cela marche bien, nous pourrons économiser de l'argent sur les stages d'accueil et sur le coût du recrutement. Par ailleurs, vous savez que nous étudions la possibilité de gagner du temps administratif en changeant notre système d'information Ressources humaines et en utilisant notre Intranet. Cela nous permettra de passer plus de temps à un travail vraiment utile pour les services.

DE. Bien, je suis ravi que vous donniez l'exemple. On fera le point comme prévu en juin prochain. Pour revenir à la formation, j'ai vu que vous prolongiez l'action de formation des agents de maîtrise à l'économie. Qu'est-ce que cela a donné l'an dernier ?

RF. Voici le rapport d'évaluation. Vous y verrez que le taux de satisfaction en fin de stage est de 80 %, ce qui, selon l'organisme extérieur qui a l'expérience avec d'autres entreprises, est très positif. L'évaluation des retombées dans les trois mois qui suivent le stage montre pour les premiers groupes que les chefs d'atelier estiment que les agents de maîtrise qui ont suivi ce stage savent maintenant presque tous accompagner leurs demandes techniques d'une analyse de rentabilité, et ils sont plutôt contents parce qu'avant ils devaient la faire eux-mêmes. Le service de gestion estime que les deux tiers des demandes sont réalistes. Plusieurs ont essayé de se fabriquer des tableaux de bord à leur niveau. C'est encourageant, et nous vous proposons de prolonger l'expérience jusqu'au bout, comme c'était prévu dans le plan pluriannuel, en envoyant en formation cette année ceux qui n'ont pas encore pu y aller. À propos, j'ai quand même un problème avec les services X et Y. Ce sont eux qui ont le moins répondu à l'enquête d'évaluation différée, et ce sont aussi des spécialistes de l'annulation tardive. Comme le DP le disait tout à l'heure, cela nous coûte cher parce qu'on fait le stage avec moins de participants et qu'évidemment l'organisme ne baisse pas ses prix. Il faut rajouter des stages qui n'étaient pas prévus et cela alourdit le budget. C'est assez sérieux ! 30 % d'annulations tardives pour X, 50 % pour Y !

DE. X a des excuses avec la commande imprévue qui leur est tombée dessus. Pour Y, il faut leur en parler.

DRH. C'est déjà fait. Je lui en ai parlé après la dernière réunion de direction. Il m'a promis de faire un effort. Je vais suivre cela de près avec le RF.

DE. Cela tombe bien que vous me disiez cela, parce que je vais faire bientôt l'entretien d'appréciation des chefs de service. Je vais aborder cette question avec eux. J'aimerais qu'on parle maintenant de la formation pour les acheteurs.

RF. C'est une de nos priorités de l'année. Elle découle directement de l'étude qui a été faite cette année sur la part des achats dans le prix de nos produits, à la suite du séminaire Qualité organisé par le siège, et qui a débouché sur un Plan d'Action Qualité. On va se centrer sur les composants électroniques qui représentent 60 % du coût du produit fini. J'ai vu le responsable du service et un organisme extérieur. On pense que l'on peut obtenir des résultats sur les coûts en améliorant la compétence des acheteurs dans la rédaction et le suivi des appels d'offre, et surtout sur la négociation des délais de livraison. Il y a eu des problèmes sérieux de rupture de stock. On a choisi ensemble des critères de résultats que l'on vérifiera après. Le responsable des achats vous les montrera pour avoir votre feu vert.

DE. D'accord. Je le vois lui aussi la semaine prochaine pour son entretien annuel, cela tombe bien. Il faut que je vous laisse, je dois voir D. avant qu'il aille voir notre banquier pour négocier le prêt pour l'atelier N. Entre parenthèses, on a bien fait de l'envoyer en stage à l'Institut Z. Avant, il aurait fallu que j'y aille moi-même. Allez, à bientôt...

Ce dialogue est bien différent du précédent. Nous y retrouvons, inversés, les points clés décrits antérieurement.

1 – Le sens des mots

On ne parle pas ici de façon incantatoire d'investissement-formation... mais on le pratique. Les projets ou les réalisations sont justifiés par les résultats démontrés ou escomptés.

2 – Parler de la même chose

Les partenaires ne campent pas chacun sur leur position, mais échangent dans un langage commun dont le fil directeur est constitué par les objectifs de l'établissement. On évoque des objectifs, les ressources mises en œuvre pour les atteindre, les résultats, les problèmes à traiter, les progrès accomplis.

3 – La légitimation

Pas la peine ici de s'abriter dans l'ombre des orientations du siège social. Celles-ci sont présentes, les « acteurs » se les sont appropriées ensemble. Il n'y a plus à gagner une légitimité, mais simplement à prendre conjointement les meilleures décisions pour concrétiser ces orientations.

4 – Une offre de service

Le responsable de formation ne cherche pas ici à « vendre » son activité propre. Il propose des solutions.

5 – Un dialogue « détaylorisé »

L'existence d'un langage commun fait que chacun, dans sa fonction et sa spécialité, a un rôle à jouer pour contribuer à une réussite commune. Le responsable de formation joue son rôle de spécialiste, le directeur joue son rôle d'appui en assurant la cohérence avec les entretiens d'appréciation des cadres, le directeur du personnel resitue le tout dans une politique d'ensemble de gestion des emplois. La référence à ISO 9001 montre la prise en compte de la globalité du « système qualité » de l'entreprise.

6 – Une vraie réponse

Le responsable de formation répond aux questions. Il n'a pas toutes les réponses, mais il montre qu'il a mis en place les moyens nécessaires. Par exemple, il a mis en place une évaluation différée de l'action de formation des agents de maîtrise à l'économie, qui lui permet de donner une réponse assez précise sur les résultats obtenus pour justifier sa proposition de continuer.

7 – Images

L'image que donne ce dialogue est celle de la solidarité d'un groupe d'hommes dans la recherche des meilleures solutions. La formation n'est pas « à part », elle est intégrée. Tout n'est pas parfait, mais les acteurs travaillent ensemble à l'amélioration. Notons au passage que la direction de personnel ne se contente pas d'inciter les autres à lancer des démarches d'amélioration de la Qualité. Elle donne l'exemple, et travaille à l'optimisation de son système de gestion administrative. Voulez-vous parier qu'elle en devient tout de suite plus crédible ?

IV. QUELQUES CAS SIGNIFICATIFS

1 – Un contre-exemple

Dans cette entreprise de services d'environ 2 000 salariés, une plaquette émanant de la « Direction des relations humaines et du personnel » est diffusée en septembre à tout le personnel. Elle est présentée comme suit :

« Depuis la fin des années 60, et en particulier depuis la loi du 16 juillet 1971, la Formation Professionnelle Continue a connu un essor assez considérable en France. Ce document a pour objet de retracer cette évolution et d'informer les Collaborateurs de X. sur les mécanismes actuels de la Formation, et sur les possibilités qui s'offrent à eux dans ce domaine au sein de l'entreprise. »

Cette introduction est suivie d'une page dans laquelle, sous le titre « Rôle et utilité de la formation », sont distingués très nettement « le point de vue des collaborateurs » et « le point de vue de l'entreprise ». Ce dernier est formulé ainsi :

« *C'est la possibilité de préparer le personnel aux changements technologiques, de lui permettre de s'adapter aux nouvelles conditions de travail, de développer ses connaissances pour une plus grande efficacité de l'entreprise dans son ensemble.* »

Après cette présentation dichotomique, il est précisé que « *La volonté de la direction de X. est de faire coïncider ces deux points de vue au maximum en intégrant le plus possible ses propres objectifs et les besoins et motivations du personnel.* »

Tout cela n'a rien de très extraordinaire, direz-vous. La suite est plus instructive. On y trouve pas moins de vingt-quatre pages d'informations sur le droit à la formation, avec définition détaillée de ce qu'est le plan de formation de l'entreprise et le congé individuel de formation. On donne l'adresse et le téléphone de l'OPCA qui gère les fonds du Congé Individuel de Formation. Ce document réussit le tour de force de parler de la formation en général sans, à aucun moment, indiquer aux salariés la moindre orientation de la politique propre à l'entreprise, c'est-à-dire les fameux « objectifs de la direction » avec lesquels il s'agirait de faire coïncider les besoins du personnel. Aucun document séparé, nous l'avons vérifié, ne donne ces indications. Le plan de formation est une liste non commentée de titres de stages avec le chiffrage correspondant. Et, alors même que dans le document il est dit que le plan de formation est établi par le dialogue entre l'encadrement et les salariés, ceux-ci sont invités, s'ils ont des besoins à formuler, à s'adresser... à la secrétaire du directeur des relations humaines et du personnel.

Le message implicite réel aux salariés est clair : ni la direction ni l'encadrement n'ont quoi que ce soit à vous dire sur l'avenir. On vous informe de vos droits, et si vous avez quelque chose à demander, passez par la voie administrative. Quelques investigations complémentaires nous ont montré que, dans cette entreprise, l'encadrement n'était jugé par la direction que sur ses capacités techniques, avec d'ailleurs un assez fort turnover vers l'un des principaux concurrents, que les demandes de formation étaient rares, souvent orientées vers des stages ayant assez peu de rapports avec l'activité de l'entreprise. Nous avons même appris que la secrétaire du directeur des relations humaines et du personnel, dans son dévouement, décourageait souvent les demandeurs en leur signifiant qu'il « ne fallait pas l'embêter avec cela » avec tout ce qu'il avait à faire.

Inutile de préciser qu'un peu plus tard le changement d'intitulé de cette direction en direction des ressources humaines, sans changement de son titulaire ni de son mode de fonctionnement, provoqua parmi ceux des membres du personnel qui n'étaient pas encore complètement démotivés une vive perplexité.

Ce contre-exemple, réel, est instructif (1). Les salariés sont placés dans une situation paradoxale par une communication qui dit, *grosso modo*, et peut-être même avec les meilleures intentions du monde, « il faut vous former, mais on aimerait mieux que vous ne le fassiez pas. Si vous y tenez vraiment, on verra cela quand on aura le temps ». Quant à l'encadrement, on lui précise : « vous avez un rôle important à jouer pour adapter la compétence de vos équipes à vos besoins, mais, ne vous en faites pas, ma secrétaire s'en occupe ». Bien entendu, cela n'est pas exprimé clairement, et peut-être même les promoteurs de cette brochure se défendraient-ils d'avoir eu cette intention. Mais le message réel est bien celui que nous indiquons, et l'observation des pratiques réelles montre bien que c'est ce message implicite qui est entendu.

2 – Deux cas positifs

Sans vouloir les donner en modèle, citons ici deux entreprises qui ont accompli ces dernières années un important effort de communication interne sur leur activité de formation. Nous les appellerons entreprise A et entreprise B.

Dans l'entreprise A, le tableau de bord central de la formation publié chaque année, sous-titré « indicateurs de pilotage », et commenté au comité de direction comporte les six rubriques suivantes :

1. Indicateurs d'évolution de l'effort formation

Ce chapitre regroupe les indications classiques (nombres d'heures, budgets, etc.).

2. Indicateurs d'évolution de la finalité de la formation

Cette catégorie est beaucoup plus originale. Elle situe l'effort accompli par rapport aux grandes orientations politiques de la formation, avec des comparaisons interétablissements.

3. Indicateurs d'évolution de l'accès à la formation

On présente ici un croisement entre les catégories d'objectifs et les populations concernées.

4. Indicateurs d'évolution des pratiques de la formation

On trouve dans cette rubrique des indications sur la durée moyenne des formations (selon des critères de catégorie et de populations), sur la répartition entre les formations imputables sur la 24-83, les congés individuels de formation, et les formations non imputables.

(1) Depuis la première édition de ce livre, cette entreprise a connu de grosses difficultés, et a été rachetée par un groupe international... qui a assez rapidement remplacé toute l'équipe de direction.

On y trouve aussi, ce qui est plus novateur, des indicateurs sur le coût des structures internes de formation, le type de formateurs internes (notamment par rapport à l'objectif de développement des formations prises en charge par des formateurs occasionnels choisis dans l'encadrement), et du ratio formation interne/sous-traitance.

5. Indicateurs d'évolution des natures d'action par familles

Résultats liés aux formations techniques et générales.

6. Indicateurs d'évolution de la performance formation

C'est la rubrique la plus originale, qui permet de rendre compte des résultats des efforts faits par la fonction formation pour améliorer son efficacité. On y trouve des indications regroupées en quatre chapitres : la performance financière (coût horaire de formation, coût horaire par secteur d'activité, coût horaire par établissement, répartition par nature des dépenses) ; la performance des structures de formation (nombre de stagiaires par enseignant, écarts entre prévisions du plan triennal et du plan annuel) ; la performance de réalisation des plans annuels (par établissements) ; la performance de concertation (à partir des avis exprimés par les comités d'établissement lors de la présentation des plans).

On peut observer que, dans beaucoup d'entreprises, c'est la première rubrique seule qui sert à rendre compte de l'activité. L'intérêt de cette démarche de l'équipe de l'entreprise A est de permettre une communication sur un spectre beaucoup plus large, incluant sa performance propre. En même temps qu'elle rend compte, elle a une communication transparente par laquelle elle se soumet à d'éventuelles critiques. Mais, en faisant cela, elle est en cohérence avec le reste de l'entreprise, qui a accompli un considérable effort de redressement et qui doit aussi rendre compte de ses résultats. Elle communique ainsi comme partenaire d'un progrès collectif, soucieuse de sa propre contribution et comptable des ressources qui lui sont allouées, et non pas comme service « dépensier ». Pourquoi la formation serait-elle la seule fonction à y échapper ?

Dans l'entreprise B, la visée est la même. Le document qui rend compte de l'activité comporte, pour chaque chapitre, un titre indiquant « la formation au service de... » (des axes stratégiques, de l'emploi et du développement des compétences ; de la mobilité ; du management). Il s'ouvre par un tableau comportant trois colonnes : les objectifs (« notre challenge pour être performant ») ; où en sommes-nous ? ; ce qui reste à faire. Cette présentation permet de façon synthétique de communiquer autour de trois thèmes : rappeler les objectifs à moyen terme ; rendre compte des résultats obtenus sur la base d'indicateurs chiffrés ; montrer aux autres acteurs le mouvement engagé pour progresser (et au passage leur rappeler sans trop insister leur nécessaire contribution). Le reste du document comporte un développement de ces différents points, équilibrant résultats et rappel des orientations et des principes de la politique de formation.

Certes, l'existence d'un document de bilan présenté de cette manière n'est pas une fin en soi. Mais nous donnons ces deux exemples pour montrer que les idées que nous avons développées précédemment donnent lieu à des réalisations effectives sur le terrain. Évidemment, ces deux entreprises sont parmi celles qui ont le plus nettement, au cours de ces dernières années, repositionné stratégiquement leur politique de formation et l'ont nettement sortie des ornières de l'« administrativo-légal » qu'évoquait notre contre-exemple du paragraphe précédent.

V. TEST : COMMENT COMMUNIQUE LA FONCTION FORMATION ?

Nous vous proposons maintenant un petit test qui vous permettra une première réflexion sur l'état de la communication de la fonction formation (située à l'intérieur de la fonction RH) avec le reste de l'entreprise.

Répondez aux dix questions suivantes sur une échelle en cinq points, 1 étant la note la plus basse et 5 la note la plus haute. Nous vous suggérons de répondre à plusieurs et de comparer vos réponses. Les différences de points de vue avec vos collègues peuvent être éclairantes.

Faites la moyenne de vos réponses, en donnant autant de points que l'indique la colonne et en divisant par 10 la somme de vos scores aux dix questions. Si vous voulez allez plus loin, quelques clés :

– Les questions 1 et 9 concernent l'offre proposée aux clients internes. Cette offre procède à la fois par la manière dont sont recueillis les besoins (9), qui partent (ou non) des problèmes de terrain, et par la manière dont sont présentées les actions (1). Le fameux « catalogue » de formation n'est en lui-même critiquable que s'il procède d'une conception centrale dans laquelle les clients ne se reconnaissent pas et dans laquelle ils ne peuvent pas identifier les résultats qu'ils sont susceptibles d'en attendre.

– Les questions 2 et 3 portent sur les résultats obtenus. Sont-ils identifiables autrement qu'en volume de dépenses, et sont-ils communiqués aux utilisateurs ? Comment la fonction formation rend-elle compte de son action ? C'est souvent un des points les plus faibles des systèmes de formation, comme nous avons essayé de le montrer plus haut dans les dialogues que nous avons imaginés.

– Les questions 4 et 7 concernent l'exemplarité de la fonction RH. Il est évidemment difficile de faire adhérer les services de l'entreprise à des principes et à des démarches que l'on ne s'applique pas à soi-même

TEST	1	2	3	4	5
1. La présentation de vos programmes (catalogues, brochures...) permet-elle aux hiérarchiques et aux salariés de se faire une idée précise des objectifs visés et des profits qui peuvent en être retirés ?					
2. Après les actions de formation importantes, faites-vous un rapport sur les résultats obtenus aux responsables concernés ?					
3. Disposez-vous d'un tableau de bord qui vous permette de rendre compte, au-delà des informations administratives classiques (nombre de stagiaires, d'heures, etc.) de l'état d'avancement de la réalisation des orientations politiques de la formation ?					
4. Avez-vous mis en place un plan d'amélioration de la qualité des services rendus à l'entreprise par la formation ?					
5. Passez-vous suffisamment de temps, à votre avis, avec les opérationnels, pour être au courant de leurs problèmes et de leurs besoins ?					
6. Le comité de direction consacre-t-il un temps qui vous paraît suffisant pour débattre des objectifs et des résultats de la formation ?					
7. La fonction RH s'applique-t-elle à elle-même les principes de gestion des ressources humaines et de management qu'elle demande aux opérationnels de mettre en œuvre ?					
8. Le passage par la fonction formation, à temps plein ou à temps partiel, est-il valorisant pour la carrière d'un cadre dans votre entreprise ?					
9. Le plan de formation est-il établi en partant des besoins des opérationnels et des grandes fonctions ?					
10. À votre avis, la fonction formation est-elle considérée par les autres fonctions de l'entreprise comme un partenaire efficace dans le traitement de leurs problèmes de compétences ?					

(question 7). La question n'est pas d'être parfait (qui peut prétendre l'être ?), mais de donner à voir que l'on est en recherche constante d'amélioration (question 4).

– Les questions 5 et 6 portent sur la relation de la fonction formation avec ses clients, que nous limitons ici aux clients managériaux. Quelle est la qualité du réseau de relations tissé avec ces clients pour être à l'écoute de leurs besoins (5), et avec la direction (question 6) pour faire valoir une expertise utile dans les lieux de décision ?

– Les questions 8 et 10 portent sur l'image de la fonction formation : est-elle effectivement attractive (question 8) ? Quelle opinion a-t-on des services qu'elle rend ?

Si, pour plusieurs de ces questions, vous n'avez pas su répondre, ou vous avez répondu intuitivement sans être très sûr, cela est en soi un signe de mauvaise communication, en démontrant que vous ne disposez pas d'informations fiables sur la question. Et si vous pensiez à un audit sur votre image interne ?

Chapitre III

QU'EST-CE QU'UNE POLITIQUE DE FORMATION ?

« *Regarder l'avenir, c'est déjà le changer.* »
Gaston BERGER

Une politique de formation est un élément d'une politique d'ensemble d'une entreprise, visant à assurer de manière durable sa rentabilité, la satisfaction de ses clients, l'implication de son personnel et une relation positive avec son environnement. Elle exprime une volonté, exprimée par la direction générale, et engageant toute l'entreprise, portant sur les axes essentiels qui vont orienter les décisions et les actes de gestion de la formation, et, par extension, de gestion des compétences.

Ces orientations portent notamment sur six points :

Pourquoi quels sont les objectifs à atteindre (en référence explicite aux objectifs globaux de l'entreprise, et à la politique sociale de gestion des ressources humaines) ?

Ces objectifs seront une donnée d'entrée pour l'élaboration du plan de formation.

Quoi quelles sont les priorités (à long terme ou conjoncturelles), en termes d'objectifs et/ou de populations ? Autrement dit, dans l'ensemble de ce qui pourrait être fait et des besoins ou attentes exprimés, sur quoi décide-t-on de mettre particulièrement l'accent au cours de la période à venir ?

Qui qui sont les clients de la formation ? comment favoriser le « chaînage » des acteurs contribuant à la réussite d'une politique de formation ? comment jouer la concertation avec les partenaires sociaux ?

Comment et où quelles sont les procédures permettant de traduire des objectifs généraux en actions précises ? Ces procédures peuvent être très élaborées et formalisées (notamment dans les entreprises concernées par des certifications ISO 9001 ou équivalentes pour lesquelles il faut pouvoir prouver à des tiers que le système de détection et de traitement des besoins est sous contrôle), ou plus informelles.

Au minimum, doivent être définies les responsabilités respectives que délègue la direction générale au service formation (et/ou de la DRH) et aux managers. Dans les grands groupes multi-établissements, doit être précisé ce qui est du ressort de l'établissement lui-même ou ce qui relève du siège. Par exemple, il est fréquent que les programmes de formation de cadres supérieurs, ou ceux découlant de grandes décisions stratégiques concernant l'ensemble de l'entreprise (par exemple : implanter un ERP), soient gérés au niveau central, alors que les programmes liés au traitement de problèmes locaux seront gérés au plus près de ces problèmes, c'est-à-dire au niveau de l'établissement.

De manière générale, il s'agira de définir le niveau de centralisation ou de décentralisation dans les actes clés du management de la formation : élaboration des plans, réalisation et suivi des actions, achats de prestations externes (local ou en fonction d'une politique d'achats centralisée ?), suivi de gestion (harmonisation du système de saisie, indicateurs du tableau de bord locaux ou à remonter pour consolidation, etc.).

Combien concerne les choix d'allocations de ressources. Certaines entreprises fournissent aux établissements un cadrage budgétaire uniforme, lié à un plafond de dépenses exprimé le plus souvent en pourcentage de la masse salariale, d'autres laissent chaque établissement fixer son budget en fonction de ses besoins, sans cadrage *a priori*. En tout état de cause, la politique s'exprimera, après arbitrages lors de la fixation des budgets, par le montant des dépenses consenties. Il arrive que ce montant de dépenses s'accompagne de directives relatives aux sorties de trésorerie correspondantes (ce qui se traduira par une limitation des formations externes par rapport aux formations réalisées en interne).

Ce sont ces éléments que nous allons développer dans ce chapitre.

I. POURQUOI ? QUELS OBJECTIFS POUR UNE POLITIQUE DE FORMATION ? UNE TYPOLOGIE

Avant d'aborder ce chapitre, notons que dans trop d'entreprises l'identification des objectifs de la politique de formation reste peu explicite, souvent réduite à une liste de titres de stages dans le plan de formation. Il n'est pas surprenant, dans ces conditions, que la question de l'évaluation des résultats reste l'un des « serpents de mer » de la formation continue. Lorsqu'on ne sait pas ce qu'on cherche, on ne sait pas ce qu'on trouve. Nous avons montré, dans le chapitre précédent sur la communication sur la formation, l'intérêt qu'il y a à communiquer sur une contribution aux objectifs de l'entreprise. Ce que nous proposons maintenant vise à donner une solution opérationnelle à cette intention.

Globalement, on peut considérer qu'il y a trois grands types d'objectifs possibles (et complémentaires) dans une politique de formation (1). Le tableau de la page suivante en donne une représentation.

Fondamentalement, une politique de formation doit répondre à **trois finalités** : consolider l'existant, préparer l'avenir, accompagner les mouvements individuels.

La consolidation de l'existant est à court terme, dans le cadre de l'année. On y trouvera les actions de perfectionnement, individuel ou collectif, qui s'apparentent d'ailleurs davantage à de la maintenance qu'à de l'investissement.

La préparation de l'avenir porte sur la réussite des projets (d'investissement, d'organisation, etc.) essentiels pour l'entreprise, et ayant des

(1) La formulation est différente de celle des catégories de classement de la déclaration fiscale 24-83 (préformation / adaptation / promotion / prévention / conversion / acquisition, entretien ou perfectionnement), dont on conviendra qu'elles sont peu discriminantes pour suivre une politique d'entreprise. Pratiquement, il suffira que le code informatique des actions de formation soit paramétré avec deux clés de tri permettant, d'une part, de suivre la politique de formation et, d'autre part, de sortir le moment venu le classement selon les catégories de la déclaration.

I. Consolider l'existant
1. Performances individuelles dans l'emploi 2. Performances de l'unité (qualité, productivité...)
II. Préparer l'avenir
3. Investissements (machines, informatique...) 4. Changement d'organisation (polyvalence...) 6. Évolution des métiers 7. Évolution des qualifications
III. Accompagner les mouvements individuels
- intégration - promotions - mobilité interne - mobilité externe

incidences importantes sur les besoins de compétences des salariés. Elle peut porter sur des actions dont l'impact est attendu à moyen terne (au-delà de l'année), voire à long terme (s'il s'agit de transformer, par exemple, la structure de qualification de l'entreprise).

L'accompagnement des mouvements individuels est lié aux deux objectifs précédents, mais est centré sur la gestion individuelle, dans tous les actes qui la concernent, des formations d'accueil à la facilitation d'une mobilité.

L'un des intérêts de cette typologie est de bien faire apparaître que les différents objectifs ne sont pas de même niveau. Certains sont de l'ordre de l'opérationnel immédiat, d'autres de l'ordre de la préparation de l'avenir. Les acteurs concernés ne sont pas les mêmes. Il ne suffit pas d'avoir des objectifs inscrits dans un plan de formation. Il faut que ces objectifs soient « portés » par des acteurs effectivement concernés par leur réussite, ces acteurs n'étant pas nécessairement les professionnels de la formation. Autrement dit, un tel schéma cesse d'être théorique à partir du moment où, sous les formulations générales, se trouvent des objectifs précis formulés par les clients de la formation. Le responsable de formation n'est pas directement en charge des performances d'un atelier ou d'un projet d'investissement informatique. Son travail consiste à proposer et à mettre en place des moyens qui vont concourir à atteindre les objectifs poursuivis par les responsables en charge de ces projets.

Pour afficher un objectif, le responsable de formation a besoin de « clients » qui lui posent de bonnes questions. Voyons maintenant les différents objectifs inscrits dans le schéma, en nous posant à chaque fois la question du « client » : qui est-il ?

1 – À court terme : consolider l'existant

Performances individuelles dans l'emploi : le perfectionnement individuel

Permettez-moi un exemple personnel. Je rédige ce livre à l'aide d'un logiciel de traitement de textes, sur un PC. Je peux, lorsque j'en ai besoin, me connecter à Internet pour vérifier une référence bibliographique ou consulter un site spécialisé. Mon premier livre, il y a maintenant bien longtemps, était écrit à la main et frappé par une autre personne. Entre-temps, je suis passé par l'apprentissage de la classique machine à écrire, puis du micro-ordinateur. Je n'ai pas profondément changé d'activité. J'ai appris à me servir d'un outil nouveau qui me rend des services, évite à mon éditeur de se désespérer devant des textes mal frappés raturés à la main, me permet d'inverser des paragraphes ou des phrases sans être obligé de tout retaper ou de faire des remontages de texte avec ciseaux et colle. Le temps de formation a été court. Je me suis perfectionné dans mon métier.

Cette situation de perfectionnement est la plus courante en matière de formation continue (1). Il n'est pas rare que le plan de formation d'une entreprise soit constitué à 70 % de stages courts (quelques jours), centrés sur un apprentissage particulier fortement lié au travail actuel. On trouvera ces formations de perfectionnement soit dans le cas d'un changement limité de ce métier (par exemple, un changement d'outil, dans le cas du traitement de textes), soit lorsque apparaît un point faible du salarié dans la maîtrise d'une compétence nécessaire à l'exercice de son métier. Par exemple, un cadre commercial moins performant que d'autres va se perfectionner dans l'obtention de rendez-vous chez les clients par téléphone, ou sur le maniement de l'argumentaire de vente. Ou encore, un ouvrier va se perfectionner en lecture de plans. Ce n'est pas un signe d'insuffisance : le fait de pouvoir encore progresser ne signifie pas que l'on soit mauvais. Le mot perfectionnement exprime d'ailleurs parfaitement cette idée de mouvement vers la perfection. Ce qui est important c'est le mouvement.

(1) La durée moyenne d'une formation est de 41 heures. Mais ce chiffre inclut les formations « lourdes » qualifiantes qui peuvent atteindre plusieurs centaines d'heures. En réalité, la durée moyenne, si on élimine ces formations, est inférieure à trois jours.

La question est de savoir qui peut déclencher ce mouvement. Qui est le « client » ? Ce peut être, bien sûr, le salarié lui-même, qui a conscience d'avoir à progresser sur un aspect de sa compétence et qui va exprimer le besoin de se perfectionner. C'est évidemment le cas le plus simple. Notons au passage (nous y reviendrons plus longuement dans le chapitre V) que trop de démarches de recueil des besoins de formation sont encore exclusivement fondées sur cette hypothèse favorable.

Mais le client peut aussi être l'encadrement direct qui, à l'occasion d'entretiens formalisés ou non (entretiens professionnels, ou de formation), ou tout simplement à l'observation du travail quotidien suggère au salarié de se perfectionner sur un domaine de compétence donné.

Lorsque l'entreprise a mis en place une réelle gestion des compétences, les outils de celle-ci (les référentiels de compétences liés à l'emploi) donnent une véritable boussole (1). L'identification d'écarts entre compétences requises et compétences effectivement maîtrisées permet d'orienter vers des actions de perfectionnement (qui ne sont d'ailleurs pas nécessairement des actions de formation au sens classique du stage de formation).

Pour les actions de perfectionnement individuel, il y a donc deux clients possibles, l'idéal étant évidemment qu'ils soient d'accord entre eux. Cette partie du plan de formation doit être constituée des « remontées » du terrain, consolidées, et ayant éventuellement subi au passage quelques arbitrages en termes de volumes ou d'opportunité par les responsables hiérarchiques intermédiaires.

Performances de l'unité de travail (perfectionnement collectif)

Nous avons parlé précédemment de perfectionnement individuel. Il peut aussi y avoir des situations dans lesquelles le perfectionnement est à envisager pour un ensemble homogène de salariés. Ce peut être un groupe de salariés de la même spécialité parce qu'un événement extérieur a provoqué le besoin. Le cas typique est celui du personnel administratif lors d'un changement de système informatique. Généralement, ce type de situation ne pose pas de problème majeur, chacun comprenant sans difficulté qu'il faut acquérir les connaissances nécessaires.

Ce peut être aussi dans le cadre d'une équipe de travail constituée, pour améliorer ses résultats, par exemple d'une équipe de vente, pour

(1) Sur la gestion des compétences, voir Alain Meignant, *Ressources Humaines : déployer la stratégie*, Éditions Liaisons, 2000.

améliorer la performance globale de l'équipe, ou d'une équipe projet travaillant sur des contrats d'étude, pour gagner en efficacité, en maîtrise des délais et des coûts. Ou encore, pour atteindre un objectif de progrès dans le domaine de la Qualité comme réduire le nombre de non-conformités, les pertes de matière première, fiabiliser les délais de livraison...

La formation aura ici un rôle très lié à la recherche d'un résultat précis, mesuré par un indicateur physique : chiffre d'affaires, nombre de dossiers traités par semaine, amélioration du délai de réponse aux clients, etc. (1).

Le client est facilement identifiable : c'est le responsable du service dans lequel le résultat est recherché (ou éventuellement un fonctionnel qui cherche à obtenir des résultats dans un secteur à problèmes). Les meilleures conditions sont réunies quand ces deux clients partagent le même point de vue sur l'importance du résultat à atteindre et sur les moyens pour y parvenir.

Une partie croissante des plans de formation des entreprises est occupée par des actions de ce type directement articulées sur des objectifs d'exploitation, et qui se traduisent souvent sur le terrain par des démarches que les spécialistes de la formation appellent la « formation-action ». Cette approche de la formation, bien utilisée, a parfois permis de faire progresser les performances d'une équipe de façon spectaculaire. Mais il y a des conditions de réussite dont nous reparlerons ultérieurement.

Il faut noter que cette catégorie d'objectifs de formation est l'une de celles qui crédibilisent le plus la formation auprès de l'encadrement, puisque celui-ci peut en voir les résultats dans son champ de responsabilité. Souvenons-nous des recommandations du chapitre II sur la communication avec les clients de la formation.

2 – Préparer l'avenir

C'est peut-être la vocation la plus profonde de la formation continue que de faciliter et d'accompagner les évolutions qui préparent l'avenir à moyen ou à long terme de l'entreprise. Décrivons les objectifs possibles.

(1) Dans un livre récent (2001), paru aux Éditions de l'American Management Association, *The Return of Investissment of Human Capital*, Jac Fitz-Enz, consultant et professeur à l'université de Saratoga, Californie, démontre que ce type d'approche (pour la formation et pour l'ensemble des activités de GRH) est la clé de la contribution de la fonction RH à l'efficacité de l'entreprise.

Réussir un investissement

La modernisation est à l'ordre du jour. Ayant consolidé leurs marges, les entreprises françaises investissent. L'enjeu est clair : la survie dans une économie désormais mondiale dans laquelle la compétitivité est la clé du succès. La formation n'est pas une fin en soi. Son rôle est de contribuer ici à la réussite de ce type de projet.

Un plan de formation doit normalement comporter une partie liée à la formation du personnel devant travailler sur les nouveaux équipements. Le montage d'un projet d'investissement peut difficilement se concevoir sans prendre en compte les problèmes de compétence des hommes. Les entreprises qui ont cru pouvoir s'en dispenser, ou qui n'ont pas su le faire, l'ont parfois payé très cher en retard de mise en service des équipements, en pannes, en annulations de commandes, en perte d'image auprès de leurs clients, et en coût supplémentaire d'assistance technique.

Citons cette entreprise de produits grand public qui a dû commercialiser pendant six mois un nouveau modèle à un prix de vente de l'ordre de la moitié de son prix de revient en usine, les responsables ayant accordé toute leur attention au dossier technique et financier du lancement, sans se préoccuper réellement des aspects humains et sans prévoir de plan de formation spécifique (on espérait beaucoup de l'apprentissage sur le tas). La direction du personnel et le responsable de formation n'avaient pas, dans cette entreprise d'ingénieurs, le statut (ni peut-être le courage) nécessaire pour faire valoir leurs arguments. Les installations intégrant des automatismes auxquels le personnel de production et d'entretien n'était pas accoutumé, les pannes, les arrêts machine, furent considérables pendant six mois, amenant des prix de revient prohibitifs qui coûtèrent une petite fortune à l'entreprise (et, croyons-nous savoir, son poste au directeur de l'usine).

On pourrait citer également de nombreux exemples de retards (et de dérives budgétaires) dans la mise en œuvre d'un projet d'informatisation qui, sur le papier, était supposé apporter rapidement des gains d'efficacité. Chacun se souvient, dans le début des années 90, des perturbations apportées au système d'édition des billets SNCF par une mise en œuvre prématurée du projet SOCRATE, avec un personnel mal préparé. Ces difficultés ont eu des effets négatifs considérables sur l'image de la SNCF et sur son chiffre d'affaires.

La question de la place de la formation dans un projet d'investissement a donc un double aspect : positif, parce que la formation va permettre une bonne maîtrise des nouveaux équipements et le meilleur rendement possible, et négatif en termes de risque à éviter. Certaines entreprises ont pris l'habitude de budgéter *a priori* un certain pourcentage à la formation dans tout projet d'investissement. C'est évidemment plus facile lorsqu'il s'agit d'investissements bien maîtrisés et répétitifs, c'est plus difficile lorsqu'il s'agit d'opérations isolées, pour lesquelles il faut s'appuyer sur l'expérience d'autres entreprises ou du constructeur du matériel, avec une certaine marge d'incertitude. Mais, avec l'expérience, beaucoup d'entreprises parviennent à intégrer dans les projets d'investissement une estimation d'enveloppe consacrée à la formation du personnel.

Tout le problème, ici, est dans la capacité des directions de ressources humaines à se trouver impliquées en amont de ce type de projets, lors de leur conception, et pas de se trouver placées en dernière minute en « pompiers de service » devant le fait accompli, avec un contrat de formation signé avec le fournisseur sans véritable analyse du besoin... La solution (nous y reviendrons dans le chapitre V) se trouve à mi-chemin de la procédure contraignante et de l'influence informelle « en réseau ».

Il est clair que le seul client possible de la formation, dans ce cas, est le responsable du projet (certains disent le « propriétaire du process »), qui devra intégrer la compétence des hommes dans son planning de travail (le calendrier de la formation est dans ce type d'opérations très important ; il faut que les équipes soient formées au bon moment, ni trop tôt ni trop tard).

Réussir un changement d'organisation

L'organisation du travail se transforme profondément. Le modèle taylorien fait place à des modes d'organisation faisant une part beaucoup plus grande au travail en équipe (les équipes autonomes, style UET (1) de Renault), aux structures par projet, à l'autocontrôle, à la responsabilisation (l'empowerment, comme disent les Anglo-Saxons), au travail en réseau, à la polyvalence.

Ces modes d'organisation nécessitent la maîtrise de compétences nouvelles : des compétences techniques plus larges (pour la polyvalence), des compétences d'organisation, d'autonomie, des capacités relationnelles pour communiquer efficacement par différents moyens.

Ces organisations ayant pour objectif l'augmentation des capacités de réactivité de l'entreprise à des changements de l'environnement,

(1) UET : unités élémentaires de travail, équipes d'une vingtaine de personnes chargées d'un sous-ensemble d'un véhicule, base aujourd'hui de l'organisation d'une entreprise jadis célèbre pour ses chaînes.

l'approche de la formation des personnes doit prendre en compte à la fois les compétences nécessaires et un champ plus large de connaissances, plus difficiles à décrire, permettant aux salariés de comprendre la nécessité de ces changements. Par exemple, une compréhension plus grande des attentes des clients, des enjeux économiques et commerciaux, est nécessaire pour permettre une véritable adhésion. Ces nouvelles organisations, surtout pour du personnel habitué à des structures moins responsabilisantes, nécessitent à la fois un apprentissage technique et un apprentissage culturel. Elles nécessitent également une profonde évolution des compétences des managers, désormais en position d'appui aux équipes, de facilitation de leur autonomie, de soutien au développement des compétences des salariés.

La formation a dans ce contexte un rôle majeur d'appui à la transformation de l'organisation dans le sens souhaité. Elle le jouera bien si elle sait apporter une aide opérationnelle aux clients que sont les managers dans la conduite des changements nécessaires. La particularité de ces organisations est que, contrairement à ce que l'on rencontrait dans les organisations tayloriennes, le contenu des formations des salariés ne peut pas être entièrement prédéterminé par l'organisation par postes. C'est en fait à l'évolution d'un collectif (salariés + managers) qu'elle doit se consacrer, souvent sans « bonne solution » définie au-delà de quelques principes, pour l'aider à trouver le meilleur équilibre possible entre les talents des individus dans une organisation configurée. Mais, en même temps, les solutions de formation doivent souvent être très individualisées, par exemple en recourant à la technique du « coaching » individuel pour les managers plutôt qu'à des stages de managers par groupes de douze.

On sait que le lien entre organisation du travail et formation est l'un des plus importants, en même temps que l'un des plus difficiles à réaliser concrètement. On le voit très clairement lors des évaluations de formation dans lesquelles trop de stagiaires expriment encore la difficulté de mettre réellement en œuvre ce qu'ils ont appris dans des organisations du travail qui restent pour l'essentiel inchangées.

La contribution, en lien étroit avec les managers, à cette évolution conjointe des compétences et de l'organisation du travail est certainement l'un des axes majeurs du professionnalisme du responsable de formation. C'est aussi l'un de ceux sur lesquels les plus grands progrès restent à faire (1).

(1) Le groupe BSN, avant de s'appeler Danone, a été, dès les années 50, l'un des précurseurs de cette approche, en créant les SOF (services organisation-formation).

Favoriser l'évolution des métiers

Nous sommes là dans le problème majeur de l'articulation entre gestion de l'emploi et formation. Comment faire en sorte que, sur le moyen terme, les flux d'accès aux métiers de l'entreprise par des personnes formées soient assurés ? Ces métiers peuvent être de plusieurs sortes ; il y a des métiers actuels, connus, essentiels pour l'entreprise qui ne peut pas se permettre de manquer de personnes compétentes pour les exercer. Exemple : les décontamineurs dans l'industrie nucléaire, ou les ingénieurs hyperfréquences dans l'industrie électronique militaire. Il y a aussi des métiers nouveaux, difficiles à cerner, évolutifs. On a vu apparaître ces dernières années des métiers comme ceux du génie logiciel, de l'imagerie virtuelle, des centres d'appel, d'animateurs de forums web, qui sont des métiers porteurs d'avenir. On sait qu'ils seront importants, mais pour certains d'entre eux, à leur apparition, on a du mal à bien cerner leurs contours.

Certains métiers apparaissent, d'autres se transforment, d'autres diminuent en importance, voire disparaissent entièrement. Tout le problème de l'entreprise sera d'anticiper suffisamment sur ces évolutions pour disposer à temps, en effectifs suffisants, des personnes compétentes (souvenez-vous de notre définition du chapitre I).

La formation continue peut bien sûr jouer un rôle important dans la préparation à ces métiers. Cela suppose qu'il y ait en amont une sérieuse analyse de l'évolution de ces métiers. Le client de la formation est ici la DRH, en tant que responsable de l'analyse prévisionnelle des emplois. C'est elle qui doit donner les orientations à la formation tant sur les flux (nombre de personnes à former) que sur le contenu des emplois de destination (pour que le programme de la formation soit adapté).

Dans certaines entreprises, le client n'est pas la DRH mais le responsable le plus élevé dans une fonction donnée. Le responsable de la maintenance, par exemple, sera considéré comme étant en charge non seulement des aspects techniques de celle-ci, mais aussi de l'évolution des compétences dans les métiers de la maintenance. Dans telle entreprise de télécommunications, les responsables de branches ont, dans leur mission, la responsabilité d'animer des « groupes métiers » visant à anticiper les évolutions technologiques et les conséquences des attentes des clients pour actualiser les référentiels de compétences. Cette mise à jour permanente de la compétence des équipes fait partie des principaux objectifs de ces responsables, qui sont jugés sur les résultats.

Les choix faits par les entreprises sont assez différents en ce qui concerne le client principal de la formation aux métiers. Mais l'essentiel est que le problème soit correctement traité, et de manière suffisamment anticipatrice, donc à moyen terme.

Le manager de la formation doit être en permanence à l'affût des signaux sur l'évolution des métiers, et monter en concertation avec les responsables concernés des actions permettant à l'entreprise de préparer à ces métiers (souvent en coordination avec le service de recrutement). Dans certaines entreprises de haute technologie, l'évolution est tellement rapide qu'il est pratiquement impossible d'anticiper les évolutions techniques à échéance du plan de formation annuel. L'accent est mis alors sur l'adaptabilité des personnels concernés, sur leur capacité à apprendre et sur la mise à leur disposition des informations nécessaires pour qu'ils déclenchent eux-mêmes des demandes de formation lorsqu'ils en ressentent la nécessité.

Dans certaines entreprises, les évolutions des métiers ont donné lieu à des redéploiements massifs de personnel. L'exemple le plus significatif de ces dernières années a été France Télécom, qui a redéployé en trois ans plus de 40 000 agents occupant des emplois techniques vers des emplois commerciaux. La formation a bien entendu joué un rôle essentiel dans la réussite de ces redéploiements, en recherchant des solutions innovantes d'accompagnement individuel.

Faire évoluer la structure de qualification

Ce type d'objectif se rencontre dans des entreprises qui ont décidé d'agir pour requalifier une catégorie de personnel collectivement fragilisée par des évolutions techniques ou organisationnelles, et à leur donner la possibilité de se remettre à niveau.

Ce fut le cas à la fin des années 80 pour le sidérurgiste Sollac, qui a signé un accord avec certaines organisations syndicales, permettant la requalification du personnel de niveau inférieur au CAP. Sollac a consacré pendant plusieurs années plus du tiers de son budget de formation à cet objectif, jusqu'à sa réussite quasi totale, en engageant ce personnel dans la préparation de CAPUC (CAP par unités capitalisables), en s'appuyant sur les GRETA de l'Éducation nationale.

Il s'agit dans ce cas de développer l'employabilité... et de prévenir les risques d'inadaptation. Il ne s'agit pas tellement de préparer le personnel à une situation professionnelle précise, mais de développer sa capacité à le faire.

Il y a là un double client : le salarié, qui renforce son employabilité, et l'entreprise, qui atténue ou évite les risques de décalage massif entre les niveaux de qualification réels et ses besoins.

3 – Accompagner les mouvements individuels

Il s'agit ici des actions de formation qui vont accompagner la trajectoire individuelle d'un salarié dans les étapes clés de sa vie dans l'entreprise. Une politique de formation ne peut pas être uniquement centrée sur les besoins de l'entreprise elle-même. Elle doit ouvrir aux individus des voies de réussite professionnelle. Mais elle doit aussi les canaliser.

■ *Les formations d'insertion*

Ces formations peuvent être de deux types. Le premier correspond aux différents dispositifs publics visant à faciliter l'insertion des jeunes dans l'emploi (alternance, contrats de qualification...). Ils doivent être inscrits dans une politique de formation dans la mesure où ils sont financés par la part de la contribution financière obligatoire des entreprises. Certes, celle-ci ne s'engage pas à une embauche définitive en contrat à durée indéterminée. Mais l'intérêt bien compris de l'entreprise, surtout en période de relative pénurie de candidats qualifiés sur le marché du travail, est de favoriser au cours de la période une acquisition de compétences qui permettront d'envisager une embauche le moment venu.

L'attitude adoptée vis-à-vis de ces dispositifs est donc un élément important d'une politique de formation. L'entreprise peut choisir de verser cette contribution comme un impôt à l'OPCA dont elle relève, sans accueillir de jeunes ensuite. Mais les entreprises les mieux avisées, surtout parmi les PME, ne manquent pas de soumettre leurs besoins à l'OPCA pour rechercher le montage pédagogique et financier le mieux adapté à leurs besoins.

L'autre type de formation d'insertion correspond à ce que l'on désigne parfois sous le nom de « stages d'accueil ». Il concerne les nouveaux embauchés. Ces formations jouent un rôle important pour permettre à tout nouveau salarié de l'entreprise de comprendre l'entreprise au-delà de sa situation de travail particulière.

Certaines entreprises ont des stages d'accueil relativement courts dans les premières semaines de l'embauche. D'autres ont de véritables parcours d'insertion sur une année, incluant des formations et des stages dans d'autres secteurs. Les grands groupes, spécialement pour les jeunes cadres, ont parfois construit des parcours d'insertion sur plusieurs années, incluant des rencontres avec les hauts dirigeants, des missions à l'étranger, parfois des stages chez des clients importants ou la participation à des travaux visant à proposer des idées nouvelles sur l'avenir du groupe.

Là encore, voici un point clé d'une politique de formation (qui dépend largement de la politique d'ensemble sur la mobilité) : intègre-t-on un nouveau dans un service d'affectation ou dans un ensemble plus large ? où place-t-on la barre entre ceux qui bénéficient d'une insertion large au niveau groupe et ceux qui seront insérés uniquement dans un établissement ? veut-on privilégier une information descendante ou est-on prêt à entendre les « étonnements » et les suggestions des nouveaux ?

■ *La promotion : optimiser les flux*

La formation est évidemment un élément important pour accompagner la promotion d'un salarié. Le problème de l'entreprise est d'optimiser les flux promotionnels : comment favoriser un certain taux de promotion qui permette aux meilleurs de faire carrière dans l'entreprise, comment éviter l'automaticité formation/promotion et baser la promotion sur la reconnaissance de compétences réelles, comment éviter d'avoir soit un déficit de salariés ayant la capacité d'accéder à des postes supérieurs, avec obligation de recourir exagérément au recrutement externe, soit au contraire un excès de postulants ayant la capacité de tenir le poste, ceux qui ne seront pas retenus étant évidemment déçus ?

Ce problème de flux est typiquement du ressort d'une DRH qui devient ici le client principal de la formation. Celle-ci en elle-même peut faciliter les passages, mais l'inscription d'objectifs promotionnels dans le plan de formation devra pouvoir s'appuyer sur une estimation suffisamment fiable des volumes des flux. Notons que ce doit avoir une certaine permanence dans le temps. On ne peut pas engager un salarié une année dans un cursus de formation promotionnel sur plusieurs années et « geler » ce processus l'année suivante sous prétexte que la conjoncture rend la probabilité de promotion plus faible.

Ces formations promotionnelles peuvent prendre plusieurs aspects. Soit elles sont organisées par l'entreprise elle-même (lorsqu'il s'agit d'une grande entreprise) sur le temps de travail, par des moyens internes. Dans ce cas, l'entreprise peut assez facilement ajuster les effectifs admis en formation à ses besoins. Certaines s'attachent ainsi à résoudre le difficile problème du passage cadre des techniciens de formation initiale bac + 2 ou bac + 3, soit en facilitant l'accès à des formations diplômantes externes, soit en mettant en place en interne des processus internes qualifiants.

Si la formation est organisée en dehors de l'entreprise, cette dernière a une marge de jeu réduite. Tout au plus peut-elle jouer sur les facilités qu'elle accorde pour suivre les cours. Sans afficher un objectif explicite de promotion, des entreprises ont mis en place des systèmes dits de « développement de potentiel ». Il s'agit d'agir de manière sélective sur des individus repérés comme ayant un potentiel d'évolution en leur offrant un parcours qui va consolider ou accélérer leur trajectoire de carrière.

Dans ces systèmes, la formation tient une place plus ou moins importante, mais évidemment pas la seule place. Le potentiel ne se développe pas que par les stages de formation, mais surtout par des mises en situation sur des dossiers qui permettent d'apprécier la qualité du travail et les talents du salarié.

Certaines (grandes) entreprises ont crée des formations réservées à des cadres repérés comme « à potentiel », soit en interne (dans des universités d'entreprise), soit, pour les « hauts potentiels », futurs dirigeants putatifs, dans telle institution de formation extérieure prestigieuse comme une grande école de commerce ou, pour les plus richement dotés, l'Insead ou une Business School américaine.

Comme on n'est plus dans une période où l'on pouvait projeter des plans de carrière sur une très longue période (on parlait alors de « potentiel ultime » pour exprimer le poste le plus haut auquel un individu donné pouvait raisonnablement prétendre), ces entreprises raisonnent maintenant sur des périodes plus courtes, de l'ordre de trois ans. Une liste des salariés à potentiel est établie en commun par la DRH et les principaux responsables concernés, et on examine chaque année chaque cas pour voir si le pronostic se vérifie. Dans la pratique, ce type de démarche est essentiellement réservé aux cadres, mais quelques entreprises en étendent le bénéfice à des catégories plus larges de personnel. Bien entendu, cette liste est secrète, pour éviter qu'un salarié qui se sait considéré comme à potentiel ne s'endorme sur ses lauriers en considérant que son succès est garanti. En fonction de cet examen de chaque cas, les responsables envisagent des solutions pour développer le potentiel des personnes, le plus souvent par une mobilité fonctionnelle et/ou géographique, ou en lui confiant un important projet « transversal ». Ils vont aussi sortir quelques noms de la liste en considérant qu'ils ont atteint leur plafond (du moins dans l'entreprise).

Le client de formations visant à développer les potentiels est théoriquement le personnel concerné lui-même. En réalité, le vrai client est ici l'intermédiaire : la direction du personnel. Si celle-ci a une politique et une pratique réelle de détection et de suivi des salariés à potentiel, larges ou sélectives, la formation pourra jouer un rôle d'accompagnement de ces trajectoires. Si elle n'en a pas, la formation en elle-même n'y palliera certainement pas.

Dans d'autres cas, ce sont les salariés eux-mêmes, individuellement, qui souhaitent suivre à l'extérieur des formations diplômantes dont ils attendent la possibilité d'une promotion. C'est notamment le cas pour les techniciens bac + 2 ou 3 désirant préparer un diplôme d'ingénieur pour passer cadre dans des institutions comme le Cnam (Conservatoire national des arts et métiers) ou le Cési (Centre d'études industrielles). Dans ce cas, l'entreprise a le choix entre les y encourager ou non. Si elle ne souhaite pas les encourager, les salariés ont toujours la possibilité de présenter leur demande au titre du congé individuel de formation (CIF). Si elle les encourage, elle peut inscrire ces formations dans le plan de formation, soit en prenant en charge la totalité des frais ou une partie, soit par des facilités d'horaires s'il s'agit de cours du soir, etc. (1).

La montée en puissance des dispositifs de validation des expériences et acquis professionnels, permettant à des salariés de faire reconnaître à l'extérieur des compétences acquises au travail sous forme d'équivalence de tout ou partie de diplômes, va évidemment dans les années qui viennent rendre nécessaire une clarté de la politique de l'entreprise sur les possibilités de carrière qui s'offrent ou non aux salariés s'ils obtiennent le diplôme convoité.

Là aussi, le client est la DRH.

■ *Mobilité interne*

La mobilité interne est finalement un cas particulier d'application des divers points précédents. La mobilité promotionnelle a été traitée dans le paragraphe précédent. La mobilité fonctionnelle ou transversale (passer d'un emploi à un autre, dans la même catégorie de métier ou non) renvoie, lorsque l'emploi est proche du précédent, à un problème de perfectionnement. Lorsqu'il y a un écart important, on se trouve dans une situation voisine des formations à l'emploi, éventuellement en recourant à des solutions proches de l'insertion (alternance formation/prise d'emploi, notamment), puisqu'on se trouve quasiment en situation de recrutement interne.

Individuelle ou collective, la mobilité professionnelle interne peut être facilitée par la formation. Le client est la DRH, et les services d'accueil, qui doivent exprimer leurs besoins.

(1) Ce point a été l'un des plus délicats de la négociation du dossier « formation » de la refondation sociale initié par le Medef en 2001, celui-ci voulant responsabiliser le salarié dans la gestion d'un CEF (compte d'épargne formation).

■ *Mobilité externe : faciliter les projets individuels ?*

L'entreprise est une communauté d'hommes. La relation entre elle et chacun de ses salariés fait l'objet d'un « contrat ». Il s'agit bien sûr d'un contrat de travail, mais aussi d'un contrat moral. De plus en plus de salariés, la montée du niveau d'études initiales et des attitudes d'autonomie dans la gestion de sa carrière aidant, ont un projet personnel, et vivent leur association avec une entreprise comme une étape temporaire. Le discours ambiant sur l'« employabilité » a renforcé, sur la période récente, cette attitude. La multiplication des plans sociaux, de plus en plus déclenchés au niveau mondial par des dirigeants voulant montrer à leurs actionnaires leur capacité de réaction à des baisses de résultats, renforce la probabilité individuelle de voir son contrat de travail rompu (1). Le plus souvent, il s'agit de réactions brutales et rapides à des baisses de marché (par exemple : la téléphonie mobile). On peut considérer que développer la capacité d'un salarié à évoluer dans son parcours professionnel, y compris à l'extérieur, est une responsabilité qui appartient au moins partiellement à l'entreprise.

Les spécialistes de l'informatique ou du marketing, par exemple, conduisent leur carrière par des sauts d'une entreprise à l'autre, et, surtout dans les spécialités rares, n'ont aucun mal à trouver à l'extérieur des possibilités de valoriser leurs capacités si leur entreprise actuelle ne leur en donne pas l'occasion ou si leur emploi est menacé. Ce sera beaucoup plus difficile pour l'ouvrière que nous avons un jour rencontrée, qui, depuis vingt ans, occupait le même poste de travail consistant à coudre la marque de l'entreprise sur des chemises.

Qu'elle le veuille ou non, l'entreprise est confrontée à ce phénomène, et le sera de plus en plus. Il n'y a pas en ce domaine de règle applicable à toutes les entreprises. Il en est qui offrent une carrière pour fidéliser un personnel, souvent pour rentabiliser une formation initiale coûteuse. Un spécialiste de la conduite d'une centrale nucléaire aura du mal à valoriser sa compétence en dehors d'EDF. D'autres entreprises recherchent au contraire un taux relativement élevé de turnover, au moins dans certaines spécialités (la restauration rapide, les centres d'appel). D'autres, par contre, ont du mal à retenir des cadres détenteurs de spécialités « pointues », rares sur le marché, et très demandées par les spécialistes du recrutement et leurs alliés chasseurs de têtes.

(1) Le jour où ces lignes sont écrites (26 juillet 2001), on annonce 40 000 suppressions d'emploi au niveau mondial dans des groupes internationaux comme Lucent, American Express ou Philips.

Donc, pas de règle générale, et le préalable à toute réflexion sur la formation est l'existence d'une politique définissant ce qui est souhaitable en ce domaine et des moyens nécessaires pour faire passer le souhaitable dans les faits. Le client est ici la direction du personnel et les responsables des grandes fonctions, mais aussi le salarié lui-même, dans une logique de prévention de ruptures dans sa carrière.

Devant cette situation, l'entreprise a, *grosso modo*, le choix entre trois attitudes en ce qui concerne la formation.

Première attitude : la porte est ouverte à ceux qui veulent partir, nous n'allons pas en plus les y aider. Il suffira de renvoyer les salariés désireux de suivre une formation leur permettant une reconversion externe aux dispositifs de congé individuel de formation (CIF) prévus par le législateur (et financés par les entreprises sur la part fiscalisée de leur contribution à la formation) (1). Dans ce cas, c'est l'organisme mutualisateur extérieur qui instruira le dossier et prendra une position sur l'éventuel financement du stage et du salarié. L'entreprise peut ainsi renvoyer la décision à cet organisme extérieur (qui prendra ou non en charge la demande de stage) et au salarié, dans l'hypothèse où l'organisme n'accepterait de prendre en charge qu'une partie des frais de la formation. Dans ce cas, l'inscription dans la politique d'un objectif à moyen terme est sans objet. Il suffit de s'en remettre à ces décisions, sans dépasser le montant obligatoire du financement.

Deuxième attitude : ce n'est pas notre problème aujourd'hui. Si un jour l'on doit recourir à des plans sociaux, les aides publiques et les cellules de reclassement pourvoiront aux besoins, et il suffira de constituer les provisions pour restructuration au niveau adéquat.

Troisième attitude : puisque ce phénomène est inéluctable, essayons de donner à ceux qui veulent progresser à l'extérieur parce que nous ne pouvons pas leur offrir la possibilité de le faire à l'intérieur des moyens qui les aideront à franchir le pas. Nous perdrons des salariés ambitieux, mais nous éviterons de fabriquer des aigris, et nous retrouverons chez des clients ou des sous-traitants des gens qui sont passés chez nous, qui en ont un bon souvenir, qui nous connaîtront et que nous connaissons, et tout le monde y gagnera.

Si cette troisième attitude est choisie, ce qui est le cas d'un bon nombre de grandes entreprises, elle suppose que des moyens soient mis en œuvre en amont (conseil de carrière et orientation des salariés),

(1) Dans la pratique, en 2000 (source Insee), 0,6 % des salariés ont bénéficié de cette possibilité. 24 000 ont bénéficié d'un CIF (CDI), de 900 heures en moyenne, et 6 000 d'un CIF (CDD).

et en ce qui concerne les efforts financiers ou en décharge de temps que l'entreprise est prête à consentir pour soutenir le projet d'un salarié, notamment la prise en charge d'une partie des frais de formation ou de salaire qui ne seraient pas pris en charge par le Fongecif. Cela suppose évidemment une politique globale de gestion de l'emploi. Certaines entreprises ont même engagé des politiques dites « d'essaimage » favorisant le départ de certains salariés, et pouvant aller jusqu'à une participation financière si ceux-ci ont des projets de création d'entreprises dans des domaines liés à l'activité principale de la firme.

Ces pratiques d'aide au départ, souvent expérimentées à l'occasion d'actions de réduction de sureffectifs « à chaud », tendent maintenant à s'étendre à des situations « à froid », sans pression d'une conjoncture économique difficile, dans un esprit de régulation des flux de sortie et de constitution de réseaux externes de partenariat.

Dans cette même rubrique, on peut s'interroger sur la politique relative aux formations « culturelles ». Les idéaux de la formation permanente prévoyaient la possibilité, pour tout adulte, d'accéder à des formations sans finalité professionnelle directe, lui permettant de développer ses connaissances sur un sujet de son choix. Dans les premières années de la mise en œuvre de la loi fondatrice du 16 juillet 1971, ces formations ont souvent occupé une place importante dans les plans de formation. Il faut dire que cette politique était souvent le reflet d'une incapacité de l'entreprise à orienter les salariés vers des formations à caractère professionnel. Il y avait même dans certaines grandes entreprises une sorte de partage implicite : à la direction les formations professionnelles, au comité d'établissement les formations culturelles.

Ces idéaux de départ ont souvent été oubliés devant les urgences des politiques d'emploi. Au fur et à mesure que les entreprises ont développé leurs capacités de prescription, les formations culturelles désintéressées ont régressé au point de devenir le symbole honni du gaspillage des ressources et de la formation sur catalogue. Pour des entreprises devant faire front à la fois sur la compétitivité et sur l'emploi, ces formations apparaissaient comme un luxe, voire un détournement.

Pourtant, ce besoin de développement culturel est un besoin profond. Le marché du livre et du CD-Rom témoigne de sa vitalité, hors entreprise. L'Université de tous les savoirs organisée en 1999 par le Cnam a attiré un nombre considérable d'auditeurs, y compris en période d'été, sur les sujets les plus ardus. Des expériences en France ou à l'étranger, comme dans les pays scandinaves, au Québec avec les

Cegep (1), ou aux États-Unis (2), montrent qu'il existe un public nombreux et passionné, sans parler des multiples actions de développement personnel ouvertes à l'inscription individuelle (3).

La question de savoir si tout ou partie de ces formations doit être financé par l'entreprise reste entière. On comprend bien que l'entreprise souhaite en priorité garder ses ressources pour répondre à ses besoins propres. Par contre, rien n'exclut *a priori* de réserver un petit pourcentage du budget (5 % ?) à ces formations. C'est réellement un choix politique de l'entreprise dans le message qu'elle adresse aux salariés sur la conception de la formation qu'elle adopte.

Il est à noter que l'évolution du marché de l'emploi dans les années 2000 a conduit certaines entreprises à favoriser délibérément ce type de formations pour attirer des candidats devenus exigeants sur la qualité des prestations que leur offre un employeur potentiel. L'accès facile à des formations culturelles (ou sportives) fait ainsi partie du « package » visant à séduire les candidats recherchés.

Le choix appartient à l'entreprise, et nous ne formulerons pas de recommandation sur ce point. Signalons toutefois l'importance d'une communication très maîtrisée pour éviter les effets de halo sur l'image globale de la politique de formation.

II. QUOI ? QUELLES PRIORITÉS ?

Nous venons d'énumérer et de décrire trois grands types d'objectifs possibles pour orienter votre politique de formation, avec des sous-catégories. Tous sont importants. Il faut cependant établir des priorités, qui se traduiront par une répartition des ressources affectées à ces différents objectifs. Il n'y a évidemment pas de règle générale, la réponse dépendant des contextes d'entreprise, des opportunités et des contraintes. Ce choix est l'un des points clés d'une politique de formation.

(1) Collèges ouverts le soir aux adultes pour suivre des cours sur toutes sortes de sujets.
(2) L'Institut Chatauqua, dans l'État de New York, propose depuis 1974 un grand nombre de cours sur des sujets aussi variés que les opéras de Verdi, les investissements boursiers, le patchwork ou la robotique. Il s'inscrit dans le mouvement des « vacances apprenantes » décrit par Bob Aubrey dans son bulletin *Me Tizo Newsletter*. En France, l'Éducation populaire conserve une certaine vigueur, mais est concurrencée par les grands médias.
(3) Les statistiques 1998 montrent que, dans l'ensemble des dépenses de formation continue en France, ce sont les dépenses des ménages qui ont le plus augmenté (+14 % par rapport à 1997), à hauteur de 457 millions d'euros.

1 – Un cas

On peut ici utiliser la métaphore du placement d'argent. Combien avez-vous à placer ? Comment voulez-vous le répartir entre le court terme à rendement immédiat et le moyen/long terme ? Êtes-vous prêt à prendre des risques sur un placement spéculatif ? Autrement dit, dans les années qui viennent, quelles ressources (en argent et en temps) êtes-vous prêt à affecter aux différents types d'objectifs ?

Pour illustrer cette question sans toutefois prétendre donner la bonne réponse, nous voudrions présenter le cas réel d'une entreprise, dont nous conservons l'anonymat. Dans cette entreprise, un audit de formation que nous avons réalisé à la demande du président avait montré que, à l'examen des plans de formation des établissements, la répartition de volume de moyens financiers mis sur les grandes catégories de formation s'établissait ainsi.

Type d'objectif	**Constat de l'audit** *(en % des dépenses de formation)*	**Objectif fixé pour l'année N+1 suite à l'audit**
Perfectionnement individuel	29	20
Performances d'unité	9	25
Accompagnement des investissements	5	5
Changements d'organisation	3,9	10
Évolution des métiers	13	15
Évolution des qualifications	30	15
Insertion / accueil	2	2
Évolutions de carrière (promotions + mobilités)	8,1	8
TOTAL	100	100

Le tableau donne à la fois les résultats de l'audit et ses conséquences, en termes d'objectifs fixés pour l'année suivante.

On peut constater, en année N :

– que la part des formations consacrées explicitement à des performances d'unité est faible (9 %). L'objectif est fixé à 25 %. C'est un excellent moyen de responsabiliser vraiment les managers pour qu'ils insèrent la formation dans leurs objectifs ;

– que les formations associées à des objectifs individuels (perfectionnement, promotion, qualifications) représentent une part largement dominante, avec des effets potentiels d'augmentation de la masse salariale. Une partie de ces formations est récupérée pour financer des formations plus directement liées à des performances et à l'évolution des métiers.

Clairement, dans cette entreprise, l'audit révélait une mauvaise articulation entre les objectifs de l'entreprise et la répartition des ressources consacrées à la formation. Cette approche par objectifs a le grand avantage, par rapport à la classique liste de stages par thèmes que l'on trouve encore trop dans les plans de formation, de permettre une communication de la formation avec les dirigeants autour de thèmes qui ont du sens pour eux. La prise de conscience qui a résulté de cet audit a permis une réorientation, en même temps qu'elle fournissait des indicateurs pour mesurer les résultats.

2 – Exercice d'application

Nous vous proposons maintenant d'appliquer cette approche à la situation de votre entreprise. Pour cela, reportez-vous à votre plan de formation en cours et essayez de chiffrer, au moins approximativement, la part respective de budget que vous consacrez actuellement à ces objectifs au cours de cet exercice fiscal. Indiquez la tendance générale souhaitable d'augmentation, de régression ou de stagnation pour chacun de ces postes, et chiffrez ce qui vous paraîtrait être la bonne répartition, disons dans trois ans. Les écarts vous donneront une idée de ce qui vous reste à faire pour y parvenir. Notez que nous raisonnons en volume global équivalent, en partant de l'hypothèse que vous pouvez financer les actions nouvelles utiles en prélevant des ressources sur les actions actuelles dépassées ou inutiles. Si vous ne parvenez pas à faire tenir le financement à masse équivalente, vous saurez au moins pourquoi le budget doit augmenter, et vous aurez des éléments pour l'argumenter plus sérieux que le simple énoncé incantatoire de la nécessité d'accroître votre « investissement formation ».

Dans le cadre de ce livre, nous ne pouvons que suggérer une tendance. Vous avez la possibilité, si vous voulez aller plus loin, d'essayer de chiffrer la période de transition année par année.

Si vous avez envie de « corser » l'exercice, imaginez qu'un nouveau président vient de prendre la tête de votre entreprise et vous impose une réduction de 15 % du budget. Où opérez-vous des coupes tout en conservant (et même en renforçant) votre ambition de préparer le long terme ?

(En % du budget)

I. Consolider l'existant	**Aujourd'hui**	Tendance ↗ = ↘	**Demain** (1 an, 3 ans)
1. Performances de l'unité (qualité, productivité...)			
2. Performances individuelles dans l'emploi			
II. Préparer l'avenir			
3. Investissement (machines, informatique...)			
4. Changements d'organisation (polyvalence...)			
6. Évolution des métiers			
7. Évolution des qualifications			
III. Accompagner les mouvements individuels			
- intégration			
- promotions			
- mobilité interne			
- mobilité externe			

Pour vous aider, voici un petit exercice complémentaire. Imaginez que vous faites le tour des principaux responsables de l'entreprise et que vous leur demandez ce qui, dans les trois ans, est vraiment important pour eux (si vous êtes un responsable de ressources humaines conséquent, ce dont nous ne doutons pas, vous n'avez pas attendu ce livre pour en avoir l'idée). Vous pouvez organiser l'interrogation autour des six grands axes suivants de changement : de produits, de marchés, de technologie, d'évolution des métiers, d'organisation, de politique sociale. Classez ensuite ces enjeux dans les quatre cases du schéma ci-dessous, en les différenciant selon deux critères : les enjeux réellement stratégiques et ceux qui sont secondaires d'une part, et ceux pour lesquels la compétence du personnel est essentielle, ou secondaire. Par exemple, l'évolution des moyens bureautiques du secrétariat sera secondaire sur le plan stratégique, mais la compétence du personnel sera essentielle. À l'inverse, la réussite d'un projet de rachat d'une entreprise pourra être essentielle sur le plan stratégique, mais la compétence du personnel ne jouera dans l'opération qu'un rôle secondaire.

Numérotez chaque enjeu avant de le placer dans le tableau.

Poids de la compétence

Tout à fait déterminant	3	4
Secondaire	1	2
	Secondaire	Stratégique

Importance de l'enjeu

Cela étant fait, prenez votre plan de formation en cours et observez quel est le pourcentage d'actions qui s'y trouvent et qui correspondent aux enjeux placés dans les cases 3 ou 4. Ce pourcentage vous donnera une indication précieuse sur le taux de couverture des enjeux requérant la compétence du personnel par votre plan actuel et pourra vous montrer la voie de réajustements possibles.

III. QUI ? CLIENTS ET ACTEURS

1 – Qui sont les clients du responsable de formation ?

Le principe général est que la formation doit être traitée aussi près que possible de l'endroit où se posent les problèmes de compétence. Le client est la personne concernée par ce problème (son « propriétaire », comme on dit en Qualité Totale). Par « traitement », nous entendons essentiellement l'expression du besoin, le choix des personnes et le suivi d'application de la formation. Nous avons, en présentant notre liste d'objectifs possibles, pris soin à chaque fois d'identifier ce que nous avons appelé le client de la formation. C'est ce client, variable selon les objectifs, qui doit orienter les choix d'objectifs et de moyens. Les salariés concernés sont par définition clients pour chaque objectif. Pour mémoire :

Améliorer l'existant :

– performances individuelles et perfectionnement : l'encadrement direct et le salarié (en concertation, si possible sur la base de référentiels de compétences) ;

– performances collectives : l'encadrement direct et éventuellement les fonctionnels concernés par la performance à améliorer.

Préparer l'avenir :

– projets d'investissement et/ou de changement d'organisation : le responsable en charge du projet, avec les responsables opérationnels du secteur concerné par le projet ;

– évolution des métiers : les responsables des grandes fonctions auxquelles appartiennent ces métiers, conjointement avec les responsables de la fonction personnel en charge de la gestion de l'emploi ;

– évolution des qualifications : la DRH.

Accompagner les évolutions individuelles :

– formations d'insertion et d'accueil : la DRH (locale ou nationale selon les cas) et les opérationnels dans les services desquels les nouveaux vont s'insérer ;

– l'optimisation des flux promotionnels et la mobilité : la DRH, dans le cadre d'une politique d'ensemble. Pour le développement des potentiels : le responsable de la gestion de la catégorie de personnel concernée ;

– la facilitation de projets individuels : les responsables de la fonction RH en charge de la gestion de l'emploi dans le cadre d'une politique d'ensemble.

Bien entendu, ces objectifs seront d'autant mieux atteints que ces divers responsables fonctionneront en « réseau », avec ce que nous appelons le « chaînage » entre eux (c'est-à-dire la réalité d'un travail commun permanent et cohérent (1)). Mais nous nommons ici le « propriétaire » du problème, le client principal.

Une bonne organisation de la formation doit tendre à ce que chacun de ces acteurs, à son niveau, prenne effectivement en charge les objectifs qui sont de son ressort. Le rôle des spécialistes des ressources humaines et de la formation sera de leur apporter le meilleur appui technique et logistique possible pour qu'ils puissent jouer effectivement ce rôle, et éventuellement de les former pour qu'ils l'exercent correctement.

Ce premier principe de proximité amène donc à une segmentation de la politique de formation en processus adaptés à des niveaux d'objectifs différents. Le problème sera évidemment de maintenir la cohérence de l'ensemble, d'éviter les comportements baroniques, la balkanisation des pratiques ou les contradictions dangereuses.

(1) Voir au paragraphe suivant un développement de ce point.

C'est pourquoi un second principe, complémentaire, sera le suivant : il n'y a pas de bonne décentralisation opérationnelle sans une forte centralisation stratégique. Plus on décentralise l'analyse des problèmes et leur traitement au niveau du terrain, plus il est important de maintenir une cohérence d'ensemble, qui sera assurée par la politique et les objectifs, mais aussi par des règles du jeu communes, des procédures, des méthodologies et des possibilités d'arbitrages en cas de désaccord entre partenaires.

Toutes les (grandes) entreprises qui ont engagé en même temps un repositionnement stratégique de leur politique de formation et une décentralisation du traitement ont accompagné ce mouvement d'un renforcement du contrôle stratégique central. Les moyens de ce contrôle sont divers et complémentaires : tableau de bord de suivi centralisé, « règles du jeu », insertion de l'ensemble dans le manuel qualité (ISO 9001 ou équivalent), audits périodiques, renforcement par une politique et des moyens centralisés du professionnalisme du réseau des spécialistes de la formation pour qu'ils apportent aux opérationnels une aide efficace et cohérente d'un site à l'autre du point de vue des finalités et des méthodologies, formation centralisée des opérationnels à leur rôle dans la gestion des ressources humaines, signature d'accords-cadres avec les organisations syndicales qui fournissent un référentiel commun et déterminent des procédures d'arbitrages, etc.

Une politique de formation qui se contente de décentraliser sans renforcement du contrôle stratégique central aboutit quasi inévitablement, de nombreuses expériences nous l'ont montré, à un appauvrissement de la qualité des pratiques de formation par abandon des objectifs à moyen et long terme, toujours sous-estimés par les opérationnels décentralisés au profit du court terme.

2 – Les acteurs clés

Chaînage des acteurs

Nous avons développé dans un ouvrage précédent aujourd'hui épuisé (1) la théorie du « chaînage » des acteurs. L'idée centrale est que la réussite d'une politique de formation ne résulte pas du seul professionnalisme du responsable de formation, mais de la solidité et de la

(1) *La formation, atout stratégique pour l'entreprise*, Éditions d'Organisation, 1986.

qualité des liens qu'il entretient avec d'autres acteurs. Comme l'écrivait Thierry Gaudin dans *L'écoute des silences : « les idées naissent de l'interaction et de l'espoir d'être entendu »*. Ce que nous appelons le chaînage peut être représenté par le schéma ci-après.

Le chaînage des acteurs

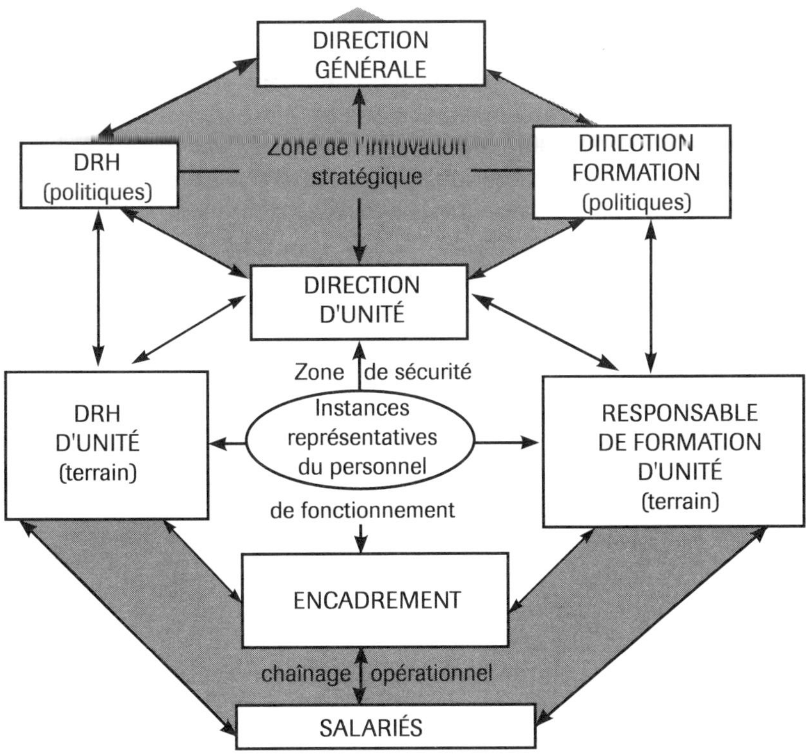

Commentons ce schéma.

Chaînage opérationnel

Le responsable de formation « terrain » fonctionne essentiellement, au niveau d'une unité (usine, établissement) dans le triangle constitué par lui-même, les salariés et l'encadrement. C'est de la qualité de ce chaînage que découlera la précision des objectifs liés aux performances collectives et individuelles, aux projets d'investissement ou d'évolution des organisations. Chaînage avec le DRH de l'établissement d'abord qui permettra la cohérence entre les politiques de formation et de gestion des ressources humaines. C'est par lui que pourront être identifiés et traités les besoins liés à l'activité, à commencer par l'exploitation des entretiens annuels réalisés par l'encadrement avec les salariés.

Zone de sécurité de fonctionnement

Mais cette relation privilégiée n'a de sens que si elle est cohérente avec une politique d'unité. Nous avons montré précédemment comment le plan de formation gagnait en qualité à être articulé avec les plans d'unité. Le chaînage doit alors inclure les deux partenaires qui en détiennent les clés, la direction de l'unité en premier lieu et, pour d'autres raisons, les instances représentatives du personnel. Le losange relationnel entre le directeur de l'unité, le DRH local, le responsable de formation et l'encadrement délimite la zone que nous avons appelée de sécurité de fonctionnement. Il est le seul capable de donner à la politique de formation une cohérence avec les objectifs de performances et les priorités de l'unité.

Indispensable, ce chaînage est encore insuffisant. Une unité fonctionne essentiellement dans le court terme, à la rigueur dans le moyen terme, en se centrant sur des objectifs de performance, de qualité, de respect des délais, éventuellement sur des opérations d'investissement ou de désinvestissement, et en s'assurant que le climat social est suffisamment favorable pour que ces objectifs soient atteints sans difficulté majeure (d'où le terme de sécurité de fonctionnement). Ce n'est pas au niveau du directeur d'unité que se déterminent les stratégies à long terme. Tout projet innovateur perturbe l'organisation qu'il s'est donnée pour satisfaire aux exigences de l'efficacité à court terme.

Zone de l'innovation stratégique

L'innovation suppose donc un double chaînage supplémentaire. Il faut que les directeurs d'unité soient associés à la réflexion et à la décision stratégique à moyen et long terme. Il est inutile, pour un responsable de formation, de chercher à faire entendre à un directeur d'unité un langage porteur d'innovations stratégiques si ce directeur ne sent pas que ces innovations sont validées par la direction générale, ou si lui-même n'a pas le sentiment fondé que ses propres contraintes ont été prises en compte par cette direction générale. Les politiques sociales innovantes issues de la seule réflexion des fonctionnels de la DRH, et *a fortiori* des responsables de formation, et transmises par ceux-ci à leurs relais fonctionnels dans les établissements sont perçues presque inévitablement comme des lubies reposant sur une philosophie abstraite dédaignant les contraintes du terrain.

Il faut donc que le directeur d'unité soit partie prenante de la zone que nous appelons la zone de l'innovation stratégique pour que le responsable de formation terrain puisse s'appuyer sur lui. Mais cette relation ne peut pas seulement être duelle. Ce responsable de formation terrain a également besoin d'être chaîné avec le responsable de formation central, lui-même appuyé sur le DRH central et partie prenante de la zone d'innovation stratégique. Il obtient ainsi une double validation de son action : celle du terrain, centrée sur l'opérationnel, et celle de la stratégie à long terme. Il pourra ainsi légitimement répartir ses moyens, comme nous l'avons indiqué précédemment dans notre typologie des objectifs d'une politique de formation, sur le court, ou sur le moyen/long terme.

Le double triangle relationnel entre, d'une part, responsable de formation terrain, responsable de formation central, directeur d'unité, et, d'autre part, responsable de formation terrain, encadrement, salariés (chaînage opérationnel) constitue la base essentielle de l'efficacité du responsable de formation. Le professionnalisme du responsable de formation n'a de sens que s'il sait créer et activer ce réseau d'acteurs.

Les pathologies du fonctionnement de ce chaînage sont bien connues. Si les fonctionnels travaillent entre eux, sans relation forte avec la ligne opérationnelle, ils finissent immanquablement par fonctionner en vase clos, en fonction de leurs propres besoins, et à s'isoler des besoins de l'entreprise. Si le responsable de formation terrain ne fonctionne qu'avec les opérationnels de l'unité, il est sans cesse perturbé par des initiatives centrales qu'il ne peut intégrer dans son plan de formation et il prépare peu l'avenir.

S'il n'est réellement en contact qu'avec les salariés et les organisations représentatives, il a tendance à transformer le plan de formation en compilation de demandes individuelles mal finalisées.

Manager la formation

Sous cette étiquette se cachent des réalités diverses, de l'administratif sans pouvoir au stratège. On ne commence à voir apparaître un responsable de formation à temps plein que dans des entreprises d'au moins 300 salariés.

Le ROME (Répertoire opérationnel des métiers et des emplois), établi par l'ANPE et édité par la Documentation française, définit ainsi sa mission (fiche 32122) : *« Repère et analyse les besoins en formation, en cohérence avec la politique économique et sociale de l'entreprise, et son évolution technologique. Conçoit, construit et négocie le plan de formation en tenant compte des aspects humains, financiers, juridiques, organisationnels et pédagogiques. Accompagne la réalisation des actions de formation et évalue les effets de l'investissement formation. Gère les relations avec les partenaires professionnels et institutionnels de la formation. »*

Il indique que cette fonction est accessible à partir d'une formation de niveau II, généraliste ou technique, doublée d'une formation complémentaire en sciences humaines. Elle permet d'accéder à un éventail assez large d'autres emplois, dans la fonction ressources humaines ou en dehors.

La revue *L'essentiel du management* a publié en novembre 1996 une description de cette fonction. Elle en définit la mission comme suit : *« Identifie, en liaison avec les cadres responsables, les besoins de formation de l'entreprise. Conçoit les programmes, puis les fait exécuter par des personnes internes ou externes à l'entreprise, en veillant au rapport qualité/prix des différentes prestations. Valide le résultat des actions de formation avec les supérieurs hiérarchiques des utilisateurs. »*

Elle indique que cette fonction est en pleine évolution, notamment par le fait qu'elle a à se situer par rapport aux besoins « réels » de l'entreprise (par opposition à la gestion de « demandes individuelles disparates »). La fourchette de rémunération annuelle brute, selon l'âge, la taille de l'entreprise et le secteur d'activité, varie de 30 000 euros à 60 000 euros avec une moyenne de 38 500 euros (1).

Elle indique qu'après 40 ans l'âge ne joue plus sur la rémunération, et que les responsables de formation qui restent dans cette fonction après cet âge doivent s'attendre à voir leur salaire stagner.

Chacun pourra se positionner à partir de ces éléments. Il est certain que les entreprises qui ont compris l'importance stratégique de la formation, et qui en font un des outils majeurs de conduite du changement, accordent au responsable un statut élevé, avec un champ de responsabilité qui dépasse la seule réalisation d'actions de formation. Il est non moins certain que le responsable de formation, dans une entreprise moins convaincue de la nécessité de donner au développement des compétences une dimension stratégique, tend à être enfermé dans un rôle relativement subalterne d'administration des stages. Dans les

(1) La limite haute nous paraît sous-estimée. Nous connaissons, dans de grandes entreprises, des responsables de formation dont la rémunération atteint 100 000 euros. Mais ce ne sont évidemment pas de simples gestionnaires administratifs de stages.

petites entreprises ou établissements, il n'a d'ailleurs souvent pas le statut de cadre (1).

Dans les deux cas, la stratégie de chaînage que nous avons décrite ne prendra évidemment pas la même dimension.

Outils, acteurs et processus

Mettons en garde le lecteur. Dans tout projet, il y a trois manières d'échouer à coup sûr.

Paul Watzlawicz, dans *Comment réussir à échouer*, montre bien que « deux fois plus n'est pas nécessairement deux fois mieux ». Depuis 1972, date de mise en œuvre de la loi sur la formation continue, les budgets qui lui ont été consacrés ont plus que doublé en francs constants. Est-on sûr que l'efficacité ait augmenté dans les mêmes proportions ? Évidemment pas. Il faut mettre en garde contre la tentation de considérer que l'augmentation des budgets consacrés à la formation est un bien en soi, même si l'on valorise symboliquement cette augmentation du terme d'investissement. C'est de logique qu'il faut changer, et rien ne sert de dépenser plus si l'on ne s'attaque pas aux causes de l'inefficacité et du gaspillage.

La deuxième est de croire que les outils, à eux seuls, sont la voie royale du succès. Avant que le lecteur n'aborde la seconde partie de ce livre, dans laquelle nous en faisons l'inventaire, nous voudrions être sûrs d'être bien compris. Les outils sont indispensables, mais la greffe d'outils, même pertinents, dans un milieu qui n'est pas prêt à les recevoir aboutit invariablement à l'échec. Dans le domaine des ressources humaines dans l'entreprise, le cimetière des outils tombés en désuétude est aussi impressionnant que celui des expérimentations jamais généralisées dans l'Éducation nationale. On ne compte plus les questionnaires de recueil des besoins, les cartes des emplois, les formulaires d'entretien annuel, les logiciels, qui ne manquent pas d'intérêt intrinsèque, qui ont mobilisé l'intelligence et l'énergie de cadres compétents, mais qui sont sous-utilisés, voire complètement inopérants, parce que, précisément, ils sont apparus aux « clients » de ces outils comme trop sophistiqués, inapplicables, ou tout simplement trop exigeants en acceptation de changement de comportement. Trop souvent, les outils ont fasciné les professionnels qui en sont friands. Le problème est qu'ils n'ont fasciné

(1) Voir le numéro 171 de mars-avril 2001 de l'*Actualité de la formation permanente*, revue du Centre Inffo, consacré aux acteurs de la « formation ».

qu'eux. L'accumulation des grilles et des méthodologies n'a jamais, à elle seule, transformé une politique de développement des ressources humaines.

La troisième manière d'échouer à coup sûr découle de la croyance aveugle dans l'importance décisive du fameux « réseau d'acteurs » dont la littérature contemporaine sur le management est remplie. Là aussi, la constitution de ce réseau, que nous avons appelé le chaînage, est, nous l'avons montré, un élément *sine qua non* du succès. Mais l'important est dans le mot « aveugle ». L'importance décisive du réseau ne signifie pas qu'il est en lui-même la panacée du succès. L'accumulation des groupes-projet, groupes pilotes, et des groupes participatifs de toute nature n'a jamais produit en elle-même de résultats positifs. Un groupe participatif, quelles que soient sa forme et sa composition, ne produit un résultat qui soit autre chose que l'effet d'un rapport de forces plus ou moins manipulateur ou un consensus mou que si des spécialistes ont injecté dans ce groupe une valeur ajoutée sous la forme d'une vision claire et stimulante de l'ambition, de concepts et de méthodes de travail. C'est particulièrement vrai dans le domaine des ressources humaines et de la formation, c'est-à-dire dans un domaine dans lequel tout le monde croit savoir parce qu'il généralise peu ou prou son expérience personnelle.

Les professionnels ont donc dans ces groupes un rôle clé, en faisant valoir leur savoir et leurs méthodologies spécifiques. Faute de cela, soit le résultat est mauvais, soit (ce qui revient au même) les groupes tournent en rond à redécouvrir à coût élevé des vérités premières qui sont de l'ordre du bon sens (dont on sait qu'il est l'un des ennemis les plus résolus de l'efficacité et surtout du changement), soit, tout simplement, se lassent.

L'ambition étant forcément que l'ensemble des acteurs soient impliqués efficacement en utilisant les outils les plus performants, le problème est de choisir les « plages de débarquement ». C'est là que réside le véritable professionnalisme d'un responsable des ressources humaines ou d'un responsable de formation : choisir les voies et moyens les plus pertinents pour faire progresser à petits pas une collectivité vers la réalisation de cette ambition.

C'est un but à long terme. Il faut construire les étapes. C'est ce que nous appelons le processus d'action. C'est lui qui permettra de passer de l'intention aux actes. C'est lui qui constituera le pont entre les acteurs et les outils autour d'objectifs et de leur réalisation, et permettra de passer, pour citer encore Paul Watzlawicz, *de plus de la même chose...* à autre chose.

Le processus d'action suppose des compétences particulières. D'abord, savoir analyser une situation, en repérant les enjeux les plus forts, en dégageant des projets, en vérifiant leur faisabilité, en s'assurant de la validation et du soutien de ces projets par les acteurs les plus influents.

Ensuite, savoir construire une démarche adaptée. Cela se traduit par des questions très concrètes : vaut-il mieux commencer par une expérimentation ou généraliser immédiatement ? Faut-il être discret ou médiatiser très fortement le projet dès le début ? Comment argumenter un projet auprès des clients potentiels ? Comment communiquer avec ces clients ? Comment être pris au sérieux par une bonne maîtrise budgétaire ? Faut-il très vite faire une action limitée significative ou se donner le temps de la réflexion par un audit préalable du système existant ? Comment fabriquer le réseau d'acteurs dont on a besoin ? Par qui commencer ? Comment construire la cohérence entre son projet et ceux d'autres fonctions de l'entreprise ?

Comment profiter d'opportunités pour nouer des alliances avec d'autres ? Par exemple, l'alliance du responsable formation et du responsable Qualité à l'occasion d'une démarche de certification ISO 9001 peut être tout à fait profitable pour reconstruire le processus d'analyse et de traitement des besoins de formation qui fait l'objet du chapitre 6.2 (version 2000) de cette norme.

Enfin, savoir piloter (manager) une politique : quels soutiens obtenir pour être en mesure de résister aux pressions qui ne manqueront pas de se manifester lorsqu'on voudra introduire des changements réellement significatifs ? Comment mettre en place un dispositif de suivi appuyé sur des tableaux de bord et, surtout, comment utiliser les informations dans un processus de décision ? Comment utiliser positivement les opportunités et les effets non prévus du processus engagé ? Comment concilier ce que Robert Bosquet appelle le rôle de « pompier » (qui sait réagir rapidement et efficacement à une situation imprévue à très court terme) et celui d'architecte qui travaille à long terme avec un projet d'ensemble cohérent ? Comment maintenir l'implication des acteurs dans la durée, en intégrant les inévitables changements de personnes ? Comment rendre compte de son activité en termes de résultats obtenus ?

La concertation avec les partenaires sociaux

Le dernier élément important d'une politique de formation est le degré de concertation que les responsables veulent engager avec les partenaires sociaux. Les termes de la loi sont précis : les partenaires sociaux doivent être consultés à des étapes bien identifiées (voir chapitre VI sur le plan de formation). Il existe, rattachées au comité d'entreprise, des commissions formation/emploi. Un ensemble de documents doit leur être légalement communiqué. Le système français de formation continue est fortement imprégné de cet esprit de concertation auquel les pouvoirs publics, les organisations patronales et les syndicats sont fermement attachés. Il ne faut d'ailleurs pas oublier que la loi du 16 juillet 1971 est la consécration législative d'un accord signé l'année précédente entre organisations patronales et syndicats de salariés. Un ensemble d'institutions sont de droit paritaires (OPCA). Enfin, le législateur demande aux branches professionnelles de négocier des accords sur la formation, ainsi qu'aux entreprises n'appartenant pas à une branche professionnelle.

Au niveau de l'entreprise, toute la question sera de savoir jusqu'à quel point on veut jouer le jeu de la concertation. Celle-ci peut être formelle, appliquant *a minima* les règles légales et contractuelles. Les textes conservent au chef d'entreprise une entière autorité sur le contenu du plan de formation, et il est certain que certaines entreprises ne prennent les avis des partenaires sociaux que pour la forme. Dans le secteur nationalisé, le rejet d'un plan de formation par les partenaires sociaux peut amener à un débat au conseil d'administration par l'intermédiaire des administrateurs salariés élus, mais l'expérience prouve que cette disposition n'entrave en rien la volonté politique de la direction sur les orientations du plan lorsque cette volonté existe.

Mais d'autres entreprises ont pris l'initiative d'aller plus loin que ce que les règles communes leur imposent, en engageant avec ces partenaires la négociation d'accords spécifiques sur la formation, et bien d'autres ont signé de tels accords avec au moins quelques-unes des organisations représentatives.

Pourquoi le font-elles ? Par choix politique d'établir avec ces organisations un dialogue sur l'un des terrains sur lesquels celui-ci est possible, pour maintenir ouvert l'un des canaux de communication utiles au dialogue social, pour avoir une occasion d'échange dans un domaine dans lequel un rapprochement des intérêts des parties est concevable sans réduire l'autonomie et la responsabilité des partenaires, pour fixer en commun des règles du jeu et, tout simplement, pour pouvoir bénéficier des avis de représentants du personnel proches du terrain, sensibles au climat social. Plus tactiquement, pour créer un contexte favorable à une mise en mouvement des acteurs de terrain, hiérarchiques et militants, la signature d'un accord-cadre entraînant ces acteurs, en cherchant à l'appliquer, à remettre en cause leurs habitudes, leurs schémas de pensée, leurs routines.

Le choix politique en ce domaine dépend bien entendu du contexte de l'entreprise. Il est des dirigeants et des représentants syndicaux peu ouverts au dialogue et préférant camper de part et d'autre sur des positions idéologiques. Pour dialoguer, il faut être deux (au moins).

À notre point de vue, la concertation est fortement souhaitable, tant qu'elle ne conduit pas à chercher l'accord pour l'accord au prix d'un consensus mou autour de généralités. L'ouverture en ce domaine doit être aussi large que possible, mais s'arrêter à partir du moment où elle empêche l'entreprise d'appliquer la politique qui lui assure, par le développement des ressources humaines, efficacité et compétitivité. Les modalités, les conditions, les dosages de priorités sont négociables, pas les objectifs stratégiques.

IV. Comment et où ? Optimiser les moyens

Les orientations étant fixées, un autre élément important de la politique de formation sera le choix de moyens qui vont permettre d'atteindre les objectifs avec la meilleure efficience (c'est-à-dire avec le meilleur rapport coût/efficacité possible).

Il n'y a pas en ce domaine de règle générale. Tout dépendra des objectifs que vous vous fixez, de vos priorités, et de ce dont vous disposez déjà, et dont vous ne pouvez pas faire table rase du jour au lendemain. Nous ne vous donnerons pas la réponse adaptée à votre cas, mais nous allons vous suggérer quelques pistes de réflexion autour des trois thèmes suivants :

- Ressources internes ou sous-traitance ?
- Gestion des temps consacrés au management de la formation.
- Concertation avec les partenaires sociaux.

1 – Ressources internes ou externes ?

Les choix à opérer portent sur l'usage respectif de ressources internes et de ressources externes.

Les ressources internes

Ce sont :

- les moyens financiers (et le temps) ;

– les éventuels formateurs et responsables de programmes à temps plein ;

– les managers et techniciens pouvant jouer un rôle de formateur occasionnel, de tuteur, si l'on met à leur disposition des moyens pédagogiques adaptés (ingénierie de formation) ;

– les dispositifs alternatifs, notamment les outils de e-learning qui ont fait leur apparition ces dernières années, mais aussi les démarches de *knowledge management* qui capitalisent le savoir en le rendant accessible sans recours direct à l'expert ;

– la gestion de la mobilité professionnelle (qui peut présenter les caractéristiques d'un parcours qualifiant, en mettant le salarié en situation d'acquérir des compétences diversifiées par la pratique) ;

– la flexibilité de l'organisation, qui met les salariés en situation d'acquérir des compétences polyvalentes ;

– l'action sur le système de valeurs, l'organisation, le style de management, qui ont un rôle puissant, souvent peu perçu, de formation des hommes. On y apprend à être créatif, orienté sur le progrès... ou à rester dans son coin en attendant l'heure de la sortie. On y apprend le respect ou le mépris du client. Les politiques d'excellence et/ou de Qualité Totale, par exemple, ont en elles-mêmes un effet formateur très fort. Certaines entreprises, par ailleurs, éditent et diffusent leur système de valeurs (l'un des plus connus est le « HP Way » de Hewlett-Packard).

Les ressources internes d'une entreprise pour développer les compétences du personnel dépassent donc très largement sa capacité à organiser des stages de formation (1). C'est pourquoi il est nécessaire d'avoir sur la question une approche très globale, allant au-delà du rôle traditionnel du responsable de formation.

Les ressources externes

Ce sont principalement :

– les organismes de formation. Il en existe, rien que pour la formation continue, plus de 45 000 en France, dont 7 600 exercent cette activité à titre principal. Leur marché est estimé à 6,5 milliards d'euros (hors activités subventionnées directement par l'État et apprentissage) ;

– les organismes de conseil proposant des prestations d'ingénierie de formation, c'est-à-dire de montage « sur mesure » d'un programme

(1) Voir chapitre VII, page 258 : Former sans formation ?

adapté à un besoin précis de l'entreprise. Ce sont parfois les mêmes que les organismes de formation (qui proposent en amont de la formation proprement dite des prestations d'ajustement des objectifs, contenus et supports). Ce sont parfois des organismes spécialisés dans l'ingénierie pédagogique, aidant l'entreprise à monter des cahiers des charges des dispositifs et des supports de formation, sans s'impliquer eux-mêmes directement dans la réalisation ;

– les experts qui peuvent réaliser des prestations d'audit et/ou de conseil pour faire évoluer le système de formation de l'entreprise ;

– les organismes publics nationaux (comme le Centre Inffo) ou régionaux, ou encore les structures patronales du Medef ou des branches professionnelles, dont la finalité est d'apporter aux entreprises des informations et des conseils ;

– les organismes de gestion paritaires (OPCA). Les OPCA peuvent par ailleurs réaliser des prestations d'ingénierie financière pour des programmes justifiant le recours à des financements complémentaires régionaux, nationaux, ou européens. Ils peuvent intervenir notamment dans le cadre de programmes facilitant l'insertion de jeunes ou la réinsertion de demandeurs d'emploi dans la vie professionnelle ;

– les sociétés privées auprès desquelles l'entreprise externalise tout ou partie de la mise en œuvre de la gestion administrative, et parfois qualitative de la formation. On a vu ces dernières années apparaître cette nouvelle pratique d'externalisation de la formation en la confiant à des organismes extérieurs. Il est certain qu'on peut externaliser les travaux à faible valeur ajoutée (traitement de données, gestion budgétaire, déclarations fiscales), et même éventuellement des opérations plus « nobles » comme le recueil de besoins, l'élaboration du plan, l'ingénierie des actions de formation, la recherche de partenaires (si l'organisme extérieur est clairement indépendant des offreurs) et, évidemment, leur animation et pourquoi pas leur évaluation. Mais on ne peut pas externaliser la politique de formation. L'appel à un prestataire extérieur n'a de sens que si l'on a une vision claire des orientations et des enjeux. Cette pratique est regardée avec méfiance par les responsables de formation professionnels, mais il faut se souvenir que 55 % des salariés français travaillent dans des entreprises de moins de 50 salariés, qui n'ont pas les moyens de créer un emploi de responsable de formation. Peut-être l'externalisation est-elle une voie d'avenir pour la formation dans ces entreprises-là ?

– les organismes, nouvellement arrivés dans le paysage de la formation continue, offrant des prestations payantes (par abonnement, le plus souvent) sur Internet, par exemple pour l'assistance à l'achat de formation ou pour une information générale sur les nouveautés en matière de formation continue (1). Certains sont des organismes « classiques » qui ont élargi leur offre en utilisant Internet, d'autres sont d'emblée conçus comme apportant un service « en ligne » ;

– les publications et revues spécialisées ;

– les associations professionnelles (GARF, AFREF, notamment), permettant aux responsables de formation d'échanger avec leurs pairs sur des sujets d'intérêt commun (2).

Le responsable de formation a donc à sa disposition de multiples moyens, auxquels il lui appartient de recourir de façon régulière ou occasionnelle.

2 – Centres de formation internes ou sous-traitance ?

L'une des questions principales qui se posent est de savoir s'il vaut mieux disposer de centres de formation internes ou sous-traiter à l'extérieur (ou, le plus souvent, quel panachage faire entre ces deux formules).

On observe actuellement à ce propos deux tendances apparemment opposées.

Certaines (grandes) entreprises ferment leurs centres de formation internes ou réduisent leurs équipes de formateurs permanents (par exemple France Télécom, qui a réduit notablement les effectifs permanents de formateurs de France Télécom Formation, pour se recentrer sur son cœur de métier et l'appui aux unités opérationnelles, en réduisant fortement son catalogue de formations réalisées par des moyens internes).

D'autres (Thomson, ACCOR, Suez-Lyonnaise, Vivendi, Colas...) créent des universités d'entreprise. Où est la vérité ?

Elle ne se situe, pour une fois, pas entre les deux, mais dans l'analyse d'une situation particulière. Quelles sont les raisons qui peuvent amener une entreprise à créer un centre de formation interne ? En voici quelques-unes parmi les principales :

– l'entreprise dispose d'un savoir-faire très spécifique, confidentiel, introuvable à l'extérieur (exemple : la conduite de centrales nucléaires) ;

(1) Voir liste à la fin du livre, page 405.
(2) Voir liste à la fin du livre, page 403.

– elle estime que le volume de formation à réaliser sur certains contenus est tel qu'il le sera avec un meilleur rapport qualité/coût par des formateurs internes salariés que par l'achat de prestations extérieures au prix du marché de la formation ;

– elle souhaite disposer d'un lieu « fédérateur », creuset de la diffusion de la culture d'entreprise, lieu de rencontre des responsables. C'est typiquement le cas des universités d'entreprise (voir chapitre VII). Cette tendance est d'autant plus importante que la période récente a vu se multiplier les fusions d'entreprises, créant du même coup un besoin de brassage et d'harmonisation de cultures différentes. Dans ce cas, le surcoût éventuel par rapport à la formation classique est considéré comme le prix à payer pour maintenir ce creuset fédérateur estimé comme stratégiquement essentiel (1) ;

– la nature de ses activités l'amène à proposer à ses clients des prestations de formation, et la qualité de l'accueil de ceux-ci est un avantage concurrentiel (dans les sociétés d'informatique par exemple). Elle réinvestit l'investissement fait pour les clients en formation interne.

Inversement, pourquoi ne pas créer (ou supprimer) des centres de formation internes ?

– parce qu'une analyse économique a montré que des accords de partenariat avec des organismes pouvaient assurer une qualité et un coût de prestation équivalents ou supérieurs ;

– pour offrir aux participants l'accès à un diplôme délivré par un organisme réputé (exemple : la formation des responsables de formation de la Sécurité sociale réalisée par Reims Management School) ;

– pour éviter les problèmes liés à l'existence d'une population de formateurs peu mobiles et risquant de se couper du terrain ;

– pour ouvrir une culture d'entreprise à tendance autarcique aux idées et aux apports du dehors ;

– pour éviter des problèmes d'autojustification des équipes permanentes de formateurs qui cherchent à légitimer leur rôle et l'utilisation des équipements immobiliers et matériels qui leur sont dédiés par une stratégie d'offre catalogue contradictoire avec des orientations politiques.

Comme on le voit, les arguments pour ou contre sont de poids. Il est certain qu'une entreprise doit éviter deux risques inverses : d'un côté,

(1) Il est fréquent, mais non systématique, que les universités d'entreprise soient confiées à un cadre supérieur distinct du service formation, rattaché directement à la haute direction.

avoir une fonction formation tellement faible que les orientations politiques ne sont pas réalisées et que les acteurs sont entièrement soumis à l'offre externe, y compris sur des segments d'activité stratégique, et, de l'autre côté, laisser se constituer en son sein une sorte de ministère de l'Éducation nationale dont le poids et les stratégies propres entraînent sclérose, surcoûts et surtout déconnexion par rapport aux problèmes de terrain.

À vous de choisir selon votre situation et vos objectifs, en n'oubliant pas qu'il peut y avoir des solutions mixtes, par exemple créer une université d'entreprise pour les seuls dirigeants ou cadres à potentiel et rechercher des accords de partenariat avec des organismes extérieurs sur d'autres couples objectifs/populations ; ou ne maintenir des centres de formation internes que sur les métiers très spécifiques à l'entreprise en ouvrant au maximum sur l'extérieur pour les autres formations (c'est le cas de France Télécom).

Signalons que les expériences de filialisation de centres de formation internes n'ont pas donné jusqu'à présent de résultats très probants. Ou bien cette décentralisation est une fiction et le centre filialisé continue à travailler comme avant sur son marché captif, ou bien il a tendance à rechercher à développer son marché extérieur en négligeant son client d'origine. Nous avons eu personnellement à traiter, à l'occasion d'un audit, du cas d'un centre de formation filialisé dont la vocation théorique était d'apporter des services au groupe dont il faisait partie, mais qui n'y réalisait en réalité... que 3,5 % de son chiffre d'affaires, tout en étant par ailleurs assez fortement déficitaire. Mais il n'y a pas en ce domaine de fatalité, et l'hypothèse de filialisation peut être examinée à condition de l'être à partir d'un dossier stratégique et financier sérieusement construit (pas de filialisation « idéologique » au nom du libéralisme !).

Notons, pour terminer ce paragraphe, que cette réflexion peut s'étendre à la question de la pertinence de disposer en interne de professionnels de la formation. La tendance actuelle des (grandes) entreprises est de réduire les équipes d'animateurs de formation permanents, tout en se renforçant en professionnels de haut niveau qui sont plus des managers et des consultants internes que des animateurs, et de développer un rôle direct de l'encadrement dans la formation en tant que formateurs occasionnels sur les domaines de leur compétence.

En règle générale, cinq principes doivent influencer la réflexion :

– maintenir un contrôle fort sur la maîtrise des compétences stratégiques de l'entreprise, celles qui assurent sa différenciation sur les marchés (cela peut inclure les compétences de management) ;

– impliquer fortement les managers dans l'identification des besoins, la diffusion des savoirs opérationnels et le suivi d'application après la formation ;

– optimiser les coûts de la formation ;

– nouer avec l'extérieur des partenariats fondés sur l'obtention commune de résultats, plutôt que sur l'achat de prestations pédagogiques standard ;

– rechercher des alternatives à la forme traditionnelle du stage de formation dit « présentiel » : coaching, e-learning, mode d'organisation responsabilisant favorisant l'auto-apprentissage, etc.

3 – Gestion des temps consacrés au management de la formation

Le temps est une ressource.

Le temps des salariés en formation, d'abord. Plus les effectifs sont serrés, plus l'optimisation du temps passé en formation est nécessaire. Les 35 heures ont accru la difficulté, poussant certains milieux patronaux à chercher à transférer une partie des temps de formation sur le temps libéré. C'est l'une des pierres d'achoppement des négociations entreprises en 2001 par le Medef avec les organisations syndicales dans le cadre du dossier « formation » de la refondation sociale.

Ce sujet va rester chaud dans la période à venir. Mais, indépendamment de cette négociation, il faut savoir que le temps moyen d'une formation pour un salarié en activité, en France en 1998, était de 41 heures. En tenant compte du fait que cette moyenne inclut des formations longues diplômantes, on peut considérer qu'en dehors de ces cas, le temps moyen par salarié en formation, par an, est de l'ordre de deux jours.

Dans la pratique, la formation continue est donc essentiellement un système de distribution de stages courts, par conséquent non réellement qualifiants. On peut y voir un effet d'une pratique de « saupoudrage », l'entreprise tendant à accepter l'accès d'un grand nombre de salariés (29 % des salariés ont suivi une formation en 2000) à des « petits » stages de perfectionnement, plutôt qu'à concentrer ses efforts sur une formation touchant moins de personnes, mais visant des résultats plus significatifs. On peut y voir un avantage du système français (beaucoup en profitent), mais aussi une de ses limites majeures (les effets attendus sont évidemment plus limités), surtout si l'on compare cette situation à celle d'autres pays.

Notre proposition (*cf. supra*) de structurer la politique de formation autour d'objectifs devrait faciliter les arbitrages sur le sujet.

Le temps est aussi celui du responsable de formation et des différents acteurs. Cette question introduit le prochain chapitre sur le management de la formation. Le progrès de la formation passe par un renforcement du professionnalisme de ses responsables, qui doivent devenir des managers plus que des gestionnaires. Il n'y a pas là qu'une question de mots. Manager, c'est analyser ou aider des responsables à analyser des situations et des ressources, gérer des réseaux relationnels, prendre ou proposer des décisions de politique et de réalisations en optimisant les ressources allouées, mettre en œuvre, assurer un suivi quantitatif et qualitatif, analyser les résultats et en rendre compte aux décideurs (clients), et tirer de ces résultats des éléments pour réguler l'ensemble en l'améliorant constamment en relation permanente avec ses « clients ».

Par cette définition rapide, on est loin de l'animateur de stages ou du gestionnaire de l'obligation fiscale. Le problème de la gestion du temps se posera ici dans les pourcentages d'activité des responsables de formation qui seront consacrés à ces diverses activités. S'ils passent 70 % de leur temps en animation de stages et le reste en gestion administrative (ou le contraire !), inutile d'attendre d'eux qu'ils agissent en politique et aident la direction générale à faire les bons choix stratégiques. Il est désolant, à l'heure où le marché propose toutes sortes d'excellents logiciels de gestion de la formation, de rencontrer encore des responsables de formation consacrant des semaines au rassemblement des données pour la déclaration fiscale 24-83, ou demandant l'aide d'un stagiaire école pour le faire à la main.

Nous conseillons aux lecteurs responsables de personnel et de formation de se livrer ici à un petit exercice : combien passent-ils de temps effectif au management, par rapport à la gestion des activités quotidiennes ?

V. COMBIEN ? LES BUDGETS

1 – Situation actuelle

On le sait, l'obligation fiscale pour les entreprises de plus de dix salariés est à ce jour de 1,5 % de la masse salariale, dont 0,9 % consacré au plan de formation et le reste à des versements à des organismes mutualisateurs – OPCA pour le congé individuel de formation et les formations en alternance. Pour les entreprises de moins de dix salariés, elle est de 0,15 % (peut-être demain, les discussions sont en cours à ce jour, en juillet 2001, de 0,45 %).

Globalement, les entreprises consacrent des sommes bien plus importantes à la formation que ce que leur impose l'obligation fiscale : 3,2 % de la masse salariale en moyenne, 4,3 % pour les entreprises de plus de 2 000 salariés.

En réalité, ces chiffres cachent de grandes disparités. Un salarié d'une entreprise de moins de dix salariés a 15 % de chances de suivre une formation dans une année, contre 45 % pour le salarié d'une entreprise de plus de 2 000. Il existe également de grandes disparités sectorielles.

Par ailleurs, 16 % des formations suivies par des salariés du privé sont non référençables, c'est-à-dire ne correspondent pas à un diplôme.

Les statistiques ne permettent pas de différencier les formations suivies par objectifs (*cf. supra*), et on doit donc se contenter de les identifier en pourcentage par thème de formation. Le tableau ci-dessous montre les tendances d'évolution.

Thème	**1999/2000** *en %*	**1992/1993** *en %*
Informatique, secrétariat, bureautique	25,3	22
Techniques industrielles	14,2	15,8
Hygiène, sécurité, secourisme, conditions de travail	10,5	4,7
Ressources humaines, communication, management	10,4	11,5
Commerce, vente, marketing, connaissance des produits et des marchés	8,9	9,3
Gestion, économie, droit, connaissance de l'entreprise	7,9	9,7
Formations médico-sociales	5,9	5
Formations de formateurs	4,2	5,5
Formations générales (hors économie, droit et langues)	3,9	3,1
Langues	2,6	3,9
Autres formations	66,3	9,5
Total	100	100

Source : Insee.

On voit notamment que près du quart des formations sont liées en 2000 à l'informatique, avec une montée des formations hygiène-sécurité (due probablement à la prise de conscience croissante des risques industriels).

La montée des formations informatiques donne une bonne occasion de réflexion : quel bilan tirer des investissements en formation faits en ce domaine ? Lorsque l'on va dans les entreprises et que l'on constate la forte déperdition des apprentissages, la question de la clarté de l'objectif apparaît ici centrale, lorsque l'on observe parfois que des salariés ont suivi des formations par paquets de dix à douze avec un taux d'application médiocre ! Voici un beau sujet d'application des principes du management de la formation.

2 – Trois approches de la budgétisation

L'affectation de ressources financières à la formation peut être abordée de trois manières :

– *de façon volontariste*, en affectant d'emblée une part d'un budget préétabli à des objectifs. Dans ce cas, on ventile une enveloppe de ressources prédéfinie entre les différentes catégories d'objectifs (après les avoir précisément définis), en fonction des résultats attendus et des priorités fixées ;

– *de façon comptable*, en fixant un chiffre *a priori* en fonction des chiffres constatés l'année précédente. C'est la pratique la plus fréquente. On fixe alors un cadrage général du budget (par exemple : maximum 3,5 % de la masse salariale), et on demande aux unités de tenir à l'intérieur de ce cadre. Elle reflète souvent une intention plus politique : afficher vis-à-vis des partenaires sociaux un chiffre qui ne soit pas en rupture avec le chiffre de l'année précédente ;

– *de façon ouverte*, en partant de l'analyse des besoins, en préchiffrant le budget correspondant et en établissant le budget définitif après des arbitrages. C'est la manière qui a notre préférence, et que nous développerons dans le chapitre sur le plan de formation. Elle n'exclut pas que l'ensemble se réalise dans un cadre budgétaire préétabli, mais permet des différences selon les besoins spécifiques d'établissements différents.

Il n'y a pas de règle sur le « bon » chiffre. Des entreprises très performantes ont des taux de formation relativement faibles (par exemple dans l'agroalimentaire), tandis que d'autres (dans l'informatique, par exemple) affichent des taux élevés sans pour autant faire la preuve d'une compétitivité forte (ce fut le cas pour Digital Equipement qui affichait, avant de disparaître, un des taux de formation les plus élevés de France, 18 %).

Par ailleurs (nous y reviendrons dans le chapitre sur le plan de formation), un des problèmes les plus délicats est de faire la part des formations ne prenant pas la forme classique du stage et difficilement imputables sur l'obligation légale : coaching, autoformation. Le législateur, tout en maintenant le principe de précaution sur le fait que l'entreprise n'impute pas n'importe quelle activité à la formation sous prétexte qu'elle est « formatrice », a fait preuve d'ouverture sur le sujet. Sous certaines conditions, les autoformations en e-learning, par exemple, sont imputables sur la déclaration 24-83. Une enquête Insee, en 2000, montre que 8,9 % des formations déclarées par les entreprises sont dites « en situation de travail » et 0,6 % en autoformation.

VI. La politique de formation dans le processus d'ensemble de gestion des ressources humaines

Pour terminer ce chapitre, il nous paraît important de resituer la formation dans l'ensemble de la gestion des ressources humaines.

La formation, nous ne cesserons de le répéter, n'est pas une fin en soi. La politique de formation ne se justifie donc pas dans l'entreprise par elle-même, mais par sa contribution à un processus d'ensemble de gestion et de développement des ressources humaines, et en particulier à la gestion des compétences. C'est ce positionnement de la politique de formation dans ce processus que nous décrirons ici.

Georges Egg a proposé (1) un schéma d'analyse qui nous paraît tout à fait éclairant sur cette question, qui peut se représenter comme suit (voir p. 100).

Ce schéma, qui à première vue peut sembler complexe, permet de bien identifier les points clés du processus de gestion des ressources humaines qui se prêtent à une interrogation sur les besoins de formation. Les dix points suivants renvoient aux dix points identifiés dans le schéma :

1. Relation titulaire actuel/poste actuel : à court terme, le titulaire a-t-il besoin de formation pour se perfectionner dans la maîtrise de son poste ? Les méthodes de type entretien annuel manager/salarié (ou observation sur le terrain), surtout si elles s'appuient sur un référentiel de compétences, seront l'un des moments privilégiés pour identifier ces besoins.

(1) *Audit des emplois*, Éditions d'Organisation, Paris, 1987.

Points clés de la relation formation/GRH

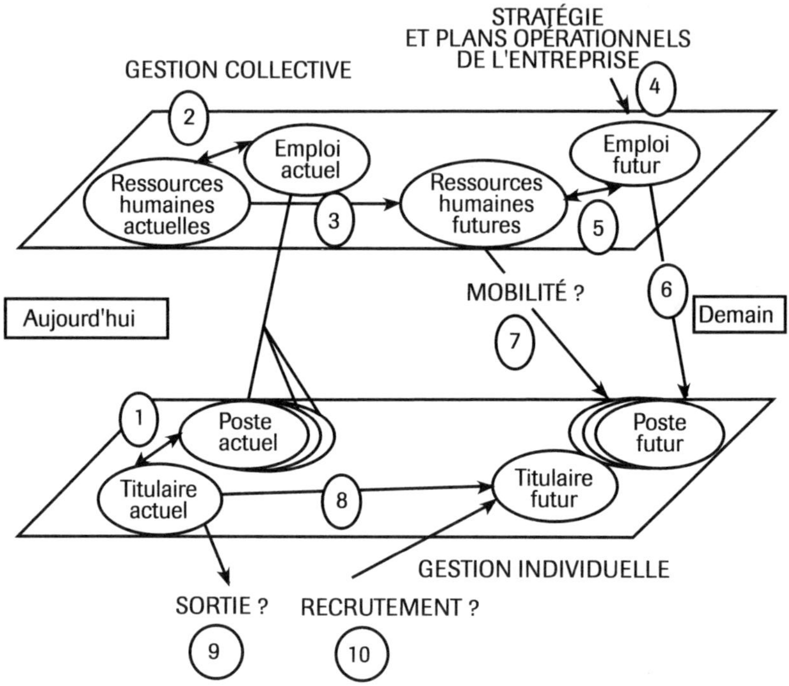

2. Collectivement, les ressources humaines affectées actuellement à un type d'emploi maîtrisent-elles les exigences de compétences de cet emploi ? Peut-on identifier des besoins collectifs ? L'analyse des besoins d'une population homogène sera le moyen de répondre à cette question. Si l'entreprise dispose d'outils de gestion des compétences lui permettant de consolider les résultats des entretiens individuels pour faire apparaître les points forts et les points faibles collectifs, cela sera évidemment d'une aide précieuse. Par ailleurs, l'exploitation des résultats sur les performances, ou les enquêtes de satisfaction des clients, vont apporter des éléments indispensables à cette analyse.

3. Compte tenu des caractéristiques collectives de la population concernée par le problème de gestion à résoudre (âge, formation initiale et continue, ancienneté, potentiel, aspirations, etc.), et des tendances actuellement constatées de déformation naturelle de cette population (âge, turnover, taux de promotion...) projetées sur une période donnée (cinq ans par exemple), quel sera son état d'arrivée au terme de la période si aucune action n'est menée (en effectifs et en niveau de qualification) ? La formation n'a ici pas de rôle particulier, sinon à fournir pour la simulation les informations permettant de caractériser la population concernée (formations reçues, compétences validées...).

4. Les processus de décision stratégique de l'entreprise et les plans opérationnels permettent-ils d'identifier des emplois futurs et leurs exigences de compétences, en particulier les « emplois clés » (ceux pour lesquels l'entreprise a absolument besoin de disposer de personnes compétentes pour ne pas risquer de rater ses objectifs). Ces besoins de compétences sont-ils décrits ? On retrouve ici tout à fait l'axe d'objectifs « préparer l'avenir » défini en tête de ce chapitre.

5. Quels sont les écarts entre 3 et 4, c'est-à-dire entre les ressources humaines actuelles projetées à cinq ans et les besoins de compétence découlant des emplois clés ? Cette question est centrale pour toute la problématique de la gestion anticipatrice des emplois.

6. Peut-on décliner l'emploi futur en postes futurs requérant, en plus des compétences générales nécessaires pour la tenue de l'emploi, des compétences spécifiques ? Quand, dans le temps, pourra-t-on parvenir à une approximation suffisante pour définir ces besoins (ce qui permettra de donner un contenu concret aux objectifs à moyen terme de formation) ?

7. Y a-t-il dans les ressources humaines actuelles des groupes de personnes qui pourraient accéder aux postes futurs moyennant une formation leur permettant de changer de filière (par exemple un encadrement de production pouvant accéder à des emplois à dominante technique) ?

8. Les titulaires actuels seront-ils les titulaires des postes futurs ? Le problème est à poser individuellement, compte tenu de l'âge, de la formation, du potentiel et des évaluations de chacun, des prévisions d'effectifs et du planning des flux d'accès, et des coûts prévisibles des moyens permettant le passage. Autrement dit, un titulaire donné peut-il s'adapter au poste futur ? Le souhaite-t-il ? Quel est le coût prévisionnel de la formation nécessaire et l'investissement est-il justifié compte tenu de l'âge et de la probabilité de réussite ? Le temps nécessaire à l'adaptation est-il synchrone avec les étapes auxquelles l'entreprise aura besoin de disposer de titulaires formés ? Y a-t-il lieu d'engager des actions de « remise à niveau » préparant des formations plus directement professionnelles ?

9. Le titulaire actuel, s'il ne peut ou ne souhaite pas s'adapter, est-il susceptible de sortir (de sa filière d'emploi, de son établissement, voire de son entreprise) ? Peut-on l'aider par la formation à ce que cette sortie se fasse de façon positive ?

10. Les titulaires futurs viendront-ils de l'extérieur par recrutement ? Comment formuler les profils recherchés ? Comment les former, à partir de leur seuil d'accueil, pour qu'ils occupent ces postes avec compétence ?

On voit apparaître ici un ensemble de questions qui pourront être traduites en termes d'objectifs et composer une politique de formation.

Celle-ci est l'un des moyens, en synergie avec d'autres, de concrétisation d'une politique de ressources humaines apportant à l'entreprise les ressources en compétences dont elle a besoin, aujourd'hui et demain.

VII. ATTENTION, SENS INTERDIT !

Nous voudrions, avant de clore ce chapitre, attirer votre attention sur une certaine tendance que l'on constate parfois à considérer hâtivement la formation comme LA solution, LA voie royale pour résoudre tous les problèmes. Il y a des cas, c'est vrai, dans lesquels la formation est clairement la solution privilégiée (sans cela, ce livre serait inutile), mais c'est parfois aussi la solution de facilité de passer tout de suite de l'énoncé d'un problème à la formation, en espérant ainsi, consciemment ou non, faire l'économie d'une véritable analyse de situation et de la recherche d'autres solutions plus exigeantes, et peut-être plus impliquantes pour les responsables décideurs. Rappelons la paraphrase de Woody Allen que nous avons placée en exergue du chapitre premier : *« La solution est la formation. Mais quelle est la question ? »*.

Pour illustrer cette idée, quelques exemples. Il peut être tentant pour un cadre supérieur qui a un mauvais climat social dans son secteur de responsabilité d'envoyer les cadres intermédiaires se former à la communication. Cela ne peut pas faire de mal, et cela lui évite de mettre en question ses propres comportements. Il peut être tentant de recourir à des formations « lourdes » profitant de financements publics à l'occasion d'une réduction d'effectif, sans trop se poser la question de la probabilité de reclassement qu'elles offrent. Il est parfois plus facile (sinon plus efficace) de chercher à agir sur les hommes que sur l'organisation. Le risque est alors que les hommes acquièrent des connaissances que l'organisation ne leur permet pas de mettre en œuvre.

Nous ne résistons pas au plaisir de raconter une petite histoire qui fait partie du « folk song » des milieux de la formation :

Un chef d'entreprise décide d'organiser une course de bateaux entre les équipes de direction de ses différents établissements. Le jour fixé, la compétition se déroule sans problème. L'une des équipes représentant l'un des établissements arrive cependant avec un net retard sur les autres. La direction cherche à comprendre pourquoi et fait appel à un audit qui remet son rapport en observant que, dans tous les bateaux, il y avait un barreur et quatre rameurs, mais que, dans le bateau perdant, il y avait quatre barreurs et un rameur. L'auditeur observe, rapporte les faits sans les juger et ne propose pas de solution.

La direction fait alors appel à un spécialiste de la formation. Après « analyse des besoins », celui-ci propose d'envoyer le rameur à un stage... de motivation !

Faut-il commenter cette petite histoire ? Nous pensons qu'elle parle d'elle-même. Elle permet de bien illustrer ce véritable « sens interdit », qui va directement de l'énoncé d'un problème à la « solution formation ». Lorsque l'on possède un marteau, on a tendance à ne voir les problèmes qu'en forme de clou ! C'est justement là l'une des raisons qui nécessitent une relation de travail étroite entre les spécialistes de la formation et les autres, en premier lieu la DRH.

Chapitre IV

LE MANAGEMENT DE LA FORMATION

« Le management, c'est transformer de l'information en performance durable. »

Définition proposée par un groupe de cadres d'Usinor

I. L'enjeu

Le chapitre précédent a permis de définir ce que pouvaient être les grands choix et les grands objectifs d'une politique de développement des compétences. Nous avons introduit la notion de management de la formation.

Situons l'enjeu : il s'agit pour la fonction ressources humaines (incluant la formation) de piloter en permanence un dispositif lui permettant de rendre à ses clients le meilleur service possible au moindre coût. C'est en fait la mission principale de tout manager, quelle que soit sa spécialité. Pourquoi la fonction ressources humaines, et en particulier la fonction formation, y échapperait-elle ?

Au-delà de cette formulation générale, le management de la formation suppose une capacité à penser « missions » et non pas « tâches », pilotage de processus et mise sous contrôle de systèmes plutôt que gestion administrative. Cette formulation peut sembler abstraite au lecteur, et nous voudrions lui proposer un petit exercice qui lui permettra de partir de son expérience personnelle.

II. Échec ou réussite : les facteurs clés

Dans les deux encadrés suivants, indiquez, à partir de votre expérience personnelle, deux cas d'actions de formation qui furent pour vous, dans un cas, une pleine réussite et, dans l'autre, un échec ou une perte de temps.

Commencez par la réussite :

Un cas de réussite

Inscrivez ci-dessous le titre d'une action de formation que vous avez suivie personnellement ces dernières années et qui, selon vous, a été une réussite.
En quelques mots, indiquez quelles sont, selon vous, les causes du succès de cette action de formation.

Maintenant, un cas d'échec :

Un cas d'échec

Inscrivez ci-dessous le titre d'une action de formation que vous avez suivie personnellement ces dernières années et qui, selon vous, a été un échec.
En quelques mots, indiquez quelles sont, selon vous, les causes de l'échec de cette action de formation.

Lorsque nous proposons cet exercice dans un séminaire, les réponses des participants se regroupent toujours en quatre grandes catégories, et il est probable que celles du lecteur pourraient aussi être classées dans ces mêmes catégories.

• Première catégorie, ce qui a trait à **la bonne identification du besoin**. Dans les formations considérées comme des échecs, on retrouve presque toujours le fait que l'action a été choisie sans grande analyse préalable. Soit on a choisi au vu d'un titre séduisant, mais trompeur, souvent sur catalogue, soit on a mal repéré le niveau d'entrée (dans ce cas les participants de niveau supérieur s'ennuient et perdent leur temps, tandis que les plus faibles ont du mal à suivre et tirent le groupe entier vers le bas... ou sont lâchés en route). On trouve encore des cas de prescriptions hiérarchiques autoritaires (« allez-y, c'est bon pour vous ») souvent tardives (on a vu trop souvent des « volontaires » désignés la veille du stage sans avoir la moindre idée des objectifs du stage, parfois même de son contenu). On trouve aussi des erreurs de cible (on envoie un exécutant sans autonomie alors que c'est le hiérarchique qui devrait suivre le stage). Autre cause d'échec : on envoie en formation pour un perfectionnement professionnel une personne... que l'on mute dans une nouvelle activité un mois après. Etc.

Évidemment, on trouve le contraire dans les formations réussies : le besoin est bien identifié, les personnes sont judicieusement choisies et sont bien (et à temps) informées des objectifs. Le groupe est homogène du point de vue de la motivation et du niveau.

• Deuxième catégorie : **la synchronisation**. Une formation peut être excellente mais venir à un moment mal choisi. On va se former sur un nouveau matériel... qui n'arrive que six mois plus tard dans le service, ou qui est déjà installé depuis un bon moment. C'est assez fréquent pour les utilisateurs de l'informatique. Ou bien on modifie l'organisation du travail en confiant des nouvelles tâches à des personnes que l'on ne prépare que trop tard à les exercer dans de bonnes conditions.

Les formations réussies sont celles dans lesquelles on a pratiqué ce qu'on appelle en production le « juste à temps » : ni trop tôt (on oublie ce qu'on a appris faute d'avoir l'occasion de le pratiquer) ni trop tard (cela ne sert plus à rien ou, pire, on a déjà pris de mauvaises habitudes que le temps de formation prévu ne permet pas de surmonter).

Dans cette rubrique on peut trouver aussi tout ce qui a trait à la planification de la formation (longueur des files d'attente d'accès aux stages, délai entre l'expression du besoin et sa satisfaction...).

• Troisième catégorie : **la qualité pédagogique**. La qualité des programmes, des méthodes et des moyens pédagogiques, le professionnalisme et le savoir-faire des animateurs, l'adaptation des exercices pratiques aux situations réelles de travail des participants, l'ambiance générale de la formation, son rythme et sa durée (pas de délayage ni de parcours à marche forcée), les conditions matérielles, etc., sont évidemment des facteurs importants de réussite.

• Quatrième catégorie : **l'importance des résultats attendus et obtenus**. Nous avons insisté fortement dans les paragraphes précédents sur les enjeux. Une formation ne réussit que lorsque les participants et leurs partenaires partagent le même point de vue sur l'importance des résultats attendus. Si le participant seul en attend quelque chose, son encadrement risque de ne pas se sentir suffisamment concerné pour créer les conditions favorables à la mise en œuvre pratique des connaissances acquises. Si le hiérarchique prescripteur ne parvient pas à convaincre le participant de l'importance de la formation, celui-ci risque d'y aller contraint et forcé, ce qui n'est à l'évidence pas favorable à l'apprentissage. Les échecs viennent toujours de la défaillance de la motivation de l'une ou l'autre des parties. La sanction est évidente : l'absence de mise en application de ce qui a été appris, et donc un sentiment de gaspillage de temps, d'argent, et d'énergie.

À l'inverse, dans le cas des formations réussies, on trouve toujours la satisfaction d'avoir pu rapidement valoriser les connaissances acquises, et d'avoir pu observer que cette mise en application permettait d'obtenir des résultats tangibles.

Ces quatre catégories de facteurs décrivent assez complètement ce qui pourrait être des critères de qualité considérés du point de vue de l'utilisateur final de la formation qu'est le stagiaire : un bon stage est celui qui a été suivi au bon moment par une personne réellement concernée, et dans lequel elle a trouvé à la fois des réponses à ses besoins et des méthodes de travail lui permettant d'apprendre efficacement des choses utiles.

III. MANAGER LA FORMATION : LA MISE SOUS CONTRÔLE DES CONDITIONS DE RÉUSSITE

Pour le management de la formation, le problème se pose au deuxième degré par rapport à ces critères propres au « client » final. On pourrait le reformuler ainsi : comment concevoir, piloter et maintenir sous contrôle un système qui permette, dans le cadre d'une politique d'ensemble, que chaque client final soit satisfait dans le meilleur rapport résultats/coûts ?

Cette formulation conduit à rechercher les variables que la fonction ressources humaines doit mettre sous contrôle pour piloter un tel système. Nos travaux antérieurs sur l'audit de la formation ou sur l'application de la notion de Qualité à la formation, ainsi que des échanges approfondis avec notre collègue hollandais I. Verdouw de l'AMRO Bank qui nous ont été très utiles pour formuler cette problématique, nous ont conduit à proposer un modèle d'analyse du management de la formation centré autour de ce que nous avons appelé les « cinq piliers de la qualité d'un système de formation ». Ces cinq piliers permettent de décrire des catégories de variables de pilotage du management de la formation. Bien entendu, le découpage en cinq catégories, comme tout découpage, est un peu artificiel, la notion même de système impliquant l'interaction entre les différents éléments. Mais nous le retiendrons pour la commodité de l'exposé, tout en incitant le lecteur à ne jamais en perdre de vue les interactions.

On peut représenter ces cinq piliers maintenant l'édifice de la qualité du système de formation par le dessin ci-dessous :

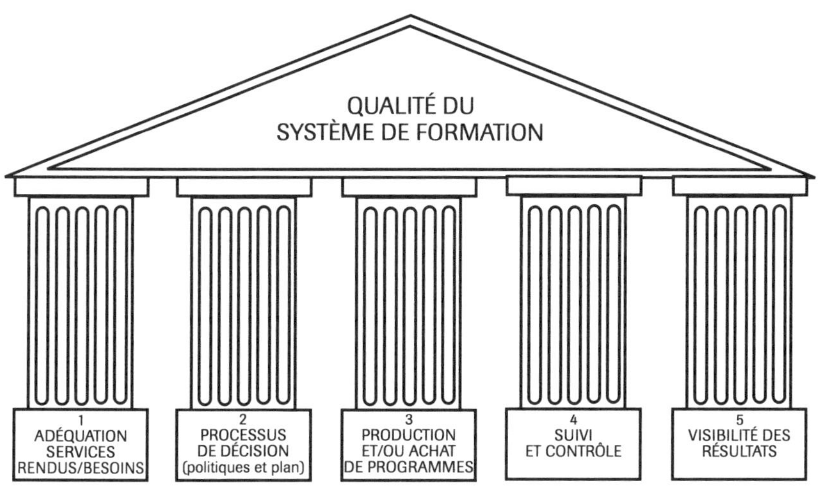

Nous allons maintenant reprendre chaque pilier pour en détailler le contenu, en conservant le dessin comme une sorte de logo qui nous rappellera à chaque paragraphe la logique d'ensemble.

Pour chaque pilier, le paragraphe débutera par un petit questionnaire que nous proposons au lecteur pour faire le point de sa situation. Nous conseillons vivement aux différents lecteurs d'une même entreprise (managers, responsables d'affaires sociales, de ressources humaines, de formation) qui ont à travailler ensemble sur ces questions de remplir le questionnaire chacun pour son propre compte et de comparer ensuite leurs points de vue.

Notre expérience montre que de telles comparaisons sont tout à fait éclairantes, d'abord sur des différences de perception, mais aussi et surtout pour faire apparaître des points d'amélioration qui peuvent constituer un « chantier » commun. (Nous leur conseillons aussi vivement de se procurer un exemplaire du livre par personne pour éviter de travailler sur d'inesthétiques photocopies et de faire de la peine à un auteur et à son éditeur qui se donnent autant de mal pour vous aider à progresser !)

IV. LES CINQ PILIERS DE LA QUALITÉ DU SYSTÈME DE FORMATION

1 – Adéquation des services rendus aux besoins

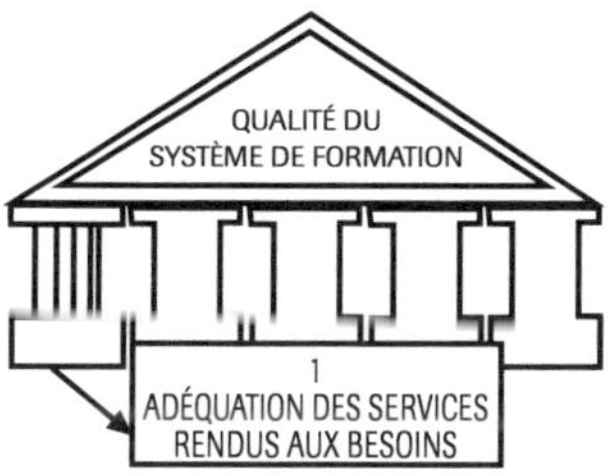

Code : 0 : ne sait pas ; 1 : non, pas du tout ; 2 : plutôt non ; 3 : plutôt oui ; 4 : oui, tout à fait

1. ADÉQUATION DES SERVICES RENDUS AUX BESOINS	**0**	**1**	**2**	**3**	**4**
1.1. En général, les formateurs internes ou externes sont-ils bien informés, avant un stage, des besoins des participants ?					
1.2. L'inscription d'un participant à une formation est-elle précédée d'une concertation entre le formé et son manager sur les besoins à satisfaire et les objectifs à atteindre ?					
1.3. La direction et les managers expriment-ils des besoins liés à des évolutions à moyen/long terme des exigences en compétence des emplois et de l'organisation du travail ?					
1.4. La fonction formation est-elle associée au moment opportun aux projets d'investissements, pour définir les besoins en compétences liés à ces projets ?					
1.5. La fonction formation sait-elle chiffrer de façon fiable les effectifs devant suivre une formation ?					
1.6. La formation est-elle un partenaire des opérationnels pour des actions visant à améliorer les performances collectives dans leur secteur ?					

Donnez à chacune de vos réponses le nombre de points correspondant à la colonne choisie, additionnez, et divisez par 6.	**SCORE**

Les questions qui précèdent portent toutes plus ou moins sur l'information dont vous disposez ou à laquelle vous avez accès pour identifier ces fameux « besoins », à court ou à plus long terme, individuels ou collectifs, en renforcement de situations de travail actuelles ou en préparation de l'avenir, etc. On trouve de bonnes réponses à 1.2. lorsque la pratique de l'entretien annuel a été généralisée, comportant un échange sur la base du référentiel de compétences de l'emploi occupé, et se déroule dans de bonnes conditions, ce qui est le cas d'un nombre croissant d'entreprises. Les réponses 4 ou 3 à 1.3. sont plus rares, sauf dans les entreprises ayant mis en place une gestion prévisionnelle des emplois et des compétences et associé le responsable de formation aux projets de changement organisationnel.

Le 1.4. est intéressant parce qu'il permet de positionner la fonction formation par rapport à ses clients naturels que sont les responsables opérationnels ou fonctionnels qui préparent le moyen/long terme dans l'entreprise. Les ressources humaines sont-elles considérées par ces responsables comme un élément décisif de réussite de leur projet (ou un facteur de risque) ? L'intérêt de raisonner « management » et « mise sous contrôle » sur cette question est de permettre de dépasser la réflexion moralisante sur les principes généraux. Oui, ils « devraient » le faire ! Bien sûr ils y ont été « sensibilisés » ! Mais le font-ils vraiment ?

Ou plutôt : l'entreprise (avec l'aide de ses fonctionnels ressources humaines et formation) a-t-elle mis en place des procédures qui diminuent ou réduisent les risques qu'un projet stratégiquement important échoue ou soit gravement ralenti par une prise en compte insuffisamment sérieuse et précoce de l'importance de la compétence des salariés concernés ? C'est cette question-là qui est vraiment importante. On pourrait lui rajouter : l'entreprise a-t-elle les moyens de contrôler que ces procédures sont effectivement respectées, ne sont pas devenues obsolètes, et sont-elles effectivement transmises aux nouveaux responsables qui remplacent les initiateurs ?

La question 1.6. est très importante pour caractériser le positionnement du responsable de formation comme « partenaire » des opérationnels. Nous avons insisté dans le chapitre « Politique de formation » sur l'importance des actions directement associées à la recherche de performances dans les unités de travail. Il y va, d'abord, de l'utilité de la formation par rapport à ce qui est au cœur des préoccupations de ces opérationnels, et ensuite, de l'image interne de la formation. Quelle peut-elle être si les opérationnels ne font pas habituellement appel à elle pour leur apporter une aide au traitement de leurs problèmes et à leurs actions de progrès ?

Nous renvoyons le lecteur, sur cette question de positionnement, au petit tableau de croisement importance de l'enjeu/poids de la compétence que nous avons présenté dans le chapitre III (p. 78). Le management de la formation va donc chercher à mettre sous contrôle la manière dont il satisfait les besoins de ses clients. Cela suppose évidemment qu'il les identifie. Le chapitre V sera consacré à la question importante des méthodologies d'analyse des besoins de formation.

2 – Processus de décision (politiques et plan de formation)

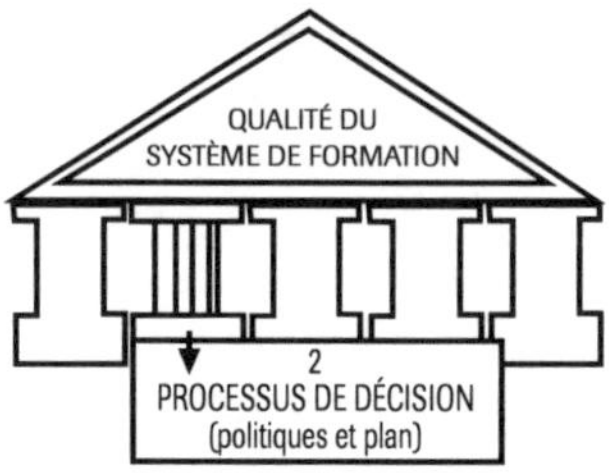

Code : 0 : ne sait pas ; 1 : non, pas du tout ; 2 : plutôt non ; 3 : plutôt oui ; 4 : oui, tout à fait

2. PROCESSUS DE DÉCISION (politiques et plan de formation)	**0**	**1**	**2**	**3**	**4**
2.1. Existe-t-il un document écrit, validé par la direction générale, exposant les orientations générales de la politique de formation ?					
2.2. Ce document, s'il existe, fait-il clairement le lien entre la politique de formation et les principaux objectifs stratégiques et opérationnels de l'entreprise ?					
2.3. Lors du lancement de l'élaboration du plan de formation pour l'année suivante, la direction formule-t-elle dans une lettre de cadrage, ou un document équivalent, les priorités à prendre en compte dans ce plan ?					
2.4. Les plans de formation des établissements sont-ils définis à partir des objectifs opérationnels de ces établissements ?					
2.5. La validation du plan de formation par la DG, avant présentation aux partenaires sociaux, fait-elle l'objet d'une réunion spécifique ?					
2.6. Les managers sont-ils préparés et équipés (par exemple par des référentiels de compétences) pour analyser avec chaque salarié les besoins de formation prioritaires ?					

Donnez à chacune de vos réponses le nombre de points correspondant à la colonne choisie, additionnez, et divisez par 6.	**SCORE**

Dans le domaine qui nous intéresse ici, il est impossible de définir ce que serait le « bon » processus de décision sur la formation. Soyons pragmatiques : le bon processus est celui qui convient le mieux à une entreprise donnée pour obtenir les meilleurs résultats possibles. Mais on peut identifier quelques points durs, qui ont pour caractéristique commune que tous impliquent les « autres » acteurs dans la décision, en particulier la direction et les managers. Le développement des compétences est une chose trop sérieuse pour être confiée aux seuls formateurs !

Les questions, on l'a vu, sont en « entonnoir » : les questions 2.1. et 2.2. concernent l'existence d'une politique claire qui constitue un référentiel pour l'action. On a vu dans le chapitre précédent ce que peut être une politique de formation. Ce sont les comparaisons de la réalité avec ce référentiel qui pourront faire l'objet d'un audit.

Les questions 2.3., 2.4. et 2.5. portent sur la manière dont est engagée et conclue la démarche d'élaboration du plan de formation. Celle-ci doit être « cadrée » par des priorités générales, associée, au niveau des établissements, aux objectifs opérationnels (productivité, qualité, etc.) et conclue par un examen spécifique impliquant la direction. Bien entendu, cet examen ne doit pas être que budgétaire, mais porter également sur la cohérence des actions prévues avec le cadrage des priorités et avec les objectifs opérationnels.

La question 2.6. amène au niveau du terrain, d'où va remonter, suite à un dialogue entre le manager et les salariés, l'expression de besoins et d'attentes. Il est certain que la qualité de ce qui remontera sera fortement influencée d'une part par le cadrage général, d'autre part par la mise à disposition des managers (et des salariés) des moyens adéquats : support d'entretien professionnel, référentiel de compétences...

Lorsqu'on sait qu'il n'est pas rare que la somme de ces microdécisions individuelles constitue au total autour de 80 % des volumes d'heures inscrits dans les plans de formation, on se convaincra facilement que la qualité du système de décision à ce premier niveau est tout à fait essentielle.

Dans le chapitre VI, nous reprendrons plus systématiquement la question de l'élaboration du plan de formation.

3 – Production et/ou achat de programmes de formation

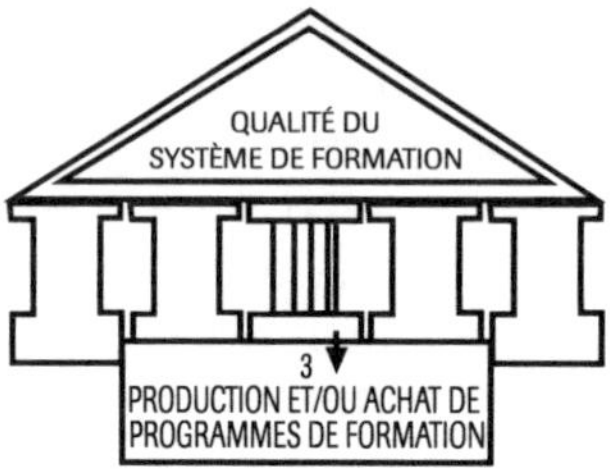

Code : 0 : ne sait pas ; 1 : non, pas du tout ; 2 : plutôt non ; 3 : plutôt oui ; 4 : oui, tout à fait

3. PRODUCTION ET/OU ACHAT DE PROGRAMMES	**0**	**1**	**2**	**3**	**4**
3.1. Le service formation (et/ou les formateurs internes) possède-t-il des compétences en ingénierie de la formation ?					
3.2. L'élaboration d'un cahier des charges préalable à la mise en place d'une formation importante est-elle une pratique courante et maîtrisée ?					
3.3. Pour les formations montées « sur mesure » sur la base d'un cahier des charges, estimez-vous bien maîtriser la prestation pédagogique (préparation et animation) de l'organisme que vous avez choisi ?					
3.4. Pour ces mêmes formations (3.3.), estimez-vous bien maîtriser votre part de responsabilité dans la conduite à bonne fin de la formation (information des clients, sélection de participants conformes aux prérequis, flux d'inscription, intervention des managers pour les « messages » internes, application concrète dans les intersessions...) ?					
3.5. La part de l'achat de formations « sur catalogue » dans les dépenses du plan de formation est-elle à un niveau estimé raisonnable par rapport à d'autres solutions ?					
3.6. Avez-vous défini des critères clairs de choix des organismes de formation auxquels vous faites appel ?					

Donnez à chacune de vos réponses le nombre de points correspondant à la colonne choisie, additionnez, et divisez par 6.	**SCORE**

On est là sur le terrain spécifique à la formation, celui de la mise en place de réponses pédagogiques aux besoins, lorsque c'est ce type de réponse qui paraît le plus pertinent.

Le mot clé est ici dans la question 3.1. C'est le mot « compétence », appliqué à l'ingénierie de formation c'est-à-dire au savoir-faire de conception pédagogique complète de programmes. Il renvoie à la question du professionnalisme du responsable de formation : est-il un manager ou un pédagogue ? Peut-il être les deux ?

Les grands professionnels maîtrisant l'ensemble des compétences existent, mais leur « marché » est limité aux quelques centaines d'entreprises pouvant rémunérer leurs services. Pour les autres, la question se posera, sur ce pilier 3, au moins autant en termes de prescription et d'achats que de réalisation directe.

La formation continue étant née en France à une époque (les années 70) par ailleurs marquée par un fort courant d'exportation d'équipements vers les pays producteurs de pétrole, demandeurs aussi de formation de personnel local, les milieux de la formation ont adopté une partie du vocabulaire du Bâtiment et Travaux Publics, comme le mot même d'ingénierie. Appliqué à la formation, il s'agit de construire entièrement une démarche et des supports de formation adaptés à des besoins et à une population spécifiques.

L'expression « cahier des charges » vient aussi de là. Il s'agit de s'engager dans la construction avec une énumération précise de tout ce qui est attendu par le maître d'ouvrage, de manière à ce que le contrat établi avec le réalisateur (le maître d'œuvre) le soit sur une base claire et que les mesures de conformité puissent être effectuées.

Dans le domaine de la formation, le cahier des charges va de la même manière définir de façon aussi précise que possible ce que l'entreprise attend pour répondre à son besoin, afin de rechercher, puis de faire travailler, un organisme spécialisé qui va apporter son savoir-faire à la satisfaction du besoin. Le cahier des charges (question 3.2.) est donc un des outils de base de la qualité du système de formation. Bien entendu, la capacité à le faire respecter (3.3.) et à respecter soi-même (3.4.) les clauses qui constituent des conditions de réussite est importante.

Les questions 3.5.et 3.6. portent sur l'achat de prestations et le choix de partenaires.

On a là typiquement un problème de management d'ensemble : choisir les meilleures méthodes de travail sous le rapport qualité/coût, offrir à ses clients des services identifiables s'appuyant sur ces méthodes, rechercher et coopérer positivement avec des partenaires et mettre l'ensemble sous contrôle pour éviter qu'il ne se dégrade.

Dans le chapitre VII, nous nous centrerons sur les méthodes, techniques et démarches pédagogiques, ce qui nous permettra de donner au lecteur une vue d'ensemble des méthodologies qui sont les plus directement spécifiques au métier de formateur, en complément de toutes celles qui lui sont présentées dans les autres chapitres sur l'amont et l'aval de l'acte pédagogique.

4 – Suivi et contrôle

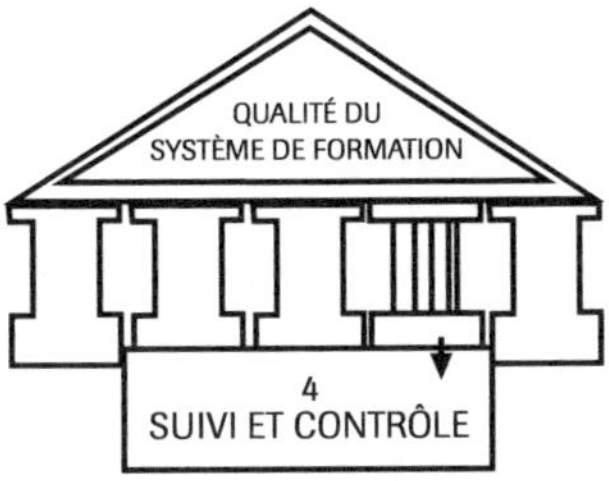

Code : 0 : ne sait pas ; 1 : non, pas du tout ; 2 : plutôt non ; 3 : plutôt oui ; 4 : oui, tout à fait

4. SUIVI ET CONTRÔLE	**0**	**1**	**2**	**3**	**4**
4.1. Les moyens et outils de gestion de la formation vous permettent-ils d'avoir un bon contrôle des dépenses par rapport au budget prévisionnel ?					
4.2. Avez-vous un retour d'information organisé sur la qualité des prestations des organismes de formation avec lesquels vous avez signé des conventions ?					
4.3. Les prévisions de planning des actions à réaliser dans le cadre du plan de formation sont-elles correctement respectées ?					
4.4. Avez-vous les moyens de vérifier la bonne utilisation des moyens qui vous sont dédiés (taux d'utilisation des salles de formation, taux d'occupation des formateurs permanents, utilisation des équipements type Centres de ressources, accès e-learning, laboratoire de langues, etc.) ?					
4.5. La déclaration fiscale annuelle (24-83) est-elle pour vous une formalité administrative simple, ne nécessitant pas de recherches spécifiques de données ?					
4.6. Avez-vous un tableau de bord de suivi, permettant de rendre compte à la DG des résultats obtenus sur les indicateurs clés et sur les axes clés de la politique de formation ?					

Donnez à chacune de vos réponses le nombre de points correspondant à la colonne choisie, additionnez, et divisez par 6.	**SCORE**

Nous sommes ici au cœur de la notion de management et de « mise sous contrôle ». Le plus souvent, les outils de contrôle disponibles portent sur des volumes de production : tant d'heures/stagiaires, tant d'hommes et de femmes, tant de stagiaires de telle catégorie, etc. En réalité, les outils de suivi disponibles concernent le plus souvent les paramètres utiles à la gestion budgétaire et à la déclaration fiscale annuelle. Dans les entreprises, les meilleures réponses aux questions précédentes se trouvent souvent sur 4.1. (suivi prévisions/réalisations du plan et du budget) et il existe maintenant des outils de gestion suffisamment performants pour que les réponses sur 4.5. soient correctes (1).

Par contre, nous avons testé la question 4.6. sur près de 200 entreprises, ce qui nous a permis de constater que le score moyen était l'un des plus faibles de l'ensemble du questionnaire. Cela n'est pas surprenant. C'est en effet l'un des points aveugles les plus nets des systèmes de formation actuels : ils peuvent facilement répondre sur leur volume de production, beaucoup moins bien sur leurs résultats.

C'est pourtant, ainsi que nous ne cessons de le répéter depuis le début de ce livre, l'un des enjeux majeurs pour la fonction formation. Son management, pour mériter cette dénomination et ne pas se limiter à une activité de gestion administrative, doit pouvoir fournir aux décideurs une réponse fiable sur deux questions centrales.

La première est en amont de l'engagement des actions, au moment de la prise de décision sur le plan. On peut la formuler ainsi : en quoi ce qui est proposé à la décision est-il pertinent (par rapport à des résultats attendus et à des priorités stratégiques ou opérationnelles) et en quoi peut-on affirmer que les conditions de réussite sont réunies ?

La seconde est en aval : en quoi les pronostics de réussite et d'atteinte de résultats sont-ils confirmés ?

On peut y ajouter la question suivante : en quoi les moyens mis à disposition ont-ils été optimisés (question 4.3.) ? Cette question concerne surtout les grandes entreprises disposant de centres de formation et d'équipes permanentes, mais elle va progressivement trouver

(1) On est cependant toujours surpris (et navré !) de rencontrer des responsables de formation déclarant passer des semaines au rassemblement des données nécessaires. On trouve cela soit dans des PME encore assez archaïques (mais il y en a de moins en moins), et l'externalisation peut être alors une bonne solution. On trouve aussi cela dans des entreprises en forte croissance, type start-up, dans lesquelles la préoccupation première est loin d'être la structuration administrative, et où les besoins très forts conduisent à des inscriptions « sauvages » décidées localement. Il existe d'excellents logiciels, type Inser Access, qui sortent même directement les données sur l'imprimé 24-83 exigé. Évidemment, il faut que les données soient disponibles, et ni l'externalisation ni l'informatique ne résoudra les problèmes liés à un process de gestion cafouilleux.

une actualité dans les entreprises plus petites avec le développement annoncé des moyens d'autoformation : avoir des postes informatiques dédiés au e-learning, ou des abonnements pour des accès à des cours on-line sur l'équipement standard de bureau, c'est sans doute bien, mais quel est effectivement l'usage qui en est fait ?

On voit bien que l'exhibition de volumes d'heures/stagiaires ou de montants de dépenses ne répond en rien à ces questions. On passe alors de la notion de suivi administratif à celle de tableau de bord qualitatif. Le chapitre IX nous permettra de décrire l'état des méthodes et des pratiques des entreprises les plus performantes en ce domaine.

5 – Visibilité des résultats

Code : 0 : ne sait pas ; 1 : non, pas du tout ; 2 : plutôt non ; 3 : plutôt oui ; 4 : oui, tout à fait

5. VISIBILITÉ DES RÉSULTATS	**0**	**1**	**2**	**3**	**4**
5.1. Les managers des participants sont-ils clairement impliqués dans le suivi d'application de la formation ?					
5.2. Avez-vous organisé une procédure de retour d'information sur les évaluations des participants en fin de formation (en interne et dans les stages à l'extérieur) ?					
5.3. Avez-vous mis en place des moyens vous permettant de vérifier régulièrement que les clients internes de la formation sont satisfaits des résultats obtenus (1) ?					
5.4. Avez-vous organisé une procédure d'évaluation différée (quelques semaines après la fin de la formation) pour les actions de formation ayant un objectif de contribution aux performances individuelles ou collectives ?					
5.5. Diffusez-vous systématiquement, pour toute action de formation interne importante, un rapport d'évaluation des résultats obtenus ?					
5.6. Les évaluations donnent-elles l'occasion régulièrement de mettre en évidence les points forts et les points faibles du système de formation et d'engager des démarches d'amélioration ?					

Donnez à chacune de vos réponses le nombre de points correspondant à la colonne choisie, additionnez, et divisez par 6.	**SCORE**

(1) Sur ces « clients », voir le chapitre III.

Ce cinquième pilier nous rapproche de l'épreuve de vérité. La question est en fait la suivante : à quoi voit-on que tout cet effort de formation a été utile ?

Du point de vue du management de la formation, cela renvoie à une triple série de questions :

– En quoi la conception même des actions intègre-t-elle cette préoccupation d'utilité en envisageant d'emblée, notamment avec les managers, les conditions d'application des connaissances et savoir-faire acquis ?

– Quels sont les dispositifs mis en place pour évaluer les résultats obtenus (5.2., 5.3., 5.4.) et la satisfaction des « usagers » et pour communiquer avec ceux-ci sur les résultats obtenus (5.5.) ?

– Y a-t-il une démarche d'amélioration continue, s'appuyant sur les évaluations pour identifier les domaines de progrès pour l'avenir (5.6.) ?

Disons tout de suite que c'est sur la question 5.4., qui porte sur l'existence de procédures systématiques d'évaluation des effets sur les performances, que le score est le plus faible dans les entreprises auprès desquelles nous l'avons testée.

Ce résultat est significatif. Il indique en même temps l'une des voies royales de progrès à venir de la fonction formation. Le montant des efforts en moyens et en temps consacrés à la formation devient tel qu'il n'est plus possible de se satisfaire de réponses vagues à la question de l'évaluation, ou de répondre en termes de seul niveau de satisfaction. C'est sur cette capacité à rendre visibles ses résultats que la fonction formation sera de plus en plus jugée.

Encore faut-il bien poser la question et ne pas se laisser piéger dans la recherche de réponses à des interrogations imprudemment formulées en termes de « retour de l'investissement ». Le chapitre X sera entièrement consacré à faire le point sur cette problématique de l'évaluation, du point de vue des méthodologies et des démarches.

V. SYNTHÈSE : DE LA GESTION AU MANAGEMENT DE LA FORMATION

Nous venons de donner un tableau d'ensemble de ce qui nous paraît être les principaux points clés des progrès à accomplir dans le management de la fonction formation.

Le lecteur a pu, par les questionnaires dont nous avons parsemé ce chapitre, faire un premier diagnostic de la situation de son entreprise par rapport à ces différents points clés. Nous lui suggérons de reproduire dans le schéma ci-dessous la synthèse chiffrée de ses réponses sur les différents piliers en reproduisant à la base de chaque pilier les moyennes obtenues sur chacun et en faisant la « moyenne des moyennes » qui lui donnera son score d'ensemble.

Moyenne des scores et score général du management de la formation

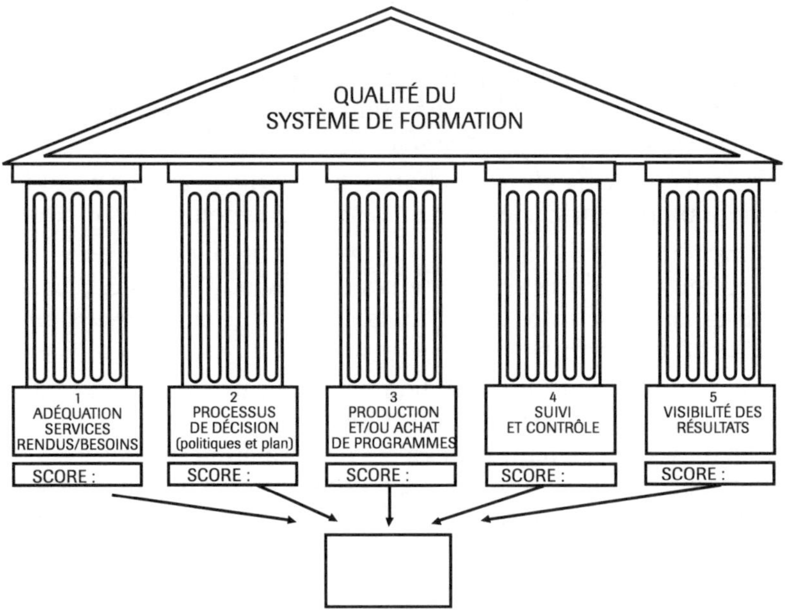

Le voici maintenant, avec ce tableau, doté d'un outil qui peut lui servir à plusieurs usages :

– dialoguer entre acteurs internes de la formation dans son entreprise, ce qui leur permettra d'échanger sur la perception qu'a chacun des points forts et des points faibles ;

– comparer entre plusieurs établissements de son entreprise et à envisager en commun les programmes de travail permettant des améliorations ;

– servir de référentiel dans le temps en comparant ses scores d'aujourd'hui avec ceux qu'il obtiendra par exemple dans un an ;

– et surtout comme point de départ à des programmes d'amélioration dans les domaines qui lui paraîtront prioritaires, en se servant des réponses comme d'un prédiagnostic, à confirmer par des analyses plus précises, lui permettant de se fixer des objectifs accompagnés d'indicateurs de résultats.

Certes, ces questions ne couvrent pas tout le champ des améliorations possibles. Mais notre expérience nous porte à considérer qu'elles recouvrent l'essentiel des points clés du management de la formation, et qu'un progrès sur l'ensemble constituerait une avancée significative. Rien n'empêche le lecteur qui souhaiterait ajouter des questions à celles que nous proposons de le faire si cela lui paraît important. L'essentiel est de conserver à l'esprit l'interaction des différents facteurs. La représentation en piliers que nous avons choisie veut exprimer cette nécessité d'interaction : la solidité de l'ensemble est celle du pilier le plus faible !

VI. LE MANAGEMENT PAR LA QUALITÉ EST-IL UNE OPPORTUNITÉ DE PROGRÈS POUR LE MANAGEMENT DE LA FORMATION ?

Les entreprises, surtout celles produisant des biens intermédiaires, sont de plus en plus incitées par leurs clients à entrer dans des processus de certification Qualité ou équivalent. La plus connue des normes de référence est la norme ISO 9001 qui a été notablement modifiée dans sa version 2000. Mais il existe d'autres normes, comme HACCP pour l'agroalimentaire ou les normes spécifiques à l'aéronautique. De plus, sur les marchés B to B (*Business to Business*), il est aujourd'hui de pratique courante qu'une entreprise cliente développe ses propres normes de qualification de ses fournisseurs. La capacité de l'entreprise à répondre aux exigences de ces normes est devenue une condition de survie, dans la mesure où elle est le passage obligé du référencement dans la liste des fournisseurs.

Toutes ces normes exigent du fournisseur qu'il fasse la preuve de sa capacité à concevoir et fournir un produit ou un service conforme à ce qui est attendu par le client. La compétence du personnel est évidemment l'un des points clés de cette capacité, et les normes intègrent, à des degrés divers, la vérification que le système mis en place par l'entreprise pour affecter du personnel compétent à la conception, à la fabrication, à l'installation du produit ou du service est de nature à contribuer à la qualité.

Même sans cette exigence normative, les entreprises privées ou publiques agissant sur des marchés ouverts ont depuis longtemps compris que c'est le client qui assure leur prospérité. Les organisations non lucratives comme les établissements d'enseignement public ou privé, les hôpitaux, les administrations, ont, sous des formes spécifiques, engagé des processus identiques, comme l'accréditation dans le secteur hospitalier, ou les démarches de modernisation de l'État, avec plus ou moins d'enthousiasme selon la clairvoyance de leurs dirigeants et la pression de leurs usagers.

L'application des démarches qualité au management de la formation porte dès lors sur deux aspects :

– le premier est la maîtrise du système qualité interne de l'entreprise relatif à la formation et s'insérant dans le système d'ensemble de management de la qualité ;

– le second porte sur les organismes de formation eux-mêmes, qui sont des fournisseurs de service. Tout un courant de pensée et d'action s'est développé pour que ces organismes, en tant qu'entreprises de services, s'appliquent à elles-mêmes les principes de la qualité. Nous le développerons dans le chapitre VIII, à propos de la « commande de formation ».

Nous allons examiner maintenant le premier aspect, la qualité interne. Nous prendrons comme référence la norme ISO 9001 version 2000, qui comporte de notables progrès par rapport à la norme précédente de 1974.

Cette norme porte sur le « système de management de la qualité ». Ses exigences générales (1) sont que l'organisme demandant une certification doit :

– identifier les processus nécessaires au système de management de la qualité et leur application dans tout l'organisme ;

– déterminer la séquence et l'interaction de ces processus ;

– déterminer les critères et les méthodes nécessaires pour assurer l'efficacité du fonctionnement et de la maîtrise de ces processus ;

– assurer la disponibilité des ressources et des informations nécessaires au fonctionnement et à la surveillance de ces processus ;

– surveiller, mesurer et analyser ces processus ;

– mettre en œuvre les moyens nécessaires pour obtenir les résultats planifiés et l'amélioration continue de ces processus.

Parmi les « ressources » figurent les ressources humaines. Le chapitre 6.2. de la norme leur est consacré. Le paragraphe 6.2.2., en particulier, porte sur le thème « compétence, sensibilisation et formation ». Il précise les exigences normatives suivantes :

(1) Source : texte de la norme éditée par l'Afnor. Pour se la procurer : www.afnor.fr.

– déterminer les compétences nécessaires pour le personnel effectuant un travail ayant une incidence sur la qualité du produit ;

– pourvoir à la formation ou entreprendre d'autres actions pour satisfaire ces besoins ;

– évaluer l'efficacité des actions entreprises ;

– assurer que les membres de son personnel ont conscience de la pertinence et de l'importance de leurs activités et de la manière dont elles contribuent à la réalisation des objectifs qualité ;

– conserver les enregistrements appropriés concernant la formation initiale et professionnelle, le savoir-faire et l'expérience.

Comme on le voit, on retrouve ici sous une autre formulation les « piliers » de la qualité de la formation que nous avons indiqués dans le chapitre IV : analyse des besoins, montage des actions, évaluation, gestion des enregistrements (c'est-à-dire « traçabilité » des formations suivies), le tout au service des objectifs globaux de l'entreprise. Il indique aussi que la formation n'est pas la seule solution possible (« autres actions »).

Il est évident que pour le responsable de formation d'une entreprise engagée dans la démarche ISO, ces normes sont une excellente opportunité de « professionnaliser » son système interne.

Le fait que la certification vienne de l'extérieur introduit un enjeu sérieux qui peut lui permettre, si ce n'est pas déjà le cas, de légitimer plus de rigueur dans l'approche de la formation. L'organisme certificateur va vérifier qu'un système et des procédures sont écrits pour mettre sous contrôle ces processus et que, dans la réalité, ils sont appliqués. L'enjeu sera d'éventuelles non-conformités constatées lors de l'audit de certification, pouvant avoir un effet sur l'obtention de celle-ci et en tout cas sur la formulation de « remarques » qui feront ultérieurement l'objet d'un contrôle.

La certification étant donnée pour trois ans, le renouvellement obligera à ce que les mesures prises pour rationaliser les procédures ne relèvent pas purement d'un opportunisme de façade pour « passer l'examen », mais s'inscrivent dans le fonctionnement réel et dans la durée.

Si nous insistons sur la norme ISO 9001 parce qu'elle est la plus répandue, mais il faut savoir que les autres normes sectorielles que nous évoquions au début de ce paragraphe comportent elles aussi des exigences comparables, parfois plus contraignantes, dans les domaines de la santé et de l'agroalimentaire en particulier.

Ces normes viennent donc puissamment renforcer, en faisant se rejoindre la consolidation des relations de l'entreprise avec ses clients et la gestion des compétences, ce qui est le message principal de ce livre : améliorer la compétence des hommes pour la performance de l'entreprise. Elles sont donc, sous une forme ou sous une autre, une excellente occasion de progrès pour le manager de la formation. Et d'ailleurs, même si son entreprise n'est pas directement concernée par le formalisme des normes, qui l'empêche de s'en servir comme outil de management de sa propre activité ?

Deuxième partie

DÉMARCHES, MÉTHODOLOGIES, OUTILS

Chapitre V

LES BESOINS ET LEUR ANALYSE

« La demande en soi porte sur autre chose que les satisfactions qu'elle appelle. Elle est demande d'une présence ou d'une absence. »

Jacques LACAN. Écrits

I. La notion de besoin de formation

Ce qui précède a clairement montré, du moins nous l'espérons, que la formation n'est pas une fin en soi. La notion de besoin est donc ambiguë, si on la comprend comme quelque chose qui existerait indépendamment de son contexte. En réalité, il n'y a pas un gisement de « besoins de formation » plus ou moins cachés, qui ne demanderaient que l'arrivée d'un spécialiste armé des méthodologies pertinentes pour les repérer et procéder à leur extraction. Le terme recueil des besoins, parfois utilisé dans les entreprises, exprime souvent cette idée finalement naïve qu'il suffit de demander directement aux gens quels sont leurs besoins pour qu'ils les expriment de façon fiable. Ce faisant, on confond le besoin, au sens où nous en parlons ici, et l'envie. À l'inverse, le fait qu'un salarié exprime le souhait de se former à l'anglais ne signifie pas nécessairement qu'il en ait besoin. Le fait qu'il n'exprime rien ne peut être interprété comme une absence de besoin : son poste de travail va peut-être être profondément transformé dans les mois ou les années qui viennent sans qu'il en ait la moindre idée. Il aura donc un besoin « objectif », mais qu'il n'exprimera pas spontanément faute d'avoir été aidé à bien prendre conscience du problème. Si quelques populations très particulières, déjà généralement bien formées, savent avec une assez grande précision formuler elles-mêmes directement leurs besoins de formation, surtout techniques, c'est loin d'être le cas général. Dans la plupart des cas, les spécialistes divers et les hiérarchiques ont à jouer un rôle dans le processus qui va de l'identification du besoin à son traitement.

Le besoin de formation est la résultante d'un processus associant les différents acteurs concernés et traduisant un accord entre eux sur des « manques » à combler par le moyen de la formation. Cette définition pragmatique a pour nous l'avantage de mettre en avant d'une part la dimension sociale du besoin, traduisant un compromis entre des acteurs, et sa dimension opérationnelle autour d'un manque à combler nécessitant une action (ici de formation, mais ce pourrait être d'autres types d'action comme le recrutement, la mobilité...). Le résultat sera appelé besoin de formation. La qualité de ce résultat dépendra essentiellement de celle du processus mis en œuvre pour l'obtenir. Elle dépendra en fait essentiellement de l'optimisation de l'organisation entre les trois groupes de facteurs suivants :

- les *acteurs :* qui sont les acteurs pertinents pour travailler sur l'analyse d'une catégorie particulière de besoin de formation ? Rappelons ici le chapitre III de ce livre dans lequel nous avons identifié les objectifs possibles d'une politique de formation, qui impliquent des acteurs différents ;
- les *méthodologies* mises à disposition de ces acteurs qui, elles aussi, ne sont pas nécessairement les mêmes selon les types d'objectifs ;
- le *déroulement* des opérations dans le temps.

Les méthodologies ne sont pas suffisantes en elles-mêmes. Comme les médicaments, elles ont des indications et des contre-indications, des résultats et des effets secondaires. Dans l'inventaire que nous en ferons plus loin, nous indiquerons à chaque fois les conditions dans lesquelles ces méthodologies doivent être utilisées pour être efficaces.

II. LES FACTEURS INDUCTEURS DE BESOINS DE FORMATION

Le besoin de formation, puisqu'il n'existe pas « tout fait » comme un bébé apporté par une cigogne, est en réalité induit par des facteurs émanant de six sources distinctes, dont il constitue la synthèse orientée vers l'action.

La première source est l'environnement externe (ou plutôt les environnements) de l'entreprise. Les exigences des clients (par exemple sur l'obligation de compétence du personnel de fabrication dans des contrats d'Assurance Qualité), les stratégies des concurrents (qu'il faudra que les spécialistes du marketing et les commerciaux sachent contrer), les nouvelles techniques ou les nouveaux composants apparaissant sur le marché (dont il faudra que les acheteurs apprennent à en assurer l'approvisionnement en coût, délai et qualité), les contraintes et les opportunités politiques ou réglementaires (le passage à l'euro), etc., tout cela génère des besoins de formation. Dans l'environnement circulent aussi des modes, le management n'est pas moins sensible à ce phénomène que la haute couture ! Ces modes vont générer, à tort ou à raison, des besoins de formation. On l'a vu, par exemple, sur les cercles de qualité, le management participatif, l'analyse de la valeur, l'assertivité, et bien d'autres concepts qui ont en commun de traduire un vrai besoin, mais de prendre à un moment donné la figure d'une mode (et, comme on sait, rien ne se démode plus que la mode). La question sera, pour les responsables, de capter dans l'environnement, au-delà des chatoyances et des séductions de la mode, les tendances profondes et de les traduire en actions.

L'entreprise a aussi ce qu'on pourrait appeler ses environnements internes. Ce terme paradoxal (comment l'environnement pourrait-il être à l'intérieur ?) ne l'est en fait que si l'on raisonne sur une entité abstraite que serait l'entreprise. En réalité, ce sont des hommes qui prennent des décisions, fixent des orientations, élaborent des stratégies. Ces hommes se trouvent, dans l'entreprise, placés dans un environnement dont ils doivent apprécier les forces et les faiblesses, les contraintes et les opportunités. Cet environnement est fait du personnel, des groupes sociaux et de leurs stratégies propres, des organisations et des techniques en place, des ressources financières, d'une « culture »..., qui vont rendre possible (ou non) l'adaptation de l'entreprise à son environnement externe.

La stratégie de l'entreprise se situe à l'interface de ces deux environnements : comment répondre aux défis extérieurs en tenant compte de façon réaliste de l'intérieur. Notons au passage, sans insister parce que ce n'est pas notre sujet, que la stratégie de l'entreprise peut se construire en sortant de cet interface, par des désinvestissements dans l'existant et des réinvestissements (par OPA, rachat, fusion, etc.) dans des structures apparaissant plus aptes à permettre de répondre efficacement aux défis externes.

Dans cet environnement interne, une place particulière est à accorder au niveau réel du personnel. Ce niveau sera à comparer aux exigences qui découleront de la stratégie de l'entreprise, en même temps qu'il permettra d'apprécier le réalisme de celle-ci. Il ne suffira pas d'exprimer des besoins généraux de formation, encore faudra-t-il faire un pronostic sur les conditions dans lesquelles, dans une situation particulière, ils pourront être raisonnablement satisfaits. Si la stratégie de l'entreprise doit accorder une importance forte à l'exportation, comment prendre en compte le niveau actuel de maîtrise des langues étrangères par le personnel le plus directement concerné ?

En déploiement de la stratégie, trois catégories de facteurs vont induire des besoins de formation.

La première sera constituée des projets qui traduisent la stratégie de l'entreprise. Ces projets vont porter sur le lancement de nouveaux produits ou la conquête de nouveaux marchés (il faudra former les commerciaux), la mise en œuvre de nouvelles techniques (il faudra former les salariés de la production, de la maintenance, etc.), la mise en place d'une nouvelle organisation, la recherche de gains de productivité... Pour déployer ces objectifs, les exigences de compétence des salariés seront plus ou moins importantes. On se retrouve ici dans le cas de l'exercice que nous vous proposions à la fin du chapitre III, en vous demandant de croiser enjeux des projets de l'entreprise et importance de la compétence du personnel pour les réussir.

La deuxième est la politique sociale de l'entreprise. Il n'y a pas de « bonne » politique sociale dans l'absolu. La pertinence d'une politique sociale s'apprécie par sa capacité à aider l'entreprise à s'adapter à ses environnements externes et internes, et, comme nous l'avons longuement exposé dans le premier chapitre, souvenons-nous, à lui permettre *« de disposer à temps, en effectifs suffisants, et en permanence, des personnes compétentes et motivées pour effectuer le travail nécessaire, en les mettant en situation de valoriser leurs talents avec un niveau élevé de performance et de qualité, à un coût salarial compatible avec les objectifs économiques, et dans le climat social le plus favorable possible »*.

Une entreprise qui a un métier très spécifique pour lequel il est coûteux de former le personnel (par exemple dans le nucléaire) aura intérêt, au moins pour ce personnel spécialisé, à le fidéliser pour rentabiliser l'investissement dans la formation donnée. Du coup, elle devra être attentive aux attentes de ce personnel en termes d'évolution de carrière et mettre en place des dispositifs promotionnels dans lesquels la formation jouera un rôle. Ce ne sera évidemment pas le cas pour une entreprise employant de façon saisonnière une population peu qualifiée. Les besoins promotionnels seront entendus dans la première entreprise plus aisément que dans la seconde. Si la politique sociale privilégie la sécurité de fonctionnement par la recherche du maximum de consensus avec les partenaires sociaux, elle n'aura pas la même attitude vis-à-vis de la formation que celle qui privilégie le renforcement du rôle managérial de l'encadrement, et la perception des besoins de formation des managers différera notablement. On pourrait multiplier des exemples de ce type.

La politique sociale induit aussi des besoins de formation d'une manière plus mécanique, liée à la structure démographique de la population de l'entreprise et à sa structure de qualification. Il est clair que le renouvellement des populations salariées dans les quinze années qui viennent, avec les départs massifs à la retraite des enfants du « baby-boom », transformé en « papy-boom », va profondément modifier l'approche des besoins en formation de jeunes recrutés mieux formés, avec des attentes au travail différentes de celles de la génération précédente.

La troisième est l'expression des attentes des individus (ou des groupes). Tel salarié exprime le besoin de se former en mécanique des fluides, tel autre sur la négociation commerciale, etc. Tel groupe de salariés concernés par un changement va exprimer un besoin collectif, comme les comptables lors du passage à l'euro. Ce peut être aussi un groupe de salariés d'une même équipe de travail souhaitant se perfectionner dans un domaine d'activité professionnelle. Ce peut être également l'expression de besoins à travers les organisations représentatives du personnel qui vont parfois opposer ce qu'elles appellent les « vrais besoins » des salariés à ceux que se propose de traiter le plan de formation établi par l'entreprise. Ce peut être aussi une demande catégorielle, par exemple les techniciens niveau V de la métallurgie demandant des formations leur permettant le passage au statut de cadre. Ces demandes reflètent les attentes des individus et leurs stratégies propres. Le problème des responsables sera souvent d'arbitrer entre des perceptions des besoins différentes : le salarié et son encadrement par rapport à une situation de travail particulière, l'encadrement et la direction des ressources humaines entre une perception des besoins de perfectionnement à court terme et la préparation du moyen terme, entre la direction et les partenaires sociaux, etc.

La question du niveau réel, que nous avons évoquée à propos des environnements internes, va ici être centrale. Si un ouvrier spécialisé quinquagénaire titulaire du certificat d'études exprime le désir de devenir ingénieur informaticien, son souhait est respectable, mais on est en droit de s'interroger sur la probabilité de réussite. L'analyse du besoin, c'est aussi estimer la possibilité de le satisfaire de façon efficiente, c'est-à-dire dans le meilleur rapport entre les résultats attendus (en qualité et délais) et le coût. Elle peut donc conclure à l'impossibilité, ou recommander des solutions alternatives (comme le recrutement ou la mobilité interne). Si elle conclut à la possibilité, elle devra fournir les éléments de ce qui sera le cahier des charges de la formation : pour passer d'un niveau de connaissances X à un niveau Y, compte tenu de la population réelle concernée, quel est le temps moyen nécessaire de formation : 24 heures ? 200 ? 1 000 ? On voit évidemment que cette estimation quantitative du temps nécessaire pour traiter le besoin sera pour les acteurs concernés un élément important de décision. Cette question centrale de l'attitude active du salarié dans sa propre formation fera l'objet d'un développement dans ce chapitre (Section V : Vers un plan individuel de formation ?, p. 181).

Enfin le dernier facteur inducteur de besoins de formation, bien que d'ordre second par rapport aux précédents, joue souvent un rôle très important : c'est l'offre de formation. La formation est un marché sur lequel plusieurs milliers d'organismes proposent leurs produits et adoptent des stratégies de marketing. L'offre donne une forme au besoin, et quelquefois se substitue à son expression. On n'a pas besoin de mieux communiquer avec son équipe de travail, on a besoin de suivre le stage « Communiquez sans entraves » du cabinet FORMID. Cette réduction du besoin à l'offre de stages est probablement inévitable dans la situation de marché que le législateur a créée pour la formation continue, mais ce n'est pas une raison pour être dupe. Ce que Jacques Guigou appela dès les premières années de la mise en place de la loi de 1971 le risque de « stagification » reste très présent aujourd'hui. Le besoin n'est entendu que s'il peut trouver son expression directe en termes de stage existant. Cette logique, que l'on pourrait résumer par la formule « un problème, un stage », a pris dans certaines entreprises une ampleur telle qu'elles ont du mal à s'en débarrasser. Il faut bien dire que certaines aides publiques encouragent indirectement cette logique en apportant une aide financière à la réalisation de formations plus ou moins lourdes supposées en elles-mêmes régler le problème. L'offre de financement induit une perception du besoin traduite parfois hâtivement en termes de stages.

Les besoins de formation sont donc induits, avec des pondérations variables, par ces différents facteurs inducteurs. Cela peut se représenter dans le schéma suivant :

Les facteurs inducteurs des besoins de formation

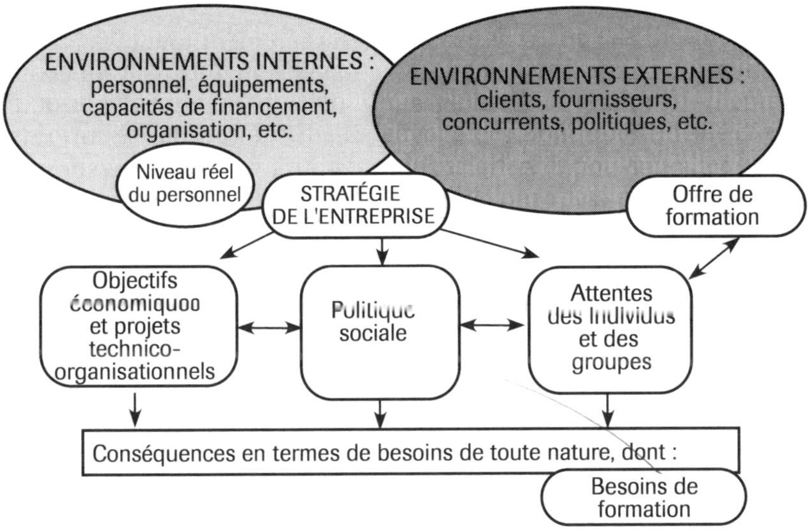

Ce schéma nous sera utile pour étudier les méthodologies d'analyse des besoins de formation. Il nous permettra en effet de conserver en mémoire les différentes sources d'information nécessaires pour disposer de résultats fiables permettant une action efficace.

III. LE POSTE DE TRAVAIL ET L'ANALYSE DES BESOINS DE FORMATION

Le poste (1) existe par la convergence d'un système d'organisation du travail (qui délimite le contenu des postes et les relations hiérarchiques et fonctionnelles entre eux) et d'un système de classification des postes s'appuyant sur les conventions collectives. Ces systèmes de classification ont essentiellement pour fonction de situer les postes les uns par rapport aux autres, de permettre ainsi une maîtrise des systèmes de rémunération (tel poste vaut tant) et d'indiquer les filières promotionnelles. La logique qui y préside n'est donc pas tant de permettre que les individus déploient au mieux leurs compétences que de disposer d'une

(1) Nous utilisons ici, pour simplifier, le mot « poste » auquel on préfère souvent aujourd'hui le mot « emploi ». Sur l'intérêt de cette distinction dans le cadre de la gestion des compétences, voir, du même auteur, *Ressources humaines ; déployer la stratégie*, Éditions Liaisons, 2000.

règle du jeu connue de tous pour ranger les individus... et négocier avec les partenaires sociaux sur les aménagements du système.

Cette approche entraîne presque nécessairement une certaine rigidité des définitions. D'une part, on ne renégocie pas la convention collective toutes les semaines et, d'autre part, le contenu du poste est largement défini de l'extérieur, par l'encadrement et par les organisateurs. Or, l'expérience prouve que ces définitions extérieures sont souvent décalées par rapport à la réalité des postes, puisqu'elles découlent d'une démarche apparemment rationnelle, mais qui évacue largement les « tours de main » et les situations particulières de tel ou tel établissement, ou sous-estiment le degré d'autonomie du titulaire du poste. On peut facilement constater dans une même entreprise que la même définition théorique désigne parfois des situations de travail extrêmement différentes d'un établissement à l'autre. Mais la définition du poste a surtout une finalité de régulation sociale et exprime un compromis. Le poste de travail a donc, en réalité, plusieurs aspects : il a une définition abstraite justifiée par la nécessité du classement, une réalité définie par une situation locale particulière, qui elle-même a une face théorique (celle que lui donnent les spécialistes qui décrivent les postes) et une face concrète (le poste réel tel qu'il est vécu par la ou les personnes qui l'occupent), le tout étant potentiellement influencé par les évolutions à venir de l'emploi type auquel se rattache le poste et qui sont susceptibles d'en modifier le contenu.

Former un individu à un poste suppose donc une synthèse entre les différents aspects de ce poste, et en particulier d'avoir défini de manière aussi précise que possible d'une part les connaissances et savoir-faire requis par un poste précis dans l'organisation du travail, et d'autre part ceux qui sont requis par les modifications prévisibles du poste dans le moyen terme. Cette synthèse étant établie, et le niveau d'un individu particulier étant évalué par rapport aux exigences ainsi synthétisées, il faudra construire une stratégie pédagogique permettant d'entraîner les personnes à exercer ces savoir-faire.

Du coup, on voit que la notion de besoins de formation liés au poste est loin d'être simple. Certains besoins découleront de la définition théorique qu'il ne s'agit pas de remettre en cause pour raison d'équilibre d'ensemble du système de classification des postes, d'autres découleront de la réalité des situations de travail. Les besoins peuvent être définis par les experts, mais l'on sait que la meilleure façon de bloquer le fonctionnement d'une organisation est de faire la « grève du zèle » en appliquant strictement les consignes de ceux-ci.

On sait que les salariés japonais, en période de renégociation des salaires, continuent à travailler en appliquant strictement les consignes, tout en arborant autour de la tête un bandeau expliquant qu'ils font la grève des idées et des suggestions. Cette situation est tellement menaçante que les négociations ne tardent pas à aboutir à un compromis, réinjectant du même coup dans l'entreprise la plus-value de l'initiative individuelle.

Ainsi la notion de production de besoins de formation par la recherche du meilleur compromis possible entre différentes logiques prend tout son sens. Dans une logique d'efficacité immédiate, il faudra former strictement au poste défini. Mais une logique de développement des capacités et du potentiel d'autonomie des salariés risque d'entrer en dissonance avec l'équilibre du système social de l'entreprise, puisqu'on ne rémunère pas le potentiel individuel, mais le poste. C'est pourquoi les expériences de développement de la polyvalence (ou de la polyaptitude) sont aussi difficiles à mener à terme et observées avec tant de vigilance par les organisations syndicales : oui pour apporter plus de souplesse au fonctionnement de l'entreprise en développant l'initiative individuelle, mais non à l'individualisation des salaires pour préserver un système de classification qui, même imparfait, a l'intérêt d'exister et de protéger les salariés contre l'arbitraire des jugements hiérarchiques.

Le problème n'est pas simple, et les difficultés de communication entre formateurs et responsables de personnel viennent souvent que l'un pense « compétences individuelles en situation réelle de travail » et l'autre « définition du poste » et risque de déstabilisation du système social. L'introduction dans un programme de formation d'un entraînement à des compétences professionnelles qui sortent de la définition officielle du poste risque de provoquer des réactions des partenaires sociaux. Aucun n'ayant complètement entièrement raison ou tort, la seule solution est de trouver la meilleure position de compromis tenant compte des enjeux des uns et des autres.

Du point de vue qui nous intéresse ici, l'analyse des besoins de formation, la conséquence très concrète à en tirer sera de mettre en perspective, pour en obtenir une synthèse orientée vers l'action, trois sources principales d'information : la définition théorique du poste, le point de vue des experts sur le contenu actuel et prévisible du poste et les exigences qui en découlent, et le point de vue des personnes exerçant actuellement le poste. À ces trois sources, on peut rajouter les attentes des clients qui, s'ils ne sont pas consultés directement lors de l'analyse des besoins, ont néanmoins beaucoup de choses à dire dont les entreprises les plus avancées en matière de Qualité Totale ne manquent pas de tirer profit en ouvrant grandes leurs oreilles. Nous sommes dans quatre registres complètement différents dont il faudra extraire une synthèse permettant l'action.

IV. MÉTHODOLOGIES D'ANALYSE DES BESOINS DE FORMATION

En résumé, une bonne méthodologie d'analyse des besoins de formation doit avoir quatre caractéristiques principales :

– permettre de prendre en compte, parmi les facteurs inducteurs (*cf. supra Section II*), ceux qui sont pertinents ;

– permettre une implication des acteurs concernés ;

– être adaptée à son objet, et en particulier au type d'objectif de formation qu'il s'agit d'atteindre (*cf. les objectifs possibles décrits au chapitre III*) ;

– être efficiente, c'est-à-dire permettre le meilleur résultat possible au moindre coût.

Il existe un grand nombre de méthodes que l'on peut regrouper, pour la commodité de l'exposé, en trois grandes catégories :

– celles qui sont principalement pertinentes pour les besoins découlant du facteur inducteur « objectifs de l'entreprise et projets technico-organisationnels », que nous résumerons par l'expression « besoins de compétences de l'organisation » ;

– celles qui sont principalement pertinentes pour les besoins découlant du facteur inducteur « attentes des individus et des groupes » ;

– celles qui sont principalement pertinentes pour accompagner un changement organisationnel.

En réalité, ce classement est assez théorique. La plupart des méthodes tiennent compte de plusieurs facteurs inducteurs et peuvent être utilisées à plusieurs fins. Mais chacune a une dominante, et nous avons choisi de conserver ce classement parce que c'est celui qui nous permettra de les exposer le plus clairement possible au lecteur.

Chaque méthode sera présentée en indiquant à chaque fois : le type d'objectif qu'elle doit permettre de traiter ; les facteurs inducteurs pris en compte ; les acteurs concernés ; les caractéristiques de la méthode ; ses conditions de mise en œuvre ; ses avantages et ses limites.

REMARQUE

Cet inventaire ne prétend pas à l'exhaustivité. Il existe de nombreuses méthodes, dont certaines sont la propriété intellectuelle de cabinets de consultants. Nous pensons toutefois résumer dans les prochaines pages l'essentiel de la « panoplie » des outils qui sont à la disposition des responsables.

1 – Les méthodes centrées sur les besoins de compétences (1) de l'organisation

Elles partent toutes du principe de l'identification des écarts qualitatifs entre les besoins de compétence requis par une activité professionnelle et les ressources humaines disponibles. La formation est l'un des moyens pour combler cet écart.

L'analyse des compétences requises par un emploi

■ *Type d'objectif*

Perfectionnement individuel

Perfectionnement collectif pour améliorer les performances

Formations (professionnelles) d'insertion

Réussir un investissement et/ou un changement d'organisation

Formations aux métiers

Il s'agira ici de décrire de façon systématique l'ensemble des compétences requises par un poste de travail actuel et par son évolution prévisible (si celle-ci n'est pas en rupture totale avec l'existant). Cette description concerne le poste ou l'emploi (le plus souvent regroupement de postes ayant des proximités de contenu). Les besoins de formation découleront de la comparaison du niveau des personnels occupant ou devant occuper ces postes et des exigences de compétences liées au poste ainsi décrites.

L'exploitation de cette description pourra être globale (former à la globalité du poste) ou partielle (former ou perfectionner à l'un des aspects du poste).

■ *Facteurs inducteurs pris en compte*

Les besoins de compétence de l'organisation

Le niveau réel des salariés

(1) Le terme de compétence mériterait un ouvrage entier, et il n'en manque d'ailleurs pas. Pour approfondir cette notion, lire, du même auteur, *Ressources humaines : déployer la stratégie*, paru en 2000 aux Éditions Liaisons, et dans lequel deux chapitres sont consacrés à la gestion des compétences. On n'oubliera jamais ici que besoin de compétences et besoin de formation sont loin d'être équivalents. On peut parfaitement devenir compétent sans suivre de formation, et suivre une formation sans devenir pour autant compétent.

■ *Acteurs concernés*

Le responsable en charge de l'analyse

Un petit groupe d'experts, à choisir parmi les personnes ayant une bonne connaissance du poste actuel et de ses évolutions prévisibles : encadrement direct, bureau d'études, constructeur de matériel, services fonctionnels directement concernés, clients (qui peuvent être le service aval)

Un échantillon de personnes occupant actuellement le poste

■ *Caractéristiques*

La méthode va consister à croiser trois types d'informations :

Les informations écrites sur le poste : description formelle, fiches de poste, documents utilisés, manuels opératoires, etc.

Le point de vue des experts sur les caractéristiques du poste

Le point de vue des titulaires sur les caractéristiques du poste

Le cas échéant, les informations provenant de sources externes, notamment du client (les résultats d'enquêtes de satisfaction peuvent donner des informations précieuses sur les besoins en compétences relationnelles, par exemple)

Pour permettre une exploitation, ces informations seront recueillies et classées selon un canevas identique comprenant les huit rubriques suivantes :

1. Définition du poste : définition formelle, classification, position dans l'organigramme et dans le processus de travail

Cette rubrique permettra notamment de faire apparaître d'éventuelles disparités entre le contenu réel de postes ou d'emplois ayant la même appellation théorique. Sera précieuse pour faire opérer les arbitrages sur les domaines à privilégier dans la formation.

2. Activités exercées : énumération des différents types d'activités, pourcentage de temps consacré à chacune d'entre elles, nature détaillée de ces activités

Cette rubrique est souvent très utile pour faire apparaître des différences entre la vision des experts et les conditions réelles d'exercice d'un emploi. Par exemple, l'expert pourra considérer qu'un technicien d'après-vente doit avoir un rôle de conseil commercial chez le client, alors que le titulaire se livre chez celui-ci à une activité uniquement technique. Là aussi, cette différence permettra d'opérer des arbitrages.

3. Relations de travail : identification des relations du titulaire du poste avec d'autres acteurs internes à l'entreprise (encadrement, maintenance, contrôle qualité, contrôle de gestion, DRH, etc.) et externes (clients, fournisseurs). Identification pour chaque relation de sa nature (quel est son objet), de son support (écrit, téléphone, oral, informatique...) et des problèmes qui peuvent survenir et de leurs enjeux

Cette rubrique est souvent la plus riche d'enseignements sur les besoins de formation. Elle permet d'explorer à la fois les savoir-faire très concrets nécessaires (répondre au téléphone, rédiger un rapport...) et la conscience des acteurs de l'importance des enjeux (le titulaire a-t-il conscience, par exemple, de l'importance du contrôle qualité ou le vit-il comme une contrainte ?). Elle permet de surcroît de recueillir une information directement exploitable par les formateurs (par exemple des situations de relation se prêtant à une simulation pédagogique).

4. Autonomie et initiative du titulaire : que peut-il faire seul ? quelle est sa part d'autonomie dans le diagnostic d'une situation, de recherche et de mise en œuvre de solutions ? à qui doit-il faire appel en cas de problème dépassant sa zone d'autonomie ?...

C'est souvent sur ce point qu'on observe le plus grand désaccord entre les titulaires et les experts. Cette rubrique, comme la suivante, permet d'explorer l'emploi « à la marge », et de découvrir souvent que le titulaire dispose en réalité de marges d'autonomie plus grandes que les experts ne le pensent. C'est là que l'on va trouver aussi les « tours de main » qui pourront être l'un des éléments importants de la formation.

5. Incidents et erreurs pouvant survenir : recherche des situations limites (inspirée de la méthode dite des « incidents critiques » de Flanagan), de leurs enjeux et des compétences nécessaires pour y faire face

Cette rubrique est très riche d'informations sur des « situations-problèmes » qui seront l'un des éléments centraux de la formation : que faire lorsque l'environnement de l'emploi sort de la normalité (emballement des installations, panne du système informatique, attaque à main armée dans une agence bancaire... ou blocage du train d'atterrissage d'un avion).

6. Conditions de travail (physiques et mentales)

Les conditions physiques peuvent conduire à des apprentissages spécifiques (déplacement de charges lourdes par exemple). Les conditions mentales peuvent permettre d'inclure dans la situation de formation des entraînements particuliers. Par exemple, la personne qui va passer du siège administratif d'une banque au guichet d'une agence va vivre une charge mentale différente du fait du contact permanent avec les clients, pouvant faire l'objet d'un entraînement spécifique. Cet aspect ergonomique est souvent trop sous-estimé dans les programmes de formation.

7. Évolutions passées et futures du poste : quels changements les titulaires ont-ils déjà connus ? quels changements sont prévisibles et attendus ?

Cette rubrique permet souvent de s'apercevoir que les titulaires ont vécu dans le passé des changements aussi importants que ceux qui sont projetés pour l'emploi. Cela permet de relativiser les opinions des experts sur les écarts à combler. C'est là que l'analyse des évolutions de l'emploi aura l'influence la plus forte.

8. Formation, expérience et aptitudes requises : opinion des acteurs

Il s'agit bien d'opinions, à considérer comme telles. Le traitement des informations recueillies et leur traduction en objectifs, contenus et démarche pédagogique relèvent du professionnalisme du formateur.

Ce canevas permettra une description méthodique de l'emploi du point de vue des compétences requises, en même temps qu'il fournira aux formateurs des informations indispensables pour une exploitation pédagogique que les méthodes classiques de description des postes ne lui fournissaient pas.

■ *Conditions de mise en œuvre*

Selon la dimension du problème à étudier (nombre de personnes concernées), on procède ou non par échantillonnage.

La démarche la plus pertinente consiste à réaliser quelques entretiens et à se servir d'une première synthèse de ces entretiens pour amorcer le travail d'un groupe composé d'experts et, si le contexte le permet, de titulaires. En quelques demi-journées de travail, appuyées sur d'autres entretiens et une exploitation systématique de la documentation disponible (y compris en dehors de l'entreprise), ce travail permet d'aboutir à une synthèse exploitable par les formateurs pour monter un programme.

■ *Avantages et limites*

Cette méthode permet une description fine exploitable par les formateurs. Son utilisation a souvent des effets indirects de remise en cause de certaines habitudes de travail et fournit l'occasion de trouver, en plus de la formation proprement dite, des solutions à des problèmes pratiques liés au poste (organisation, matériel...). Elle est généralement bien assimilée par les acteurs non professionnels de la formation, s'ils perçoivent que l'enjeu de celle-ci justifie le temps qu'ils doivent y consacrer. Elle requiert de la part de la personne en charge de l'analyse une grande rigueur, une grande capacité de synthèse de la masse des informations recueillies, et parfois une certaine autorité pour faire admettre aux experts que le point de vue du terrain doit être pris en compte. Il ne doit jamais perdre de vue le souci de l'exploitation pédagogique des informations recueillies et traitées, et doit donc amener les acteurs impliqués à aller plus loin dans l'exploration qu'ils n'en ont l'habitude dans les méthodes d'analyse de postes classiques.

L'avantage est de pouvoir formuler par écrit les exigences de compétences d'un poste. Cette formulation permettra un dialogue entre le manager et le salarié lors de l'entretien annuel, permettant d'identifier sur une base rigoureuse des écarts entre compétences maîtrisées et compétences requises et d'en tirer des conclusions sur les priorités de développement de compétences au cours de l'exercice suivant.

L'exemple montré page suivante représente le positionnement d'un salarié occupant un emploi de technicien création dans l'industrie textile, par rapport aux compétences requises par l'emploi (représentées par les croix réunies par une ligne).

Exemple de fiche « compétences »
Emploi de technicien création dans l'industrie textile (soie)

SALARIE : FG — Positionnement fait par : — le : (date)	a	b	c	d
Compétences techniques				
1) déterminer de façon optimale les croisements de fils permettant la mise en fabrication d'un échantillon			X □	
2) identifier les spécifications techniques d'un article, permettant de lancer et de suivre la commande à des fournisseurs et des sous-traitants dans les meilleures conditions			□	X
3) rechercher dans la documentation disponible (archives) ou accessible (documentation, tendances) les éléments permettant la création d'un article cohérent avec l'image de l'entreprise			X □	
4) maîtriser l'outil CAO jusqu'à l'édition d'une disquette utilisable par un métier électronique			□	X
5) maîtriser les fonctionnalités du progiciel RGM liées à l'activité	□		X	
Compétences d'adaptation				
6) capacité à anticiper en phase de conception, pour action préventive, de difficultés telles que : coloris inversés, tissus mal apprêtés, coloris non conformes, défauts, contraintes de fabrication non prévues, défaillance de fournisseurs...			□ X	
7) capacité à réagir très rapidement en cas de difficultés telles que décrites ci-dessus, en prenant en compte les conséquences d'un arrêt de fabrication sur les coûts et les délais des autres programmes en cours			□	X
8) capacité d'autonomie			□ X	
Compétences d'organisation				
9) capacité à programmer des activités dans le respect des échéances (dates des collections, délais promis au client pour développements spécifiques)			□ X	
10) capacité d'auto-organisation dans le cadre des objectifs et de la programmation		□	X	
Compétences relationnelles				
11) capacité à entretenir une bonne relation avec le client en phase de développement de produits sur demande, par l'intermédiaire du commercial à l'étranger et en France		□	X	
12) capacité à informer spontanément et régulièrement le commercial de l'avancement des relations avec le client			□	X
13) compréhension et rédaction de notices ou de communications écrites simples (fax, courriers) (en anglais)		□	X	
14) capacité à maintenir une relation positive avec la fabrication en phase de fabrication d'échantillons (tenir compte des contraintes et coûts sur des petits métrages)			□ X	

Légende :
X : niveau de maîtrise d'une compétence requis par l'entreprise. Il exprime la « cible » fixée par l'entreprise, indépendamment des salariés en place.
□ : niveau actuel constaté d'un salarié
Positionnement du niveau de maîtrise de la compétence. a : non maîtrisée ; b : maîtrise incomplète, besoin de soutien ; c : bonne maîtrise ; d : excellente maîtrise, pourrait transmettre à d'autres.

Ce type de présentation est par ailleurs parfaitement cohérent avec les exigences des normes type ISO 9001. Il permet de présenter à l'organisme certificateur un ensemble de règles et procédures cohérentes avec ce qui est attendu dans le chapitre 6.2. de la norme (version 2000).

Il s'agit cependant d'une méthode relativement lourde, dont l'usage ne se justifie que pour analyser les besoins de compétences de postes pour lesquels il existe un fort enjeu pour l'entreprise.

Les experts ont un rôle essentiel de validation des conclusions. L'expérience prouve que la méthode pousse parfois ceux-ci à décrire le poste tel qu'il devrait être en refusant la réalité du poste tel qu'il est vécu par les titulaires. Cette dérive, utile pour définir un profil idéal du poste, doit être soigneusement contrôlée par le responsable de l'analyse s'il veut conserver à celle-ci un caractère réaliste et opérationnel.

La méthode matricielle

■ *Type d'objectif*

Perfectionnement individuel
Perfectionnement collectif
Changements d'organisation
Préparer aux métiers

■ *Facteurs inducteurs pris en compte*

Besoins de compétence de l'organisation
Niveau des individus

■ *Acteurs concernés*

Encadrement direct
Salariés
Responsables de la gestion des emplois
Responsable en charge de l'analyse

■ *Caractéristiques*

Il s'agit en réalité davantage d'un mode de représentation que d'une méthode à proprement parler. Elle consiste à croiser les exigences de compétences liées à l'activité d'un service (et pouvant découler d'une

	Domaines de compétences requis par l'activité de service						
Individus	1	2	3	4	5	6	Indice de polyvalence des personnes
A	■	■	▲	▲	■	▲	4,5
B	▲	■	▲	■	■	▲	4,5
C	▲	▲	-	▲	▲	■	3
D	▲	▲	▲	■	❐	■	3,5
E	▲	▲	▲	❐	▲	■	3
F	▲	▲	▲	■	▲	■	4
G	❐	❐	▲	❐	❐	-	0,5
H	■	■	▲	■	■	■	5,5
I	❐	■	▲	❐	❐	❐	1,5
J	❐	❐	▲	▲	■	-	2
K	❐	❐	▲	▲	■	❐	2
L	■	❐	■	❐	▲	■	3,5
M	❐	■	❐	❐	▲	▲	2
N	■	▲	❐	■	▲	■	4
Indice de maîtrise collective des compétences	6,5	7,5	6	7	8	8,5	Total 43,5

Légende :
■ Maîtrise parfaitement cette compétence (1 point)
▲ Maîtrise partiellement cette compétence (1/2 point)
❐ Ne maîtrise pas cette compétence mais pourrait le faire (0 point)
- Ne pourrait pas maîtriser cette compétence (0 point)

analyse des emplois) avec les caractéristiques des salariés du service considéré du point de vue de la maîtrise de ces compétences à un moment donné. Chaque salarié est positionné sur la grille à partir d'un code visuel (voir la légende dans l'exemple ci-dessus). Ce positionnement est établi conjointement entre l'encadrement du service et chaque salarié à l'occasion d'un entretien professionnel annuel. L'ensemble permet de repérer d'un seul coup d'œil en colonne les zones de compétence collectives et en ligne les compétences individuelles.

On voit apparaître deux indices : l'indice de polyvalence des personnes, à comparer ici au maximum 6 (toutes les personnes maîtrisent parfaitement une compétence donnée), et l'indice de maîtrise collective des compétences (une compétence donnée est maîtrisée par l'ensemble des personnes), à comparer au maximum 14. Le résultat de la somme des indices est de 43,5, à comparer au maximum 84 (les 6 personnes maîtrisent parfaitement les 14 compétences). Notons tout de suite que maximum ne signifie pas optimum. Un service dans lequel cette situation serait atteinte offrirait peu de zones de progrès pour l'organisation et pour les personnes. L'optimum est à considérer comme un objectif à fixer au terme de l'analyse pour une période de temps donnée (un an par exemple).

Le schéma ci-dessous est une autre manière de présenter les indices de polyvalence des individus. On peut y observer par exemple une différence notable entre les individus du point de vue de la maîtrise des compétences requises, prises globalement. Si l'on valorise les niveaux, on peut obtenir un graphique comparatif ayant l'aspect suivant :

Il apparaît, par exemple, que le salarié G a un score particulièrement faible. Si l'on se reporte au tableau, on constate qu'il ne maîtrise, et seulement partiellement, que la compétence 3. Cela n'est pas un jugement de valeur. Ce salarié est peut-être un tout nouvel arrivé. On constate aussi que ce même salarié est considéré comme ne pouvant pas maîtriser la compétence 6. Il peut y avoir à cela des explications diverses : par exemple, l'exercice de cette compétence requiert des aptitudes physiques particulières que le salarié de possède pas (force physique, acuité visuelle...). Mais cette situation peut alerter l'encadrement :

comment engager ce salarié vers des formations qui lui permettraient de maîtriser parfaitement la compétence 3 et d'élargir ses capacités à d'autres compétences pour développer sa polyvalence et sortir d'une zone de fragilité professionnelle ?

Ce tableau d'ensemble permettra également d'orienter les choix de formation en les répartissant au mieux. Il pourra être, par exemple, prioritaire, si un choix doit être fait, d'engager un perfectionnement du salarié J sur les compétences 2 et 3 plutôt que d'accepter une demande de stage de perfectionnement du salarié A sur la compétence 1 qu'il maîtrise déjà parfaitement.

On peut aussi lire ce tableau de façon verticale par l'indice de maîtrise collective. On observera alors que la compétence 3, qui a l'indice le plus bas, n'est réellement maîtrisée que par le salarié L. Que se passera-t-il s'il quitte l'entreprise ou s'il est simplement en congés ? Ce constat révèle une faiblesse de l'organisation et peut orienter des choix de formation, par exemple pour les salariés G et N, pour qu'ils acquièrent cette compétence.

On voit qu'une telle matrice peut être un outil très opérationnel pour l'encadrement direct afin de gèrer les compétences dans son équipe et détecter des besoins de formation collectifs ou individuels. Notons que ces besoins de formation peuvent être satisfaits par des stages, mais aussi, et peut-être plus simplement, par des mises en situation, par exemple en faisant travailler le salarié G en doublage avec le salarié L pendant un certain temps pour qu'il acquière la compétence 3.

La matrice pourra être encore plus utile si l'on dispose de standards de temps qui permettront de dire que le temps moyen d'apprentissage d'un salarié pour passer, par exemple, d'une maîtrise moyenne à une maîtrise parfaite sur la compétence 1 est de 40 heures (ou de 3 heures, ou de 200 heures). Cela permettra de simuler l'impact de la formation envisagée en termes de budget et d'absentéisme.

Cette méthode n'est finalement rien d'autre qu'une judicieuse utilisation du tableau à double entrée dans la gestion des compétences d'une équipe. Bien entendu, l'exemple que nous donnons ici n'est qu'indicatif de la démarche, et chaque entreprise pourra choisir le mode de représentation visuelle qui lui paraîtra le plus « lisible » par les acteurs concernés.

On peut utiliser une matrice de ce type, par exemple, pour croiser des postes entre eux en indiquant à l'intersection le niveau de difficulté pour passer de l'un à l'autre, ou le temps de formation moyen nécessaire pour ce passage.

Matrice de compétences (extrait)		Salariés							
SERVICES	**COMPÉTENCES**	**A**	**B**	**C**	**D**	**E**	**F**	**G**	**...**
Bureau d'études	UG modeling CAO								
	UG drafting CAO								
	UG manufacturing CAO								
	UG photo								
	Design								
	Conception								
	Réalisation devis								
Atelier	Ébavurage								
	Ponçage								
	Sablage								
	Peinture								
	Conduite chariot								
	Étuvage								
....	....								
Légende :	Compétent au niveau spécialiste								
	Capable								
	À former								

L'exemple ci-dessus est un extrait d'une matrice de ce type utilisée dans une entreprise de moins de quinze salariés réalisant des prototypes (1). Le tableau permet au patron (qui en a pris l'initiative parce qu'une entreprise de cette taille n'a évidemment pas de DRH et de responsable formation) de repérer qui est compétent à un niveau de

(1) Pour une entreprise de cette taille, l'ensemble de la matrice tient sur une page format A4. Il en est de même pour un service d'une grande entreprise.

spécialiste sur les points techniques clés, qui a la capacité de réaliser les tâches correspondantes et à qui il est décidé d'apporter une formation pendant l'année en cours.

■ *Conditions de mise en œuvre*

La méthode nécessite pour être mise en œuvre deux conditions principales :

– qu'un travail rigoureux de description des champs de compétence requis soit fait au préalable, autant que possible de façon concertée ;

– la mise en œuvre suppose que les relations entre les salariés et l'encadrement soient suffisamment confiantes pour que la discussion sur le niveau de compétence soit menée dans un esprit de progrès, sans arrière-pensées réelles ou supposées d'utilisation des informations à d'autres fins.

À partir du moment où ces conditions sont réunies, un entretien professionnel annuel suffit pour permettre à l'encadrement et aux salariés un dialogue constructif sur les besoins de perfectionnement. Il faudra veiller à la « maintenance » de la liste des compétences dans le temps, en tenant compte notamment des évolutions technologiques.

■ *Avantages et limites*

La méthode est assez simple à mettre en place et facile à comprendre et à utiliser par les intéressés.

Elle s'applique bien dans des secteurs d'activité comprenant un nombre relativement limité de salariés qui doivent pouvoir être connus personnellement par l'encadrement (quelques dizaines).

Elle permet une évaluation des progrès accomplis par comparaison périodique entre la matrice type que l'on souhaite obtenir et la matrice reflétant les compétences réellement acquises, et constitue, dans la durée, un bon tableau de bord autorisant l'évaluation des actions réalisées.

Elle permet d'envisager différents moyens d'obtention des compétences visées, la formation sous forme de stage n'étant que l'une des possibilités, et facilite donc une approche de la formation très intégrée au milieu de travail.

Cette méthode est très utile pour gérer le perfectionnement dans une organisation relativement stable. Elle intègre difficilement les évolutions à moyen terme entraînant des changements importants du contenu des emplois ou de la carrière des personnes. C'est une méthode essentiellement adaptée au perfectionnement à court terme (qui doit représenter au moins 70 % des actions de formation de l'entreprise).

L'étude des besoins par l'analyse de performance

- *Type d'objectif*

Perfectionnement collectif pour améliorer les performances

- *Facteurs inducteurs pris en compte*

Les besoins de compétences de l'organisation
Le niveau des personnes

- *Acteurs concernés*

L'encadrement du secteur dans lequel la performance doit être accomplie
Les salariés concernés par la performance
Les fonctionnels en charge du domaine de performance concerné
Le responsable en charge de l'analyse

- *Caractéristiques*

Proposée par certains auteurs, comme Rummler, cette méthode consiste à identifier, à partir d'un indicateur physique (euros, nombre de pièces ou de dossiers...), un gain d'amélioration potentielle (GAP). Par exemple, une réduction du taux de rebut entraînerait une économie mensuelle de 100 000 euros. Ce chiffre indique l'objectif à atteindre.

On va alors identifier les différents paramètres pouvant concourir à ce résultat, dont bien entendu le niveau de compétence des agents. L'analyse consistera à établir un rapport coût/avantages des différentes mesures possibles, et à choisir celles à prendre en optimisant ce rapport. Le coût de la formation à mettre en œuvre sera donc jugé par rapport au bénéfice escompté de cette formation. On pose, par conséquent, d'emblée l'objectif en termes de résultats économiques chiffrés.

L'exemple ci-après est la représentation en histogramme des performances des vendeurs d'abonnements dans l'une des zones de prospection d'un journal régional.

On observe des écarts importants entre les résultats des différents vendeurs qui se situent de part et d'autre du quota théorique fixé par le

Réalisations (en vente d'abonnements)

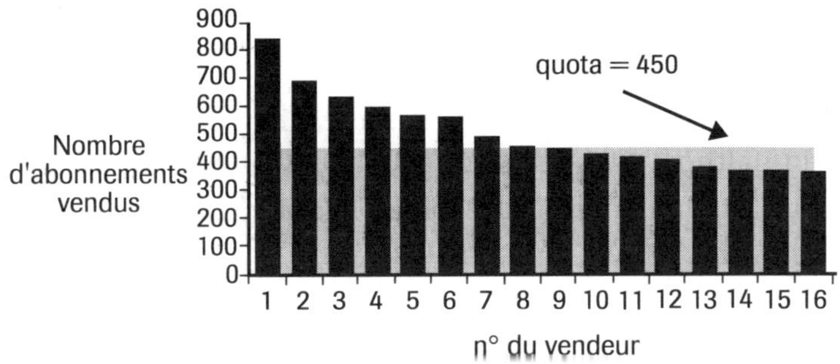

journal (450). Il a été choisi, pour des raisons de réalisme, de ne pas prendre la performance du meilleur vendeur comme repère, mais la moyenne des performances des cinq meilleurs, soit 676 abonnements/an.

La moyenne de vente actuelle par vendeur étant de 500, on peut calculer que, si tous les vendeurs atteignaient le nouveau standard envisagé, la performance commerciale de l'équipe serait améliorée de l'ordre de 1 936 abonnements (que le marché local est supposé pouvoir absorber), soit, à 70 euros l'abonnement, 135 520 euros.

Ce GAP théorique sera évidemment à comparer au coût nécessaire pour l'obtention du résultat. Parmi ces coûts, ceux de la formation seront appréciés en coût direct et en coût induit (manque à gagner dû à l'absence de prospection commerciale pendant le temps de formation). Mais il pourra y en avoir d'autres, tels que des coûts matériels de réorganisation des tournées ou de remise à jour des fichiers clients et prospects, ou les coûts de personnel au cas où l'on déciderait de se séparer de vendeurs et/ou d'en recruter, ou encore de modifier le système de commissionnement.

Les besoins de formation seront analysés en identifiant, parmi les savoir-faire des meilleurs vendeurs, ceux qui ont un impact fort sur leur résultat. Ces savoir-faire feront l'objet d'une mise en forme pédagogique pour être transmis aux autres.

■ *Conditions de mise en œuvre*

Cette méthode pose d'emblée le besoin en termes d'efficacité économique. Elle suppose trois conditions principales :

– Que le demandeur soit clairement le responsable hiérarchique du secteur dans lequel ce gain d'efficacité est recherché et qu'il soit prêt à une certaine visibilité des résultats obtenus. Il ne s'agit pas d'envoyer des gens en stage, mais d'améliorer par une action de formation un ou plusieurs des paramètres habituels d'exploitation, chiffrés par le GAP.

– Que l'analyse ne préjuge pas de la « solution-formation », mais soit ouverte à toute solution qui, séparément ou concurremment, puisse résoudre le problème posé, ne retenant la formation que dans le cas où elle apparaît clairement comme la solution la plus efficace et la plus rapide, et ayant le plus d'impact sur le problème posé.

Ces deux premières conditions se rapprochent beaucoup de celles de mise en œuvre dans la « formation-action » (voir plus loin p. 180 et chapitre VII, p. 232), qui est d'ailleurs l'une des méthodes pédagogiques qui peut le plus utilement être employée ici.

– La troisième condition porte sur le principe de construire l'analyse précise des besoins à partir des performances des meilleurs et des connaissances et savoir-faire qu'ils maîtrisent pour y parvenir. Cela suppose évidemment une acceptation par le milieu de la démarche, et donc que le fait d'aider à transmettre ses connaissances à des collègues moins performants soit dépourvu d'enjeux négatifs. Il est évident que si l'organisation du travail les met en concurrence à travers, par exemple, la répartition d'une enveloppe de primes fixes, leur propension à se laisser « extraire » par l'analyse des besoins, ce qui constitue finalement l'avantage concurrentiel de leur « fonds de commerce » personnel, sera faible !

■ *Avantages et limites*

Les exemples disponibles, ceux présentés par Martory et Crozet (1984) et des exemples d'entreprise non publiés, montrent que cette méthode s'applique bien et efficacement à la résolution de problèmes de production à relativement court terme. Des résultats tout à fait significatifs, pouvant aller dans certains cas jusqu'à 30 ou 40 % de gain sur un paramètre d'exploitation (par exemple un nombre de dossiers traités par une équipe par semaine), démontrent l'intérêt de la méthode.

Certaines entreprises ont systématisé le déclenchement d'actions de formation de perfectionnement centrées sur les performances à partir du tableau de bord par centre de profit. Dans telle chaîne de supermarchés, par exemple, la dégradation de certains paramètres d'exploitation (niveau du stock, invendus, etc.) déclenche systématiquement une réflexion sur l'opportunité d'une action de formation permettant de redresser les résultats.

L'autre avantage de la méthode est évidemment qu'elle règle la question éternelle du « retour de l'investissement-formation » puisqu'elle permet très facilement de comparer le résultat obtenu avec le coût de la formation. On a pu dans certains cas observer des taux de ROI (*return of investment*) à faire rêver un « golden boy » !

Les limites générales sont dans une méthode qui vise des résultats à court terme, sans réellement consolider les connaissances de base. Elle peut avoir un effet de dopage sur les résultats, sans pour autant garantir la pérennité de ceux-ci.

En ce qui concerne spécifiquement l'analyse des besoins, tout repose sur un raisonnement que l'on pourrait qualifier d'olympique : ce qui compte est la performance de celui qui reçoit la médaille d'or, et pas la moyenne des performances des concurrents. On part du principe que le « meilleur » possède le plus haut niveau possible de performance et qu'il suffit de formaliser les connaissances et savoir-faire qu'il met en œuvre pour les transmettre à d'autres. Ce raisonnement a l'avantage du pragmatisme : le résultat est possible, puisque quelqu'un parvient à l'obtenir. La limite est évidemment qu'il peut y avoir d'autres moyens, éventuellement plus économiques, pour faire atteindre le résultat visé par l'ensemble des salariés : modernisation du matériel, organisation différente, etc.

La méthode par vérification d'hypothèses

■ *Type d'objectif*

Perfectionnement collectif sur un aspect particulier de l'activité de travail

■ *Facteurs inducteurs pris en compte*

Besoins de compétence de l'organisation

Attentes des individus et des groupes

■ *Acteurs concernés*

Échantillon représentatif des salariés concernés (ou la totalité s'il s'agit d'un petit groupe)

Responsable(s) hiérarchique(s) du secteur, ou de secteurs s'il s'agit d'une population dispersée dans plusieurs services (exemple : les secrétaires)

Responsable chargé de l'analyse

Experts du domaine de perfectionnement envisagé

■ *Caractéristiques*

On part d'une population exerçant déjà une activité et pour laquelle on estime qu'un perfectionnement doit être programmé, dans un ou plusieurs domaines de leur activité. Par exemple, on envisagera, dans un grand groupe comportant plusieurs établissements, le perfectionnement collectif des assistantes des responsables de formation de ces établissements.

La méthode consistera à réunir un groupe d'experts connaissant bien cette population (dans le cas des assistantes de formation, ce pourra être les responsables de formation et le responsable central) et à formuler avec lui, sous une forme s'apparentant au brain-storming (ou remue-méninges !), une liste d'hypothèses sur les domaines dans lesquels elle aurait à la fois besoin de se perfectionner et serait désireuse de le faire. Après classement des idées et regroupement, on peut parvenir à une liste comportant un maximum de quinze hypothèses. Par exemple, on considérera que les assistantes souhaitent :

1. Mieux utiliser les outils de traitement de texte mis à leur disposition
2. Mieux connaître la législation de la formation continue
3. Mieux maîtriser le logiciel de gestion informatique de la formation implanté dans l'entreprise
4. Savoir classer efficacement la documentation reçue par les organismes
5. Pouvoir renseigner les hiérarchiques qui demandent conseil sur les stages les mieux adaptés à leurs besoins
6. Renseigner les salariés qui demandent des informations sur les procédures de demande de congé individuel de formation
7. Établir et suivre des tableaux de bord de suivi de l'activité de la formation
8. Avoir une information plus précise sur la politique de formation de l'entreprise
9. Améliorer le service qu'elles rendent aux formateurs dans la préparation matérielle de la formation (aménagement des salles, matériels, documentation...)
10. Produire elles-mêmes des supports pédagogiques de type transparents pour rétroprojecteurs en utilisant des logiciels de PAO

Cette liste étant établie et écrite, on réunira un groupe de salariés concernés par le projet pour vérifier auprès d'eux leur adhésion aux hypothèses établies par les experts. Après leur avoir expliqué les objectifs de la réunion, on leur demandera de se prononcer sur chacune des hypothèses en remplissant un questionnaire comportant six niveaux possibles de réponse :

1. Tout à fait d'accord
2. Plutôt d'accord
3. Hésitation

4. Plutôt en désaccord
5. Tout à fait en désaccord
6. Non-réponse ou refus de réponse

Il est important de leur indiquer qu'ils ont la possibilité de rajouter, s'ils le jugent utile, des hypothèses supplémentaires à la liste qui leur est proposée.

Lorsque le questionnaire est rempli, on profite d'une pause pour dépouiller les réponses et les présenter sur un tableau de synthèse offrant une visualisation de l'opinion de chacun sur chaque item proposé. Cette présentation rend possible le repérage immédiat des zones d'accord ou de désaccord. Elle permettra, après la pause, de gérer la discussion facilitant l'approfondissement des opinions exprimées, la connaissance des causes, l'explication aux participants des situations dans lesquelles ils ont ressenti ce besoin. Ce travail permet, à la fin de la réunion, d'avoir une bonne vision des hypothèses auxquelles l'ensemble des salariés présents adhère, celles qui, peu partagées, relèvent d'un traitement personnalisé, celles qui doivent être abandonnées, et éventuellement, si les participants ont complété la liste des hypothèses, d'enrichir l'analyse des besoins. Les commentaires et exemples apportés au cours de la discussion fourniront aussi des éléments utiles au formateur, qui pourra les transformer en études de cas, exercices, etc. Enfin, la discussion pourra faire apparaître des écarts entre le langage des experts et celui des intéressés, ce qui sera une indication utile pour le « marketing » de l'action lorsqu'elle sera lancée effectivement.

Ce travail peut être appuyé sur des outils comme Multiplan ou l'abaque de Reignier (voir chapitre VII). L'abaque de Reignier, par exemple, donne une représentation des opinions par un code couleur. Nous ne pouvons dans ce livre reproduire la gamme de couleurs, mais nous en donnons à la page suivante un équivalent pour illustrer le résultat possible dans le cas des assistantes de formation.

On voit sur cette grille apparaître deux zones de consensus positif fort (items 3 et 8). Sur le 8, la discussion pourra faire apparaître que la demande des participantes n'est peut-être pas tant de s'informer sur la politique de formation de l'entreprise que de sentir réellement prises en compte avec considération dans l'activité de la fonction formation. Le 7 est assez fortement consensuel, mais la réponse « hésitation » de E peut être le symptôme d'un problème particulier (on note d'ailleurs que c'est E qui répond le plus souvent de cette manière).

	Participantes						
Items	**A**	**B**	**C**	**D**	**E**	**F**	**G**
1. Mieux utiliser les outils de traitement de texte mis à leur disposition	■	■	❍	▲	▲	❍	?
2. Mieux connaître la législation de la formation continue	❐	❐	❍	❐		❐	
3. Mieux maîtriser le logiciel de gestion informatique de la formation implanté dans l'entreprise	■	■	■	■	■	■	■
4. Savoir classer efficacement la documentation reçue par les organismes	?	?	❍	▲	❍	▲	❍
5. Pouvoir renseigner les hiérarchiques qui demandent conseil sur les stages les mieux adaptés à leurs besoins	❍	❍	▲	❍	▲	■	■
6. Renseigner les salariés qui demandent des informations sur les procédures de demande de congé individuel de formation	?	?	▲	▲	?	▲	–
7. Établir et suivre des tableaux de bord de suivi de l'activité de la formation	▲	▲	■	▲	?	▲	▲
8. Avoir une information plus précise sur la politique de formation de l'entreprise	■	■	■	■	■	■	■
9. Améliorer le service qu'elles rendent aux formateurs dans la préparation matérielle de la formation	❐	❐	❐	❍	❍	■	❍
10. Produire elles-mêmes des supports pédagogiques de type transparents par rétroprojecteurs en utilisant des logiciels de PAO	▲	▲	▲	–	?	■	▲

Légende :

■ Tout à fait d'accord
▲ Plutôt d'accord
? Hésitation
– Abstention
❍ Plutôt pas d'accord
❐ Tout à fait en désaccord

L'item 10 présente un assez haut degré de consensus positif, mais une non-réponse et une interrogation permettront d'aller plus loin. Le débat portera sans doute sur la pertinence d'engager l'assistante dans ce type de travail. Selon les choix organisationnels locaux, ce type de travail peut être valorisé on non. Ou bien, l'équipement disponible ne le permet pas. On peut aussi penser que l'acquisition de ce type de compétence nouvelle est perçue par les assistantes comme l'une des voies possibles d'évolution de leur carrière et que, même si elles en voient peu l'utilité immédiate, elles estiment positif d'ajouter une « corde à leur arc ».

L'item 1 est un item de consensus négatif assez fort : elles ne souhaitent pas se perfectionner sur la législation de la formation continue. Cela ne veut pas dire que la révolte gronde dans leurs rangs, mais peut-être qu'elles estiment en savoir suffisamment, ou que ce n'est pas prioritaire.

Les réponses majoritairement négatives à l'item 9 (seule F est tout à fait d'accord) peuvent permettre d'amorcer un débat intéressant sur le rôle de l'assistante et l'organisation matérielle. On peut parfois constater que, à défaut d'une organisation logistique bien conçue, les assistantes elles-mêmes doivent aménager les salles, déplacer les tables, souvent au dernier moment, ce qui ne leur plaît guère. Le débat peut être aussi intéressant par ce qu'il révélera de la conception des assistantes (et peut-être du service tout entier) en ce qui concerne la qualité des prestations fournies aux clients que sont les stagiaires et éventuellement les formateurs : comment perçoit-on la qualité du service que l'on doit leur apporter ?

Les réponses à l'item 5 sur la réponse aux hiérarchiques est très contrastée. La discussion permettra de comprendre ce que recouvrent ces opinions différentes, qui peuvent s'enraciner dans des contextes d'établissement eux-mêmes différents.

Nous n'allons pas poursuivre le détail de ce que chaque item peut révéler. Nous voulions simplement montrer au lecteur, par une illustration, le type d'exploitation qui peut être fait des résultats de cette méthode : repérer les zones d'accord pour envisager, si c'est possible, des formations communes (par exemple ici sur le système de gestion informatique) ; dans ce cas, la discussion permettra de faire apparaître les difficultés des assistantes face aux fonctionnalités du logiciel installé, et donc les besoins de formation à traiter ; repérer des besoins individuels pouvant faire l'objet d'une réponse spécifique, soit liés à l'activité actuelle, soit éventuellement pour l'avenir ; repérer des problèmes pour lesquels la formation n'est pas forcément la solution la mieux adaptée ;

établir des priorités (ici, par exemple, la formation à la législation apparaît très secondaire, voire inutile).

Enfin, l'insertion d'une « question blanche » peut permettre de rajouter des thèmes qui n'auraient pas été *a priori* imaginés par les experts.

■ *Conditions de mise en œuvre*

Supposons une ou deux réunions d'un groupe d'experts et de salariés représentatifs de la population concernée. Compter deux à trois heures par réunion.

Un matériel comme l'abaque de Reignier, ou Métaplan (pour plus de précisions, voir chapitre VII, p. 237), peut ajouter de l'efficacité par la rapidité de traitement de l'information qu'il permet. Mais, à défaut, un tableau de papier est suffisant.

Les points clés de l'efficacité, tous deux déterminants dans le bon usage de cette méthode, sont d'une part la bonne formulation des items (éviter notamment les items posant plusieurs questions à la fois ou ambigus dans leur formulation), et d'autre part (pour une population importante parmi laquelle a été prélevé un échantillonnage), une grande clarté sur les règles du jeu, et notamment sur l'exploitation individuelle des réponses. Les personnes sont consultées à titre de représentants d'une population et ce ne sont pas leurs besoins personnels qui sont recueillis et traités. Le fait que le nom de chacun soit indiqué dans les tableaux d'exploitation est une facilité pour l'animation de la réunion, mais aucune information personnelle ne sera communiquée à l'extérieur. Il lui appartiendra, lorsque la phase d'analyse aura débouché sur une proposition d'action correspondant aux besoins qu'il a exprimés, de faire acte de candidature pour participer à cette action.

Pendant l'animation, il faut veiller à éviter la tendance à rechercher le consensus : ce qui est important n'est pas d'arriver à un point de vue moyen, mais d'utiliser les différences de points de vue pour approfondir le sujet, en analyser tous les aspects et parvenir à une description fidèle des besoins dans leur diversité.

■ *Avantages et limites*

Méthode simple, facile à comprendre par les salariés concernés, donnant à un coût faible (quelques heures de réunion) une information riche et précise pour construire un programme de formation de perfectionnement d'une catégorie de salariés dans leur poste de travail actuel. Excellent rapport qualité/coût lorsqu'on envisage de monter des formations communes à cette catégorie de salariés.

La méthode a un intérêt pour les perfectionnements dans des postes existants et n'étant pas susceptibles de bouleversements profonds à moyen terme. S'appuyant sur l'opinion des salariés, elle ne peut porter que sur des besoins se trouvant dans le champ de conscience de ceux-ci. La limite de la méthode est donc dans le fait qu'elle n'est pas pertinente pour l'analyse de besoins à moyen terme liés à des évolutions des emplois ou des carrières. Mais les formations de perfectionnement représentent souvent les 2/3 au moins des formations dans l'entreprise !

L'étude des besoins liés à un emploi nouveau

- *Type d'objectif*

Préparation à des emplois futurs non encore entièrement définis

- *Facteurs inducteurs pris en compte*

Besoins de compétence de l'organisation
Attentes individuelles (en termes d'évolution de carrière)

- *Acteurs concernés*

Experts internes et externes à l'entreprise
Responsable en charge de l'analyse

- *Caractéristiques*

Nous sommes ici dans un cas de figure particulier : l'analyse des besoins de formation liés à un emploi qui n'existe pas encore, ou qui est en cours de constitution avec des contours encore mal définis. On ne peut donc pas s'appuyer, comme dans les cas précédents, sur l'analyse et l'opinion de personnes occupant actuellement l'emploi, et les seules sources d'information sont la documentation éventuellement disponible (études prospectives) et l'avis des experts des milieux professionnels, entreprises et constructeurs. Quels seront demain les métiers des biotechnologies ? les compétences des spécialistes des hyperfréquences ? etc. Et comment préparer les personnes compétentes et motivées au bon moment, en sachant qu'il serait probablement risqué d'attendre qu'elles sortent toutes prêtes du système scolaire.

Dans ce genre de situation, la technique la plus répandue est de créer un groupe de travail composé d'experts et de leur demander, après analyse de la documentation disponible, de produire ensemble une représentation commune de ce que sera le futur emploi et des compétences qu'il requiert.

Cette technique étant très classique, nous n'insisterons pas ici, sauf pour dire que, si le groupe est composé d'experts ayant une forte représentativité dans leur milieu, d'une certaine façon ils créent l'emploi nouveau : ils n'analysent pas un emploi et des besoins de compétence associés qui existeraient, même virtuellement, en dehors d'eux, mais ils produisent une conceptualisation qui permet de donner une forme à cet emploi et qui, compte tenu de leur influence dans leur milieu, se retrouvera d'une manière ou d'une autre dans la réalité de l'emploi lorsqu'il sera créé. C'est donc un travail créateur de l'avenir. Nous insistons sur ce point à destination des responsables d'entreprise qui renoncent à s'engager dans ce type de travail « parce qu'on se sait pas où l'on va », en leur disant que c'est précisément, au contraire, parce qu'ils vont s'engager dans ce travail qu'ils verront mieux où ils vont. C'est une illustration de la notion de gestion anticipatrice.

Le groupe de travail d'experts a des limites. Il peut être difficile de les réunir, s'ils sont géographiquement dispersés, ou le fait de les réunir entraîne des oppositions « d'écoles » qui rendent difficile le travail constructif.

Certaines entreprises, pour des travaux à forte importance stratégique (les métiers clés sur les techniques d'avenir sur lesquelles l'entreprise ne peut pas se permettre de se laisser distancer par ses concurrents), ont parfois utilisé une méthode d'interrogation d'experts dérivée de la méthode DELPHI, utilisée en recherche opérationnelle.

Cette méthode consiste à s'assurer de l'accord d'un certain nombre d'experts de haut niveau, qui peuvent être installés dans des lieux très dispersés, même au niveau international. On demande à ces experts d'exprimer leur point de vue par écrit, à partir d'un canevas qui peut être identique ou inspiré de celui que nous avons présenté plus haut (*cf.* l'analyse des compétences requises par un poste).

On procédera ensuite par une série d'itérations : un analyste reçoit les textes, les étudie, identifie les zones d'accord et de désaccord, en rédige une synthèse anonyme (pour gommer les effets liés aux oppositions personnelles d'experts), l'envoie aux experts, qui complètent leur propre texte en fonction des avis des autres, et ainsi de suite jusqu'à ce que la zone de recouvrement des points de vue soit suffisamment large pour estimer que l'on est parvenu à une description présentant une probabilité suffisante d'occurrence dans la réalité. Les responsables des ressources humaines disposeront ainsi d'un instrument de navigation pour orienter recrutements, choix d'organisation, mobilité et formation pour préparer à ces postes.

Le processus peut être représenté par le schéma suivant (il peut en réalité y avoir plus de trois phases) :

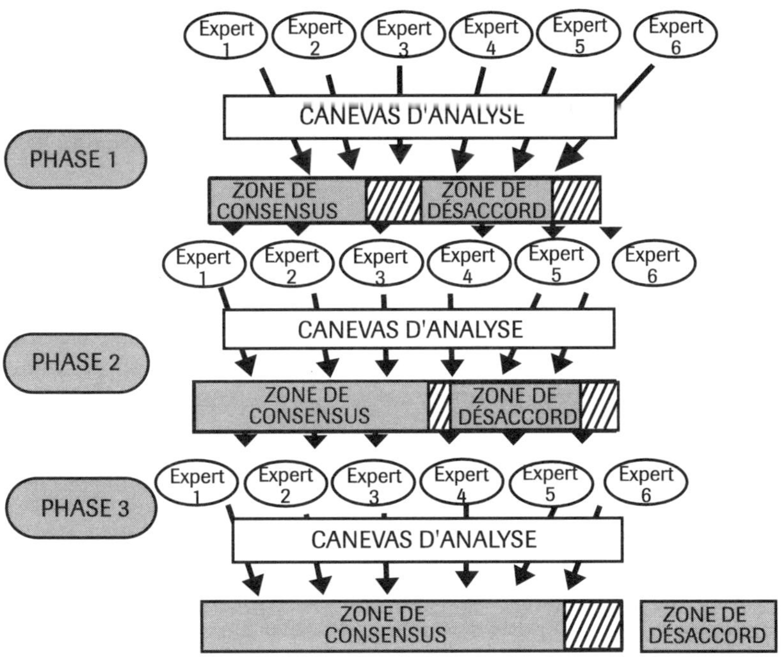

■ *Conditions de mise en œuvre*

La préparation et l'analyse d'un dossier documentaire solide sur les travaux déjà réalisés sur le sujet, pour faire gagner du temps aux experts, et préparer un canevas de travail pertinent.

La qualité du résultat est fortement corrélée à celle des experts. Il faut donc veiller à ce que le groupe ou le « panel » (si l'on choisit DELPHI) soit composé d'experts reconnus et influents... et pas de personnes dont la qualité essentielle est d'avoir du temps disponible. La constitution du réseau d'acteurs est ici tout particulièrement décisive.

La personne en charge de l'analyse doit avoir une excellente capacité de synthèse, être elle-même reconnue par les experts pour ces qualités.

Si elle n'est pas elle-même un expert sur le contenu de l'emploi, elle doit pouvoir s'appuyer, pour l'analyse, sur des spécialistes.

■ *Avantages et limites*

L'avantage est essentiellement... qu'on ne sait pas faire autrement. Les méthodes prospectives doivent toujours s'appuyer, avec le risque d'erreur que l'on connaît, sur les opinions des experts.

L'avantage est aussi concurrentiel. Une entreprise qui a formé plus vite que ses concurrents des spécialistes sur des métiers clés d'avenir doit « retrouver ses billes » dans ses résultats. Que deviendrait, par exemple, une entreprise fabriquant des radars sans les meilleurs spécialistes en hyperfréquences ?

L'inconvénient est dans la lourdeur de la méthode (DELPHI) et son coût. Mais, c'est à l'entreprise d'apprécier si ce coût mérite d'être consenti parce qu'on l'on attend des avantages concurrentiels importants. L'analyse des besoins de formation rejoint ici la recherche/développement.

2 – Les démarches centrées sur l'expression des attentes

Ces démarches ont en commun le fait qu'elles partent de l'expression des attentes des individus et des groupes. Leurs résultats peuvent être recoupés avec les besoins de l'organisation pour établir des priorités.

Les enquêtes par entretiens

■ *Type d'objectif*

Recueillir de façon systématique le point de vue de tout ou partie du personnel en ce qui concerne la formation

Éventuellement, utiliser le recueil d'informations comme une occasion de sensibilisation du milieu concerné

■ *Facteurs inducteurs pris en compte*

Attentes des individus et/ou des groupes

■ *Acteurs concernés*

Les salariés
Les responsables décideurs de l'enquête
Le responsable en charge de l'analyse

■ *Caractéristiques*

L'enquête par entretiens est l'une des formes de l'enquête psychosociale. Elle consiste à réaliser, sur un échantillon représentatif ou sur un groupe ciblé d'individus, individuellement ou en petit groupe, des entretiens de forme non directive ou, plus souvent, semi-directive (c'est-à-dire organisés autour d'un canevas établi à l'avance par les responsables de l'enquête). Cette méthode vise à faciliter l'expression spontanée en adoptant une attitude d'écoute, en laissant la personne développer les thèmes réellement importants pour elle, en l'y aidant par des reformulations.

On part d'une consigne assez générale (de type *« pouvez-vous me parler de votre travail ? »*), et l'on creuse progressivement les thèmes abordés en introduisant éventuellement des thèmes nouveaux prévus par le canevas d'entretien si la personne ne les aborde pas spontanément. Il est recommandé de n'aborder explicitement les problèmes de formation qu'à la fin de l'entretien pour ne pas induire chez l'interviewé un comportement de réponse à des attentes supposées de l'interviewer, ce qui conduirait à avoir une information biaisée hypertrophiant l'importance de la formation pour la personne interviewée.

Il est important de noter que l'on ne recueille pas, par cette méthode, des « besoins » de formation, mais l'expression par des personnes de leurs préoccupations en rapport avec leur travail et leur carrière, parmi lesquelles la formation n'occupe souvent qu'une place secondaire. Ces discours devront être interprétés par l'analyste, qui pourra en induire, par recoupements, des dominantes de problèmes dont certains pourraient être résolus par la formation. Ce n'est pas parce qu'une personne dit qu'elle souhaite apprendre la micro-informatique qu'elle en a besoin. Son besoin peut être, à travers cette demande, d'exprimer le fait qu'elle souhaite évoluer dans son travail et de faire savoir qu'elle est prête à faire un effort d'apprentissage pour acquérir des connaissances et des savoir-faire nouveaux. Le besoin n'existera que si sa situation de travail, actuellement ou à un terme proche, exige effectivement l'usage d'un micro-ordinateur (ce qui nécessitera de la part de l'analyste des recoupements avec les besoins de l'organisation liés à ses projets de modernisation).

Techniquement, on aura à choisir, selon les situations et les objectifs visés, entre plusieurs approches (ou éventuellement un mix entre elles) :

– des interviews individuelles sur une population tirée au sort à partir de quotas (par catégorie, ou par tranche d'âge...) et de tables de nombres au hasard (un échantillon de 5 à 10 % sera le plus souvent suffisant) ;

– des interviews individuelles de chaque membre d'une population particulière restreinte dont on souhaite recueillir l'avis parce qu'ils vont être concernés par un changement proche de leur situation de travail (exemple : les dessinateurs de bureau d'études concernés par l'introduction de la conception assistée par ordinateur) ;

– des interviews de groupe, par service ou entité ;

– des entretiens avec des personnes considérées comme des leaders d'opinion ;

– des interviews avec des personnes ou groupes de personnes ès qualités. Exemple : hiérarchiques, représentants du personnel.

Ces interviews sont réalisées soit par un analyste extérieur spécialisé et neutre, soit par une équipe interne formée pour le faire. Ils peuvent être enregistrés au magnétophone, mais le temps et le coût du dépouillement dans ce cas sont tels que la prise de notes par un interviewer formé est préférable.

L'enquête doit faire l'objet, avant d'être lancée, d'une campagne de communication soigneuse, annonçant le principe et les objectifs de l'enquête et les règles du jeu. Parmi celles-ci, les principales sont la garantie d'anonymat (si elle est retenue) et la promesse de restitution, au moins synthétique, des résultats. Il est essentiel que les interviewés ne se présentent pas avec méfiance, si l'on souhaite que leur expression soit libre. Bien entendu, ces promesses doivent être scrupuleusement respectées.

■ *Conditions de mise en œuvre*

L'essentiel dans ce type d'enquête est que les acteurs décideurs soient parfaitement au clair sur ce qu'ils peuvent en attendre et sur le type de traitement qu'ils vont réserver à l'information recueillie. La responsabilité des analystes dans l'explication aux décideurs des résultats à attendre de ce genre d'enquête est grande.

En effet, la forme de l'entretien conduit spontanément les personnes à s'exprimer davantage sur ce qui est pour eux insatisfaisant que sur ce qui leur paraît satisfaisant. Ils vont donc, presque toujours, aborder des problèmes qui se trouvent en dehors du champ de la formation : problèmes de communication, d'information, d'organisation, de relations interservices, de relations hiérarchiques, de carrière, de motivation, voire de salaires. Si le décideur s'attend à une liste de stages toute prête à être inscrite au catalogue, il risque un choc ! On a d'ailleurs observé dans certaines entreprises que le rapport d'enquête présentant ce type de résultats à des décideurs peu préparés à les entendre a pour effet d'amener ceux-ci, se sentant attaqués, à se rétracter et à arrêter toute l'opération. On a vu des rapports d'enquête mis au coffre-fort ! L'effet est alors évidemment très négatif. Non seulement l'enquête ne débouche sur rien, mais elle a un effet de vaccination : la « maladie » a été inoculée suffisamment pour ne pas rendre le patient malade, et pour éviter qu'il ne le devienne avant longtemps. Dit autrement, ce type d'enquête mal maîtrisée peut faire régresser de plusieurs années le moment où les problèmes de formation et de développement de compétences vont pouvoir être traités sérieusement.

Par contre, si les décideurs ont été clairement avertis de l'opportunité qu'une telle enquête peut leur servir de support à une réflexion et à un processus de changement, elle peut être un outil de progrès très puissant. En créant autour de la restitution des résultats (effet *feed-back*) un mouvement de réflexion appuyé sur des groupes de travail participatifs élaborant des propositions de solutions aux problèmes évoqués, elle peut avoir un considérable et très positif effet mobilisateur. De nombreux cas d'entreprise en témoignent. C'est ainsi par exemple que commença aux Aciéries d'Imphy près de Nevers l'opération de requalification du personnel qui aujourd'hui fait figure de modèle dans cette branche professionnelle.

La réflexion approfondie, avant même l'engagement de l'enquête, sur les conditions de son exploitation est la bonne manière de vérifier que l'on est prêt à l'utiliser positivement.

■ *Avantages et limites*

Les avantages de la méthode sont ceux que nous venons d'énoncer : elle peut permettre à la fois de disposer d'une information assez complète sur ce que pensent les salariés (la formation n'étant que l'un des thèmes qu'ils sont suceptibles de développer) et donner aux responsables de l'entreprise un puissant outil de mobilisation. Cela suppose impérativement, nous l'avons dit, que les décideurs soient bien conscients de ce qu'ils peuvent obtenir comme résultats et comme effets induits et qu'ils soient déterminés à jouer le jeu. Un peu comme un médicament qui a des indications et des contre-indications, cette méthode peut, selon la manière dont elle est utilisée, produire le meilleur… ou le pire. Nous avons observé les deux cas dans des entreprises.

La méthode a quelques limites intrinsèques. Elle est relativement lourde et coûteuse, puisqu'elle requiert un important travail de conduite et d'analyse d'entretiens. Un entretien durant habituellement 1 heure 1/2, un enquêteur bien entraîné pourra conduire quatre à cinq entretiens par jour, le temps d'analyse étant du même ordre. Une enquête comportant une quarantaine d'entretiens suppose donc une vingtaine de jours, auxquels il faut ajouter les indispensables réunions de concertation avec les décideurs et la préparation de la restitution, ce qui amène au moins à vingt-cinq jours.

La garantie d'anonymat est également une limite, puisqu'elle conduit à exclure du rapport toute remarque précise qui pourrait permettre d'identifier son auteur. Du coup, on est amené à mettre l'accent sur les problèmes collectifs. Les attentes individuelles ne sont retenues que dans la mesure où elles sont partagées. Cela n'est pas un inconvénient si l'on engage derrière, de façon décentralisée, un processus de restitution et d'exploitation du rapport qui permettra aux problèmes spécifiques d'apparaître.

Ce type d'enquête ne débouche pas, pour la même raison, sur une analyse fine des besoins de formation. Mais cet inconvénient se retourne en avantage si elle alimente le processus participatif que nous venons d'évoquer.

Les enquêtes par questionnaires

■ *Type d'objectif*

Perfectionnement individuel

Perfectionnement collectif

Évolution des métiers

Éventuellement recherche d'un effet *feed-back* sur le milieu concerné pour faciliter un changement

■ *Facteurs inducteurs pris en compte*

Les attentes des individus

Les objectifs de l'entreprise

L'offre de formation

■ *Acteurs concernés*

Les salariés interrogés par questionnaire

Le responsable en charge de l'analyse

Les responsables des secteurs et services dans lesquels va se dérouler l'enquête

■ *Caractéristiques*

Le questionnaire est un support écrit permettant d'interroger sur un certain nombre de points déterminés à l'avance un certain nombre de personnes, qui constituent soit la totalité de la population que l'on souhaite interroger, soit un échantillon représentatif de celle-ci (1).

Ce questionnaire comporte des questions dites « fermées » dans lesquelles le répondant doit choisir une réponse parmi plusieurs qui lui sont proposées. Il peut aussi comporter des questions dites « ouvertes » permettant au répondant de rédiger librement sa réponse sans induction de celle-ci par un choix prédéterminé.

Les questions posées doivent être le reflet d'hypothèses. On fera par exemple l'hypothèse que les répondants éprouvent des besoins de formation en mécanique des fluides, en hydraulique, en anglais, ou en toute autre matière (il faudra bien entendu faire des hypothèses plus précises, notamment sur les niveaux), et on cherchera par le questionnaire à quantifier le nombre de personnes qui éprouvent effectivement ce besoin. Cela devra permettre d'évaluer des enveloppes financières et la planification nécessaires pour satisfaire le besoin.

D'une certaine manière, on peut considérer le catalogue de stages comme une forme particulière de questionnaire : on soumet aux destinataires une liste préétablie d'actions de formation et on leur demande d'exprimer leur intérêt en s'inscrivant.

■ *Conditions de mise en œuvre*

Le questionnaire est un support qui peut s'adapter à toutes sortes de situations. Pour l'analyse des besoins de formation, il peut être adressé à tout le personnel, par courrier interne, voire externe (par exemple à domicile avec le bulletin de paie), à une population considérée comme représentative au sens statistique du terme (tirée au sort par quotas le

(1) Sur les problèmes d'échantillonnage et de construction d'un questionnaire, voir par exemple Quivy et Van Campenhout dans la bibliographie en fin d'ouvrage.

plus souvent), ou à une population bien ciblée en fonction d'un problème particulier (exemple : les salariés du bureau d'études concernés par le développement de la conception assistée par ordinateur). Il peut être également présenté par un interviewer qui le remplit avec le destinataire au cours d'un entretien de face-à-face. Dans ce cas, la différence fondamentale avec l'enquête par entretien est évidemment que l'enquêteur ne s'intéresse qu'aux réponses aux questions de son questionnaire et ne cherche pas à encourager l'interviewé à s'exprimer à son propre rythme sur les sujets qui le préoccupent.

Les questions fermées sont le plus souvent accompagnées d'un précodage permettant un dépouillement informatique.

Comme dans les enquêtes par entretien, le principe (ou non) de l'anonymat des réponses doit être clairement défini au préalable et les répondants avertis. Lorsque le choix de l'anonymat est fait, on demande toutefois aux répondants quelques indications considérées comme utiles en fonction des hypothèses de l'enquête sur des points comme leur âge, leur niveau de qualification, leur ancienneté, voire le service auquel ils sont affectés.

Le support physique du questionnaire est le plus souvent le papier, mais les possibilités de la télématique (messagerie interne) ont amené certaines entreprises à utiliser des questionnaires ayant pour support le minitel ou des micros connectés à un centre serveur qui traite les réponses.

Une autre forme du questionnaire, souvent pratiquée, consiste à adresser aux seuls responsables hiérarchiques un formulaire annuel les interrogeant sur les besoins de formation dans leur secteur de responsabilité.

■ *Avantages et limites*

Le questionnaire permet une quantification des besoins exprimés, un croisement de variables (corrélations entre les besoins exprimés et, par exemple, le niveau de qualification, l'âge...). Il permet de toucher de façon relativement économique un grand nombre de personnes, et surtout des personnes géographiquement dispersées qu'il serait trop coûteux de visiter individuellement.

La qualité des résultats dépend essentiellement de deux facteurs : la qualité méthodologique de l'élaboration des hypothèses à tester et de leur traduction en questions (c'est sur ce point que l'on rencontre le plus de faiblesses dans la pratique des entreprises) et la sensibilisation préalable du milieu.

Notre expérience nous amène à penser que ce sont les questionnaires sur une population ciblée qui donnent les meilleurs résultats, c'est-à-dire ceux qui, étant les plus fiables, permettent une exploitation opérationnelle par les responsables de formation.

Les questionnaires « tous azimuts », envoyés à tout le personnel, ont des limites sérieuses. Le taux de réponse est souvent assez bas. Il n'est pas rare qu'il soit inférieur à 20 %. Du coup, ne répondent que les personnes les plus motivées à le faire, et l'image des attentes du personnel obtenue est déformée. La réponse suppose que les salariés aient conscience de besoins. L'expérience montre que ce sont souvent les populations les plus fragiles, ayant objectivement le plus de besoins (notamment en termes de prévention d'inadaptation), qui répondent peu. On peut alors passer complètement à côté de problèmes potentiels.

L'autre limite importante est dans la faiblesse de la capacité prédictive du questionnaire sur des comportements effectifs d'inscription. Il n'est pas rare que plusieurs mois se passent entre la réponse au questionnaire et une offre de réponse en termes de formation au besoin exprimé. Les répondants peuvent entre-temps avoir changé d'avis, changé de service ou d'activité, voire complètement oublié leur réponse. Du coup, les prévisions en volume s'avèrent surdimensionnées. L'opérationnalité des questionnaires diffusés à tout le personnel se révèle le plus souvent décevante.

Le questionnaire adressé aux seuls hiérarchiques a l'avantage d'impliquer ceux-ci dans la réponse. La qualité de la réponse dépend essentiellement du dispositif général de management de la formation. Si ces hiérarchiques disposent d'outils comme la grille matricielle (*cf. supra*), ou s'ils ont à conduire régulièrement des entretiens d'appréciation (*voir infra*), ou encore si le questionnaire introduit une relation entre les objectifs opérationnels de leur service et les besoins qui en découlent, ils peuvent répondre de façon pertinente, du moins pour les besoins de perfectionnement individuel ou collectif à court terme. Ils ne sont pas nécessairement les mieux placés pour répondre sur les besoins à moyen et long terme s'ils n'ont pas été amenés à s'interroger, par exemple à l'occasion de la gestion anticipatrice des emplois, sur les évolutions à venir de leur activité.

Il y a aussi le risque qu'ils privilégient le renforcement des compétences des personnes actuellement dans leur secteur d'activité, au détriment de projets d'évolution individuelle de salariés en dehors de celui-ci. Ils n'ont d'ailleurs que rarement, surtout aux niveaux de hiérarchie directe, une vision suffisamment globale des possibilités et des filières d'évolution ouvertes aux salariés. Enfin, cette procédure prend souvent la forme bureaucratique d'une interrogation annuelle, non connectée aux autres procédures (notamment de prévision budgétaire et/ou de prévision d'effectifs), amenant ainsi des réponses peu fiables (par exemple par non-intégration des conséquences des besoins exprimés en termes d'absentéisme pour formation, conduisant à des annulations d'inscriptions en cours d'année par incompatibilité avec la charge de travail).

Le questionnaire de recueil de besoins est, à notre avis, un outil dont l'usage doit être limité à l'étude des attentes d'une population bien ciblée. Il s'apparente alors dans son principe à la méthode de vérification d'hypothèses (*voir supra*), la différence étant simplement dans le mode d'interrogation. Le rôle de la hiérarchie dans son utilisation doit être central si l'on veut que cette hiérarchie s'implique, mais cela suppose, pour les raisons indiquées plus haut, qu'un travail en amont de recherche de cohérence entre les différentes procédures, et de sensibilisation et de formation de cette hiérarchie à cet aspect important de son rôle managérial soit effectué.

Les groupes participatifs

■ *Type d'objectif*

Perfectionnement individuel et collectif
Réussite des évolutions techniques et organisationnelles

■ *Facteurs inducteurs pris en compte*

Besoins de l'organisation
Attentes individuelles et collectives

■ *Acteurs concernés*

Responsable en charge de l'analyse
Salariés concernés et leur encadrement
Fonctionnels concernés par les problèmes évoqués (qualité, logistique...)

■ *Caractéristiques*

Les pratiques managériales de ces dernières années ont fortement développé les processus participatifs, sous différentes formes : cercles de qualité, expression des salariés, conseils d'atelier et de bureau, groupes de progrès...

Ces méthodes ont en commun d'amener les salariés à s'exprimer sur les différents domaines de leur activité dans lesquels ils pensent que des améliorations sont possibles, et à rechercher et proposer des solutions.

Parmi ces améliorations, plusieurs peuvent concerner les compétences. L'amélioration de tel résultat d'exploitation, la solution d'une difficulté peuvent passer par le développement des capacités des salariés et/ou de leur encadrement à comprendre et agir. Ces groupes, même si ce n'est pas leur première finalité, peuvent être des lieux privilégiés d'expression de besoins. Ceux-ci peuvent se manifester de trois manières :

– par l'expression directe : un groupe participatif étudiant un problème peut en venir à la conclusion qu'il faut engager une action de formation pour le résoudre ;

– par la planification : dans les groupes se réunissant régulièrement, une réunion spécifique peut être consacrée à préparer la formulation des besoins du service pour inscription au plan de formation. Certaines entreprises utilisent avec succès cette formule ;

– de manière indirecte : la formulation de propositions de solution à un problème par un groupe peut indirectement révéler des « manques » ; tel groupe proposera une solution sans tenir compte de sa rentabilité faute de connaissances sur les méthodes de calcul de rentabilité ; tel autre proposera une solution technique ne tenant pas compte de ses conséquences sur les services amont ou aval... Ces manques sont indicatifs de besoins de perfectionnement en toutes sortes de domaines, y compris dans le domaine de la méthodologie d'analyse de problèmes.

Ces groupes sont donc potentiellement au moins un « média » privilégié d'analyse des besoins.

■ *Conditions de mise en œuvre*

Pour que ce média potentiel devienne réel et opérationnel, il faut bien entendu qu'une oreille attentive soit placée quelque part dans le circuit de circulation des travaux et des propositions des groupes. Les besoins de formation ne s'exprimeront que rarement de façon directe, et ils nécessiteront un décryptage : si un groupe recommande une solution techniquement valable mais économiquement ruineuse, il faut que quelqu'un ait le réflexe de s'interroger sur la question de savoir si l'on n'est pas là en présence d'un besoin implicite en formation économique.

Notons au passage que cette formation ne prendra pas nécessairement la forme d'un stage. On pourra par exemple, au lieu de rejeter la suggestion du groupe comme irréaliste sans autre commentaire, se saisir de l'opportunité de faire passer un message et des connaissances économiques en argumentant le refus de la suggestion.

La condition d'utilisation des groupes participatifs comme vecteur d'expression des besoins nous paraît davantage relever de l'attitude et du comportement des hiérarchies et des fonctionnels que de la méthodologie et de la procédure. Cela nous paraît être une occasion privilégiée pour eux de manifester concrètement les capacités d'écoute et de développement de leurs équipes qui sont l'une des valeurs les plus communément associées à la notion de management participatif. Le rôle des responsables de formation et de ressources humaines nous paraît ici être davantage de sensibilisation et de formation de ces hiérarchies pour les rendre sensibles à ces opportunités de développement qu'un rôle d'intervention directe, par exemple par le recueil et l'analyse systématique des comptes rendus des groupes. Les responsables de formation qui se sont engagés dans un travail d'exploitation directe systématique, du moins dans la grande entreprise, ont rapidement été submergés par une quantité d'informations peu exploitables. Il vaut mieux, de notre point de vue, adopter des stratégies de travail en réseau avec ces hiérarchiques, quitte à faire quelques « prélèvements » de comptes rendus à titre de test.

■ *Avantages et limites*

Il y a là une matière potentielle considérable pour faire de l'analyse des besoins une préoccupation permanente des équipes et de leur encadrement plutôt qu'une procédure bureaucratique annuelle.

La limite est celle que nous avons déjà soulignée : la capacité de la ligne hiérarchique et fonctionnelle à décrypter en termes de besoins de perfectionnement une matière qui n'a pas cela pour première finalité.

Les entretiens professionnels

■ *Type d'objectif*

Perfectionnement individuel
Développement des potentiels

■ *Facteurs inducteurs pris en compte*

Besoins de l'organisation
Attentes des salariés

■ *Acteurs concernés*

Responsable de l'analyse
Hiérarchie
Salariés

■ *Caractéristiques*

Beaucoup d'entreprises ont mis en place des procédures d'entretiens professionnels et/ou d'appréciation. Longtemps réservés aux cadres, ces entretiens tendent maintenant à se généraliser pour l'ensemble du personnel. Ils sont le plus souvent annuels. Il existe deux types d'entretiens, que l'on a parfois intérêt à distinguer nettement :

– les entretiens centrés sur la **performance** : le salarié et son hiérarchique direct discutent ensemble de l'année écoulée, des résultats obtenus par le salarié en fonction des objectifs fixés, identifient les points forts et les points à améliorer. Sur ces derniers, ils peuvent convenir de solutions d'amélioration, parmi lesquelles la formation est en bonne place. Les outils comme les référentiels de compétences décrits plus haut (besoins liés au poste de travail) seront précieux pour structurer ce dialogue ;

– les entretiens centrés sur l'**évolution de carrière** : le salarié et un responsable (qui n'est pas nécessairement le hiérarchique, mais peut être le cadre N+1 ou un fonctionnel de la fonction ressources humaines) évoquent ensemble les possibilités futures d'évolution du salarié. Ces possibilités peuvent requérir un changement de service, voire une reconversion complète. Là aussi, la formation est en bonne place parmi les éléments qui vont faciliter les évolutions envisagées. Les référentiels de compétences des emplois visés seront également des outils précieux pour envisager le réalisme et les conditions d'une mobilité. Ces entretiens peuvent être plus espacés que les précédents (par exemple tous les deux ou trois ans).

Dans certaines entreprises (à la SNCF, par exemple), il existe des entretiens spécialement consacrés à la formation.

■ *Conditions de mise en œuvre*

La mise en place de tels entretiens n'est pas de la responsabilité de la seule fonction formation. Ils sont une pièce d'un dispositif général de gestion et de développement des ressources humaines. Ce qui est important est qu'ils puissent faciliter le repérage des besoins de formation, et que la procédure le permette, en intégrant les compétences et la formation comme l'une des rubriques dont le salarié et son interlocuteur doivent discuter ensemble... et que la fonction formation soit destinataire des informations qui en découlent.

Les trois points clés de la réussite sont la sensibilisation et la formation des responsables qui conduisent les entretiens, la mise à leur disposition des informations utiles (sur les évolutions des métiers, sur les filières d'évolution, sur les moyens de formation disponibles), et la capacité de l'entreprise à mettre en œuvre effectivement les réponses. Sur ce dernier point, rien ne « tue » davantage un dispositif d'appréciation que le fait qu'après avoir évoqué des besoins salariés et hiérarchiques ne voient aucune proposition de solution émaner des services spécialisés.

■ *Avantages et limites*

L'entretien professionnel et/ou d'appréciation, sous ses deux modalités, **devrait être le moyen privilégié d'analyse des besoins de formation**. Bien conduit, il devrait permettre d'orienter une grande partie du plan de formation, notamment en ce qui concerne les besoins à court et moyen terme. Il peut être appuyé sur des méthodes comme la méthode matricielle évoquée précédemment. Ses avantages sont donc évidents, et la mise en œuvre de ces entretiens devrait être l'une des priorités d'une politique de développement des ressources humaines. Il permet de contractualiser un plan individuel de formation (voir *infra* chapitre V, p. 181) entre un salarié et son encadrement.

Les limites tiennent à l'étendue des informations dont peuvent disposer les interlocuteurs de l'entretien pour choisir des solutions. L'encadrement direct est particulièrement bien placé pour identifier les besoins à court terme liés à l'activité du service dont il a la charge, mais n'est pas nécessairement le mieux informé des évolutions à moyen terme probables des emplois. Il a donc tendance à privilégier le perfectionnement dans une organisation constante sur l'imagination de scénarios d'évolution en rupture avec cette organisation, ou permettant à des individus des trajectoires de carrière en dehors de leur secteur d'activité. Les entreprises qui ont mis en place des méthodes de gestion anticipatrice des emplois disposent en cette matière d'un avantage, dans la mesure où ces méthodes permettent à l'ensemble des acteurs de disposer d'une visibilité sur les évolutions quantitatives et qualitatives des emplois pour orienter les salariés. Certaines expérimentent actuellement des dispositifs de « bilan professionnel » permettant à des salariés de se positionner par rapport aux évolutions prévisibles de leur emploi actuel ou par rapport à des emplois nouveaux ayant suffisamment de proximité avec leur emploi actuel pour que des passerelles soient possibles.

3 – Les méthodes accompagnant le changement d'une organisation

La formation comme lieu d'expression de besoins nouveaux

- *Type d'objectif*

  Perfectionnement individuel
  Prévention des inadaptations

- *Facteurs inducteurs pris en compte*

  Attentes des individus
  Niveau réel du personnel
  Besoins de l'organisation
  Prévention d'inadaptations

- *Acteurs concernés*

  Salariés
  Formateurs
  Responsables formation et ressources humaines

- *Caractéristiques*

La notion de besoin conduit souvent à le concevoir comme une donnée de départ dans un processus de formation. En réalité, beaucoup d'adultes, et en particulier ceux qui n'ont pas bénéficié d'un niveau élevé de scolarité initiale, ne sont pas en situation, même après une analyse préalable, d'identifier de façon précise leurs besoins, d'autant que la formation évoque pour eux des souvenirs scolaires qui sont souvent des souvenirs de difficultés ou d'échec. Il est donc nécessaire de leur proposer un processus qui leur permette progressivement de prendre conscience de besoins qui ne leur sont pas accessibles *a priori*. On sait qu'il est difficile pour un adulte de s'engager dans un processus de formation professionnelle sans maîtriser une certain nombre d'outils intellectuels de base, comme le calcul. Mais un salarié de faible niveau de qualification ne s'engagera pas volontiers d'emblée dans une formation d'initiation aux mathématiques. Il faut donc trouver des moyens pour « amorcer la pompe » et l'engager dans un processus de formation qui lui permettra progressivement à la fois de se rassurer sur ses capacités d'apprentissage et de prendre conscience de la nécessité de s'engager dans des apprentissages plus formels.

On leur proposera donc des actions de formation correspondant à des besoins qu'ils ressentent, même extraprofessionnels, pour leur permettre de façon positive d'accéder à la conscience de besoins d'apprentissage systématiques. On trouvera dans le chapitre VII la description d'un certain nombre de méthodes (voir notamment p. 242 la pédagogie du centre d'intérêt et p. 244 les méthodes de développement cognitif). Sans nous engager ici dans la description détaillée que l'on trouvera dans ce chapitre, illustrons simplement l'idée par le fait qu'il sera beaucoup plus facile pour un adulte de faible niveau scolaire d'appréhender la notion de rapport et de fraction en s'interrogeant sur les raisons des différences de taille des pignons qu'il trouvera en démontant une boîte de vitesses que de s'engager d'emblée dans un module de formation sur les fractions. Ayant pris conscience de façon intuitive de la notion par l'observation des pignons et la curiosité qu'il éprouvera à comprendre la justification de leurs différences, il accédera à la notion de fraction de façon inductive. Il sera alors plus facile au formateur de lui montrer que, pour progresser, il a besoin de dépasser cette approche intuitive pour acquérir une connaissance plus formelle.

Le principe général sera donc la mise en œuvre de méthodes inductives permettant progressivement aux adultes de parvenir à une conscience d'un besoin de perfectionnement sur des outils intellectuels de base.

■ *Conditions de mise en œuvre*

La voie d'entrée sera d'identifier des besoins ressentis par les salariés, qui seront souvent très loin de préoccupations professionnelles : faire des économies en réparant soi-même sa voiture, monter un va-et-vient dans sa cave, fabriquer un objet usuel, réaliser un tablier pour son enfant... En satisfaisant ce besoin explicite, la méthode consistera à amener progressivement les apprenants à la maîtrise de concepts et outils intellectuels qui leur permettront ultérieurement de progresser.

Ces méthodes nécessitent des formateurs très préparés à ces méthodes et capables de travailler « en double piste », à la fois sur le contenu apparent de la formation et sur les objectifs pédagogiques.

■ *Avantages et limites*

L'avantage principal est de permettre à des adultes peu scolarisés de réactiver leurs capacités d'apprentissage en apprenant des notions utiles dans leur vie quotidienne, et de les replacer dans une trajectoire d'apprentissage plus professionnel en les amenant à prendre conscience de besoins nouveaux.

La limite réside dans le temps nécessaire pour acquérir les notions de base et les consolider. Mais si l'on se situe dans le cadre d'un objectif à long terme de prévention d'inadaptations, on peut disposer de ce temps.

La méthode doit être bien perçue du « milieu », et en particulier des hiérarchiques qui doivent comprendre la justification d'un détour par la satisfaction de besoins n'ayant dans un premier temps rien à voir apparemment avec ceux de l'entreprise. Il n'est pas toujours facile à faire admettre au responsable d'un atelier composé de personnel féminin de faible qualification qu'une formation en « coupe-couture » est un passage obligé pour parvenir à un développement des capacités professionnelles des salariées !

La compétence des formateurs est une condition essentielle de réussite. Le fait que les processus soient nécessairement longs nécessite aussi une constante dans le pilotage de l'opération et le maintien des objectifs. Si de telles formations ont parfois donné des résultats tout à fait encourageants (pouvant aller jusqu'à permettre la préparation de formations diplômantes de type CAP ou BP par des salariés dont personne n'aurait cru *a priori* qu'ils en étaient capables, à commencer par eux-mêmes), il est arrivé aussi que le véritable objectif pédagogique soit perdu de vue, et que ces formations soient réduites à des stages dépourvus d'autres finalités que la satisfaction du besoin apparent. On voit alors les plans de formation composés d'actions de type « initiation à la mécanique auto » qui apparaissent comme un luxe un peu folklorique et qui ne tardent pas à être remis en cause par des responsables soucieux d'opérationnalité rapide dans le champ professionnel.

Il faut être averti aussi que ces formations nécessitent souvent une double animation, avec un formateur centré sur le contenu, et l'autre sur le développement cognitif, ce qui alourdit évidemment le coût de l'heure élève.

La formation-action

■ *Type d'objectif*

Perfectionnement collectif

■ *Facteurs inducteurs pris en compte*

Besoins de l'organisation

■ *Acteurs concernés*

Hiérarchie d'un service
Salariés
Responsable de formation
Fonctionnels concernés par le problème à traiter

■ *Caractéristiques*

On trouvera au chapitre VII (p. 232) un descriptif complet de cette méthode dont le principe consiste à alterner des phases d'apprentissage de concepts et de méthodes, de mise en œuvre de ces méthodes et concepts sur des situations réelles à améliorer, et des phases de décision des responsables de l'entreprise sur les propositions émanant des groupes de participants.

Cette méthode n'est pas directement liée à l'analyse des besoins, mais elle peut, comme les groupes participatifs (*cf. supra*, p. 172), avoir des effets de mise en évidence de besoins qui ne sont pas apparus *a priori*. En progressant dans l'analyse du problème et la recherche de solution, les groupes découvrent des aspects qui leur avaient échappé dans un premier temps et peuvent être amenés à exprimer des besoins complémentaires. Le dispositif doit donc avoir suffisamment de souplesse pour s'adapter aux besoins nouveaux que la méthode fait surgir.

■ *Conditions de mise en œuvre*

Cette méthode est très efficace dans le cas où un problème concernant un service (productivité, organisation du travail qualité...) peut être résolu en amenant des salariés à acquérir les connaissances nécessaires pour le résoudre et à mettre en œuvre effectivement ces connaissances sur le problème concret. Elle nécessite un « contrat » très précis entre le responsable du service concerné, les salariés et les formateurs sur le problème à traiter et les « règles du jeu » qui régissent les relations entre les trois contractants.

■ *Avantages et limites*

Bien maîtrisée, cette méthode peut avoir d'excellents résultats, tant sur le problème traité lui-même que sur l'identification de besoins nouveaux et l'amorçage d'un processus de perfectionnement collectif continu. Elle donne alors une forte confiance aux salariés et aux managers dans la formation.

Mal maîtrisée, en particulier si l'un des trois contractants ne joue pas le jeu, elle peut conduire à des frustrations et à une démotivation.

La clé de son efficacité réside davantage dans la qualité de sa mise en œuvre que dans son principe lui-même.

V. VERS UN PLAN INDIVIDUEL DE FORMATION ?

Le chapitre VI sera consacré au plan de formation de l'entreprise. Mais l'individu a lui-même ses objectifs, ses attentes, ses enjeux, ses besoins. Pourquoi n'aurait-il pas lui-même un plan, individuel cette fois, de formation, qui traduirait ses besoins en objectifs et indiquerait les voies et moyens choisis pour les satisfaire ?

En réalité, il faudrait plutôt parler d'un plan de développement de compétences, la formation n'étant qu'un moyen pour y parvenir. Pour l'élaboration de ce plan, l'individu est le principal intéressé, donc l'acteur essentiel. Le problème est de l'aider à élaborer un plan individuel de manière réaliste, en lui permettant de transformer des attentes plus ou moins claires en objectifs, en lui donnant les moyens de les exprimer et surtout de les négocier avec les autres acteurs. Nous avons consacré au sujet un petit livre (1) destiné tant aux individus eux-mêmes qu'à leur encadrement, et dont l'une des parties s'intitule : « Qui est le client de votre formation ? ». Dans ce texte, nous indiquons au lecteur comment, à partir des objectifs qu'il vise (et que nous l'aidons à formuler dans des termes analogues à ceux que nous utilisons ici), identifier les acteurs de l'entreprise et, en les considérant comme

(1) Alain Meignant, *Le Plan individuel de formation*, Press Pocket Business, n° 4147, 1994.

des clients de sa formation, à négocier avec eux les conditions de réussite.

Soulignons au passage, pour lever toute ambiguïté éventuelle, qu'il ne s'agit absolument pas ici d'opposer les « besoins individuels » aux « besoins de l'entreprise ». Cette opposition factice a bloqué pendant des années tout dialogue constructif sur la formation entre certains partenaires sociaux. Il s'agit simplement d'aider les uns et les autres à dialoguer pour parvenir à un accord qui permettra à la formation d'être un coïnvestissement à intérêt mutuel. Il y aura bien sûr des cas dans lesquels un salarié souhaitera mettre dans son plan individuel des formations qui n'intéressent que lui et pour lesquelles aucun client n'existe dans son entreprise. Mais le congé individuel de formation est fait pour cela (1), et l'entreprise adoptera vis-à-vis de ce genre de demande une attitude en fonction de la politique de plus ou moins grande ouverture qu'elle a choisie (voir chapitre III dans les objectifs à moyen terme : « Faciliter les projets individuels »).

Plusieurs entreprises se sont engagées, avec des formules diverses, dans la mise en place de plans individuels de formation. Certaines ont signé des accords avec les partenaires sociaux sur le sujet, mis en place des documents spécifiques, appelés livret formation, ou projet individuel de formation, ou PIF (plan individuel de formation). L'idée générale est que chaque salarié dispose d'un document dans lequel seraient indiquées les formations qu'il a suivies, les objectifs qu'il vise et qu'il a négociés avec son encadrement (notamment lors des entretiens professionnels) et, de façon générale, toutes les informations utiles pour faire le point de l'existant, du bilan et des projets de l'individu.

Cette tendance est tout à fait positive si elle permet une meilleure concertation entre les salariés et l'entreprise sur l'optimisation des efforts (argent, temps, intelligence) consentis par les uns et les autres pour développer les compétences, et si elle permet et facilite un dialogue permanent sur la question.

Attention toutefois à ce qu'elle ne se réduise pas à distribuer de beaux documents artistiquement conçus par un conseiller en communication, mais qui resteraient vides en l'absence du dispositif qui permettrait qu'ils aient une véritable utilité. Le plan individuel est un support, pas une fin en soi, et surtout pas un moyen de reporter sur l'individu la responsabilité entière de l'énoncé d'objectifs que l'entreprise ne serait pas capable de lui indiquer.

(1) Environ 24 000 personnes ont bénéficié d'un congé individuel de formation en 2000.

En cette année 2001, il paraît assez clair que la question de la validation des compétences sera l'un des dossiers que les partenaires sociaux et les entreprises auront à gérer dans les années qui viennent. Les pouvoirs publics français, les instances européennes, poussent à la mise en place de systèmes permettant à chaque salarié de faire reconnaître formellement la compétence qu'il a acquise pour la faire valoir à l'extérieur si la conduite de sa carrière l'amène à changer d'entreprise. Cette possibilité deviendra de plus en plus un élément important de l'employabilité. Notons bien que ce n'est pas le fait d'avoir suivi une formation qui donne la compétence. La formation ne pourra donner que des moyens utiles à développer une compétence qui, par nature, s'exprimera par la maîtrise en situation de travail de capacités professionnelles.

Du point de vue de l'entreprise, il nous paraît évident que son intérêt bien compris, plutôt que de gérer les frustrations de salariés bloqués dans un projet professionnel qui deviendrait impossible à concrétiser, et pour favoriser des flux de sortie positifs (plutôt que de subir des démissions qui peuvent la déstabiliser, surtout dans la PME), est de faciliter ces projets, dans la mesure où cela ne perturbe pas son fonctionnement.

VI. CONCLUSION : BESOIN ET ENVIE

Avant de clore ce chapitre sur l'analyse des besoins de formation, nous voudrions rappeler au lecteur, qu'il soit responsable de formation, du personnel, des ressources humaines, ou responsable opérationnel, une idée de base que la complexité des méthodes ne doit à aucun moment faire oublier. Dans le chapitre IV sur le management de la formation, nous avons développé la notion de service rendu, de visibilité de la performance de la formation. L'idée simple sur laquelle nous voudrions nous arrêter est que le besoin « objectif » analysé par les spécialistes doit aussi être ressenti par les futurs participants. Il ne suffit pas d'avoir raison pour être cru (les problèmes pédagogiques en seraient pourtant grandement facilités) et encore moins suivi avec enthousiasme. C'est la dialectique de l'envie et du besoin (1).

Premier cas de figure : les spécialistes identifient un besoin de formation, mais les personnes concernées n'ont pas envie de se former parce qu'elles n'en ressentent pas le besoin. Deux solutions : on les force

(1) Nous nous inspirons ici d'un document pédagogique de l'IFCAM, l'organisme de formation du Crédit Agricole, réalisé sous la direction de M.-F. Reinbold.

à se former, avec des résultats médiocres (personne, surtout un adulte, n'apprend quelque chose s'il n'en a pas envie), ou bien on renonce.

Deuxième cas de figure : une personne a envie de se former (en anglais, en micro-informatique, ou en quoi que ce soit d'autre), mais son besoin n'est pas évident, du moins en rapport avec sa situation de travail. C'est typique des stages catalogues. Solution : la personne va se former au nom du droit à la formation, mais ne peut pas appliquer ce qu'elle a appris dans l'entreprise. Conséquence : mauvaise image de la formation de la part des hiérarchiques (et même, en réalité, des salariés).

Troisième cas de figure : ni envie ni besoin, mais on se forme quand même. Ce cas apparemment absurde peut se rencontrer lorsque, dans un grand groupe, une formation obligatoire mal ciblée est imposée par la volonté d'une direction générale, sur le mode « il faut qu'ils y passent tous ». Ce genre de dispositif peut faciliter des prises de conscience, mais la perte en ligne est importante. Les personnes vont se former contraintes et forcées, pour une formation le plus souvent standardisée qui prendra peu en compte leurs situations particulières. Le rendement sera souvent faible.

Faut-il souligner que c'est quand se rencontrent besoin et envie que les conditions de réussite sont le plus réunies ? C'est là un des enjeux de la coopération entre les responsables de formation et les autres « acteurs » : son efficacité ne s'obtiendra que parce que le réseau des acteurs fonctionnels et hiérarchiques aura sensibilisé le « milieu » aux évolutions des métiers et du contexte, aura encouragé les salariés à développer leurs compétences, leur aura donné l'envie de se former et les indications pour orienter cette envie de façon positive.

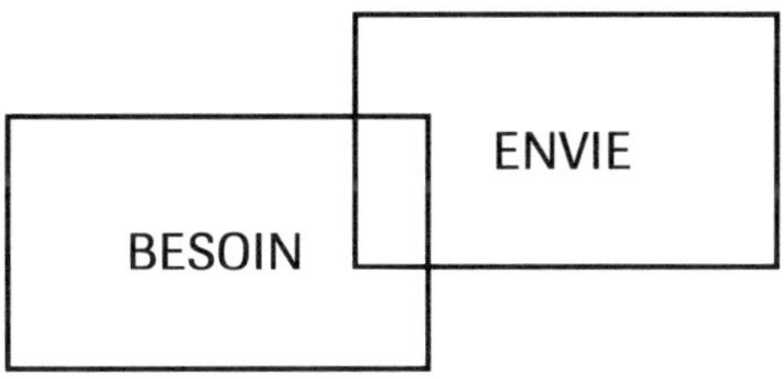

VII. FICHE RÉSUMÉ

Les dix étapes clés de l'analyse des besoins de formation

1. Faire un premier repérage des points clés de la situation (documentation, quelques entretiens). S'assurer que la formation est bien un élément important du traitement du problème à résoudre. Sinon, rechercher une autre solution.
2. Si la formation est un élément de solution, identifier les acteurs clés de la réussite, et notamment ceux qui sont en position de décision ou d'influence (les « clients »). Si l'action a un enjeu fort, créer un groupe de pilotage dans lequel ces acteurs seront impliqués ou représentés.
3. Identifier les sources d'information nécessaires pour l'analyse : documents existants ou à produire, référentiels de compétences, personnes à rencontrer.
4. Analyser les documents recueillis pour affiner le repérage effectué à l'étape 1.
5. Compléter l'information auprès des acteurs clés : objectifs à atteindre, actions déjà engagées (pas seulement en formation), points de vue sur les besoins, population concernée, critères et échéances de réussite, actions d'accompagnement nécessaires, contraintes du terrain.
6. Exploitation des informations existantes sur les personnes (notamment si un positionnement a été fait à partir d'un référentiel de compétences) ; formulation d'hypothèses sur les besoins à valider et choix de la méthode d'analyse appropriée.
7. Obtenir des acteurs clés la validation de la démarche ; informer les personnes concernées des buts et des modalités.
8. Appliquer la démarche.
9. Synthétiser les résultats en reformulant les objectifs et en proposant une traduction dans un projet pédagogique et des actions d'accompagnement.
10. Faire valider ce projet par les acteurs clés.

Chapitre VI

LE PLAN DE FORMATION

> *« Les éléments de l'art de la guerre sont : premièrement l'appréciation de l'espace ; deuxièmement l'estimation des quantités ; troisièmement les calculs ; quatrièmement, les comparaisons et, cinquièmement, les chances de victoire... Les quantités découlent de l'appréciation, les chiffres des quantités, et la victoire des comparaisons. »*
>
> Sun Tsu

La formation est à la fois une institution et une action. Le plan de formation de l'entreprise incarne tout particulièrement cette dualité. Institution, il est rendu obligatoire par la législation française depuis 1971 pour toutes les entreprises assujetties à la loi sur la formation. Action, il est pour les acteurs du développement des ressources humaines une excellente occasion pour formaliser leurs objectifs, arbitrer l'engagement des ressources, étudier les conditions de réussite, communiquer entre eux et se concerter sur les enjeux, les priorités et les moyens.

Trop souvent (mais heureusement de moins en moins), le plan de formation a été vu par les entreprises surtout sous son seul aspect d'institution obligatoire. À la limite, il n'y aurait pas de plan de formation si la loi n'en imposait pas le principe et certaines modalités (d'ailleurs, même avec cette obligation, certaines s'en dispensent !). Du coup, les aspects procéduriers et administratifs l'ont largement emporté sur l'aspect dynamique et managérial, au point parfois de les étouffer complètement.

Un nombre croissant d'entreprises ont en revanche fait du plan de formation un véritable outil managérial.

Les secondes nous intéressent ici évidemment plus que les premières. Il n'est peut-être pas, cependant, inutile de donner au lecteur peu familier avec l'institution quelques éléments sur ce qu'impose celle-ci.

I. LE PLAN DE FORMATION : LES OBLIGATIONS LÉGALES EN FRANCE

Que dit la loi ? (1)

« *Le Comité d'entreprise* (NDA : entreprises ayant un CE, donc à partir de 50 salariés) *donne son avis tous les ans sur l'exécution du plan de formation du personnel de l'entreprise de l'année précédente et sur le projet de plan pour l'année à venir.*

Ce projet devra tenir compte des orientations de la formation professionnelle dans l'entreprise dont le Comité d'entreprise a eu à délibérer, du résultat des négociations avec les organisations syndicales prévues à l'article L. 932-2 ainsi que le cas échéant du Plan pour l'égalité professionnelle prévu à l'article L. 123-4 du présent Code.

Afin de permettre aux membres dudit Comité et, le cas échéant, aux membres de la Commission prévue à l'article L. 424-7 (NDA : il s'agit de la Commission Emploi Formation) *de participer à l'élaboration de ce plan et de préparer la délibération dont il fait l'objet, le chef d'entreprise leur communique, trois semaines au moins avant la réunion du Comité ou de la Commission précités, les documents d'information dont la liste est établie par décret. Ces documents sont également communiqués aux délégués syndicaux.* » (*Code du travail, art. L. 932.6.*)

Le législateur a donc souhaité que les représentants du personnel soient consultés sur les orientations et le contenu du plan. Consultation ne signifie pas négociation : le chef d'entreprise, dès lors qu'il engage des dépenses de formation égales à l'obligation légale, est libre du choix de sa politique de formation, qui relève clairement de son autorité.

La procédure est la suivante. Trois semaines avant la première réunion, le chef d'entreprise doit fournir une copie de la déclaration fiscale (dite 24-83), une note sur les orientations générales de l'entreprise en matière de formation, le bilan des actions de formation incluses dans le plan de l'année précédente, une note relative aux congés individuels de formation dans l'entreprise et, le cas échéant, les observations du service de contrôle sur la déclaration fiscale. Cette première réunion doit avoir lieu avant le 15 novembre.

(1) Le droit français évolue rapidement, et le droit social tout particulièrement. Au moment où nous travaillons à la 5e édition de ce livre, on parle d'une nouvelle réforme de la formation continue, et une négociation dite de « refondation » est engagée entre le Medef et les organisations syndicales sur le sujet. Il est donc nécessaire de s'informer des derniers développements, auprès des organismes spécialisés comme le Centre Inffo ou de son juriste préféré.

Trois semaines avant la seconde réunion (qui doit avoir lieu avant le 31 décembre), il communique le plan de formation de l'année suivante, avec la liste des actions prévues, les organismes formateurs, les effectifs concernés et le budget prévisionnel. Cette seconde réunion est entièrement consacrée au plan de formation.

Le procès-verbal de cette délibération doit être joint à la déclaration fiscale 24-83 (qui est faite au premier trimestre de l'année suivante). L'absence de ce procès-verbal (ou d'un constat de carence) peut amener les services fiscaux à refuser l'imputation des dépenses à la formation. Des pénalités sont prévues dans ce cas.

Dans le plan de formation doit figurer l'ensemble des actions prévues par l'employeur pour satisfaire à son obligation de financement. Mais seront également comprises dans le plan les actions allant au-delà de l'obligation minimale légale. Les documents ci-dessous doivent être produits :

1. Les orientations de la formation (*cf.* art. 933-2 du Code du travail)
2. La copie de la déclaration de l'année précédente (24-83)
3. Le bilan des actions comprises dans le plan de formation de l'année précédente et dans l'année en cours
4. Les informations, pour l'année précédente et l'année en cours, relatives aux congés individuels de formation, aux congés de bilan de compétence, aux congés d'enseignement
5. Le bilan, pour l'année précédente et l'année en cours, en matière d'accueil, d'insertion et de formation de jeunes, et en matière d'accueil des enseignants et des conseillers d'orientation
6. Le plan de formation de l'entreprise pour l'année à venir, et les conditions d'accueil, d'insertion et de formation de jeunes

Le cas échéant, doivent également être fournies les conclusions des services de contrôle sur l'imputation des dépenses de formation et les dépenses liées aux crédits d'impôt formation.

Ce dispositif particulier à la France (on n'en retrouve l'équivalent dans aucun autre pays développé) a sûrement contribué au développement de la formation continue dans notre pays. Il a donné à des entreprises, par une incitation extérieure, l'occasion de se poser des problèmes de développement de compétences dont elles n'avaient pas toujours pris réellement conscience. La formation continue a été et reste en France l'un des terrains privilégiés de concertation avec les partenaires sociaux. Ce formalisme a eu, c'est indéniable, des aspects positifs.

Il a eu aussi des effets pervers.

Premier effet, une procédure ne peut tenir compte de politique. En l'absence de celle-ci, on a vu des plans de formation se réduire à une énumération de titres de stages, sans l'ombre de la moindre formulation d'objectifs. On savait ce qu'on voulait faire, on savait ce que cela allait coûter, mais personne n'était capable d'expliquer à quoi cela devait servir. Inutile de préciser que cette approche du plan de formation a été largement incitatrice à la consommation de formations sans buts très identifiables et au gaspillage de ressources (et aux innombrables interrogations platoniques sur l'évaluation !).

Deuxième effet pervers, la recherche de concertation avec les partenaires sociaux sur le terrain de la formation a eu parfois pour conséquence de faire disparaître toute volonté managériale. La formation apparaissait comme un « terrain neutre », comme si la compétence du personnel était sans enjeu managérial. On s'est alors trop souvent mis d'accord, au sens propre, sur des lieux communs, c'est-à-dire sur des formulations tellement générales que personne ne pouvait être contre, vidant alors la formation continue de tout son potentiel d'atout stratégique (on peut difficilement faire de la stratégie en faisant plaisir à tout le monde). La recherche d'accords est en soi positive et doit être encouragée, mais pas au prix de l'affadissement et du consensus mou.

Troisième effet pervers, le calendrier de l'élaboration du plan de formation est trop souvent déconnecté du calendrier des autres plans de l'entreprise (plans stratégiques et opérationnels, plans budgétaires, plans d'effectifs, etc.). Il en résulte que la procédure d'élaboration du plan de formation apparaît aux managers comme une procédure administrative déconnectée de ce qui est important pour eux. La loi en elle-même n'y est pour rien. Elle fixe la date butoir du 31 décembre, mais rien n'empêche les entreprises d'organiser les choses avant, de manière à assurer la cohérence des différents processus de planification. Il en résulte des effets qui peuvent être tout à fait gênants, comme la non-prise en compte des absences pour formation dans les plans d'effectifs, avec pour conséquences soit le recours à une sous-traitance non prévue, soit, plus fréquemment, des annulations en rafale aux stages prévus pour cause de non-disponibilité. Un autre effet particulièrement gênant est que des plans d'investissement ne prennent pas en compte la formation du personnel parce que les logiques de gestion des investissements et de la formation ne sont pas synchrones.

Dans le prolongement de cette remarque, notons que la logique annuelle du plan de formation obligatoire, liée à la périodicité des exercices budgétaires et fiscaux, est largement insuffisante pour aborder les problèmes à moyen/long terme. Là aussi, la loi n'empêche pas les entreprises d'adopter des plans de formation pluri-annuels plus cohérents avec notamment ses plans à moyen terme. Mais elle n'y incite pas, et la logique administrative a toujours tendance à l'emporter. Inversement, pour des entreprises intervenant sur des marchés très évolutifs, avec des évolutions technologiques très rapides, avoir un plan annuel apparaît déjà comme du long terme !

Voici donc les obligations de la loi. Elles sont en réalité plus gênantes dans leur application que dans leurs principes. Ainsi, par exemple, les systèmes de gestion informatisés de la formation sont souvent beaucoup plus orientés sur la préparation de la déclaration fiscale que sur le suivi d'objectifs, et l'inertie de ces systèmes est lourde. Ainsi, il peut arriver que la concertation entre les partenaires sociaux soit enlisée dans une approche procédurière, avec demande par les partenaires de quantités de documents détaillés qui ne seront généralement que peu exploités sur le fond, et par contre ouvrir la voie à d'interminables « pinaillages » sur des détails ou des cas particuliers.

Là encore, la loi n'impose rien, et les partenaires sociaux sont, comme les autres, capables d'évoluer. Dans une grande entreprise, l'habitude s'était prise de fournir au comité d'entreprise un projet de plan de formation extrêmement détaillé, avec dates et liste nominative des futurs stagiaires (habitude tellement ancrée que les uns et les autres étaient persuadés que la loi l'imposait). Une nouvelle direction supprima rapidement cette procédure inutile pour la remplacer par la discussion d'un plan de formation articulé sur les objectifs économiques de l'entreprise, avec un document-support de quelques pages, mais denses et argumentées. Ceci surprit au début, mais fut rapidement admis par les représentants du personnel et permit une concertation de bien meilleure qualité.

II. LE PLAN DE FORMATION, OUTIL DE MANAGEMENT DES RESSOURCES HUMAINES

1 – Qu'est-ce qu'un plan de formation ?

Dans le chapitre III, nous avons cherché à répondre à la question : qu'est-ce qu'une politique de formation ? Si notre réponse était claire, la place du plan de formation doit l'être aussi : ce sera la traduction opérationnelle de cette politique. *Le plan de formation est la traduction opérationnelle et budgétaire des choix du management d'une organisation sur les moyens qu'il affecte, dans une période donnée, au développement de la compétence individuelle et collective des salariés.*

Commentons les termes de cette définition :

– *opérationnelle* : ce que l'on va faire, les actions projetées, leurs objectifs et, si possible, les effets attendus ;

– *budgétaire* : ressources financières allouées prévisionnellement à l'exécution du plan de formation. Les coûts incluent :

- les coûts pédagogiques (conventions signées avec des organismes et coûts des formations internes),
- le coût estimé des salaires des stagiaires (on peut les estimer à partir du coût horaire standard de leur catégorie, multiplié par le nombre prévisionnel d'heures de formation prévues pour cette catégorie) (1),
- les frais de déplacement et séjours des stagiaires (dans certaines limites fixées, pour leur imputabilité, par la réglementation),
- le coût des équipements propres à l'entreprise et dédiés à la formation (salles, machines, matériel) (2),
- le coût de fonctionnement du service de formation interne,
- les versements fiscalisés obligatoires pour le Congé Individuel de Formation et l'alternance (3),
- (éventuellement) en prévisions de recettes, les financements externes attendus ;

– *les choix du management* sur les moyens qu'il affecte : le plan de formation est le résultat de choix des responsables de l'entreprise. Ce n'est pas une addition de demandes, mais l'aboutissement d'un processus d'arbitrage, en fonction de priorités ;

– *les moyens affectés* seront bien sûr des moyens financiers, mais aussi du temps. Les 35 heures ont rendu cette question encore plus aiguë. Dans des entreprises aux effectifs serrés, surtout des PME ou des TPE, une absence pour formation peut être un véritable problème. Même

---

(1) L'obligation de compter ces coûts de personnel dans les coûts de formation peut avoir un effet déformant sur la vision extérieure de la formation. Lorsqu'on dit par exemple que les entreprises consacrent chaque année 44 milliards environ à la formation, il ne faut pas oublier que quasiment la moitié de cette somme provient d'une imputation comptable des salaires, et peut dépasser 60 % dans les entreprises à personnel très qualifié. Les comparaisons internationales en sont compliquées, puisque cette imputation des salaires n'existe pas dans la plupart des autres pays. Par surcroît, elle charge fictivement le budget formation de sommes importantes sur lesquelles le responsable n'a aucune action de gestion possible. Il est préférable de ne compter dans le plan de formation que les dépenses sur lesquelles le service de formation a une responsabilité directe d'engagement, en extrayant des bases de données comptables, au moment de la déclaration annuelle, les chiffres des salaires, pour les intégrer dans les calculs.

(2) Le plus souvent, ces coûts sont étalés sur une période pluri-annuelle d'amortissement. Ce sera d'ailleurs le seul cas dans lequel une partie des dépenses de formation sera réellement, au sens comptable, considérée comme un investissement.

(3) La taxe d'apprentissage n'est pas incluse dans ces coûts.

dans une grande, mettons de 2 000 personnes, 4 % d'absence pour formation représente 80 personnes en équivalent temps plein. Une insuffisante prise en compte de cette dimension du temps dans le plan de formation par le manager de la formation a souvent pour conséquence des annulations de stages ou de participations en cours d'année ;

– *dans une période donnée* : le plan est le plus souvent annuel ; certaines entreprises construisent des plans pluri-annuels, le plus souvent de trois ans (en cohérence avec le plan à moyen terme de l'entreprise) ;

– *au développement de la compétence individuelle et collective des salariés* : le problème n'est pas de collationner des inscriptions individuelles à des stages, mais de financer des actions ayant pour finalité d'apporter aux personnes et aux équipes les compétences qui leur sont nécessaires pour améliorer leurs résultats, satisfaire leurs clients et contribuer à un climat social favorable en permettant des évolutions de carrière.

Le plan de formation ne devrait donc pas être une sorte de « pensum » administratif effectué par les « sociaux », mais l'aboutissement d'un processus managérial visant à établir la meilleure synthèse possible de ce qui doit être fait pour atteindre les objectifs organisationnels en termes de compétences.

2 – Processus d'élaboration du plan

Le schéma de base présenté page suivante doit bien sûr être adapté à chaque organisation, notamment dans la proportion respective de ce qui sera déterminé à un niveau de direction et de ce qui remontera du terrain. Tel qu'il est présenté, il s'applique à des entreprises ayant plusieurs établissements. Si le lecteur n'est pas dans ce cas (entreprise mono-établissement), il pourra aisément fusionner les phases 1 et 2.

Recueil des données de base

Pour engager l'élaboration du plan sur des bases saines, le responsable de formation central (1) devrait disposer de deux types de données :

(1) Nous sommes ici dans le cas de figure d'une organisation avec un responsable formation central, coordonnant fonctionnellement les RF d'établissements. Il rassemble ici les informations qu'il va leur communiquer pour qu'ils élaborent le plan à leur niveau d'établissement. Mais ce rôle peut être exercé par la DRH, par un responsable du développement des ressources humaines ou toute autre dénomination choisie.

Processus type d'élaboration du plan de formation

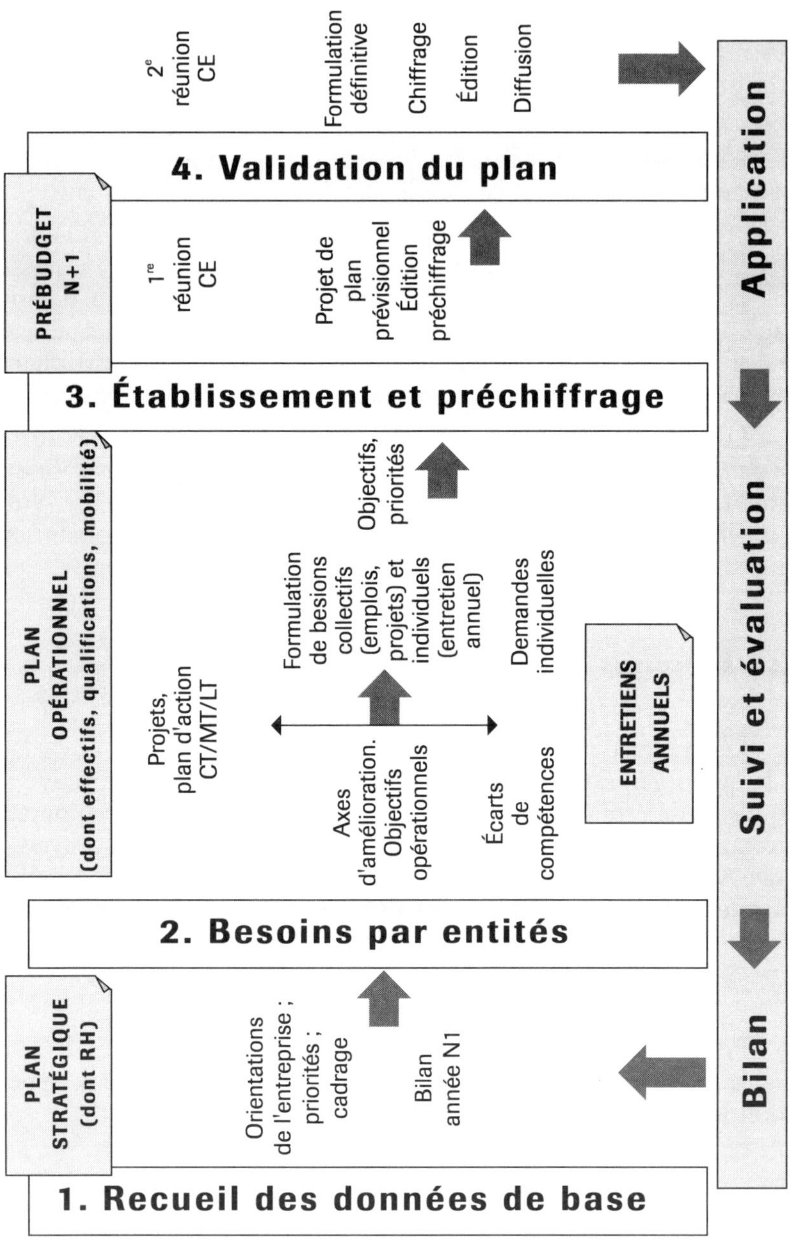

– les données politiques : les orientations de la direction générale pour l'année (les priorités (1), les « prescriptions » (2), éventuellement le cadrage budgétaire (3)). Généralement, ces orientations ont une certaine durée de vie, et il s'agit simplement d'actualiser les orientations de l'année précédente. Mais si l'entreprise a connu ou va connaître une rupture (fusion, redéploiement stratégique...), il sera nécessaire de resituer la politique de formation dans ce nouveau contexte ;

– les données opérationnelles : bilan du plan de l'année précédente. Pour construire un plan réaliste, il est important de faire le point sur ce qu'on a fait ou pas fait du plan précédent. L'analyse des points forts et des points faibles sera un élément essentiel d'amélioration du process (4).

Sur cette base, le responsable de formation central va communiquer aux établissements les orientations sur la base desquelles ils pourront établir leur plan.

Besoins par entités (5)

Les sources d'information pour établir le projet de plan d'unité sont les suivantes :

– **La traduction locale des orientations générales** (étape 1). C'est là que l'on identifiera, par exemple, le nombre de personnes devant

(1) Voir le chapitre « Qu'est-ce qu'une politique de formation ? ».
(2) La « prescription » par la DG correspond au cas où cette DG souhaite directement prendre l'initiative de formations à caractère quasiment obligatoire. On trouvera ce cas lorsqu'il existe une université d'entreprise par laquelle doit passer une certaine catégorie de cadres, lorsque ont été décidés des programmes de formation *« corporate »* style « Qualité Totale », ou des programmes accompagnant un grand projet « transversal » comme l'implantation d'un ERP... ou la généralisation de l'entretien professionnel pour la gestion des compétences. La prescription peut donc venir de la DG elle-même ou d'une direction fonctionnelle *« corporate »*. Mais elles auront des conséquences dans les plans de formation d'établissement, puisqu'elles concerneront des personnes qui y sont affectées, et il convient donc de les anticiper.
(3) Voir le chapitre « Qu'est-ce qu'une politique de formation ? ».
(4) Un point faible assez répandu est que beaucoup de moyens sont consacrés à préparer et présenter le plan, et très peu à l'évaluer, souvent d'ailleurs parce qu'il n'a été réalisé qu'imparfaitement. La crainte d'interpellations syndicales et de perte de crédibilité auprès des managers conduit à limiter le bilan du plan à quelques données statistiques de type 24-83, sans insister sur les prévisions, et encore moins sur les résultats. C'est évidemment l'une des raisons pour lesquelles certains responsables de formation conservent une image d'administratifs dépensiers, plutôt que de managers engagés aux côtés de leurs collègues d'autres spécialités dans une recherche permanente d'amélioration.
(5) Nous désignons ici par « entité » un établissement (usine, agence, etc.) constituant une unité de gestion et un établissement au sens légal (avec représentation du personnel). Une entité peut elle-même être composée de sous-ensembles (par exemple des équipes dispersées géographiquement mais relevant administrativement d'un même établissement), elle peut aussi rassembler des structures juridiques différentes ou des activités disparates (c'est le cas des sièges sociaux, qui sont d'ailleurs le lieu où il est le plus difficile d'établir un plan de formation cohérent). Le principe général, comme pour la construction européenne, doit être celui de la subsidiarité : un problème ne remonte au niveau supérieur que s'il ne peut être correctement traité là où il se pose.

participer aux formations « prescrites » par la DG (par exemple : tant de cadres vont suivre la formation « management opérationnel » organisée au niveau groupe). On y trouvera aussi les conséquences de décisions prises au niveau *corporate* : implantation d'un ERP par exemple. Ces informations sont accessibles *via* le chef d'établissement et les membres du comité de direction.

– **Le plan opérationnel de l'établissement** et, le cas échéant, le plan de progrès. C'est ici que l'on trouvera notamment les objectifs liés aux performances collectives (productivité, qualité), à des décisions d'investissement, à des évolutions organisationnelles (modification d'un processus, développement de la polyvalence...), et les objectifs ressources humaines (en flux) propres à l'établissement (prévisions de recrutement, accueil de stagiaires type alternance, prévisions de mobilité interne et externe, ces informations sont à recueillir auprès des responsables des services opérationnels et fonctionnels concernés, dont bien entendu la DRH, avant de déclencher la procédure d'élaboration du plan. Il est évident qu'il sera judicieux de choisir le moment où les responsables en question ont eux-mêmes une information assez sûre sur les objectifs qui leur sont fixés et sur les arbitrages budgétaires qui les accompagnent (par exemple l'inscription effective au budget de l'année suivante d'une dépense pour investissement). Dans la pratique, la méthode la plus raisonnable consiste à faire une première ébauche du plan de formation au moment où s'élabore le prébudget de l'année suivante (généralement en juin ou septembre selon les entreprises), et à le confirmer ou le modifier lorsque le budget définitif est fixé. Cette source d'information est particulièrement importante pour bien positionner la formation, auprès des responsables, comme contributeur au succès des objectifs poursuivis par ces responsables. Il ne s'agira pas tant de les interroger directement sur leurs besoins de formation liés à ces projets que de leur demander de s'exprimer sur les objectifs principaux de l'année suivante, dans leur secteur de responsabilité, pour envisager avec eux si la formation peut être un élément contributif, et à quelles conditions.

– **Les besoins et attentes individuels de formation** (ou de développement de compétences) remontant des services. Les besoins sont d'autant mieux cernés qu'ils sont identifiés au cours de procédures de type « entretien professionnel annuel », instrumentées par des référentiels de compétences. Ce qui remonte est alors le choix de priorités convenues entre le manager et chaque salarié sur les écarts à combler entre les compétences de ce dernier et celles qui sont requises pour son emploi. Cette approche a en outre l'avantage d'être conforme à ce qui est attendu dans les systèmes de normalisation type ISO 9001 (chapitre 6.2.2. de la norme version 2000). À défaut de ce type d'outils, le résultat laisse plus de place au subjectif, mais des managers et des salariés conscients des progrès à réaliser en commun peuvent parvenir à exprimer des besoins bien argumentés (surtout techniques). Ces entretiens (ou d'autres approches comparables) vont aussi donner au salarié l'occasion d'exprimer des attentes. Ces attentes peuvent coïncider avec celles du manager, ce qui nous ramène au point précédent. Elles peuvent aussi porter sur des attentes de mobilité, de promotion, ou sur des demandes de formation décalées ou carrément en dehors du cadre professionnel.

En rassemblant les informations de ces trois sources, on dispose donc de la trame générale qui permettra de donner un contenu précis aux objectifs de formation. Par exemple, au lieu de programmer un stage « outils statistiques appliqués à la qualité », on va écrire « améliorer de x % la conformité des produits aux spécifications par l'exploitation de feuilles de relevés ». Au lieu de dire « stage d'anglais pour les assistantes », on dira « porter à X personnes le nombre d'assistantes capables de répondre en anglais à la demande d'un client ». On parlera d'« intégrer dix jeunes techniciens avec un taux de départ au cours de la première année inférieur à 20 % » plutôt que de programmer de façon routinière un « stage d'insertion ».

On trouvera dans l'encadré de la page suivante un exemple réel de lettre de cadrage préparant l'élaboration du plan de formation, émanant conjointement du directeur d'établissement et du DRH, dans un établissement industriel, et qui donne un assez bon exemple de cette approche.

Cette approche va permettre de finaliser le plan autour d'objectifs à atteindre, et de communiquer avec les managers sur une base *business* et non sur une base administrative. Si l'on a appliqué nos recommandations du chapitre « Qu'est-ce qu'une politique de formation ? », on pourra ainsi présenter un projet de plan cohérent avec une politique d'ensemble et se présentant d'emblée comme un moyen de sa réussite.

Les besoins individuels liés à des perfectionnements dans l'emploi rentreront aisément dans la catégorie d'objectifs « performances individuelles ». Les attentes non directement liées à l'emploi seront examinées au cas par cas, soit dans le cadre d'une politique de gestion des carrières (s'il s'agit de mobilité ou de promotion), soit en fonction des options prises sur l'acceptation de demandes non directement professionnelles (avec renvoi éventuel au congé individuel de formation).

Pour tous ces axes, il est souvent très utile de demander aux managers de **fixer des priorités** (1, 2 ou 3) aux actions envisagées, en fonction de l'importance des résultats qu'ils en attendent. Cela facilitera les arbitrages si le plan dépasse le budget prévu.

Exemple de lettre de cadrage

Le 25 août
Note à MM. Les Chefs de service
Objet : plan de formation année X
L'élaboration du plan de formation obéit à des règles précisant sa finalité, son contenu, ses étapes. Il nous faut commencer à travailler sur celui du prochain exercice.
À cet effet, je vous demande de recenser les besoins de votre service ou atelier, en vous appuyant notamment sur :
– les non-conformités ou la non-qualité, auxquelles vous pouvez remédier par la formation
– les besoins de polyvalence auxquels vous êtes confrontés en cas d'absences, de fluctuations d'activité, etc.
– les compétences nécessaires à la bonne utilisation des outils ou des investissements prévus
– les actions de nature à améliorer la motivation en favorisant l'évolution professionnelle des membres du personnel qui en ont les capacités, et la compréhension et l'adhésion de tous aux objectifs de l'entreprise.
Je vous demande de bien vouloir me remettre le résultat de vos travaux pour le X septembre. Nous ferons le Y septembre (15 jours après) une réunion dans laquelle nous fixerons ensemble les priorités du plan de formation de l'année prochaine.
Signé :
le Directeur / le DRH

Établissement du plan et préchiffrage

Sur cette base, le rôle du responsable de formation sera d'établir une première version de travail du plan de formation, comportant les rubriques suivantes :

- **Les objectifs**, formulés dans notre tableau de manière générale, devront être spécifiés comme indiqué précédemment, avec autant de lignes que d'objectifs à l'intérieur de chaque catégorie.

- **La population concernée** est désignée par son niveau de **classification** et son **effectif** (par exemple : 12 personnes de coefficient 190 dans la métallurgie). Si l'entreprise a mis en place un système de gestion prévisionnelle des emplois et des compétences, il peut être plus

Structure de base d'un plan de formation

Axes d'objectifs (1)	**Population concernée**		**Stages**		**Autres**	**Prévision**		**Plan-ning**
	Clas-sifi-cation	Effec-tifs	Inti-tulé	Code		Heures	Coûts	
1. Consolider l'existant								
1.1. Performances individuelles								
1.2. Performances de l'unité								
2. Préparer l'avenir								
2.1. Investissements								
2.2. Changements d'organisation								
2.3. Évolution des métiers (2)								
2.4. Évolution des qualifications								
3. Acct. mouvements indiv.								
3.1. Intégration								
3.2. Promotion								
3.3. Mobilité interne								
3.4. Mobilité externe								
TOTAL								

(1) Nous avons repris ici les rubriques que nous proposions dans le chapitre « Politiques de formation ». Elles sont évidemment modifiables en fonction des besoins ou du contexte (notamment pour la rubrique « mobilité externe »), l'essentiel étant que l'esprit « entrée par les objectifs » reste fortement marqué.
(2) *A priori*, c'est dans cette rubrique que nous mettons les formations « management », pour bien marquer le caractère professionnel de l'activité de management. Mais on peut décider de les faire apparaître dans une catégorie à part (*cf.* note précédente).

judicieux de désigner les personnes par leur **groupe d'emploi** (ou **filière métier**) que par leur classification. Il est possible qu'une même action s'adresse à des personnes de niveaux de classification ou de groupes d'emploi différents (notamment pour l'objectif « performances d'unité »). Dans ce cas, les indiquer en clair. Dans la ligne « insertion » figureront les insertions de nouveaux en CDI et les éventuelles actions s'inscrivant dans des programmes publics d'insertion (celles-ci doivent être suivies à part pour des raisons administratives).

– Les colonnes **« stages »** correspondent, à gauche, à une liste de **titres de stages** (si le titre n'est pas fixé au moment de l'élaboration de cette première version du plan, mettre un titre provisoire). À droite, les **codes** (informatiques) identifiant ces stages (1).

– La colonne **« autres »** permet d'identifier dans le plan des actions de développement des compétences qui ne soient pas des stages de formation classiques (type : coaching, e-learning, travail en double poste...). C'est l'une des lacunes fréquentes des plans de formation de ne faire apparaître que les actions « stagifiées », bridant ainsi l'imagination pour rechercher des solutions différentes et souvent plus efficaces.

– **La prévision en heures** est établie à partir d'une estimation de la durée de la formation, multipliée par le nombre de personnes devant la suivre.

– **La prévision de coût** (2) s'appuie sur plusieurs données :

- *le coût des rémunérations des stagiaires*. Il est calculé en multipliant le nombre d'heures par le coût standard de l'heure de la catégorie de personnel concerné. Il s'agit ici d'une estimation suffisante à ce stade ;

- *le coût pédagogique* : frais d'inscription à des organismes de formation et frais en cas d'intervention de formateurs internes. À ces coûts peuvent s'ajouter des coûts spécifiques d'ingénierie, si le programme doit être conçu sur mesure. Ces coûts peuvent être estimés à partir du passé et, pour les actions nouvelles, à partir

(1) Le code devrait comporter au minimum, pour faciliter les tris : une clé liée aux catégories légales d'imputation (préformation/adaptation/promotion/prévention/conversion/acquisition/entretien ou perfectionnement) ; une clé liée au type d'objectif ; une clé « contenu ».

(2) Le coût calculé ici est celui qui sera consacré au plan de formation (soit, pour les entreprises de plus de 10 salariés, au moins 0,9 % de la masse salariale brute). Les versements obligatoires (CIF, alternance) sont calculés comme une taxe (0,6 % de la masse salariale en tout). Ils seront à compter parmi les dépenses globales de formation, mais leur montant n'est pas le résultat d'un processus de management. Celui-ci n'interviendra que si l'entreprise organise elle-même des actions dans ce cadre budgétaire, qu'elle pourra déduire de ses versements.

d'un sondage auprès du marché des organismes, ou par interrogation d'organismes intermédiaires (type OPCA) (1) ;

- *les frais induits* (frais de déplacements et de séjour des stagiaires) ;

- éventuellement, les *besoins d'investissement amortissables* spécifiques à la formation (salles, équipement, supports pédagogiques « lourds »...).

– **Les prévisions de planning** prévoient la répartition des actions sur l'année. Pour des raisons de lisibilité, fournir en annexe un tableau indiquant les prévisions sur les 52 semaines de l'année. Être très attentif au « bon moment » de la formation (formations préparant un investissement ou le lancement d'un nouveau produit, évitement des périodes de surcharge saisonnière d'activité, etc.).

À ce stade du processus, il peut être intéressant d'introduire des scénarios alternatifs, en argumentant les coûts et avantages respectifs. Par exemple :

– faire former par l'extérieur 80 ouvriers, ou former 8 agents de maîtrise en leur confiant la mission de diffuser le contenu ;

– former X personnes par groupes de 12, ou mettre à leur disposition des moyens d'autoformation avec un « tuteur ».

On dispose donc ainsi d'une première **synthèse des demandes**, préchiffrées en temps et en coût. À l'intérieur de l'enveloppe budgétaire qui lui a été fixée (ou de ce qui paraît réaliste si ce budget n'est pas précadré), le manager de la formation va opérer, seul et/ou en aller-retour avec les managers, un « moulinage » de cet ensemble pour parvenir à une synthèse qui devra équilibrer les orientations politiques, les priorités, les objectifs à enjeu fort et les attentes individuelles. Cette synthèse se présentera sur le modèle du tableau précédent, avec le préchiffrage du budget.

Il n'y a pas de règle particulière pour obtenir un résultat satisfaisant, sinon un mélange de fermeté sur les orientations et les conditions de réussite, d'imagination pour trouver des alternatives et de souplesse

(1) Les coûts indiqués ici sont les coûts réels. Si l'entreprise peut bénéficier de subventions, celles-ci sont à indiquer dans une annexe. Il n'est pas prudent de les indiquer directement dans le plan, dans la mesure où il n'est pas certain que les subventions seront perçues au cours du même exercice comptable (c'est notamment le cas de subventions européennes, intéressantes, mais longues à percevoir effectivement). Même remarque pour les dispositifs de type « crédit d'impôt formation ». En revanche, les recettes attendues doivent figurer dans la présentation générale du plan, notamment pour bien montrer que le manager de la formation sait aussi trouver des sources de financement extérieures pour traiter des besoins exceptionnels.

dans les propositions d'arbitrage. Comme nous l'avons dit plus haut, le fait d'avoir demandé aux managers d'exprimer des priorités peut être d'une aide précieuse (1).

Au cours de cette étape, comme le prévoit la loi, on aura présenté au comité d'entreprise les orientations générales sur lesquelles on se propose de construire le plan de formation.

Dans des entreprises de plus de 200 salariés, des réunions régulières avec la commission formation emploi auront permis de prendre en compte le point de vue des représentants du personnel. Le plus souvent, ceux-ci sont axés sur le soutien à des demandes individuelles (inscription au plan ou renvoi au congé individuel de formation), mais dans bien des entreprises, le dialogue dans ces commissions est d'un niveau qui enrichit réellement la réflexion sur le plan, en apportant des points de vue complémentaires.

Validation du plan

Le plan de formation, moyen de management, doit d'abord être validé par la direction générale.

Généralement, une réunion du comité de direction est consacrée à la présentation du projet de plan par le DRH accompagné pour l'occasion du responsable de formation. Les observations faites au cours de cette réunion vont permettre au responsable de formation de finaliser le plan. Bien entendu, plus il aura bien travaillé en amont avec les responsables, moins il court de risques que son projet soit remis en cause. La phase de validation devrait à ce stade être une formalité, permettant simplement d'introduire quelques changements mineurs.

La finalisation du plan va intégrer les nouvelles données, pour donner lieu à un plan définitif, avec le budget *ad hoc*. Dans le temps, il est fortement souhaitable que la procédure d'élaboration du plan de formation soit harmonisée avec celle de l'établissement du budget prévisionnel de l'année suivante, pour que les dépenses correspondantes soient bien prévues.

Dans sa forme, le plan de formation sera un document comportant trois parties et des annexes :

---

(1) Une analyse sérieuse de ce qui a été fait ou non au cours du plan précédent est aussi un élément précieux, notamment vis-à-vis de services qui seraient très demandeurs, mais se signaleraient ensuite par un taux anormal d'annulations.

I. Un exposé du contexte de l'entreprise qui justifie les choix opérés entre les différents objectifs possibles ou le dosage des ressources entre ces différents objectifs. Cet exposé a pour but de clairement positionner la politique de formation comme un élément de réponse à ce contexte.

II. Une présentation du plan lui-même, commentaire détaillé du tableau établi sur le modèle de notre schéma « structure de base d'un plan de formation ». Le canevas d'objectifs que nous avons proposé, sous cette forme ou adapté, sera une bonne trame pour structurer cet exposé.

Par exemple, on indiquera que tel investissement matériel est prévu dans tel atelier et que la formation du personnel concerné est construite en conséquence (nombre de personnes, moyens prévus, conséquences en heures et coûts, planning), ou que le recrutement de X personnes est envisagé l'année suivante et que par conséquent les formations d'accueil seront dimensionnées en fonction de ce flux.

La seule limite qui peut exister à la formulation écrite de tels objectifs est la nécessité de **confidentialité**. Le plan de formation étant un document destiné à circuler, il peut être prudent de ne pas y faire figurer des éléments détaillés pouvant intéresser vos concurrents. Il faut trouver la formulation qui soit suffisamment précise pour avoir du sens, sans donner des détails qui ne seront nécessaires que pour les personnes directement impliquées.

III. Une partie expliquant des **projets particuliers liés au management de la formation**, en référence à des axes de progrès. Par exemple, modification de la procédure d'élaboration du plan, mise en conformité des procédures formation avec la norme ISO 9001, systématisation d'une procédure d'évaluation sur certaines actions, test d'une démarche de formation en e-learning, etc. Bref, tout ce que vous comptez faire pour que la formation de l'année suivante soit encore plus efficace, tienne mieux compte des attentes des personnes et des services...

IV. Des annexes légales (*cf.* les obligations décrites en tête de ce chapitre).

V. Des annexes managériales, comportant tout document complémentaire (planning, financements complémentaires, projets d'amélioration des dispositifs, etc.) que le manager de la formation, en accord avec la direction, estime utile de fournir pour une bonne compréhension du reste.

Ce plan sera présenté au comité d'entreprise, comme le veut la loi, avant le 31 décembre. On sait que le rejet du plan par le CE n'entraîne pas la suspension de son exécution. Mais il convient de se souvenir qu'un accord est toujours préférable (à la condition *sine qua non* qu'il ne s'obtienne pas au prix d'un consensus mou qui fasse perdre de vue les objectifs et les priorités de l'entreprise) et que, d'autre part, la plupart des financements complémentaires externes sont conditionnés à un accord des partenaires sociaux.

Le plan étant maintenant « bouclé », on passera à la phase de communication (édition, diffusion et explications) préparant le passage à l'opérationnel.

La communication sur le plan a pour objectifs :

– **d'informer globalement le personnel sur les orientations du plan**. Cette information doit équilibrer le mieux possible les deux finalités du plan : « *voilà ce que nous allons faire cette année pour nous perfectionner, pour être encore meilleurs sur nos marchés et préparer l'avenir* », et « *voilà ce que nous allons faire cette année pour soutenir des individus* ».

Pourraient (1) y figurer un bilan global de l'année précédente, une information globale sur les moyens consacrés, les projets les plus importants, éventuellement un positionnement de l'effort réalisé par rapport à la concurrence, éventuellement aussi une information sur les soutiens financiers publics. Le but est que le personnel comprenne les grandes lignes de ce qui va être fait, et la cohérence avec les autres messages qu'il entend sur les projets de l'entreprise. Il est aussi de l'informer sur la manière dont ses propres demandes vont être traitées. Concrètement, cette information peut prendre, selon les moyens dont on dispose, la forme d'une petite plaquette diffusée dans les services, d'un document affiché, d'un numéro spécial du journal d'entreprise, d'une page sur l'Intranet de l'entreprise...

– **d'informer les individus sur les suites qui vont être données à leurs demandes**. Le principe général est ici de fournir au management de proximité les éléments pour informer lui-même les membres de son équipe. Selon le contexte (équipe physiquement rassemblée ou non, entretiens professionnels annuels déjà réalisés ou non...), la forme de cette information sera différente, et le rôle du manager de la formation est d'aider chaque opérationnel à mettre en place le dispositif le mieux adapté et les supports nécessaires. Dans la situation la plus simple, le manager réunit son équipe pour lui faire part des priorités retenues pour l'année en cours dans son service et des actions qui en découlent, et prend éventuellement des rendez-vous individuels s'il y a des besoins d'explications sur des modifications ou des rejets de demandes. L'important est de faire en sorte que le manager assume les choix (2)... ce qui suppose de l'impliquer en amont dans ces choix. C'est le sujet que nous avons développé dans notre chapitre sur la politique de formation avec la notion de clients de la formation.

(1) Il n'y a pas de norme sur le sujet, et certaines entreprises ne se donnent même pas la peine d'informer le personnel. Nous indiquons ici ce qui, selon notre expérience, est le plus favorable pour renforcer une approche dynamique du management de la formation.
(2) Le pire est d'avoir des managers qui expliquent à leurs équipes qu'ils ont fait ce qu'ils ont pu, mais que ILS (la direction) ne veulent rien comprendre.

III. DIX QUESTIONS FRÉQUENTES SUR LE PLAN DE FORMATION

Dix questions fréquentes sur le plan de formation

1. *Au moment où le plan est « bouclé », il peut arriver que certaines actions soient encore en projet, sans qu'on ait décidé de leur forme, et donc de leur durée et de leur coût, ou qu'on ait reçu des propositions différentes entre lesquelles on n'a pas encore choisi. Comment les intégrer dans le plan ?*

Dans ce cas, faites une provision budgétaire, en décidant arbitrairement d'affecter une somme que vous essayez d'estimer au mieux à une action à laquelle vous donnerez un titre et un code provisoires. Le moment venu, vous donnerez un titre définitif et affecterez le budget provisionné à cette action précise. Si la somme que vous avez provisionnée n'est pas suffisante, ce sera le moment de montrer vos talents de manager pour retrouver des ressources sans déstabiliser d'autres programmes, décaler dans le temps, ou tout autre moyen *ad hoc*. Au cours de l'année, et notamment au moment des échéances de révision budgétaire, vous représenterez les réalisations du plan par rapport aux prévisions en intégrant ces données.

2. *Que faire si les services expriment peu de besoins ?*

Le rôle du manager de la formation n'est pas seulement de recueillir des besoins, de manière un peu passive, en passant avec son carnet de commandes dans les services. Il doit aussi les susciter. Il ne s'agit pas de faire de la vente forcée de stages de formation, mais de rechercher des situations nécessitant plus de compétences, et il y en a sûrement. Votre responsabilité est de poser des questions, en vous appuyant sur ce que vous savez des « facteurs inducteurs » (1), notamment externes : si les services comptables, en 2001, n'ont pas exprimé de besoin sur les conséquences du passage à l'euro, c'est soit qu'ils se sont organisés sans vous, soit qu'il y a un vrai problème ! C'est pourquoi le manager de la formation doit avoir les oreilles et les yeux grands ouverts sur ce qui se passe en dehors de l'entreprise, pour jouer un rôle de vigie, pour alerter, pour proposer des actions qui vont introduire des idées nouvelles et préparer l'avenir. Le plan doit comporter, à l'initiative du manager de la formation, une part d'actions permettant l'acquisition de ces idées nouvelles, dont les services n'exprimeront pas directement le besoin.

(1) Voir le chapitre sur les besoins de formation.

3. *Faut-il tout recommencer chaque année ou une partie du plan peut-elle être récurrente ? Peut-on faire des plans pluriannuels ?*

Il y a certainement des besoins dont le traitement va se poursuivre sur plusieurs années, des actions répétitives (par exemple l'intégration des nouveaux). Il est impossible de donner un standard, mais on peut observer qu'il est fréquent que le plan d'une année soit au moins à 60 % analogue au plan de l'année précédente, sauf rupture exceptionnelle.
Attention cependant à la routine et aux rentes de situation. Reconduisez une action parce qu'elle fait la preuve de son utilité, pas parce « qu'on a toujours fait comme cela ».
Certaines entreprises ont mis en place des plans pluriannuels (en général sur trois ans). Le plan pluriannuel de formation est assez bien adapté à des organisations peu sensibles aux aléas des marchés et des fusions-acquisitions, avec des politiques de GRH permettant de prévoir des flux de promotion. On le trouve donc surtout dans des grandes organisations publiques ou parapubliques, ou dans des industries fortement capitalistiques dans lesquelles la formation accompagne la modernisation de process industriels. Il s'agit en fait le plus souvent de l'étalement sur plusieurs années du « traitement » d'une population trop nombreuse pour pouvoir être formée en un an.
Dans les autres, la réactivité est la règle, et la prévision sur une longue période est plutôt l'expression d'une vision à réaliser que le résultat d'une analyse. Le plan y est donc plutôt annuel, et susceptible de modifications pour faire face à des aléas. On y trouve parfois cependant une superposition d'actions à long terme, souvent consacrées à une transformation de la culture interne, ou à des objectifs ambitieux (par exemple, que tous les cadres maîtrisent l'anglais à un certain niveau), et des actions à court terme.
Dans les organisations très stables, la part des formations liées à des objectifs explicites d'amélioration de performances individuelles ou collectives est souvent faible, comme si la logique de planification « cannibalisait » la capacité à monter des opérations de soutien opérationnel à l'activité des services.
Comme toujours, il n'y a pas de bonne pratique en ce domaine, et c'est le rôle du manager de la formation de promouvoir le mode d'élaboration qui apporte le plus de valeur ajoutée à son organisation.

4. *Faut-il indiquer le nom des futurs stagiaires dans le plan ? Faut-il en communiquer la liste aux partenaires sociaux ?*

Formellement, selon les termes de l'article L. 933-1 du Code du travail, rien ne vous oblige à le faire. Vous devez fournir au CE lors de sa consultation, pour l'année précédente et pour l'année en cours, les informations relatives aux congés individuels de formation, aux congés de bilan de compétences, et aux congés enseignement. La liste nominative des inscriptions dans le cadre du plan de formation de l'entreprise ne figure pas parmi les docu-

ments qui doivent être fournis. En tant que manager, c'est à vous d'en prendre l'initiative si vous estimez que c'est utile pour la présentation de faire figurer les listes de noms, et, selon le contexte, d'avoir une attitude plus ou moins ouverte de concertation au sein de la commission formation emploi (si 200 salariés ou plus), notamment sur la prise en compte dans le plan de formation de l'entreprise d'une demande individuelle. Mais, en cas de désaccord, c'est aux délégués du personnel de soutenir les revendications individuelles, pas au CE.
Faire figurer les noms alourdit le document et risque de focaliser l'attention sur des détails. Dans bien des cas, le manager doit conduire le processus inverse : rompre avec l'habitude antérieure de fournir les listes détaillées, pour recentrer le débat sur les orientations stratégiques et les objectifs.
En revanche, évidemment, il est nécessaire pour la gestion des inscriptions d'avoir dès que possible une liste des noms des personnes à inscrire. Mais cela est un document à part, à caractère opérationnel, ne figurant pas dans le plan.

5. *L'évolution de l'entreprise et des besoins est tellement rapide, notamment sur le plan technologique, qu'il est impossible de prévoir au-delà de trois mois. Les offres de formation arrivent à tout moment en cours d'année sur des sujets nouveaux. Comment faire un plan annuel qui ait du sens ?*

Si c'est réellement le cas, changez de méthode. Centrez-vous sur les individus et sur leur capacité à apprendre, mettez à leur disposition le maximum de sources d'information sur les possibilités de formation, et laissez-les en prendre l'initiative. En revanche, provisionnez dans votre plan des sommes consacrées à ces formations « au fil de l'eau »... et « bétonnez » les procédures pour éviter que chacun ne fasse ce qui lui passe par la tête en vous envoyant ensuite la facture.
De toute manière, la notion de plan évoque pour beaucoup quelque chose de lourd et de rigide alors que les organisations sont de plus en plus souples, flexibles, en réseau. Plus ces organisations se développeront, plus elles accueilleront des jeunes qualifiés ayant vis-à-vis des modes classiques d'autorité une aversion profonde, et plus la tendance sera de leur laisser une forte autonomie sur leur propre formation, avec les contrôles nécessaires pour éviter les dérives.

6. *Dans une PME, cette approche du plan de formation n'est-elle pas trop lourde ? Peut-on faire un plan quand on ne connaît pas son carnet de commandes à trois mois ?*

Si on ramène ce qui a été dit sur le plan de formation à quelques idées simples, il s'agit de faire en sorte que les dirigeants de l'entreprise se donnent un peu de temps, au moment où ils font leurs prévisions budgétaires pour l'année suivante, pour réfléchir à ce que l'entreprise pourrait mieux

faire si son personnel était mieux formé et pour décider d'y consacrer de l'argent (que l'entreprise paierait de toute manière sous forme fiscale). Si cette volonté existe, le reste n'est qu'un canevas de travail à adapter.
Quant à la capacité de prévoir, même remarque qu'à la question 5. Sauf si l'entreprise va vraiment très mal, on peut quand même anticiper les tendances lourdes des marchés (attentes des clients, saisonnalité...), des technologies, des réglementations (passage à l'euro), et identifier quelques besoins individuels de perfectionnement. Et s'il faut déplacer un stage prévu parce qu'une commande imprévue arrive, ce n'est pas un drame, à condition que ce ne soit pas systématique (ce qui ferait perdre à la formation toute crédibilité).
Et que cette agitation ne fasse pas perdre de vue quelques besoins à plus long terme : même si le contexte évolue très vite (et peut-être surtout), il est nécessaire de renforcer les compétences individuelles et collectives permettant la satisfaction du client, de former des vrais managers, d'intégrer des nouveaux...

7. *Faut-il donner en même temps que le plan de formation le détail de toutes les actions prévues ?*

Au sens formel, ce n'est pas indispensable. Si l'on sait clairement que telle formation consacrée à un objectif précis concernera 14 personnes du 20 au 24 mars, c'est suffisant au niveau du plan. Mais il faudra convenir avec un formateur du détail de cette action et le communiquer auprès de ces personnes et de leur encadrement. Un document écrit, souvent sous forme de fiche, y pourvoira.
À notre sens, le plan doit garder son caractère « politique » et ne pas se laisser contaminer par le célèbre « effet catalogue ». Les fiches descriptives des actions doivent être à part.

8. *La procédure d'entretiens annuels ne se déroule pas au bon moment par rapport au plan de formation. Parfois elle est avant l'été : les demandeurs doivent attendre six mois pour savoir si leur demande est acceptée, et jusqu'à dix-huit mois pour suivre la formation. Entre-temps, ils ont changé d'emploi, ou n'ont plus le même besoin, ou ont oublié leur demande. Parfois, la procédure se déroule en janvier, centrée sur les objectifs de l'année, mais le plan est bouclé en décembre.*

Le deuxième cas est plus favorable, parce qu'il place clairement la formation comme un moyen d'atteindre des objectifs individuels. C'est même une excellente manière de procéder. On peut provisionner *a priori* un pourcentage du budget pour répondre à ces besoins individuels, et affecter lorsqu'on a le détail, ce qui ne pose pas de problème particulier, sauf en cas de dépassement de l'enveloppe prévue (dans ce cas, choix de priorités, arbitrages, étalement dans le temps, sont les moyens à privilégier). Le premier cas révèle une approche assez bureaucratique, qu'on trouve surtout dans les grandes entreprises. Le mieux serait sans doute de reconfigurer la procédure, avec beaucoup plus de décentralisation opérationnelle. Si ce n'est pas possible, le mieux qu'on puisse faire est d'améliorer la communication avec les demandeurs. Intranet ouvre à ce sujet de larges possibilités.

9. *Lorsque le plan est « bouclé » et passe à la phase opérationnelle, on sera inévitablement confronté en cours d'année à des demandes nouvelles non prévues. Comment les prendre en compte ?*

Très simplement, en les introduisant dans le plan si elles sont vraiment nécessaires, quitte à modifier ce qui était prévu pour conserver la maîtrise du budget. Le plan est un outil pour anticiper, pas un carcan bureaucratique. Les professionnels estiment généralement qu'un taux de 70 % de conformité entre ce qui était prévu dans le plan et ce qui a été effectivement fait (à volume égal) est correct. En dessous, cela dénote une faiblesse du système d'anticipation des besoins, au-dessus, une rigidité bureaucratique.
Ce genre de situation est inévitable. Mais il faut distinguer deux cas de figure bien distincts. Le premier est lié au contexte externe : si la situation du marché amène à débloquer en cours d'année un investissement prévu plus tard, si une nouvelle réglementation s'impose suite à une crise (par exemple les exigences de traçabilité suite à la crise dite de la « vache folle »), qu'un concurrent fait des ravages auprès de vos clients en utilisant une nouvelle technologie, il faudra former les personnes concernées que ce soit dans le plan ou non, et tout le monde comprendra bien les réaménagements nécessaires. Si, en revanche, les actions qui se révèlent nécessaires en cours d'année étaient en réalité prévisibles, remettez en cause sérieusement votre méthode de préparation du plan (1).

10. *Le plan de formation est-il forcément un ensemble intégré ? Ne peut-il y avoir* ***des*** *plans de formation, correspondant à des besoins spécifiques et gérés comme des projets ?*

C'est effectivement le cas dans certaines entreprises, dont la complexité rend difficile l'élaboration d'un plan intégré. Ce sera particulièrement le cas

(1) Dans une entreprise dans laquelle nous avons fait un audit, le budget formation était respecté à l'euro près. En creusant, nous nous sommes rendu compte qu'aucune action prévue n'avait été faite, et que les actions réalisées n'avaient pas été planifiées, mais étaient prévisibles car liées à un gros investissement. En réalité, la procédure de recueil des besoins pour le plan était tellement perçue par les managers comme bureaucratique et « sociale » qu'ils y avaient répondu comme d'habitude par une liste de demandes « catalogue » mal finalisées, et qu'ils n'avaient même pas pensé à associer le responsable de la formation au projet d'investissement, pour lequel une clause formation avait été introduite, dans le contrat d'achat, avec le fournisseur du matériel. Comme souvent, ils avaient sous-estimé les besoins et avaient récupéré le budget du plan pour financer la différence.

dans des groupes dans lesquels beaucoup de projets d'innovation sont transversaux aux unités, celles-ci étant centrées sur la réalisation d'objectifs opérationnels laissant une assez faible marge d'initiative. Ce sera encore plus vrai de groupes internationaux dans lesquels ces projets transnationaux peuvent être pilotés par des responsables situés à l'étranger et imposés aux unités locales.

On préfère alors découper le dispositif en projets, pilotés par des personnes n'appartenant pas nécessairement à la DRH. On aura par exemple le plan « développement du management », géré de manière distincte du plan « mise en place de SAP » ou « amélioration de la chaîne logistique ».

Le manager central de la formation peut avoir vis-à-vis de ces projets un rôle de coordination et de mise à disposition de ressources. Il peut aussi, cela existe, en être exclu, souvent parce que la logique formation paraît à tort ou à raison comme routinière et administrative, et que les responsables de ces projets souhaitent les mener à bien en sortant de ce qui leur apparaît comme un carcan inhibiteur d'innovations. Ce en quoi, parfois, ils n'ont pas tort !

Il n'en reste pas moins qu'il y a nécessité de coordonner ces différents projets, stratégiquement et opérationnellement.

Stratégiquement, la nécessité de présenter une politique de formation cohérente reste forte. Y a-t-il une politique formation du groupe X, ou une politique de formation de l'unité de Saint-Pierre-des-Corps ? Pour les groupes internationaux, un choix est à faire d'afficher ou non une politique transnationale. Généralement, les grands projets stratégiques font l'objet d'une politique transnationale (par exemple l'accès à une université d'entreprise pour les cadres d'un certain niveau, ou la diffusion d'une méthodologie commune d'approche de la Qualité Totale), les unités opérationnelles étant autonomes sur le traitement de leurs besoins spécifiques. Les recoupements dans le plan se font au niveau des personnes : combien de cadres vont réellement cette année suivre une formation à l'université d'entreprise ?

Dans certains groupes, la décentralisation est totale, chaque unité étant responsable de son plan, sans consolidation centrale (hors déclaration fiscale en France). Le central fait des offres (par exemple de formation management), mais chaque unité peut décider d'y répondre ou pas, et a le choix de faire appel à l'extérieur si elle juge la réponse mieux adaptée. Le management central de la formation, lorsqu'il existe, est alors soit un management d'incitation et de conseil (on lance des idées, des méthodes, on anime le réseau, on apporte un soutien aux managers locaux pour élaborer leur plan de manière professionnelle), soit un prestataire de service sur l'ingénierie et la réalisation de certains types de formations (le plus souvent sur le management et l'intégration des jeunes cadres), soit une cellule d'innovation (par exemple pour le lancement d'un projet e-learning), soit encore une

entité de sélection de partenaires extérieurs pour signer des partenariats dans le cadre d'une politique d'achat intéressant l'ensemble des établissements, soit un mix des quatre.
Opérationnellement, le minimum en France est d'être capable de répondre aux obligations légales de présentation du plan et de déclaration fiscale. Mais celle-ci peut parfaitement être faite par les services comptables par extraction des chiffres provenant des budgets d'établissements.
Le minimum, en termes de gestion, est aussi d'être capable de présenter à la direction générale une consolidation des coûts, comparés aux prévisions. Mais, là aussi, cette consolidation peut être faite par extraction de données comptables. Il peut donc y avoir des budgets formations, sans centralisation, à condition d'être capable de les identifier, de les contrôler et d'intervenir en cas de dérive.

Chapitre VII

MÉTHODES, TECHNIQUES PÉDAGOGIQUES ET DÉMARCHES : INVENTAIRE DE LA PANOPLIE

« Le trop d'expédients peut gâter une affaire
On perd du temps au choix, on tente, on veut tout faire,
N'en ayons qu'un, mais qu'il soit bon. »

Jean de La Fontaine, « Le Chat et le Renard »

Ce chapitre sera moins politique et managérial. La formation, c'est aussi un corps de méthodes et de techniques dont la finalité est de faciliter la transmission de connaissances, l'apprentissage de savoir-faire, le développement personnel, l'évolution des comportements. Chacun a une certaine idée des méthodes pédagogiques, en fonction de son expérience. En réalité, on constate souvent que la connaissance des méthodes et techniques est limitée justement à l'expérience qu'en a eue chacun. En dehors des professionnels (et encore !), peu de responsables ont une vue d'ensemble de la panoplie des méthodes disponibles en formation des adultes, de leurs caractéristiques essentielles, de leurs avantages, de leurs limites et de leurs contraintes.

Actuellement, on observe un fort engouement pour les méthodes de formation utilisant les possibilités des technologies de l'information et de l'Internet, sous le nom générique d'« e-learning » (ou d'e-formation pour ceux qui résistent à l'anglais). Ces méthodes ouvrent des voies nouvelles, tant sur les aspects directement managériaux (maîtrise des coûts de formation) que sur les conditions de l'apprentissage, et il est certain qu'il faut résolument les explorer et les expérimenter. Mais les professionnels de la formation ne doivent pas oublier que d'autres approches (comme l'audiovisuel, par exemple) ont dans le passé été présentées comme susceptibles de révolutionner les pratiques de formation. Elles ont évidemment permis un enrichissement de la palette des méthodes, mais elles n'ont certainement pas modifié de fond en comble les pratiques. Bienvenue à l'e-learning, mais résistons à la tentation de croire qu'il est la solution miracle devant les exigences nouvelles de la société du savoir.

Dans ce chapitre, nous avons pensé utile de donner des principales méthodes pédagogiques une description rapide et synthétique, sans prétention d'exhaustivité. Le lecteur intéressé pourra se reporter à la littérature spécialisée.

Le choix de la méthode a souvent un rôle décisif dans le résultat de la formation. Certaines sont plus efficaces que d'autres pour un public donné. Certaines sont plus coûteuses que d'autres. Une bonne progression pédagogique doit d'ailleurs souvent recourir à des méthodes diversifiées, pour éviter la lassitude des stagiaires, et adapter la manière de travailler aux objectifs de chaque séquence de formation. Cette capacité à choisir et à diversifier est l'une des compétences requises des spécialistes de l'ingénierie pédagogique.

Nous présenterons dans ce chapitre, pour chacune des méthodes, les objectifs qu'elle peut permettre d'atteindre, ses avantages et ses limites. Par commodité, nous avons regroupé les méthodes en quatre catégories : les méthodes affirmatives ; les méthodes interrogatives ; les méthodes actives ; les autres approches. Nous compléterons ce chapitre en présentant quelques démarches plus globales, et la formation... sans formation.

Ce classement a l'inconvénient de présenter sur un même plan des méthodes, des techniques, des dispositifs, qui sont de nature assez différente et d'importance diverse. Mais, pour paraphraser Churchill parlant de la démocratie, il nous a paru le plus mauvais des systèmes... à l'exception de tous les autres !

I. LES MÉTHODES AFFIRMATIVES

Ces méthodes ont en commun d'être basées sur la transmission d'un savoir constitué du formateur au formé.

1 – L'exposé

■ *Objectifs*

Transmission de connaissances.

■ *Caractéristiques*

C'est la forme la plus classique du cours magistral (dit aussi *cours ex cathedra*). C'est une présentation donnée par le formateur à un groupe plus ou moins nombreux, demandeur de connaissances. Le formateur peut s'appuyer sur la présentation de documents (tableaux, maquettes, audiovisuels). L'exposé peut être suivi de questions posées par les participants (exposé-discussion).

■ *Avantages*

Possibilité de toucher un grand nombre de personnes simultanément.

Possibilité de synthèse dans un temps relativement court de l'état d'une question (que les apprenants mettraient longtemps à rechercher dans une documentation).

Possibilité d'insister sur ce qui est important (ce que l'apprenant ne distingue pas toujours facilement lorsqu'il travaille seul).

Possibilité de transmettre une motivation (si le formateur est bon).

Possibilité de faire intervenir une « vedette » qui ne serait pas disponible pour des formes pédagogiques plus longues.

■ *Limites, contraintes*

L'apprenant a un rôle passif, limité à la prise de notes. Certains apprenants ont du mal à prendre des notes.

Le formateur a peu de moyens de tester la compréhension.

Pas de personnalisation de l'acte éducatif.

Lassant, surtout pour un public peu scolarisé.

2 – Le TWI (Training Within Industry)

■ *Objectifs*

Acquisition de savoir-faire essentiellement manuels par répétition dans des conditions proches des situations de travail.

■ *Caractéristiques*

Elle a été élaborée aux États-Unis pendant la Seconde Guerre mondiale pour reconvertir rapidement des ouvriers et une population ouvrière féminine, en l'absence des hommes mobilisés, pour leur permettre une efficacité rapide dans les postes de travail des usines d'armement. Ses caractéristiques sont les suivantes :

Formation directement adaptée à la tâche à accomplir.

Acquisition d'automatismes par apprentissage comportemental.

Trois étapes dans la méthode :

– *analyse du travail* (repérage sur le poste de travail des éléments de la tâche et des opérations à effectuer, et de l'outillage nécessaire). Décomposition de la tâche en phases et points clés ;

– *le programme de formation* qui doit répondre aux questions suivantes : qui faut-il enseigner (qui ?) ; que faut-il enseigner (quoi ?) ; pour quelle date (quand ?) ;

– *la mise en œuvre de la formation* s'appuyant sur les techniques spécifiques de la pédagogie TWI qui recommandent à l'instructeur de façon détaillée et normative de :

> – accueillir le travailleur, le connaître, susciter son intérêt, indiquer le travail à effectuer,
>
> – présenter l'opération en phases et points clés ; l'expliquer et s'assurer de la compréhension du travailleur,
>
> – faire un essai où, en réalisant lui-même, l'apprenant explique les phases et points clés au fur et à mesure qu'il les exécute,
>
> – passer à l'entraînement en évitant les erreurs ; rechercher d'abord la qualité, puis le rendement.

■ *Avantages*

Est particulièrement efficace dans les problèmes d'apprentissage gestuel simple pour lesquels elle a été conçue.

Gain de temps dans la période d'instruction.

Pas de formation longue des instructeurs.

Facilité du contrôle de l'acquis.

Normalisation des comportements souhaités.

Priorité au rendement.

■ *Limites, contraintes*

Méthode rigide, qui demande de se conformer scrupuleusement aux « fiches mémoire » fournies.

Vise uniquement l'acquisition de savoir-faire sous forme d'automatismes, et non la compréhension, ce qui risque de laisser l'apprenant désarmé devant des imprévus.

Atteint rapidement ses limites si l'on cherche à utiliser la méthode pour des problèmes de formation plus complexes.

3 – Le tutorat

■ *Objectifs*

En principe, tous objectifs d'acquisition de connaissances, savoir-faire ou attitudes pratiques.

■ *Caractéristiques*

L'apprenant est mis en doublure, de façon plus ou moins permanente, avec un professionnel compétent, qui se centre sur le transfert de ses propres compétences.

■ *Avantages*

Apprentissage très individualisé.

Contact personnel entre formateur et apprenant, permettant encouragement et soutien individuel.

Repérage et correction immédiate des erreurs.

■ *Limites, contraintes*

Nécessité d'un formateur (ou tuteur, ou coach) par apprenant.

Risque de dérive si mauvaise relation entre le tuteur et l'apprenant.

Risque de reproduction par l'apprenant d'erreurs faites par le tuteur.

Nécessite pour être efficace un encadrement et une formation solide des tuteurs, et une contractualisation des rapports en termes de résultats.

4 – Exercices et travaux pratiques

■ *Objectifs*

Renforcement de connaissances et de savoir-faire.

■ *Caractéristiques*

En application d'un cours théorique, on demande à l'apprenant d'effectuer des applications pratiques, pendant des séquences de cours ou pendant des phases spécifiques.

■ *Avantages*

Renforce l'acquisition en donnant à l'apprenant l'occasion d'un travail personnel et en lui permettant de voir les notions acquises sous un autre angle (pratique, expérimental).

Permet à l'apprenant de mesurer ses performances.

Permet une évaluation personnalisée de la formation.

■ *Limites, contraintes*

Suppose une grande coordination entre le cours et les TP pas toujours évidente à réaliser concrètement.

5 – Méthodes mnémoniques

■ *Objectifs*

Acquisition et mémorisation de connaissances.

■ *Caractéristiques*

C'est le « par cœur ». Il s'agit de se souvenir et de pouvoir restituer des connaissances à la demande.

On utilise parfois des méthodes dites mnémotechniques. Par exemple, pour se souvenir que sur un bateau babord est à gauche et tribord à droite, on se souviendra du mot batterie (ba-tri).

■ *Avantages*

Développement de la capacité à mémoriser.

Restitution immédiate facilement contrôlable.

■ *Limites, contraintes*

On peut parfaitement apprendre par cœur sans avoir compris ; la restitution ne signifie pas qu'il y a eu réellement apprentissage.

6 – Méthode Carrard

■ *Objectifs*

Acquisition de connaissances et, surtout, de savoir-faire pratiques.

■ *Caractéristiques*

La méthode Carrard a été, avec le TWI (voir *supra*), l'une des bases de la formation professionnelle en Europe. Un peu oubliée aujourd'hui, elle a inspiré fortement pendant une longue période les progressions pédagogiques de l'Afpa. Elle repose sur quatre principes principaux :

- importance de la sélection à l'entrée (psychotechnique) ;
- la formation suppose une décomposition des tâches à effectuer. L'essentiel est dans la progressivité de l'apprentissage, du simple au complexe, avec un ordre croissant des difficultés, par petites étapes ;
- repérer et corriger immédiatement toute erreur, tout faux mouvement ou mauvaise habitude naissante ;
- éveiller la motivation du formé en lui donnant la possibilité de s'autocontrôler.

■ *Avantages*

Méthode rigoureuse, pouvant permettre une acquisition rapide de compétences professionnelles opératoires.

■ *Limites, contraintes*

Progressions rigides, difficiles à adapter à un individu ou à une évolution technologique.

Très centrée sur les savoir-faire. Prend peu en compte, dans la pratique, l'acquisition de connaissances permettant des progrès ultérieurs ou la confrontation à des situations nouvelles.

II. Les méthodes interrogatives

Nous désignerons sous ce nom les méthodes qui, s'inspirant consciemment ou non de la maïeutique socratique, amènent l'apprenant à progresser en le questionnant. L'apprenant est placé dans une situation active de recherche des réponses.

1 – Le coaching

■ *Objectifs*

Toute formation nécessitant que le formé prenne du recul sur lui-même, son comportement, ses buts, et trouve lui-même les réponses adaptées, souvent en rapport avec un projet à conduire ou un changement important de fonction.

■ *Caractéristiques*

Le « formé » est mis individuellement en rapport avec un coach (un entraîneur, comme on le dirait dans les milieux sportifs), avec lequel il programme une série de rencontres. Il décrit ses projets, ses difficultés. Le coach l'écoute, l'aide à clarifier son analyse de la situation et son projet, joue un rôle de miroir, lui propose des travaux personnels à réaliser entre deux entretiens pour l'aider à progresser. Il ne forme pas, au sens où il ne transmet pas de connaissances académiques, mais aide l'individu à structurer sa pensée et son action. Le coach est tenu à une totale confidentialité vis-à-vis de l'entreprise qui finance.

■ *Avantages*

Approche très individualisée.

Permet d'exprimer des difficultés impossibles à formuler publiquement sans crainte d'un aveu de faiblesse ; particulièrement adaptée aux dirigeants qui, par nature, ne peuvent pas exprimer ce type de problèmes à l'intérieur de l'entreprise.

Permet un soutien très efficace au développement personnel, en lien avec un projet.

■ *Limites, contraintes*

Nécessite des coachs très professionnels, bien formés. Trop de consultants se sont improvisés coach parce qu'il y a un marché, sans en avoir les capacités et la formation.

Plus coûteux qu'une formation en groupe, ce qui entraîne la nécessité d'être sélectif.

2 – L'enseignement programmé

■ *Objectifs*

Acquisition de connaissances.

Compréhension.

■ *Caractéristiques*

L'enseignement programmé est une forme individuelle d'étude. L'apprenant peut apprendre à son propre rythme, individuellement. Il peut avoir pour support un document papier, un CD-Rom ou un dispositif informatisé ou sur Internet, qui en rend l'usage plus attrayant et plus rapide. La structure type d'un support d'enseignement programmé est composée d'une séquence d'étapes à suivre chronologiquement, la réponse de l'apprenant à des questions-test incorporées dans le programme, et un corrigé immédiat des questions permettant d'aller plus loin.

Il existe deux types d'enseignement programmé :

– l'enseignement programmé linéaire, dans lequel l'apprenant doit suivre de façon chronologique toutes les étapes d'un programme ;

– l'enseignement programmé ramifié, comportant des embranchements ou des « boucles » d'approfondissement vers lesquels l'apprenant est orienté selon ses réponses aux questions-test ou ses centres d'intérêt. Avec les possibilités de l'informatique et d'Internet, ce type de programme tend à se généraliser. Les réseaux à bande large offriront demain des possibilités encore plus performantes.

■ *Avantages*

Possibilité de toucher un grand nombre de personnes.

Apprentissage individuel, sans nécessité de regroupement des apprenants. Peut convenir à une population dispersée. Économise alors frais de déplacement et de séjour, le prix étant celui du coût du programme (ou son amortissement) et les coûts de connexion.

Adaptation au rythme de l'apprenant ; facile à utiliser.

Pas de dispersion (pas de « gras » dans le programme) ; gain de temps.

Relation de l'apprenant au programme différente : l'échec éventuel dans un test n'est pas visible par un tiers.

Permet une auto-évaluation permanente.

Efficacité prouvée pour la mémorisation.

■ *Limites, contraintes*

Coûts de développement plus élevés que pour un cours classique : compter 100 heures minimum de préparation pour 1 heure d'enseignement (300 ou 400 pour certains programmes). À mettre en balance avec les économies de frais de déplacement, de séjour, de locations de salles et de formateurs.

Isolement du formé ; absence de recours en cas de problème ; pas adapté à certaines personnalités qui ont besoin de soutien (peut être compensé par des regroupements à certaines étapes clés, ou par des dispositifs de type « centre de ressources » (voir *infra*), ou encore d'interrogation de formateurs par téléphone vert, e-mail ou forum Internet).

Ne couvre en général qu'une partie limitée d'un programme de formation.

Efficace surtout sur l'apprentissage de connaissances et de modes de raisonnement. Trouve ses limites au niveau des savoir-faire, de l'expérience pratique.

3 – Le e-learning

■ *Objectifs*

Acquisition de connaissances.

Partage de connaissances.

Entraînement au traitement de problèmes.

Apprentissages gestuels (par simulation).

■ *Caractéristiques*

Le e-learning (e-formation) est la forme contemporaine de l'enseignement assisté par ordinateur, utilisant les possibilités de l'Internet (ou de l'Intranet). Il a connu ces dernières années, et connaîtra dans l'avenir, une forte expansion. Le terme recouvre en réalité trois types d'activités, et donc d'offres sur le marché : une offre de contenus de formation mis en ligne, une offre de plates-formes (location de centres serveurs) et une offre d'architecture (ingénierie de la formation en ligne dans un contexte particulier).

L'apprentissage s'effectue par l'utilisation par l'apprenant d'un ensemble de moyens informatiques connectés à Internet. Les configurations peuvent être très différentes, du simple CD-Rom utilisable sur un micro-ordinateur personnel à l'accès à des programmes dans une université virtuelle d'entreprise utilisant toutes les ressources multimédias.

Nous mettrons également dans cette rubrique, bien qu'ils n'utilisent pas Internet, les outils informatiques de simulation, sur machine dédiée, utilisés par exemple pour la formation des pilotes d'avion ou l'entraînement des agents de centrale nucléaire.

La caractéristique commune de tous ces dispositifs est l'interactivité entre la machine et l'apprenant, qui réagit à des sollicitations ou à des situations prévues dans le système, ou qui interroge librement celui-ci sur les points qu'il souhaite travailler particulièrement. C'est ce qui nous permet de placer globalement ces méthodes comme « interrogatives » bien que, dans la réalité, elles restent assez dominées par un objectif de transmission de contenus (1).

Globalement, on peut utiliser l'informatique en formation (du plus au moins structuré) :

– comme support physique de l'enseignement programmé (voir *supra*) linéaire ou ramifié, permettant une formation à distance tutorée ;

– pour construire des situations pédagogiques de simulation, qui peuvent porter sur la gestion d'entreprise (*business game*) ou le pilotage d'installations complexes ;

– comme solution économique à la formation d'une population dispersée ou peu disponible ;

– comme système ouvert (le programme renvoie à des sites Internet que l'apprenant peut consulter pour approfondir tel ou tel point, plus facilement que ne le permet une bibliographie) ;

– comme moyen d'individualiser des rythmes d'apprentissage ;

– pour favoriser des interactions avec les concepteurs du programme ou d'autres formés, par e-mail, forums de discussion ou autres moyens ;

– comme moyen d'autoformation à l'intérieur d'un réseau apprenant constitué dont on est membre ;

– comme moyen d'autoformation (sans passer par un programme ou un réseau dédié), en utilisant de manière autonome les ressources du réseau Internet en fonction de ses centres d'intérêt et en se constituant un « bouquet » de sites favoris répondant à ses attentes.

(1) Le terme anglais e-learning, met bien l'accent sur l'activité de l'apprenant (à l'inverse de ce que serait l'e-teaching, centré sur le formateur).

■ *Avantages*

Individualisation des rythmes d'apprentissage.

Possibilité d'utilisation pour des personnes géographiquement dispersées si elles disposent du matériel *ad hoc*, avec des interactions.

Ouverture remarquable, à l'intérieur d'un groupe, à des contacts au niveau mondial et, à l'extérieur, à des « réseaux apprenants » (1).

Certaines expériences démontrent une réduction des coûts de formation de 30 à 40 % (liée aux économies de déplacements et à la réduction de la durée de la formation par individualisation).

Pour la simulation (type *business game*) : traitement immédiat de données fournies par les apprenants pour réinjection des résultats dans leur réflexion (*feed-back*).

Pour la simulation de pilotage d'installations complexes, l'entraînement à des situations limites (emballement de centrales, etc.) impossibles à réaliser en installations réelles.

Pour l'instant, les résultats les plus significatifs ont été obtenus dans des formations sur Intranet, visant des populations nombreuses et dispersées, très ciblées, concernées par un problème commun (par exemple, les commerciaux concernés par le lancement d'un nouveau produit), pour lequel le problème de motivation est quasiment réglé par l'importance évidente du programme.

Puissant outil d'autoformation pour des personnes ayant un projet personnel structuré (chercheurs par exemple).

Crée une stimulante occasion d'innovation par une rupture avec les modèles traditionnels d'apprentissage (2).

Appelé à un fort développement dans les prochaines années (3).

---

(1) Les réseaux apprenants sont constitués par des entreprises et/ou par des individus qui se donnent pour but de favoriser les changements par l'échange d'expériences et la réalisation de projets. SoL (Society for Organizational Learning) en est un des exemples les plus développés actuellement (www.solonline.org).

(2) Si l'on veut stimuler son imagination sur le sujet, et rêver un peu, on pourra lire la description que fait Gary Hamel du « cyber MBA » dans son livre *La révolution en tête*, Éditions Village mondial, 2000 (p. 62 et s.).

(3) Selon le US National Center of Education Statistics, le marché en 2000, aux USA, était de l'ordre de 8 milliards de dollars. Selon certaines études, il pourrait s'élever, au niveau mondial, à 34 milliards de dollars en 2004 (contre 45 pour la formation classique). En France, il a représenté en 2000 environ 12,2 millions d'euros. Certaines prévisions envisagent 0,6 milliard d'euros en 2004. Mais il faut se souvenir des prévisions déçues sur l'expansion fulgurante du e-commerce (et de leurs conséquences boursières en 2001) !

■ *Limites, contraintes*

Coûts élevés, pour l'instant, de développement, de matériel, de maintenance. Ces coûts sont particulièrement élevés si l'on veut introduire des séquences vidéo, avec une qualité d'image médiocre et un temps de téléchargement long. Une partie de ces problèmes devrait se résoudre avec l'extension des réseaux à haut débit.

L'apprentissage solitaire ne convient pas à tout le monde. Les forums Internet et le questionnement par e-mail ne sont qu'une réponse imparfaite au besoin d'interaction et de confrontation d'idées et de perceptions.

Le temps d'attention soutenue de l'apprenant dépasse difficilement une heure.

Certaines études montrent une certaine tendance des apprenants à « papillonner » sur le modèle du zapping, sans véritable apprentissage de fond.

D'autres études montrent une faiblesse de la distance critique des apprenants sur les contenus, comme si le comportement des apprenants était de prendre les données fournies pour argent comptant, sans recul (par exemple sur les données chiffrées ou sur le mode d'élaboration des données fournies).

Conditions d'implantation importantes dans l'acceptation de la méthode par les formés (dimension sociologique du problème : les formés potentiels doivent apprendre devant les autres si le matériel est installé sur leur lieu de travail ; des expériences ont montré que ce pouvait être vécu comme dévalorisant ; d'autres montrent que les apprenants se connectent tôt le matin ou à l'heure du déjeuner).

Contrôle et imputation des heures de formation moins évidents que pour la formation classique du point de vue des exigences administratives (mais les pouvoirs publics compétents se montrent ouverts à l'expérimentation (1)).

Pléthore d'offres externes de qualité inégale devant un marché supposé « juteux ». Le fort développement prévisible pour les prochaines

(1) Une circulaire de la DGEFP de 2001 admet l'imputabilité de la FOAD (Formation ouverte à distance), sous réserve qu'un protocole individuel de formation ait été conclu entre l'entreprise et le salarié. Elle met fin à l'obligation de regroupement physique des stagiaires, au moins partiel, obligatoire depuis 1972.

années (1) ne doit pas faire oublier les nombreuses expériences de sous-utilisation de la période récente, dont il faudra que les décideurs tirent les enseignements devant le dynamisme des offreurs (2).

À notre point de vue, doit être utilisé pour des apprentissages précis et limités, parmi d'autres méthodes permettant des regroupements et d'autres modes d'apprentissage.

4 – Méthodes déductives

■ *Objectifs*

Acquisition de connaissances.

Apprentissage de la rigueur logique.

■ *Caractéristiques*

Le principe général consiste à progresser en deux temps :

– énoncé et démonstration par le formateur d'une règle ou d'un principe théorique (loi physique ou chimique, règle grammaticale...) ;

– formulation de questions aux apprenants et réalisation d'exercices visant à montrer comment la loi générale s'applique à des cas particuliers.

La déduction est l'opération mentale par laquelle on passe d'une loi générale à une situation particulière.

■ *Avantages*

Permet de lier une formation intellectuelle (raisonnement) à l'acquisition de connaissances.

Logique ; permet une structuration claire de l'action pédagogique.

■ *Limites, contraintes*

Ne s'applique bien qu'aux connaissances « dures », formalisées dans des lois.

---

(1) Selon une enquête Manpower en 2000, 14 % des entreprises françaises possédant un intranet l'utilisent pour proposer des modules d'autoformation. Mais aucune indication n'existe pour l'instant sur l'efficacité de ces dispositifs.

(2) Les plus anciens se souviendront que l'audiovisuel avait en son temps suscité le même engouement, à peu près pour les mêmes raisons (populations dispersées, économie de temps, de formateurs et de déplacements...), il est vrai sans la possibilité de l'interaction immédiate et de l'accès à la carte à des ressources diversifiées.

Suppose que les apprenants aient une certaine maîtrise des opérations intellectuelles abstraites. Peu adapté à un public peu scolarisé.

4 – Méthodes inductives

■ *Objectifs*

Acquisition de connaissances.

Apprentissage de la démarche expérimentale.

■ *Caractéristiques*

Le principe général est de progresser en deux temps :

– relevé par les apprenants de données expérimentales ou d'observations sur des cas particuliers. Synthèse de ces relevés ;

– organisation de ces données dans une loi générale qui rend compte de tous les cas particuliers étudiés.

Par exemple : on relève la taille de tous les apprenants dans un groupe (assez important). On représente les données recueillies dans un graphique qui permet d'introduire la loi normale en statistiques.

L'induction est la démarche intellectuelle par laquelle on passe de l'observation de faits à une loi générale.

■ *Avantages*

Les apprenants sont motivés par le fait de découvrir que des phénomènes isolés qu'ils ont observés peuvent trouver une formulation théorique générale.

L'apprentissage de connaissances abstraites est mieux acceptée (pas de rejet *a priori* de la théorie).

Bonne mémorisation.

Formation de l'esprit à la démarche expérimentale.

■ *Limites, contraintes*

Tous les contenus de formation ne se prêtent pas à la méthode.

Nécessite du temps et des moyens.

III. LES MÉTHODES ACTIVES

Nous appellerons méthodes actives des méthodes dans lesquelles l'activité du formé est en elle-même considérée comme le ressort de l'apprentissage. Il s'agit d'impliquer la globalité de la personne dans l'apprentissage, tant intellectuellement qu'affectivement et émotionnellement.

Un cas particulier de méthodes actives est constitué des méthodes dites « de découverte », qui ont pour caractéristique que le contenu de l'apprentissage n'est pas fixé entièrement *a priori* par le formateur. Celui-ci crée des situations propices à l'apprentissage, mais c'est l'apprenant ou le groupe d'apprenants qui va être, de façon très autonome, le principal artisan de sa progression. Les cinq premières méthodes décrites dans cette partie illustrent particulièrement ces pédagogies de la découverte.

1 – Pédagogie du projet

■ *Objectifs*

Acquisition d'outils d'analyse de situation et d'action.

Développement de l'autonomie.

Confrontation au réel par un travail en vraie grandeur.

■ *Caractéristiques*

L'apprenant s'engage seul ou en groupe dans un projet expérimental en vraie grandeur. Ce projet fait l'objet d'un cahier des charges négocié avec le formateur (qui s'attache aux possibilités d'apprentissage que présente le projet) et le milieu de travail dans lequel se déroule le projet (validation).

Ce projet peut être une étude, une réalisation, la seule règle étant qu'il ait une véritable importance pour le milieu de travail (pas d'exercice d'école).

Le formateur met à disposition de l'apprenant des ressources (méthodes, conseils, expertise) pour réaliser son projet, et lui apporte un soutien méthodologique dans le pilotage du projet lui-même.

Présente quelques analogies, dans la finalité et dans le déroulement, avec la formation-action (voir *infra*).

■ *Avantages*

Amène l'apprenant à s'engager dans un travail actif, avec de vrais enjeux.

Permet de compléter les enseignements théoriques par une confrontation avec le terrain.

Puissant moyen de développement de l'autonomie et du potentiel de l'apprenant. Permet souvent à des apprenants de constater qu'ils peuvent réussir au-delà de ce qu'ils imaginaient eux-mêmes. Gratifiant.

Permet une reconnaissance sociale du travail accompli si le projet réussit.

■ *Limites, contraintes*

Repose sur le postulat d'autonomie des individus, mais certains ont besoin d'être fortement soutenus.

Les projets sont limités par les contraintes pratiques (lieux possibles d'expérimentation).

Forte sensibilité de la méthode au soutien réel apporté par les acteurs du milieu de travail dans lequel se déroule le projet et par le formateur (parfois tendance à « laisser faire » sous couvert de développement de l'autonomie). Nécessite un bon encadrement et un suivi personnalisé.

Les exigences du terrain tendent parfois à l'emporter sur les objectifs de la formation.

2 – Réalisation de recherches

■ *Objectifs*

Acquisition d'outils intellectuels et méthodologiques d'analyse.

Renforcement de connaissances théoriques.

Développement de la motivation.

■ *Caractéristiques*

L'apprenant engage un travail de recherche sur un thème lié à sa formation théorique, sous le contrôle du formateur. Le sujet de la recherche est généralement choisi par l'apprenant lui-même. C'est le cas classique de la thèse, du mémoire. Se fait généralement individuellement, mais peut aussi être fait en petits groupes.

■ *Avantages*

Implication active du formé dans un travail personnel.

Très formateur ; oblige à développer ses capacités d'analyse et de synthèse, à rechercher et traiter la documentation...

Valorisation sociale si la recherche débouche sur un progrès des connaissances dans son domaine ou sur des réalisations pratiques.

■ *Limites, contraintes*

Ne peut être utilisé que pour des apprenants maîtrisant parfaitement l'expression écrite et formés à la méthodologie de la recherche.

Repose sur un postulat d'autonomie des individus. Certains ont besoin d'être fortement assistés (dans le choix du thème, la méthodologie de recherche, l'interprétation des résultats, etc.). Douloureux pour ceux qui découvrent un écart important entre ce qu'ils pensaient être capables de faire et ce qu'ils produisent réellement.

Dans les recherches de groupe, difficulté à équilibrer et à identifier la contribution de chacun.

3 – Autoscopie

■ *Objectifs*

Perfectionnement de savoir-faire pratiques, de performances dans une tâche.

Adapté à tout ce qui se traduit par un comportement physique (expression orale, animation de groupe, tâches manuelles, activités sportives).

■ *Caractéristiques*

Enregistrement au magnétoscope de l'apprenant pendant l'exécution de la tâche (en réel ou en simulé). La lecture de l'enregistrement, seul ou en groupe, avec un formateur, permet de repérer ses erreurs et d'envisager les corrections nécessaires, qu'un enregistrement ultérieur lui permettra de constater.

■ *Avantages*

Facile à réaliser et peu coûteux avec une vidéo portable.

Permet un visionnement direct du comportement. L'apprenant peut voir par lui-même au lieu d'écouter des commentaires.

■ *Limites, contraintes*

Évidemment, disposer du matériel, et l'utiliser suffisamment souvent pour l'amortir.

Certains apprenants supportent mal la brutalité du *feed-back* si leur performance est très mauvaise.

Suppose un formateur compétent qui ne met pas l'accent sur les défauts, mais sur les progrès qui restent à accomplir.

4 – Autodidaxie assistée

■ *Objectifs*

Transmission de connaissances et de méthodes de travail personnelles.

Compréhension.

■ *Caractéristiques*

Repose sur le travail individuel de l'apprenant. L'autodidaxie est l'un des moyens les plus classiques d'apprentissage, chacun apprenant ce qu'il souhaite apprendre, de façon plus ou moins organisée, par des lectures, des conférences, ou tout autre moyen. Il s'agit ici d'assister cette autodidaxie en fournissant à l'apprenant une boussole et quelques moyens d'appui qui peuvent être :

– l'envoi de documents de travail et d'exercices à réaliser (e-learning, télé-enseignement, cours par correspondance), avec retour de corrections (possibilité de relation par Internet) ;

– mise à disposition de centres de ressources (voir *infra*) rassemblant divers médias éducatifs (documents écrits, vidéo ou didacticiels, ordinateurs connectés à Internet), et donnant la possibilité de conseil personnalisé (objectifs de départ, contrôles périodiques...) : on parle quelquefois de « direction conditionnelle ».

■ *Avantages*

Convient à une population d'individus isolés.

Possibilité d'adapter le rythme de l'apprentissage aux objectifs, aux contraintes et aux possibilités de l'apprenant.

Apprentissage de l'autonomie et des méthodes de travail individuel.

■ *Limites, contraintes*

Manque d'appui individuel. Pas assez stimulant pour apprenants peu autonomes.

Temps pouvant être trop long entre l'erreur et la correction de l'erreur (en voie d'être résolu par l'extension des possibilités de l'informatique).

Beaucoup d'abandons.

5 – La formation-action

■ *Objectifs*

Acquérir et consolider des connaissances, des savoir-faire et des comportements en les mettant en pratique en situation réelle.

Développement de l'autonomie des apprenants.

Résolution de problèmes réels avec un apport éducatif aux acteurs concernés.

■ *Caractéristiques*

La formation-action consiste à lier la formation d'un groupe de personnes à la résolution d'un problème réel de leur environnement de travail. Elle sera construite par une alternance entre des phases d'acquisition de connaissances ou de méthodologies de diagnostic et d'action, des phases d'application de ces méthodologies au problème à traiter, de retour en formation pour exploiter les informations recueillies, et ainsi de suite jusqu'au moment où le groupe proposera une ou plusieurs solutions à la décision d'un responsable. Les problèmes à traiter pourront porter sur tout sujet se trouvant dans la zone d'activité professionnelle des membres du groupe : problème de qualité, d'organisation du travail ou de flux d'informations ou de matières, performances commerciales...

■ *Avantages*

Permet une forte implication des membres du groupe.

Permet une évaluation précise des résultats obtenus (le problème est résolu ou non, avec des indicateurs permettant de mesurer le progrès accompli) ; ces résultats amortissent souvent rapidement les coûts de la formation en en faisant un investissement fortement rentable.

Permet une bonne intégration théorie/pratique.

■ *Limites, contraintes*

Suppose **absolument** un contrat à trois partenaires qui doivent jouer le jeu :

– des apprenants qui acceptent de sortir d'un rôle relativement passif pour devenir acteurs et constituer une force de proposition ;

– un encadrement des apprenants et des services fonctionnels qui acceptent de donner aux participants les informations dont ils ont besoin, leur favorisent l'accès aux installations, répondent à leurs questions et prennent en considération leurs propositions, tout en acceptant que ces gens sont en formation (et qu'ils ont donc le droit à l'erreur ou à la maladresse) ;

– un formateur qui accepte de sortir d'une logique académique pour faire des apports au moment opportun dans la réflexion du groupe (ne pas répondre aux questions avant qu'elles ne soient posées) et qui sait bien maîtriser le processus d'aller-retour entre théorie et application.

Ce « trépied contractuel », s'il fonctionne bien, permet d'obtenir des résultats parfois spectaculaires. Par contre, la défaillance de l'un des trois partenaires entraîne inévitablement une régression du processus : ou la formation-action revient vers la forme classique de la formation si l'encadrement n'encourage pas et ne soutient pas les initiatives du groupe (avec démotivation des apprenants) ; ou bien l'action en vient à l'emporter sur la formation, et la formation-action devient une sorte de groupe de résolution de problèmes dont les participants ne dégageront pas d'enseignements (connaissances, méthodologies) transférables à d'autres situations (ce qui rend d'ailleurs l'imputabilité de cette action sur l'obligation légale discutable).

La logique pédagogique de la découverte entraîne parfois une remise en cause du cadre de temps fixé à l'avance, le groupe découvrant des problèmes nouveaux et désirant aller plus loin. Il faut gérer cette dynamique.

6 – Méthode des cas

■ *Objectifs*

Développement de la capacité à l'étude de situation et à la prise de décision.

Développement de la motivation.

Utilisation en situation simulée de connaissances théoriques.

■ *Caractéristiques*

Utilise une situation de simulation aussi proche que possible d'une situation réelle (description du cas dans un dossier écrit, sur support informatique ou en ligne) et le travail de groupe. Les apprenants ont à se mettre dans le rôle des protagonistes du cas (qui est décrit avec toutes les données nécessaires) et doit aboutir à une décision dans un temps fixé à l'avance. Les cas peuvent porter sur des situations relationnelles (conflits, relations sociales), des situations critiques (accidents du travail), des problèmes de gestion, de marketing, etc. On peut combiner avec la méthode du jeu de rôles (voir ci-après). Selon l'objectif pédagogique, toutes les données du cas peuvent être fournies d'emblée, ou seulement à la demande (technique dite « de Pigors »).

■ *Avantages*

Très motivant (situations réelles, analyse détaillée).

Confrontation d'idées dans le groupe (l'apprenant constate que d'autres raisonnent différemment et doit éventuellement argumenter son propre point de vue).

Très formateur sur le processus d'analyse des problèmes : analyser les faits au lieu de passer trop vite à la décision.

Concrétise la formation théorique.

■ *Limites, contraintes*

Suppose pour être réellement efficace sur l'apprentissage méthodologique une succession de cas (une étude de cas isolée ne suffit pas).

Les formateurs doivent être très bien formés et éviter d'orienter les groupes vers leur propre solution.

7 – Le jeu de rôles

■ *Objectifs*

Entraînement à un comportement.

Prise de conscience et changement d'attitudes.

■ *Caractéristiques*

Le principe de base est de faire jouer (au sens théâtral du terme) un rôle à l'un des participants. Le rôle sera joué par lui, ou proposé par l'animateur en fonction du thème traité par la formation. Il s'agit essentiellement de permettre à l'apprenant de prendre conscience des facteurs psychologiques qui jouent dans une situation de relation. Le fait d'interpréter un personnage permet, par identification, de ressentir de l'intérieur certaines attitudes que l'on ne comprend pas spontanément (par exemple le rôle d'un syndicaliste pour un président de comité d'établissement... ou l'inverse). On peut utiliser cette méthode dans toutes les formations à dominante relationnelle (travail en groupe, négociation, relations de travail, entretien, etc.). Elle peut être utilisée pour compléter la méthode des cas (voir ci-avant). L'impact peut être renforcé par l'utilisation de la vidéo.

■ *Avantages*

Implication personnelle forte des participants.

Très vivant, très riche.

Bien adapté à des objectifs de formation centrés sur les attitudes et comportements.

■ *Limites, contraintes*

Nécessité d'un formateur sachant bien doser l'implication personnelle des participants en fonction de l'objectif (pas de psychothérapie « sauvage »).

8 – Jeux de simulation

■ *Objectifs*

Acquisition de connaissances et de savoir-faire méthodologiques.

Formation à la prise de décision.

■ *Caractéristiques*

C'est une forme élaborée de la méthode des cas (voir *supra*). On fournit aux apprenants les éléments détaillés d'une situation. Il leur est demandé d'analyser ces éléments et de prendre des décisions. Ces décisions s'accompagnent de tâches à réaliser, et on communique aux apprenants les conséquences de leurs décisions avant de passer à l'étape suivante.

Deux exemples :

– la méthode « *in basket* ». On fournit à l'apprenant une corbeille à courrier contenant tout ce qui peut se trouver dans la corbeille, par exemple, d'un comptable : lettres, factures, avis bancaires... L'apprenant doit traiter ce courrier comme un comptable le ferait, ce qui implique des opérations comme la rédaction de lettres, la passation d'écritures, la recherche d'informations complémentaires, la vérification d'imputations...

Cette méthode est également en vigueur dans les centres d'évaluation *(assesment centers)* qui sont parfois utilisés pour vérifier des compétences à l'embauche, ou pour des bilans en cours de carrière ;

– le jeu d'entreprise : les apprenants sont répartis en trois ou quatre équipes concurrentes. Chaque groupe représente une entreprise fictive et doit prendre des décisions : investir, lancer un nouveau produit, conquérir des parts de marché, faire de la publicité, embaucher, emprunter, etc. Chaque décision est enregistrée et traitée, le plus souvent par informatique. Les conséquences sont renvoyées au groupe, qui peut juger des effets des décisions qu'il a prises et corriger éventuellement.

■ *Avantages*

Se rapproche de la réalité.

Très motivant pour les apprenants.

Encourage l'activité de l'apprenant, seul ou en groupe.

■ *Limites, contraintes*

Mise au point délicate ; les supports doivent être testés avec soin.

A tendance à développer la compétition dans le groupe d'apprenants (risqué si cela amène à des comportements plus fondés sur le jeu que sur le raisonnement).

Exige du matériel (pour simulation informatique de jeux d'entreprise).

9 – Méthodes de groupe

■ *Objectifs*

En principe, tous objectifs d'apprentissage.

■ *Caractéristiques*

La plus connue (et souvent la plus mal utilisée !) des méthodes. Repose sur la discussion et l'échange entre les participants (entre eux) et avec l'animateur, sous les différentes formes (exposé-discussion, panel, sous-groupes, brainstorming, etc.) et avec toutes sortes d'aides matérielles (du simple tableau à des outils plus sophistiqués comme Métaplan, l'abaque de Reignier...). Des livres entiers ont été écrits sur ces méthodes que nous ne pouvons qu'esquisser ici !

Indiquons cependant, sur les techniques qui viennent d'être évoquées :

– *Métaplan* met à disposition des groupes des tableaux et des feuilles de couleur sur lesquels peuvent être inscrites des idées émises par les participants. Les tableaux sont recouverts de feuilles, qui, par un procédé adhésif, permettant de coller et de déplacer les idées émises par les participants et écrites sur des feuilles, permettant ainsi la visualisation, le classement... C'est un excellent support pour rendre efficace un travail en groupe.

– *L'abaque de Reignier* est un dispositif qui permet d'identifier l'avis de chaque participant sur une proposition qui lui est soumise à partir d'un code coloré. Le rouge signifie le rejet, le vert foncé la pleine adhésion. Des couleurs intermédiaires (vert clair, orange, rose) permettent de nuancer le jugement, et il est prévu la possibilité de l'abstention (blanc) ou du refus de répondre (noir). L'affichage des réponses permet une visualisation immédiate des avis des participants sur chacun des items (qui doivent être soigneusement préparés à l'avance). Méthode très performante utilisable en formation, en évaluation et en analyse des besoins (voir chapitre V). Existe en support magnétique, permettant l'affichage des couleurs, et en version informatisée avec affichage sur écran vidéo (dont une version avec télécommande permettant affichage direct).

■ *Avantages*

Participation active maximale de chacun.

Création de relations entre les participants (effet réseau).

Familier à la plupart des apprenants.

Facile à organiser.

Des techniques comme celles décrites permettent des gains de productivité des travaux de groupe.

■ *Limites, contraintes*

Ne doit pas se substituer entièrement à l'effort individuel (certains se reposent sur les participants les plus actifs).

Nécessite une parfaite organisation matérielle (ne devrait plus devoir être souligné, et pourtant... !) Implique une définition claire des objectifs et de l'organisation (risques de bavardage). Attention au « groupisme » considéré comme une fin en soi et à la tendance naïve à considérer qu'un groupe parvient toujours à une vérité collective !

Ces méthodes sont devenues tellement rituelles dans la formation des adultes qu'on en vient à ne plus oser imaginer des solutions alternatives (voir par exemple pédagogie du projet ou e-learning). Indispensable, mais attention aux risques de sclérose (et au rapport coût/résultats) !

10 – Méthodes de développement personnel

■ *Objectifs*

Prise de conscience d'attitudes et de comportements personnels.

Évolution affective et relationnelle.

Dans certaines conditions, aide au renforcement d'une équipe de travail.

■ *Caractéristiques*

La caractéristique principale est... la diversité des approches et des techniques. On peut, avec tous les risques de simplification abusive que cela implique, les classer en quatre catégories :

– les méthodes dérivées de la *dynamique de groupe* (appelées parfois *Training Group*, *T. group*, ou groupe de base, ou groupe d'évolution).

Dans ces méthodes, un groupe est réuni avec un animateur sans autre tâche que celle d'analyser les phénomènes de groupe et les relations des membres du groupe entre eux et avec l'animateur. Dans la formule la plus « orthodoxe », il n'y a pas d'autre tâche proposée. Dans des formules moins impliquantes, des tâches-support sont proposées par l'animateur. Celui-ci est centré sur le groupe. Il n'intervient pas sur le contenu de la discussion, ni sur l'organisation du groupe, et propose au groupe ses interprétations sur ce qui se passe dans le groupe à la recherche de sa solidarité interne, de ses finalités. Cela lui permet de mettre en évidence de façon inductive (voir *infra*, p. 227) des phénomènes de groupe tels que la prise de leadership. Se déroule le plus souvent en séminaire résidentiel. Généralement, les participants ne se connaissent pas auparavant, et ne se reverront que s'ils le souhaitent ;

– les méthodes inspirées de la *« psychologie humaniste »*. Sous ce terme général se regroupent un peu artificiellement des méthodes inspirées d'un courant de psychologie américain essentiellement californien *(Institut Essalen)*, parmi lesquelles on peut ranger la bio-énergie, la *gestalt therapy*, le coconseil, le groupe de rencontre. Mais cette liste est loin d'épuiser la variété des démarches. Leur caractéristique commune, par rapport aux autres méthodes inspirées de la dynamique de groupe, est l'importance accordée à l'expression du corps par rapport à l'expression orale. Certaines démarches puisent leur inspiration dans des méthodes orientales de méditation, ou africaines et sud-américaines (transe) ;

– les méthodes fondées sur une *théorie de référence* qu'elles enseignent à travers une implication des participants. Il s'agit de transmettre aux participants un savoir théorique qui ait un sens pour comprendre leur comportement et orienter leur développement. Là encore, la variété est grande. Parmi les plus en vogue, citons l'analyse transactionnelle, la PNL (programmation neuro-linguistique), l'analyse paradoxale inspirée de l'école dite de Palo-Alto (Bateson, Watzlawick) ;

– les méthodes *« out door »*. Ces méthodes utilisent la « métaphore physique », en partant du principe que la mise en situation de participants dans une situation physique inhabituelle (escalade, rafting, ou des situations plus douces comme une simple marche... (1)) permet la mobilisation de comportements managériaux typiques : analyser une situation, ses risques et les ressources disponibles pour y faire face, prendre et faire partager une décision, mettre en œuvre cette décision, constater le résultat et en tirer parti pour la suite. Des exercices physiques considérés comme des « maquettes » de situations managériales sont proposés aux participants, avec l'avantage que devant une situation inconnue ils ne peuvent recourir à leurs systèmes de défense habituels. L'exploitation des exercices par réflexion en groupe sur le transfert de

(1) L'image de ces méthodes auprès des professionnels de la formation a beaucoup souffert d'une assimilation médiatique avec les activités « extrêmes » de type saut à l'élastique. En réalité, cela a peu de choses à voir. Pour en savoir plus, du même auteur (en collaboration avec Janek Rayer), *Saute, manager ; les techniques outdoor dans la formation des cadres*, Éditions d'Organisation, 1989.

l'expérience aux situations d'entreprise est l'une des conditions de l'efficacité (réelle) de cette méthode.

■ *Avantages*

Ils sont évidemment divers selon les méthodes et la qualité des animateurs. On peut résumer en indiquant :

Une implication personnelle émotionnelle des participants intense et une expérience riche et significative.

Permet parfois des « déblocages », des prises de conscience spectaculaires, de réels changements de comportement.

Peut être une étape importante dans un processus de développement du potentiel personnel en permettant à une personne de prendre conscience de possibilités et de capacités qu'elle sous-estimait (ou de l'effet négatif de comportements spontanés dont elle n'avait pas pris conscience).

Dans certaines conditions, méthodes très efficaces pour le renforcement de la solidarité dans des équipes de travail constituées.

■ *Limites, contraintes*

Toutes ces méthodes, plus ou moins, sont dérivées de la psychothérapie et requièrent des animateurs expérimentés ayant une bonne connaissance des entreprises et de la formation. La qualité de ceux-ci est un facteur essentiel, et le prescripteur devra toujours, avant décision, faire préciser le projet pédagogique. Attention aux gurus, aux psychothérapeutes « sauvages » ou aux moniteurs de sport reconvertis sur un créneau supposé juteux !

L'expérience personnelle peut être dure et traumatisante (mais on n'a rien sans prendre de risques !).

L'utilisation pour des groupes professionnels constitués doit être étudiée avec beaucoup de soin.

Nécessité de volontariat des individus.

11 – Méthodes de créativité

■ *Objectifs*

Développement de l'imagination et de la spontanéité.

■ *Caractéristiques*

Ces méthodes ont pour caractéristique de placer les participants dans un cadre de liberté d'expression totale, avec une consigne de production d'idées nouvelles.

Le cadre méthodologique est par contre défini de façon précise et maintenu par l'animateur. La créativité peut être complètement déconnectée de la réalité des participants et viser seulement à libérer l'imagination (exemple : qu'est-ce qu'on peut faire avec une brique ?), ou s'appliquer à des situations concrètes (imaginer un dispositif technique, une marque commerciale, la solution à un problème...). Différentes techniques de « relance » sont à la disposition de l'animateur. Le brainstorming (ou « remue méninges » pour les allergiques à l'anglais) est l'une des techniques les plus répandues.

Une des plus intéressantes est la « prospective régressive » : on se place par l'imagination à la fin d'un projet sur lequel on est en train de travailler et on imagine dans un premier temps que le projet a complètement échoué : on énumère alors tout ce que l'on peut constater comme effets négatifs, et les causes de ceux-ci. Cette purge étant faite (ou cet exorcisme), on imagine ensuite que le projet a parfaitement réussi, et l'on énumère ses bienfaits et les causes de la réussite. De la comparaison de ces deux listes résulte très souvent un programme de travail très réaliste pour déjouer les difficultés et parvenir à un plan d'action efficace.

■ *Avantages*

Motivant, permet le développement de l'expression.

Crée une atmosphère ludique très favorable au travail en groupe.

Directement productive d'idées applicables (méthode utilisée dans les cercles de qualité).

■ *Limites, contraintes*

En formation, ne s'applique qu'à des situations dans lesquelles les apprenants sont réellement en situation de devoir inventer.

12 – Méthodes non directives

■ *Objectifs*

En principe, tous objectifs d'apprentissage.

Développement de l'autonomie des apprenants.

■ *Caractéristiques*

Inspirées des travaux du célèbre psychologue et pédagogue américain Carl Rogers, ces méthodes sont essentiellement fondées sur les désirs et l'activité de l'apprenant. C'est lui qui choisit ce qu'il désire apprendre, son rythme. Il a à sa disposition des ressources (documentation, experts...) et un animateur essentiellement centré sur la régulation du groupe, qui se trouve ainsi en autoformation. Le formateur s'abstient de tout jugement de valeur, de tout comportement normatif, et manifeste en permanence une attitude de soutien empathique. Ces méthodes s'appuient beaucoup sur les diverses techniques de groupe et sur des « mises en situation ». Certaines formations de formateurs longues sont inspirées de cette méthode.

■ *Avantages*

Surtout celui de questionner, par contraste, les méthodes traditionnelles.

Grande confiance aux formés (notion d'« acceptation inconditionnelle »).

Permet un développement de l'autonomie de l'apprenant.

Des résultats réels si l'on dispose de temps.

■ *Limites, contraintes*

Peu opératoire en formation professionnelle requérant des connaissances et des savoir-faire précis.

Nécessite un processus long piloté par des formateurs très compétents.

Déstabilisant pour des apprenants demandeurs d'expertise et pour des décideurs... trop directifs.

Un usage abusif de ces méthodes par des animateurs peu professionnels a souvent donné de ces méthodes une image caricaturale.

13 – Pédagogie du centre d'intérêt

■ *Objectifs*

Acquisition de connaissances, de savoir-faire et de comportements.

■ *Caractéristiques*

Transfert à la formation des adultes des méthodes du pédagogue Decroly. L'un des domaines d'application les plus intéressants en formation d'adultes est la « pédagogie de l'objet technique ». Elle est centrée sur la manipulation d'objets, considérés comme des « centres d'intérêt » dont on va exploiter le potentiel éducatif. Ces objets sont choisis dans l'environnement professionnel ou personnel des apprenants.

La connaissance d'un objet technique complexe implique nécessairement les étapes d'apprentissage suivantes :

– déterminer sa fonction globale et le situer dans un ensemble (par exemple : une boîte de vitesses) ;

– maîtriser l'organisation et le fonctionnement des éléments qui le composent (par exemple : les pignons) ;

– reconnaître ces éléments sur un plan et les représenter ;

– transférer à de nouvelles situations les principes de fonctionnement acquis (par exemple : la notion de rapport).

Ces étapes peuvent se décrire sommairement ainsi :

Étape 1 :

– phase motrice de manipulation ;

– premier bilan des connaissances technologiques nécessaires à la compréhension de l'objet ;

– formulation d'hypothèses relatives au fonctionnement du mécanisme étudié.

Étape 2 :

– à partir de consignes de manipulation, transcription de ce qui a été découvert sur un document standard ;

– travail individuel semi-guidé ;

– organisation des connaissances de l'apprenant.

Étape 3 :

– reconnaître l'objet sur un plan, une photo, un schéma normalisé ;

– le représenter par une perspective et un dessin normalisé.

Étape 4 :

– transfert et contrôle des acquis par l'étude d'un nouvel objet technique utilisant les mêmes principes de fonctionnement.

■ *Avantages*

En partant des représentations *a priori* des apprenants sur l'objet, on leur montre qu'ils savent quelque chose, mais qu'ils ont besoin d'une méthode pour structurer cette connaissance (et au besoin la remettre en cause).

Permet au formateur de faire un diagnostic des idées ou connaissances fausses qu'il a à modifier.

Méthode bien adaptée et motivante pour un public de petit niveau scolaire.

Permet l'acquisition de connaissances et de comportements (organisation, méthode).

Développe le sens critique et l'autonomie de l'apprenant.

Facilite l'expression des besoins de formation complémentaires.

Peut être un bon moyen d'ancrage des apprenants dans un processus d'apprentissage de plus longue durée.

■ *Limites, contraintes*

Nécessité de disposer des objets ou de maquettes et des installations et de l'outillage nécessaires à leur manipulation.

Requiert des formateurs compétents sachant travailler « en double piste » (sur l'objet et sur le processus d'apprentissage).

14 – Méthodes de développement cognitif

■ *Objectifs*

Réactivation des capacités d'apprentissage de personnes de faible niveau scolaire d'origine.

■ *Caractéristiques*

Ces méthodes, dont certaines sont anciennes, ont connu un fort regain d'intérêt dans les années 80 avec la prise de conscience de risques d'inadaptation aux évolutions des emplois pour des salariés de faible qualification. La plupart sont inspirées des travaux du pédagogue suisse Jean Piaget sur le développement cognitif. Très schématiquement, elles reposent sur deux idées de base : le progrès dans l'apprentissage requiert un mode de pensée abstraite, conceptuelle (qui permet de comprendre les phénomènes indépendamment de la perception qu'on en a ou de l'action opératoire que l'on peut avoir sur eux) ; toute personne a la possibilité, avec les méthodes appropriées, de développer ces capacités que son histoire scolaire et professionnelle personnelle ne lui a pas permis de mettre en œuvre ni d'entraîner. C'est ce que les spécialistes appellent l'« éducabilité cognitive », autrement dit la possibilité d'apprendre à apprendre.

Un grand nombre de méthodes sont donc apparues dans les années 80 et 90 dans le champ de la formation des adultes. Il ne peut être question de les détailler toutes dans le cadre de ce chapitre (une étude de l'université Paris V en a recensé 51 !). Voici toutefois quelques indications sur les plus connues :

– *le PEI (programme d'enrichissement instrumental)* : mis au point à l'origine en Israël ; vise à entraîner l'ensemble des fonctions intellectuelles, et notamment les niveaux d'abstraction ;

– *les ARL (ateliers de raisonnement logique)* : s'adressent à des adultes ayant des difficultés d'apprentissage liées à des insuffisances de logique de raisonnement. Méthode utilisée dans le réseau Afpa et les GRETA. Une entreprise comme les Charbonnages de France l'a choisie pour faciliter la réinsertion des mineurs en cours de reconversion ;

– *Tanagra* : se présente comme une méthode de « pré-apprentissage » d'une discipline à fort contenu logico-mathématique. Proche des ARL dans ses concepts de base ;

– *Cubes de Mialet* : pédagogie active originale et tout à fait remarquable, basée sur la manipulation de cubes qui permettent une compréhension rapide des logiques mathématiques par des adultes même peu scolarisés. A été utilisée, par exemple, par Merlin Gerin dans son ambitieuse action de formation « 1 000 = 1 000 » visant à requalifier 1 000 personnes, ou par la Seita.

Certaines entreprises utilisent plusieurs de ces méthodes en fonction de catégories de populations. On peut regretter au passage que l'« entraînement mental », qui fut dans les années d'après-guerre en France et jusqu'aux années 70 une méthode originale et efficace ayant les mêmes finalités, soit étrangement absent de la réflexion actuelle sur le développement cognitif.

■ *Avantages*

Globalement (avec bien sûr des différences selon le choix des outils en fonction d'une population précise), ces méthodes donnent de bons résultats. Elles permettent un entraînement de capacités intellectuelles indépendamment d'un contenu académique qui serait une cause de blocage pour des adultes ayant souvent eu l'expérience de l'échec scolaire.

Elles redonnent confiance dans leurs capacités d'apprentissage à des adultes qui pensaient ne plus pouvoir progresser.

Des cas d'entreprise montrent que leur utilisation en préalable à une formation plus directement professionnelle accroît sensiblement les chances de succès.

■ *Limites, contraintes*

Ce sont surtout celles du temps. L'introduction de ces méthodes suppose que l'on ait une politique de formation à moyen/long terme (voir le chapitre III).

Nécessité de bien choisir l'outil adapté à une population donnée.

Implique de bien maîtriser la relation de ces formations avec les formations plus traditionnelles, pour que celles-ci tiennent compte des nouvelles capacités acquises par les apprenants.

Implique (comme toute formation d'ailleurs !) que les apprenants aient l'occasion, après la formation, de mettre en œuvre les capacités acquises dans leur environnement de travail.

IV. AUTRES APPROCHES

Nous placerons sous ce titre imprécis les méthodes et techniques qui ne rentrent pas vraiment dans l'une des catégories précédentes. Elles auront donc un caractère plus disparate.

1 – Centres de ressources

■ *Objectifs*

Tous objectifs d'apprentissage.

■ *Caractéristiques*

Les centres de ressources sont des supports à l'autodidaxie assistée (voir p. 231). Ils consistent à mettre à disposition des individus un ensemble de moyens, regroupés dans un même lieu, qui leur permettent d'apprendre à leur rythme, et de manière aussi adaptée que possible à leurs contraintes de temps. Ils comportent le plus souvent une bibliothèque et une documentation, un pédagothèque de supports éducatifs (vidéos, CD-Rom...), des postes de travail informatiques connectés à Internet, et de façon générale une palette de moyens éducatifs, dans un esprit multimédia. Les individus sont guidés par l'encadrement du centre, en fonction de leurs besoins et de leurs objectifs, et de leurs préférences en termes de mode d'apprentissage, sur les supports les mieux adaptés. Dans certains cas, la palette de moyens mis à leur disposition comprend l'accès à des responsables de l'entreprise (une sorte de « carnet de chèques » donnant droit à des contacts personnels avec tel ou tel spécialiste interne de la discipline sur laquelle on souhaite progresser).

■ *Avantages*

Permet une individualisation de l'enseignement, en respectant les objectifs spécifiques et le rythme personnel de chacun.

Peut compléter une formation professionnelle en situation de travail en offrant aux salariés qui le souhaitent l'accès aux moyens permettant de faire valider à l'extérieur des connaissances (souvent en coïnvestissement, le centre de ressources étant accessible hors temps de travail).

Peut représenter une alternative intéressante à la formation en groupe, en individualisant les cursus, et en permettant un accès en libre-service, sans les contraintes économiques et logistiques de coprésence des stagiaires.

■ *Limites, contraintes*

Nécessité d'un investissement au départ.

Nécessité d'un encadrement très compétent pour orienter les apprentissages.

Suppose un regroupement physique des apprenants potentiels dans un même lieu et une possibilité réelle d'accès.

Suppose de bien gérer les règles du jeu concernant l'accès (pendant ou en dehors du temps de travail).

Reste expérimental pour l'instant, mais promis à un développement important avec le recours aux technologies multimédias et Internet.

2 – Méthodes audiovisuelles

■ *Objectifs*

En principe, tous objectifs d'apprentissage.

■ *Caractéristiques*

L'utilisation de moyens audiovisuels ne suffit pas en elle-même à définir une méthode. Rares sont les cas où l'audiovisuel constitue effectivement l'élément central d'une méthode d'enseignement. On peut toutefois citer :

– l'enseignement télévisé (sur le réseau national ou régional, ou par circuit fermé, ou par achat de temps de diffusion sur des chaînes cryptées, ou sur réseau câblé). Certains pays, notamment la Grande-Bretagne *(open learning)*, ont acquis une grande expérience de ces méthodes qui restent relativement marginales en France. Plusieurs programmes européens (COMETT, PACE, SATURN), ont cherché à les développer. Certaines entreprises, en France, savent utiliser ces méthodes, soit en se connectant sur des réseaux européens comme PACE pour la formation scientifique de haut niveau, soit par achat de temps de diffusion satellite pour des émissions internes entre la France métropolitaine et les DOM-TOM antillais (le décalage horaire permettant une présence simultanée, avec utilisation de la vidéo-conférence) ;

– l'autoscopie (voir p. 230) ;

– les méthodes audiotutoriales (laboratoires de langues) ;

– les méthodes type « télé-groupe » dans lesquelles une séquence vidéo est projetée à un groupe pour apporter un contenu qu'un animateur exploite ensuite sous forme d'exercices. Il existe des organismes qui recueillent et louent aux entreprises ou aux organismes les supports vidéo de formation ;

– confier des caméras vidéo à des salariés pour qu'ils filment eux-mêmes ce qui « ne va pas » dans l'entreprise. Les séquences filmées sont ensuite exploitées en groupe, pour rechercher des solutions. Peut être très puissant dans un processus de formation-action (voir fiche) ou dans une démarche qualité ;

– les méthodes associant plusieurs médias, par exemple l'e-learning et la vidéo. La tendance aujourd'hui est d'incorporer des séquences vidéo dans des dispositifs multimédias.

■ *Avantages*

Souplesse d'utilisation.

Ce qui suit concerne toutes les méthodes sauf l'autoscopie :

Permet de montrer des installations, machines ou situations impossibles à recréer en salle de formation.

Pour les médias les plus modernes, possibilité d'interaction.

Condense le « message » pédagogique.

Peut permettre de toucher une large population dispersée.

Permet de diversifier les formes pédagogiques, de faire intervenir des experts peu disponibles.

Peut éviter frais de déplacement et de séjour, et le temps correspondant.

■ *Limites, contraintes*

Le public est habitué à la télévision professionnelle et supporte mal des produits éducatifs audiovisuels de qualité technique médiocre.

Coûts de production et/ou de diffusion élevés en cas de besoin spécifique (le coût est bien moindre pour des produits standards qui peuvent être loués).

Obsolescence assez rapide du contenu et de la forme.

Nécessité de cohérence culturelle avec la population d'apprenants (échec de l'importation de produits étrangers par trop grand décalage).

3 – Pédagogie institutionnelle

■ *Objectifs*

En principe, tous objectifs d'apprentissage.

■ *Caractéristiques*

On appelle ici « institution » tout le système de normes et de règles qui régit le fonctionnement de la formation : obligation (ou non) de présence, horaires, objectifs, emploi du temps, contrôle de connaissances, règlement intérieur, financement, etc. Ces normes sont dites instituées, c'est-à-dire imposées aux apprenants.

La pédagogie institutionnelle considère qu'il est important pour le développement de l'apprentissage de permettre aux apprenants d'être aussi « instituants », c'est-à-dire de fixer eux-mêmes ces normes, ou au moins de pouvoir les aménager par la négociation. Ce mouvement instituant, qui va permettre aux apprenants d'être partie prenante dans la construction de leur formation, par exemple en négociant une redéfinition du programme, la venue d'un intervenant non prévu, des modalités d'évaluation différentes, est considéré par cette pédagogie comme éducatif en lui-même ; les apprenants y font l'apprentissage de l'esprit critique, des contraintes sociales, de la négociation, du changement, de l'exercice de la liberté, et, de façon générale, deviennent acteurs de leur propre formation.

Des dispositifs permettent au groupe d'apprenants d'influencer leur propre formation en prenant en charge eux-mêmes certaines séquences, en analysant en permanence la vie du groupe et ses incidents, en décidant de solutions, etc. Certaines formations de formateurs utilisent ce type de démarche pédagogique en responsabilisant au maximum les apprenants dans la construction et même la gestion administrative et financière de leur propre formation.

■ *Avantages*

Développe l'autonomie des apprenants et la prise de responsabilités.

Expérience riche pour les apprenants.

■ *Limites, contraintes*

L'apprentissage de l'autonomie ne va pas sans crises ni régressions. Il faut être prêt à les accepter et à les gérer.

Les équipes éducatives doivent être prêtes à accepter ce que la démarche comporte nécessairement de fonction critique sur leur propre fonctionnement.

Nécessité de bien contrôler le processus pour éviter des dérives loin des objectifs contractuels de départ.

4 – Université d'entreprise

■ *Objectifs*

Développer une culture « groupe » dans des entreprises, souvent résultant de fusions.

Développer les cadres, et particulièrement les cadres dirigeants.

Stimuler et dynamiser le management par le contact avec des experts souvent du meilleur niveau mondial et les échanges d'expériences.

■ *Caractéristiques*

Cette notion est trop complexe et trop évolutive pour être résumée de manière réellement satisfaisante ici (1). On observe depuis une décennie que des entreprises, souvent mondiales (Motorola, Vivendi, Suez-Lyonnaise, LVMH...), ont créé des structures dites universités d'entreprise (ou Académies, comme Accor ou McDonald). Il en existe dans le monde entier. Ces structures sont parfois matérialisées physiquement par des locaux dédiés (Carrefour, Accor), ou parfois mixtes présentiel-virtuel (Suez-Lyonnaise), s'appuyant alors sur les technologies Internet. Suez-Lyonnaise, par exemple, donne pour objectif à Suez-Lyonnaise des Eaux University de contribuer à *« construire un groupe mondial engagé dans l'apprentissage permanent du changement »*, permettant de *« remettre en cause nos certitudes et nos comportements, partager nos interrogations, comparer nos façons de faire, élargir notre champ de vision à d'autres métiers, d'autres cultures, d'autres pays »*. Il propose, sous le nom de SEMAFOR *(Senior management forums)*, des thèmes de travail d'importance stratégique (par exemple pour 2001, entre autres : création de valeur par l'innovation, environnement et gestion des risques utilisant un outil électronique, sous la responsabilité d'un *Knowledge officer* et utilisant le *groupware*), avec la visée explicite de *« constituer un savoir »*. On est donc là clairement dans un processus visant à produire de la connaissance, et non pas de diffuser un savoir déjà existant. Il propose aussi des cycles de séminaires plus classiques, présentiels, pour cadres confirmés (FOCUS) et pour jeunes cadres (EXPLORER).

Fondamentalement, l'originalité de l'université d'entreprise par rapport à un centre de formation classique est de se positionner comme un « creuset » fédérateur de la culture du groupe auquel elle appartient. Il ne s'agit pas tant de former que de créer une entité favorisant par sa conception même, par les interrelations qu'elle suscite, la création d'un savoir et d'un style de management original constituant à la fois un ciment et un avantage compétitif. La gestion de l'université d'entreprise est souvent multinationale, pour concrétiser cette notion de fédération au niveau mondial et faire travailler ensemble des personnes d'origines diverses.

---

(1) On pourra consulter par exemple le livre d'Hubert Landier, *L'université d'entreprise*, paru aux Éditions Liaisons, en 2000.

■ *Avantages*

Permet à l'entreprise de disposer d'une « machine à fédérer » adaptée à une croissance par internationalisation et/ou diversification, et de s'enrichir de ses diversités ; certains exemples sont spectaculaires.

Stimule les managers à la réflexion.

Favorise la dissémination interne des idées et des « bonnes pratiques » à un niveau pouvant être mondial.

Élément de prestige.

■ *Limites, contraintes*

Certains cas décrits se différencient peu, dans leur fonctionnement réel, du concept d'un centre de formation traditionnel, avec plus de moyens et une population plus ciblée (pas toujours !).

Généralement nettement plus coûteux qu'un centre de formation classique (mais ce ne semble pas être un problème compte tenu du niveau des participants).

Dans certains cas, on peut se demander si l'université d'entreprise ne risque pas de développer un nouveau conformisme « groupe » là où il faudrait ouvrir les yeux sur les sources d'innovation extérieures. Échappe assez souvent au responsable de formation « classique » ; la conception et le management sont souvent confiés, comme un projet, à un cadre « à potentiel » ou à un jeune cadre dirigeant brillant.

V. DÉMARCHES

Les formateurs étant particulièrement doués pour désigner leurs pratiques par un vocabulaire difficilement compréhensible par le commun des mortels, nous avons pensé utile ici de donner au lecteur quelques clés de compréhension des termes les plus utilisés. Cela dit, que le premier informaticien qui s'exprime exclusivement en Rom et MS-DOS jette la première puce !

Au-delà de la phraséologie, il y a toutefois un certain nombre de démarches que doivent connaître les décideurs. Voici donc quelques clés.

1 – Systèmes modulaires et unités capitalisables

■ *Objectifs*

Permettre une plus grande souplesse des programmes de formation pour les adapter au niveau de départ des apprenants, à leurs contraintes de rythme d'apprentissage, en ne les obligeant pas à passer par un cursus identique.

■ *Caractéristiques*

Ces systèmes reposent sur le découpage d'un programme de formation en unités élémentaires correspondant à des objectifs précis. Ces unités sont appelées, selon les cas, unités de valeur ou modules.

Il y a trois types de systèmes modulaires :

– Les systèmes aboutissant à des diplômes validés par l'Éducation nationale. Pour les adultes, on trouve des CAP ou des BP par unités capitalisables. Des accords permettent à des entreprises de préparer les unités professionnelles par des formations internes, sous réserve d'accord préalable avec l'Éducation nationale, celle-ci conservant le contrôle et la réalisation des formations dites générales. Le diplôme est délivré par l'Éducation nationale lorsque l'adulte en formation a suivi chaque unité prévue et réussi les tests correspondants. Les unités sont dites capitalisables parce que toute unité acquise l'est définitivement et que l'adulte peut « engranger » les unités acquises jusqu'à la fin. Dans certains cas, l'expérience acquise par un adulte dans sa vie professionnelle peut être directement validée pour certaines unités sans qu'il ait besoin de suivre les enseignements correspondants (1). Il lui suffit de satisfaire aux tests.

– Les systèmes modulaires diplômants optionnels. Inspirés de ce qui se passe dans l'université, ils laissent à l'apprenant le choix des unités qui l'intéressent le plus, la contrainte étant qu'il en suive un certain nombre et qu'il satisfasse aux tests finaux. Certains diplômes d'écoles de gestion pour adultes, par exemple, sont préparés selon cette modalité. Dans certains cas, l'option ne porte que sur quelques unités, certaines restant un tronc commun obligatoire.

– Les systèmes non diplômants. Ils reposent sur le même principe, sans la capitalisation. Ils sont organisés en niveaux, qui permettent à

(1) Cette pratique de validation des acquis et expériences professionnels est destinée à s'étendre dans les prochaines années. Voir le chapitre sur l'évaluation.

l'apprenant de progresser par étapes vers un objectif d'apprentissage qu'il s'est fixé, et qui peut se transformer ultérieurement en système diplômant. C'est typiquement le cas de certaines formations en langue, ou de cours du soir organisés (comme le CUCES à Nancy) en « systèmes d'unités » offrant le maximum de souplesse.

■ *Avantages*

Nombreux : souplesse, adaptation aux contraintes et aux niveaux individuels.

Permet aux adultes un cheminement par étapes de succès successifs motivants.

■ *Limites, contraintes*

Ces systèmes requièrent une forte fonction de conseil et d'orientation pour permettre aux apprenants de choisir les unités qui correspondent le mieux à leur niveau de départ et à leurs objectifs.

2 – Alternance

■ *Objectifs*

Optimiser l'équilibre entre la formation théorique en salle et l'expérience professionnelle en situation réelle.

■ *Caractéristiques*

La formation est découpée en unités dont certaines sont suivies en centre de formation et d'autres dans l'entreprise, sous le contrôle d'un « tuteur ». Il y a alternance, selon des règles variables, par aller-retour entre les deux situations.

Fortement encouragée par les pouvoirs publics pour la formation des jeunes et de certains demandeurs d'emploi, la pratique de l'alternance s'est fortement développée, jusqu'au niveau de l'enseignement supérieur.

Le principe général s'étend aux formations pour adultes salariés. Par exemple la formation-action (voir p. 232) peut être considérée comme un cas particulier d'alternance.

■ *Avantages*

Permet aux apprenants une expérience directe des situations de travail et une exploitation de cette expérience.

Motivant pour des jeunes ou des adultes ayant un passé scolaire difficile.

Pour des jeunes ou des demandeurs d'emploi, peut permettre de nouer des contacts avec de futurs employeurs.

Peut apporter aux employeurs, sous certaines conditions, des ressources humaines complémentaires pour faire face à un problème de charge (même si ce n'est pas le but visé, et sûrement pas la priorité des pouvoirs publics).

Formule en développement, globalement bénéfique pour l'ensemble des parties prenantes (le stagiaire, l'établissement de formation, l'entreprise, les pouvoirs publics agissant pour favoriser l'emploi).

■ *Limites, contraintes*

Suppose une grande cohérence du projet pédagogique entre les deux situations pour qu'il y ait réellement aller-retour.

Nécessite des tuteurs compétents dans les séquences en entreprise.

Il y a eu des abus de la part d'employeurs voyant dans l'alternance la possibilité de disposer de main-d'œuvre à bon marché sans assumer leur responsabilité pédagogique.

3 – Ingénierie de formation

■ *Objectifs*

Construction d'un programme de formation sur mesure adapté à une situation spécifique.

■ *Caractéristiques*

Le principe général est de mettre en œuvre, par des spécialistes, un processus d'ensemble qui, de l'analyse de situation et des besoins, aboutit à la construction d'un programme de formation particulier, incluant la définition précise d'objectifs éducatifs, la conception et la mise à disposition des moyens pédagogiques adaptés, la formation des formateurs, une organisation pédagogique d'ensemble (modules, séquences), les tests de validation des connaissances, les modalités et systèmes de gestion et de suivi, etc.

Utilisée de plus en plus dans les entreprises, l'ingénierie de formation trouve aussi des applications dans des transferts de technologies accompagnant des ventes d'installations industrielles « produits en mains ».

■ *Avantages*

Disposer d'un ensemble éducatif correspondant précisément à un besoin spécifique.

■ *Limites, contraintes*

Elles se trouvent dans le coût des travaux d'ingénierie de formation, rapporté à l'importance de l'enjeu de la formation et à la dimension de la population à former. C'est un problème d'amortissement (qui ne se pose pas dans l'achat de formations standard sur catalogue). Les entreprises peuvent, sous certaines conditions, bénéficier d'aides publiques, dites « aides à la modernisation négociée » pour financer une partie des coûts supplémentaires.

4 – Organisation qualifiante

■ *Objectifs*

Trouver une alternative au moins partielle à la mise en place de vastes et coûteux dispositifs de formation.

Assurer une évolution permanente de la compétence.

■ *Principes*

On sort ici du cadre classique de la formation puisqu'il s'agit précisément de lui trouver une alternative au moins partielle. L'expérience prouve que certaines organisations du travail ont des effets éducatifs en permettant aux salariés d'apprendre en permanence et de se perfectionner de façon inductive (voir p. 227) à travers des situations professionnelles, des contacts, des responsabilités... D'autres organisations placent les salariés dans la situation taylorienne d'avoir à exécuter des tâches répétitives qui ne leur permettent pas de progresser. Ces effets éducatifs induits par l'organisation, longtemps considérés comme des retombées non voulues, sont maintenant pris en compte explicitement : un nombre croissant d'entreprises cherchent délibérément à construire des organisations du travail permettant aux salariés d'apprendre et de progresser.

Cette politique est souvent présentée comme une alternative aux coûts énormes de systèmes de formation qui, en cas de crise et de reconversion, cherchent avec des succès souvent limités à adapter à de nouveaux emplois des salariés taylorisés.

Plusieurs entreprises ayant des effectifs importants de salariés peu qualifiés se sont engagées résolument dans l'expérimentation d'organisations qualifiantes.

La validation des compétences acquises par l'expérience, à l'intérieur d'un dispositif diplômant, est un enjeu fort pour renforcer l'employabilité des personnes concernées.

■ *Avantages*

Décloisonne la formation en la liant à l'organisation du travail.

A des effets induits sur l'efficacité économique (motivation, évitement de reconversions brutales et coûteuses et de coûts de formation prohibitifs) et le climat social (évitement de crises par régulation permanente).

L'un des grands axes d'avenir d'évolution des politiques de développement des compétences, remettant la formation classique à une place plus réaliste.

■ *Limites, contraintes*

Encore expérimental. Pas de méthodologie réellement validée.

Suppose une cohérence très forte entre DRH, opérationnels, services d'organisation, responsables formation et politique de communication interne. Ne peut se développer autrement que marginalement dans des entreprises posttayloriennes (au moins dans la mentalité de leurs dirigeants).

Laisse entier le problème de la validation des acquis et de leur reconnaissance en termes de classification et de qualification des emplois. C'est le problème clé de la généralisation à moyen terme des expériences en cours. En effet, le problème reste de permettre au salarié d'acquérir une connaissance ou des savoir-faire transférables à une autre situation de travail. Si le transfert n'est pas possible ou suppose une autre formation, on ne peut pas parler de véritable apprentissage qualifiant, mais d'une simple adaptation à un poste de travail.

5 – Organisation apprenante

■ *Objectifs*

Création et consolidation de connaissances et de savoir-faire individuels et collectifs.

■ *Caractéristiques*

L'organisation apprenante ne doit pas être confondue avec l'organisation qualifiante décrite plus haut. Il s'agit en réalité d'un concept qui concerne globalement le management et l'organisation de toute l'entreprise.

Il part du principe que l'apprentissage organisationnel étant l'une des forces stratégiques les plus importantes d'une entreprise dans une société de plus en plus basée sur le savoir, l'entreprise doit s'organiser pour apprendre de façon permanente, de toutes les sources possibles : clients, fournisseurs, actionnaires, concurrents, technologies émergentes, personnel, environnement, etc.

L'organisation apprenante rompt avec les organisations hiérarchiques traditionnelles, s'organise en réseaux, favorise l'émergence, l'échange et la dissémination des connaissances et des savoir-faire. Elle permet la formalisation de connaissances implicites, leur transmission, favorise l'expérimentation, encourage les innovateurs, apprend en permanence de ses expériences, de ses succès et de ses erreurs. Elle fonctionne selon le principe de la « double boucle » : on fait, et on apprend à partir de ce que l'on a fait.

■ *Avantages*

L'organisation apprenante est le modèle des organisations réactives du XXIe siècle, réactives, promptes à innover. On y crée du savoir et on l'exploite stratégiquement.

■ *Limites, contraintes*

Modèle bien éloigné de la réalité de beaucoup d'entreprises d'aujourd'hui.

Ne peut se déclencher que par l'initiative d'un dirigeant ; le responsable de formation peut dans le meilleur des cas être un allié de la transformation. Lorsque l'entreprise fonctionne déjà selon ce modèle, soit il se marginalise relativement (puisqu'il se consacre essentiellement à la transmission de connaissances et de savoir-faire existants), soit il a un rôle clé à jouer dans l'animation des dispositifs « apprenants ».

VI. FORMER SANS FORMATION ?

Il est assez courant d'entendre les spécialistes parler de développement des compétences par la formation, *« mais aussi par d'autres moyens* ». La question est de savoir lesquels. C'est à répondre à cette question que nous consacrons les paragraphes suivants.

1 – Participation à des groupes de progrès

■ *Objectifs*

Apprentissage par invention de solutions nouvelles et inédites à un problème.

■ *Caractéristiques*

Cette approche a des analogies avec la formation-action (1). Un groupe se réunit autour d'un problème à résoudre, acquiert des connaissances et des outils d'analyse, les applique au problème posé, jusqu'au moment où il propose une solution. Si celle-ci est retenue, son application expérimentale permet d'acquérir des connaissances complémentaires. On a appris en créant du savoir. Cette forme de formation est particulièrement adaptée à la recherche d'atteinte d'objectifs de performance « terrain », comme ceux liés à la qualité, au taux de fonctionnement des équipements ou à la qualité de l'accueil des clients.

Elle repose sur une démarche dite « inductive » (remontant de l'expérience à la connaissance), par opposition à une démarche « déductive » dans laquelle ceux qui savent transmettent à ceux qui ne savent pas en leur faisant faire ensuite des exercices d'application.

■ *Avantages*

Rupture avec le modèle de transmission de celui qui sait à celui qui ne sait pas. Les groupes créent de la connaissance.

Forte relation entre apprentissage et action.

Les participants concrétisent leurs apprentissages en voyant la concrétisation en situation réelle.

Très motivant (si l'entreprise a la discipline de répondre rapidement aux propositions des groupes).

Très cohérent avec les démarches Qualité.

(1) La différence est que l'objectif pédagogique est explicite dans la formation-action, alors que la résolution du problème est l'essentiel dans le groupe de progrès.

■ *Inconvénients, limites*

Difficilement imputable sur le budget formation.

Les mêmes que la formation-action sur le soutien de l'encadrement.

2 – Retour d'expérience, revue de projet

■ *Objectifs*

Apprentissage basé sur l'exploitation de résultats et de faits d'expérience.

■ *Caractéristiques*

Les démarches Qualité sont en elles-mêmes indirectement d'excellents moyens de formation. En effet, elles prévoient des étapes régulières d'analyse des résultats et des méthodes (revues de projet) qui, bien utilisées, sont une occasion d'apprentissage. Une erreur commise peut être l'occasion de chercher un fautif, mais surtout d'apprendre ensemble pour ne pas recommencer. C'est typiquement la situation dans laquelle la culture d'entreprise, son style de management, a un effet créateur (ou destructeur) de compétences.

■ *Avantages*

Le cycle de Deming, bien connu des experts en Qualité (succession des phases PDCA : Plan, Do, Check, Act), est réellement un processus d'apprentissage inductif (on passe des projets à l'action, puis à l'évaluation des résultats et de la méthode choisie, et on exploite les faits pour en tirer des enseignements pour la suite du process d'amélioration).

Développe des compétences génériques (travail en groupe, écoute mutuelle, analyse fondée sur des faits...).

Crée de la connaissance pour l'entreprise (éviter le retour des erreurs).

■ *Limites, contraintes*

Suppose évidemment un encadrement qui accepte la remise en cause.

Impossible sans une culture « Qualité » forte dans l'entreprise.

3 – Responsabilité d'un projet

■ *Objectifs*

Tout apprentissage basé sur le savoir-faire et le comportement.

■ *Caractéristiques*

On confie à une personne la responsabilité d'un projet (1) sortant du cadre habituel de son activité, ou on l'invite à y participer. Le responsable d'un projet apprend à communiquer avec des spécialistes différents, à convaincre sans pouvoir hiérarchique, à fixer des objectifs et des délais... La réalisation d'études de faisabilité lui apprendra à prendre en compte tous les éléments d'un projet. C'est souvent un moyen utilisé pour tester le potentiel de salariés pour une évolution de carrière.

Ils peuvent à cette occasion collaborer avec des spécialistes (consultants...) qui pourront leur transmettre leur savoir-faire.

■ *Avantages*

Place la personne en situation d'autonomie.

Permet de tester un potentiel individuel tout en le mettant en situation de se développer.

Devient un mode de formation indirecte incontournable dans des organisations par projets, ou agissant sur des marchés très évolutifs pour lesquels l'innovation est l'avantage stratégique par excellence.

■ *Limites, contraintes*

Bien que cette approche soit traditionnellement réservée à cette population particulière que sont les « cadres à potentiel », rien n'empêche d'en généraliser l'usage à l'ensemble des salariés. Une entreprise (il y en a) dans laquelle chaque salarié a, en plus de son travail ordinaire, la responsabilité de mener à bien un projet d'amélioration, même limité, est typiquement une organisation apprenante.

(1) Il ne s'agit pas ici d'un projet d'application d'une formation (voir « pédagogie du projet »), mais d'un projet en vraie grandeur intéressant l'entreprise. C'est le projet qui crée le besoin d'apprendre.

4 – Mission spécifique, délégation temporaire

■ *Objectifs*

Apprentissage de l'autonomie et découverte d'environnements nouveaux.

■ *Caractéristiques*

On saisit les occasions d'envoyer un salarié représenter son service dans une réunion, gérer en l'absence du manager, visiter un client nouveau, autant de moyens de le placer dans une situation de tension propice à l'apprentissage. Pour réussir, il devra se préparer, souvent lire des livres ou des documents qu'il n'aurait jamais ouverts sans cette occasion. En situation, il découvrira des aspects nouveaux dont il n'avait qu'une connaissance abstraite.

■ *Avantages*

Mise en situation réelle, avec des enjeux.

Stimule l'autoformation en complément.

Permet un regard nouveau sur des situations (« rapport d'étonnement »).

Règle pratiquement des questions liées à l'indisponibilité.

Permet de tester un potentiel.

Les occasions de le faire sont nombreuses.

Rien ne limite théoriquement ce type d'approche aux cadres, et on est parfois surpris de ses effets sur le comportement et l'ouverture de salariés « de base » lorsqu'on leur fait confiance.

■ *Limites, contraintes*

Suppose un encadrement qui joue le jeu en déléguant vraiment (tout en apportant un soutien et des conseils).

5 – Benchmarking, échange d'expériences

■ *Objectifs*

Apprendre par comparaison avec les meilleures pratiques externes.

■ *Caractéristiques*

Le benchmarking est parfois traduit en « étalonnage concurrentiel (1) ». En allant voir d'autres entreprises judicieusement choisies, on peut découvrir et exploiter des « bonnes pratiques » inédites, des solutions nouvelles, des manières de faire que parfois on croyait impossibles. Un voyage d'études bien organisé (choix des entreprises visitées en fonction de questions précises, utilisation de techniques comme le « rapport d'étonnement ») peut avoir un très fort impact d'apprentissage parce qu'il est associé à une expérience émotionnelle qu'une étude de cas en séminaire de formation ne pourra jamais remplacer.

■ *Avantages*

Permet de bousculer sérieusement les certitudes du type « cela ne peut pas marcher ».

Porteur d'innovation.

Effet fort d'apprentissage pour les participants.

Crée, à l'occasion de la mission de benchmarking, des rapports forts entre les membres de la mission (apprendre ensemble et découvrir des choses nouvelles soude un groupe).

■ *Limites, contraintes*

Le benchmarking peut parfois encourager au conformisme par rapport à la norme de la profession alors qu'il faudrait innover en imaginant des règles nouvelles.

Par nature, en raison du coût, ne peut pas s'appliquer à tout le personnel.

Ne fonctionne bien que s'il existe une méthode structurée de recherche des entreprises à visiter les plus intéressantes et d'exploitation sérieuse des données recueillies (pas de « tourisme industriel »).

(1) Cette traduction est en réalité insatisfaisante. On peut apprendre beaucoup plus d'autres entreprises que des concurrents, qui d'ailleurs ne livreront pas facilement les savoirs qui leur apportent une différenciation stratégique. Elle s'applique surtout à la comparaison à partir de bases de données externes. Ce dont nous parlons ici est de la mission de benchmarking menée par des membres de l'entreprise eux-mêmes.

6 – Rencontres et enquêtes clients

■ *Objectifs*

Prise de conscience de l'importance de la qualité et du service (ou maintenir la vigilance sur le sujet).

■ *Caractéristiques*

Systématisation du fait que tout salarié doit être régulièrement, même ponctuellement, en contact avec le client, pour ne jamais oublier à qui il doit sa rémunération. Dans certaines entreprises, le passage par un poste commercial est un préalable à toute carrière interne. Dans cette entreprise sous-traitante de l'automobile, la direction a organisé le travail de telle manière que chaque ouvrier passe au moins une journée par an dans une entreprise cliente. Dans telle chaîne de distribution, tous les salariés du siège doivent passer régulièrement tenir la caisse dans un magasin. Telle autre entreprise organise des enquêtes chez ses clients réalisées par les salariés eux-mêmes. Dans un récent colloque européen sur la Qualité Totale, l'un des ateliers de travail s'appelait *« customer as teacher »*.

■ *Avantages*

Effets de formation forts, avec un impact émotionnel (ce que dit le client a plus de poids que ce que dit le formateur dans un stage qualité).

Crée les conditions de la motivation pour acquérir des éléments plus techniques pour répondre aux attentes des clients.

Mobilisateur dans la recherche de solutions.

Rappel régulier de la finalité du travail.

■ *Limites, contraintes*

Suppose une très forte volonté de la direction sur son engagement dans une démarche Qualité (sinon, tous les prétextes seront bons pour différer).

Plus facile à organiser dans des entreprises *business to business*, pour lesquelles les clients sont moins nombreux et mieux identifiés. Mais plusieurs expériences montrent que c'est possible (et bénéfique) pour des entreprises grand public.

7 – La formation des autres (formateurs occasionnels)

■ *Objectifs*

Permettre la montée en compétences d'une catégorie intermédiaire de l'encadrement.

Développer les compétences pédagogiques et relationnelles des managers et experts.

■ *Caractéristiques*

Beaucoup d'entreprises incitent leurs cadres, leurs techniciens, leurs agents de maîtrise ou leurs meilleurs professionnels à jouer un rôle formateur. Cela permet de rapprocher la formation du « terrain » professionnel, ce qui se perd en professionnalisme pédagogique étant compensé par cette relation de proximité.

Cette pratique a des effets induits sur la formation de ces formateurs occasionnels eux-mêmes, en les obligeant à formaliser leurs connaissances, ce qui, par expérience, les oblige à « potasser » sérieusement, à remettre en cause des routines, à redéfinir les process de travail.

■ *Avantages*

Limitation des coûts externes par démultiplication de la formation.

Particulièrement adaptée également aux entreprises organisées en réseau dispersé (chaînes de magasins, chaînes hôtelières, agences), les formateurs professionnels pouvant appuyer l'opération par la fabrication de supports pédagogiques adaptables à des situations particulières par le responsable local.

Modifie la relation hiérarchique traditionnelle.

Améliore le climat social en recréant une occasion de dialogue en dehors des routines relationnelles.

Peut faire gagner du temps lorsque l'entreprise est dans une démarche de certification ISO (formalisation des process).

■ *Limites, contraintes*

Le style de management traditionnel peut resurgir dans le style de formation. Une formation pédagogique peut être nécessaire dans certains cas.

Peut mettre en lumière des faiblesses graves chez certains encadrants ou techniciens.

8 – Knowledge management (management de la connaissance)

■ *Objectifs*

Favoriser la conservation, la diffusion et l'exploitation de connaissances et de savoir-faire distinctifs de l'entreprise, en évitant les risques liés à leur possession exclusive par des personnes susceptibles de quitter l'entreprise.

■ *Caractéristiques*

Devant le constat qu'un nombre important de connaissances et de savoir-faire se perdent dans les entreprises, par absence de formalisation et de capitalisation, le *knowledge management* propose un ensemble de solutions d'identification, de formalisation, de classement, de mise à disposition, permettant à l'entreprise de conserver et d'exploiter les avantages compétitifs que lui donne ce savoir. D'un certain point de vue, le KM peut apparaître comme une alternative radicale à la formation « classique », puisqu'il s'agit pour l'essentiel de stocker les connaissances dans des bases de données ouvertes à ceux qui en ont besoin, et pas dans les cerveaux individuels.

En réalité, il s'agit plutôt de permettre à l'entreprise (et aux individus) de développer leur potentiel créatif et leur réactivité. Le savoir individuel n'est plus le pouvoir. C'est évidemment, au-delà des aspects méthodologiques et techniques de la démarche, une véritable révolution de la représentation du management, avec l'avantage que le KM offre un ensemble de méthodes précises pour passer à l'action. Le KM n'est certes pas une « technique » comme une autre (1).

■ *Avantages*

Nombreux, en termes d'avantages compétitifs. Mais ce n'est évidemment pas une technique « formation », même si sa raison d'être est la formalisation et la gestion du savoir. Les formateurs peuvent intervenir pour en diffuser les méthodes et techniques.

---

(1) Un tel sujet mériterait des développements qui ne peuvent pas trouver leur place ici. Pour approfondir, voir la bibliographie.

■ *Limites, contraintes*

Méthodologie et moyens nécessaires lourds, à la hauteur des enjeux stratégiques.

Le manager de la formation, en tant que tel, ne peut en être le promoteur (sauf s'il est en charge du management du savoir).

VII. FICHE RÉSUMÉ

Cinq règles de base pour le choix d'une méthode pédagogique

1. Ne jamais choisir une méthode parce qu'elle séduit ou qu'elle paraît « moderne », mais parce qu'elle est la meilleure possible en rapport coût/avantages pour atteindre les objectifs fixés compte tenu de la population concernée, de son niveau, de ses attentes.

2. Utiliser plusieurs méthodes en fonction des séquences de la formation, pour diversifier et éviter la lassitude des stagiaires et les effets d'accoutumance.

3. Lorsque c'est possible, individualiser au maximum la formation en prenant en compte les préférences d'apprentissage. Chacun, à un niveau apparemment égal, a son propre style d'apprentissage. Aimer lire, écouter, écrire, parler, consulter une base de données ou un site Internet, travailler seul ou avoir besoin de confronter des idées avec d'autres, rechercher le conseil d'un expert ou le soutien d'un coach, sont des caractéristiques individuelles très profondes.

4. Ne pas s'enfermer dans la pédagogie, et chercher des alternatives à la formation « stage ». La meilleure pédagogie ne compensera jamais un déficit de management.

5. Être ouvert à l'innovation, expérimenter professionnellement (c'est-à-dire en se donnant les moyens d'évaluer et d'améliorer) des approches nouvelles.

Chapitre VIII

DE L'OBJECTIF À LA COMMANDE

« Poursuivre avec méthode ce qu'on s'est proposé. »
MARC AURÈLE

I. Le cahier des charges

1 – Quatre situations types

L'entreprise qui souhaite engager une action de formation a un ou plusieurs objectifs. Quatre cas de figure peuvent se présenter.

– Il s'agit d'un cas isolé ou limité à quelques personnes, sur un domaine dans lequel l'entreprise n'a pas de compétence interne spécifique. Le stage interentreprises est la meilleure solution. Dans ce cas, il faudra être vigilant sur le choix, mais l'entreprise est relativement dépendante de l'offre externe des organismes spécialisés, qui ne peuvent pas adapter le contenu des stages et leurs méthodes à chaque besoin spécifique des dix ou douze entreprises qui enverront un stagiaire. Le développement des méthodes s'appuyant sur la pédagogie du « projet » (cf. chapitre VII, p. 228) ou de la formation-action (p. 232) offre toutefois à l'entreprise la possibilité d'accoler à une offre relativement standardisée un cahier des charges personnalisé sur l'application que chaque participant aura à faire des acquis. Par exemple, une action interentreprises destinée à des cadres de la fonction ressources humaines, que nous avons eu l'occasion de mettre en place à l'Institut Entreprise & Personnel sous le nom de « Compétences 90 », a comme principe que chaque participant est en charge dans son entreprise d'un projet en vraie grandeur (exemples : modifier le système de rémunération d'un établissement, monter une action de communication pour expliquer une nouvelle politique de promotion, faciliter des reconversions du siège à des établissements décentralisés, etc.). Dans un cas comme celui-ci, il y a un véritable cahier des charges écrit qui définit les responsabilités des trois partenaires de la réussite : le participant, son encadrement qui lui confie le projet, et l'organisme. À la fin de la formation, le participant doit avoir appris des concepts, des méthodologies et des manières de faire, et l'entreprise récupère les bénéfices du projet devenu réalité.

– L'entreprise dispose d'un centre de formation interne qui va mettre en œuvre l'opération.

– L'entreprise souhaite confier une action interne à un organisme extérieur.

Dans ces deux derniers cas, il s'agit d'une prestation de services pour laquelle on a tout intérêt à définir de façon précise un cahier des charges. Il n'y a pas de différence de nature entre ces deux types de prestations, d'autant que, avec le développement des démarches qualité, la définition des prestations internes en termes de « fournisseur-client » se généralise de plus en plus. Les différences porteront essentiellement sur les aspects financiers, puisqu'il n'y aura pas, dans le deuxième cas, de flux de trésorerie externe. Nous reviendrons dans le paragraphe suivant sur le contenu du cahier des charges.

– L'entreprise a déjà mis en place, avec un certain nombre d'organismes extérieurs, des accords de partenariat, fondés sur des principes proches de ceux de l'Assurance Qualité. Dans ce cas, la prestation particulière s'inscrira dans le cadre de cet accord. Ce cas de figure reste rare, mais se développe de manière significative. Nous le développerons plus loin.

2 – La préparation du cahier des charges

Le cahier des charges d'une action de formation, comme celui que, dans le Bâtiment, le maître d'ouvrage remet au maître d'œuvre, décrit le détail de ce qui est attendu. Le prestataire choisi aura à proposer une réponse opérationnelle et chiffrée à cette attente.

Dans la pratique, un projet de formation n'est jamais une fin en soi, et il s'inscrit généralement dans un projet plus large (amélioration des performances, implantation d'un nouveau matériel...). Le prestataire pressenti doit avoir une connaissance de ce contexte pour bien articuler sa proposition de formation en cohérence avec cet environnement.

Il arrive que le cahier des charges du projet et le cahier des charges de la formation elle-même soient distincts. Le plus souvent, c'est la première partie du cahier des charges, avec éventuellement quelques annexes, qui fournit l'information nécessaire.

Avant de préciser le contenu du cahier des charges, nous voudrions indiquer qu'au-delà de son intérêt propre, son élaboration elle-même a pour vertu d'amener les différents acteurs internes à se mettre d'accord sur ce qu'ils veulent. C'est donc un prolongement de l'analyse des besoins de formation.

C'est pourquoi, du moins sur les projets importants, le cahier des charges est élaboré par un **groupe de travail (groupe de pilotage, groupe de projet)**, composé de ces différents acteurs clés ou de leurs représentants, animé par le manager de la formation, ou par un consultant dûment mandaté (qui n'aura pas lui-même à répondre en tant que prestataire de la formation, pour éviter toute ambiguïté).

C'est ce même groupe qui, ultérieurement, examinera les différentes propositions et procédera au choix final du prestataire.

3 – Le contenu du cahier des charges

Le cahier des charges sera établi en mettant du contenu dans les six rubriques suivantes :

■ *Contexte et objectifs généraux : pourquoi ? Problème à résoudre et amélioration souhaitée*

Après un rappel du contexte dans lequel se situera la formation (l'entreprise, ses évolutions, ses problèmes en rapport avec le projet), c'est sous cette rubrique que seront indiqués les objectifs généraux. Ils seront formulés le plus clairement possible en termes de performances opérationnelles à atteindre. Par exemple, on ne dira pas qu'il s'agit de former les agents de la logistique, mais d'améliorer de x % la fiabilité du respect du délai contractuel. On se reportera au chapitre sur la politique de formation pour un développement sur le sujet.

■ *Population concernée*

- effectifs,
- qualifications,
- niveau de formation,
- expérience,
- etc.

■ *Objectifs de formation : connaissances et compétences à acquérir*

Le plus souvent, ces objectifs sont formulés en termes de capacités à acquérir, avec la formule « être capable de... ».

La **formulation des objectifs de formation** en termes de capacités s'est développée à la suite des travaux de spécialistes comme R. F. Mager. Pour Mager, un objectif de formation doit exprimer de façon précise le comportement que le stagiaire devra manifester pour permettre la vérification qu'il a bien acquis la capacité concernée. Il doit donc être formulé de manière :
– **observable** (c'est une action). Ex. : être capable de créer un tableau sur une feuille de calcul Excell en choisissant et en insérant les formules de calcul automatique.
– indiquant les **critères de performance**. Ex. : pas d'erreurs sur les formules.
– précisant les **conditions** dans lesquelles la performance doit se réaliser. Ex. : en une heure, sans recourir au manuel, à partir d'une liste de données chiffrées fournies et d'indications sur les attentes de l'utilisateur du tableau.
Pour la formulation des objectifs, on choisira des **verbes d'action**, permettant d'observer un comportement. Par exemple, des verbes comme classer, réaliser, mesurer, énumérer, décrire, choisir sont préférables à des verbes comme savoir, connaître, comprendre, être sensibilisé à, qui ne permettent pas une observation en situation de travail réelle ou simulée.
Bien entendu, le niveau de précision de l'objectif sera variable selon la nature de la formation. Il sera plus facile à indiquer pour des formations techniques que pour des formations au management ou des formations comportementales. L'analyse des besoins vise précisément à fournir le maximum d'éléments pour permettre une formulation précise.

Il est préférable d'indiquer dès cette rubrique les moyens d'évaluation souhaités (comment mesurera-t-on que les objectifs de formation sont atteints ?).

■ *Dispositif de formation envisagé*

- organisation dans le temps : temps continu, temps discontinu (par exemple deux jours par mois),
- souhaits sur l'approche pédagogique (*cf.* la « panoplie » du chapitre VII),
- insertion dans la formation de stages pratiques ou non,
- etc.

■ *Éléments de gestion de la formation*

- contraintes de temps (durée souhaitée de la formation, en heures ou en jours),
- contraintes de planning (moment de la formation dans l'année, et surtout « bon moment » par rapport au projet plus global auquel la formation doit contribuer (1)),
- moyens pédagogiques et équipements nécessaires (machines, ordinateurs, salles de formation...),

(1) Cela est particulièrement important pour les prises de poste, pour les formations préparant l'implantation d'un nouvel équipement ou pour la préparation des salariés concernés par la commercialisation d'un nouveau produit ou service.

- aspects pratiques (lieu, hébergement...),
- budget prévisionnel (1).

■ *Répartition des rôles et des responsabilités*

- pilotage interne du projet,
- rôle attendu du prestataire,
- rôles respectifs de la hiérarchie et des formateurs (internes ou externes) avant la formation (information des futurs stagiaires, cadrage des objectifs), pendant (intervention dans la formation de membres de l'entreprise, suivi terrain en cas de formation en discontinu et/ou de formation-action ou par projet) et après (suivi, évaluation d'application),
- rôle des stagiaires (s'ils doivent fournir un travail personnel entre les sessions de formation par exemple), etc.

Avec un tel document validé par l'ensemble des parties prenantes, le manager de la formation disposera d'un outil de travail solide pour préparer la réalisation concrète de l'action.

On s'interroge souvent sur la question du degré de détail qu'il est nécessaire d'inclure dans un cahier des charges. À l'expérience, notre point de vue est qu'il faut s'en tenir à l'essentiel, pour plusieurs raisons.

- La première est que le type de questions que le partenaire sollicité posera spontanément sera pour le chef de projet un bon test de son professionnalisme et de sa capacité à comprendre une situation spécifique.

- La seconde est que, de l'intérieur de l'entreprise, on ne perçoit qu'une partie des solutions possibles, par habitude ou par autolimitation plus ou moins consciente. Le partenaire sollicité a de l'expérience, a travaillé pour d'autres entreprises, a mis au point des démarches et des outils, possède les méthodologies de l'ingénierie de formation. Il peut donc être conduit à introduire des idées nouvelles, à faire des suggestions, qui vont enrichir le projet. Il peut apporter aussi des éléments de réalisme sur la faisabilité de certains objectifs, fixés par consensus dans le groupe projet mais peu réalistes. C'est là que le partenaire se distingue du sous-traitant qui viendra enregistrer une commande, et c'est précisément ce type de valeur ajoutée dans le projet que l'entreprise achète.

Il nous paraît donc important, contrairement à une tendance trop répandue, de ne pas placer des prestataires éventuels devant des cahiers des charges entièrement « bouclés » et de ne pas les juger que sur leur

(1) Ce chiffrage prévisionnel est à usage interne. Dans la majorité des cas, il n'est pas communiqué à des partenaires extérieurs sollicités, dont on attend qu'ils fassent une proposition financière qui sera l'un des éléments du choix. Cependant, certaines organisations communiquent le budget dès l'appel d'offres, pour que les organismes de formation qui soumissionnent puissent se consacrer exclusivement à la qualité pédagogique de leur proposition. De notre point de vue, l'extension de cette pratique est souhaitable pour éviter un travail inutile ou irréaliste au stade de la première proposition.

capacité à l'exécuter (ou sur le prix, dans une logique de « moins disant » qu'une certaine pratique des achats tend à généraliser (1)).

L'expérience montre, d'une part, que ce « bouclage » prend à l'entreprise énormément de temps dans un domaine relativement technique qu'elle ne maîtrise pas nécessairement, que cela l'amène à consacrer beaucoup d'énergie à réinventer des solutions que des professionnels ont déjà mises au point et expérimentées. Un bon cahier des charges est précis, exprime une volonté et un ensemble de règles du jeu, mais doit pouvoir être investi, « habité », par le partenaire qui jouera d'autant mieux le rôle que l'on attend de lui qu'il sera coproducteur de sa mise au point finale.

Le manager de la formation ne doit jamais oublier qu'il cherche un partenaire pour **réussir** un projet.

II. L'ACHAT DE PRESTATIONS EXTÉRIEURES

1 – La recherche de l'organisme et la qualité de la prestation de service

Les services spécialisés de formation, dans la grande entreprise, ou les conseillers des organismes mutualisateurs (OPCA) auxquels l'entreprise adhère, doivent savoir décrypter l'offre des organismes proposant des formations pour choisir le partenaire capable de répondre aux exigences du cahier des charges. Mais il existe en France plus de 40 000 organismes qui adoptent des démarches marketing diverses, qui vont de l'envoi de catalogues au démarchage direct par téléphone, les techniques d'approche s'étant récemment enrichies (?) de l'envoi d'e-mails. Tout responsable de formation, dès lors qu'il se trouve dans le fichier de ces organismes, reçoit chaque année un bon quintal de documentation, sans parler des invitations à la présentation de produits de formation, les salons professionnels, etc.

Les responsables expérimentés finissent par connaître un réseau d'organismes dont ils savent qu'ils peuvent répondre à certains types de besoins. Mais le risque est alors soit de laisser l'organisme en question s'installer dans une sorte de rente de situation, soit de laisser échapper l'opportunité de faire appel à un organisme inconnu, mais performant.

(1) Si la formation est mal conçue, la meilleure façon de faire des économies est de ne pas la faire du tout.

Il y a donc un double problème à résoudre : quel organisme consulter ? Comment juger de son offre ?

Sur le premier point, il n'existe pas de guide critique des stages comme il en existe pour les restaurants ou l'hôtellerie. Il existe des guides informatifs, dont le plus répandu est le *Dicoguide de la formation*. Ce guide présente d'ailleurs davantage les organismes que les stages eux-mêmes. Mais son classement par rubriques permet d'avoir une vue d'ensemble des organismes proposant des formations sur tel ou tel contenu. Le Centre Inffo, organisme sous tutelle des pouvoirs publics, tient à jour une documentation sur l'offre accessible aux professionnels de la formation qui peuvent la consulter.

Pour apporter des garanties supplémentaires aux commanditaires, le syndicat professionnel des organismes de formation, la FFP (Fédération de la formation professionnelle), avec le soutien des pouvoirs publics, a formulé un « Engagement Qualité » auquel doivent souscrire ses membres.

Les dix commandements de la Qualité de la FFP

1. Nous **informons** clairement et complètement sur nos actions de formation. Cette information est un engagement.
2. Nous **établissons** un réel partenariat avec le demandeur de formation afin de définir ensemble les objectifs et les attentes.
3. Nous **conseillons** les actions appropriées dans le cadre de nos compétences.
4. Nous **contrôlons** les démarches pédagogiques et nous **assurons** la bonne utilisation des outils correspondants.
5. Nous **suivons** attentivement le déroulement de ces actions et nous **faisons le point** régulièrement avec nos partenaires.
6. Nous **veillons** à l'environnement dans lequel se déroulent les actions de formation.
7. Nous nous **assurons** de la compétence et de la qualification des formateurs.
8. Nous **évaluons** les actions de formation en fonction des objectifs préalablement définis.
9. Nous **investissons** dans la recherche et la création d'outils pédagogiques innovants.
10. Nous **appliquons** ces commandements et **mettons en œuvre** les procédures propres à améliorer la qualité de nos actions.

Cette Charte est celle de la FFP.
Ses membres s'engagent à l'appliquer et à la respecter.

Le label OPQF (Office professionnel de qualification des organismes de formation) a permis d'élargir à ces organismes une procédure de reconnaissance qui existait déjà pour les conseils en management avec le label OPQCM (Office professionnel de qualification des conseils en management). En août 2001, l'OPQF comptait 700 organismes qualifiés.

Une démarche analogue a été menée par la Chambre syndicale des professionnels de la formation continue, qui regroupe les formateurs indépendants, avec le référentiel ICPF (Institut de certification des professionnels de la formation).

Par ailleurs, l'Afnor, toujours dans l'esprit de clarifier les relations entre demandeurs et offreurs sur ce marché souvent jugé opaque, a publié cinq normes concernant la formation :

- NF X 50-750 (juillet 1996) sur la terminologie de la formation (80 termes usuels).

- NF X X50-756 (novembre 1995) sur la demande de formation et la présentation du cahier des charges.

- NF X50-760 (novembre 1995) sur l'information relative à l'offre des organismes de formation.

- NF X50-755 (février 1998) sur la demande de formation et la méthode d'élaboration des projets de formation.

- NF X50-761 (février 1998) sur la définition de la prestation d'un organisme de formation.

La norme FD X 50-74 fournit par ailleurs aux organismes de formation une méthode d'application de la norme ISO 9001 (version 1994) à leur activité. Enfin, FD X 50-758 porte spécifiquement sur la qualité des formations en alternance.

Il existe, au sein de l'Afnor, un groupe d'experts qui se réunit régulièrement dans le cadre d'une commission (Comité de la marque NF Services formation professionnelle continue).

Par ailleurs, certains organismes de formation (1) se sont engagés, en tant qu'entreprises de service, dans des démarches de certification de la série ISO 9000. Une majorité sont des organismes rattachés à une entreprise qui propose de la formation à ses clients dans le cadre d'un service global (c'est souvent le cas des sociétés informatiques, comme Hewlett-Packard). Mais il existe aussi des organismes indépendants qui

(1) À fin août 2001, 140 sont recensés dans le catalogue des certifiés AFAQ (mais il existe d'autres organismes certificateurs).

ont mené à bien cette démarche. En France, on peut citer, parmi les premiers historiquement, le CSP (qui est par ailleurs un offreur de formation sur la qualité, ce qui impose une certaine cohérence), le CESI (Normandie) ou la CEGOS, premier opérateur privé de formation. Mais on trouve également vingt-cinq GRETA et un DAFCO de l'Éducation nationale, laquelle par ailleurs promeut actuellement un label Qualité spécifique, composé d'engagements vis-à-vis du bénéficiaire de la formation (écoute et analyse de ses besoins, choix avec lui du parcours de formation adapté à son cas, validation des acquis, accompagnement) et vis-à-vis du commanditaire (service global, partenariat, flexibilité du parcours et de l'organisation de la formation, ajustement du temps).

Il faut comprendre que ces labels et certifications ne donnent en aucun cas une garantie. L'OPQF reste largement déclaratif, et assure l'entreprise cliente que l'organisme est bien géré et paie ses cotisations sociales. Les dix commandements de la FFP sont un engagement, mais il n'existe pas de contrôle d'application à proprement parler sinon l'obligation d'affichage des dix commandements dans les locaux de l'organisme. Les normes Afnor sont des normes dites « outils », c'est-à-dire qu'elles ne s'imposent pas comme une obligation. ISO 9000 permet de penser qu'un organisme a fait un effort important de clarification de ses procédures, mais la certification porte sur la qualité de l'organisation, et non sur la qualité du service. D'excellents organismes ou de fort bons formateurs ne sont pas « labellisés », et il arrive à ceux qui le sont de faire des erreurs comme les autres. Il faut donc prendre ces initiatives comme une preuve apportée par l'organisme de son désir de progresser, mais pas comme une preuve d'excellence.

Dans la pratique, les managers de la formation semblent, selon les enquêtes disponibles, assez peu accorder d'importance à ces labels, sauf dans les entreprises qui ont structuré globalement des politiques d'achat appuyées sur la certification de leurs fournisseurs, en incluant les prestataires de services. En revanche, on a vu apparaître ces dernières années, dans les formulaires à remplir pour répondre à des appels d'offres relevant des marchés publics, des rubriques à renseigner sur l'existence de telles pratiques.

Il existe par ailleurs des initiatives diverses de création de bases de données sur les organismes, dont la plupart ne sont pas exhaustives, et certaines franchement commerciales. Ces dernières années, les sites Internet se sont multipliés, dont certains sont directement offreurs d'aide à une politique d'achat (voir liste de sites utiles en annexe).

Les membres d'associations professionnelles comme le GARF (Groupement des animateurs et responsables de formation) ou l'AFREF (Association française pour l'expansion par la formation) ne sont pas restés inactifs. Le GARF a par exemple édicté une « charte de la qualité en faveur de l'apprenant ».

Ces membres d'associations échangent entre eux adresses et avis, recommandations et conseils sur les organismes. Beaucoup d'entreprises ont l'habitude de « tester » des stages en y envoyant des personnes qui vont, à leur retour, faire un rapport détaillé et conseiller (ou non) de continuer à envoyer des personnes à ce stage. Tout cela permet une présélection, essentiellement fondée sur la notoriété, les références et l'expérience de collègues ayant déjà travaillé avec cet organisme.

Précisons également qu'il existe des normes applicables aux écoles de commerce. La Communauté européenne a favorisé la création de la norme EQUIS qui s'applique aux établissements de la Communauté européenne.

Cette diversité d'approches a une signification : la reconnaissance de l'entrée de la formation, et particulièrement de la formation continue, dans le champ de l'économie des services. C'est le signe d'une reconnaissance de la valeur ajoutée de la formation dans la réussite d'une stratégie d'entreprise (et dans une stratégie individuelle). Nicole Péry, secrétaire d'État au Droit des femmes et à la Formation professionnelle, était très claire à ce sujet dans son allocution du 16 novembre 1999 à la deuxième convention de l'OPQF : *« Le niveau d'exigence en termes de qualité de service doit être le même pour les organismes de formation que pour les autres secteurs de service. »*

Enfin, bien que ce ne soit pas le sujet central de ce livre, signalons une montée de l'expérimentation des démarches Qualité dans le champ de la formation initiale.

À partir du moment où un ou plusieurs organismes de formation sont présélectionnés, l'autre question est comment juger l'offre. Il y a deux cas de figure : soit il s'agit de stages interentreprises, soit il s'agit de chercher un organisme capable de réaliser une action interne à l'entreprise à partir du cahier des charges.

Quelques points de vocabulaire

Agrément

L'agrément est donné par l'État ou une Région. Il permet à un organisme d'intervenir dans certains secteurs d'activité. Il peut être donné aux organismes collecteurs (OPCA), pour organiser la collecte et la mutualisation des contributions des entreprises au développement de la formation continue. Il peut être également donné aux organismes de formation,

notamment ceux utilisant des fonds publics (loi du 4 février 1995) après une procédure d'agrément. Il peut aussi concerner l'agrément des programmes d'études de certains organismes de formation (auxquels les entreprises, de 10 salariés et plus, peuvent verser au plus 10 % du montant de la participation au développement de la formation professionnelle). Il est alors donné par l'État. Enfin, il peut porter sur l'agrément des stages au titre de la rémunération des stagiaires de la formation professionnelle (permettant que certains stagiaires reçoivent une rémunération payée sur fonds publics).
Ces agréments sont donnés essentiellement sur des critères administratifs (notamment par vérification que l'organisme est en règle avec l'administration fiscale et l'Urssaf), de compétence de ses dirigeants et de références positives de clients. Ils ne sont pas un « label » Qualité, mais attestent d'une certaine solidité de l'organisme.

Attestations, certificats et diplômes

Normalement, dans le cadre de la formation continue, un organisme délivre au minimum deux types d'**attestation** :
– une attestation de stage, document écrit, remis au stagiaire, qui certifie sa participation à une formation ;
– une attestation de présence, document écrit, à usage administratif, remis au commanditaire. Il certifie l'assiduité du stagiaire à une formation. C'est pour la justifier que les stagiaires doivent signer une feuille de présence.
Ces attestations n'ont guère de valeur autre qu'administrative. Le fait qu'un stagiaire ait été présent ne signifie en aucun cas qu'il ait appris quelque chose ou que la formation ait été de qualité.
Le **certificat** va plus loin : il atteste, par un document écrit, délivré par le dispensateur de formation ou une autorité de référence, qu'un niveau de capacité vérifié par un contrôle est reconnu au stagiaire (1).
Le certificat de qualification professionnelle (CQP), par exemple, est délivré par une commission paritaire nationale (CPN) de branche et reconnu dans la classification des conventions collectives de la branche. Mais il existe également des certificats délivrés par les chambres de commerce et d'industrie ou d'autres institutions privées.
Dans ces cas, l'organisme de formation s'engage, puisqu'il accepte de porter une appréciation individuelle sur les stagiaires et de la traduire dans un document signé par lui, ce qui n'est pas le cas dans la majorité des stages de formation continue.

(1) Source : Afnor NF X 50 750 1.

> Bien entendu, la contrepartie sera que le stagiaire voudra faire reconnaître la qualification que le certificat lui accorde.
> Le **diplôme** délivré par un organisme peut avoir plusieurs formes.
> S'il s'agit d'un diplôme reconnu nationalement, il doit obligatoirement avoir été inscrit dans une liste établie sous l'autorité du Premier ministre, par niveaux, d'une part, par métiers, groupes de métiers ou types de fonction, d'autre part, et selon une nomenclature officiellement établie. Cette inscription est de droit pour les titres et diplômes délivrés par le ministère de l'Éducation nationale, tout comme pour les titres d'ingénieurs habilités par la CTI.
> Pour les autres titres ou diplômes, l'homologation est prononcée après examen par une commission technique (CTH) instituée auprès du comité interministériel de la formation professionnelle et de la promotion sociale, et du Groupe permanent des hauts fonctionnaires prévus à l'article L. 910-1 du Code du travail.
> Mais une entreprise peut aussi délivrer des diplômes qui n'engagent qu'elle-même, et dont la valeur est liée à l'appréciation portée sur le marché du travail. Par exemple, Microsoft délivre des diplômes « maison » à des personnes extérieures maîtrisant certains de ses logiciels.

La sélection d'un stage interentreprises

La première sélection se fait le plus souvent sur une « image » ou une expérience antérieure. On a confiance dans tel organisme, parce qu'il a de la notoriété, parce qu'il a été conseillé par un tiers auquel on fait confiance, parce qu'il semble spécialisé sur le sujet auquel on s'intéresse ou parce que l'on y connaît quelqu'un. Parfois, il s'impose de lui-même s'il a une technicité très spécifique. Pour les entreprises travaillant avec les organismes mutualisateurs (OPCA), il est de pratique courante que ceux-ci proposent une liste d'organismes considérés comme appropriés au besoin (jamais un seul, pour éviter toute ambiguïté), entre lesquels il leur est proposé de choisir. À partir du moment où les organismes ont été présélectionnés et leur documentation rassemblée, les milieux professionnels de la formation conviennent généralement que le descriptif d'un stage doit comporter, en plus du titre, les sept rubriques suivantes (à quelques variantes près) :

■ *Le public concerné*

Il est défini par la fonction qu'il exerce actuellement (perfectionnement) ou à laquelle le stage doit le préparer. Pour certains stages, des prérequis en termes de niveau de formation initiale et/ou d'expérience professionnelle sont définis. C'est évidemment important s'il s'agit d'une formation à caractère technique ou scientifique, puisque ces indications définissent le niveau minimal pour pouvoir profiter pleinement du stage. Il est important d'être attentif à ce point. Cela évite d'aller à un stage d'un niveau trop élevé que l'on ne peut pas suivre... ou de s'ennuyer en passant du temps sur des choses que l'on connaît déjà.

Parfois, la formation s'inscrit dans des cursus modulaires : un stage donné est un élément d'une succession de stages dont d'autres sont des prérequis. La manière dont ces prérequis sont vérifiés est un critère de sérieux de l'organisme. Attention notamment aux limites de l'auto-évaluation. Les formations en langue sont un bon exemple de stages dans lesquels l'auto-évaluation du niveau a une assez faible fiabilité ; certains surestiment, ou sous-estiment, leur niveau. D'où l'utilité des tests d'orientation.

■ *Les objectifs*

C'est l'un des points clés du choix. Les stages dont les objectifs sont définis de façon très générale, floue, en utilisant des mots qui ne se prêtent pas à la mesure des résultats (connaître, savoir, etc.), ou qui donnent des têtes de chapitre à la place des objectifs doivent être observés avec circonspection.

En face des objectifs, il doit normalement y avoir l'indication des moyens de **validation et d'évaluation** qui permettront de constater que ces objectifs sont atteints. En réalité, cette indication est rarement fournie dans le cas d'un stage interentreprises, sauf si le stage conduit à un diplôme ou à une habilitation. En interentreprises, en dehors de ces cas qui restent une minorité, l'organisme ne peut jamais être certain que toutes les entreprises qui vont envoyer des participants, et ces participants eux-mêmes, seront demandeurs, ou même accepteront que le résultat soit diffusé. Ils restent donc dans une prudente et compréhensible expectative.

■ *Le contenu*

Il indique le programme du stage. Les organismes, dans leurs catalogues, ne peuvent que rarement détailler le contenu de façon très précise, faute de place. Ils en donnent les grandes lignes. Pour décrypter, ce n'est pas tant l'énoncé du thème qui compte que le rapprochement des objectifs visés, du public concerné et de la durée du stage. Compte tenu de ces trois facteurs, le contenu proposé est-il réaliste (on peut raisonnablement atteindre l'objectif dans le temps annoncé) ? Inversement, on peut se trouver confronté au délayage : deux jours prévus pour une matière qui, compte tenu des objectifs, du niveau des participants pourrait être traitée en une demi-journée.

Le contenu est le plus souvent organisé en séquences chronologiques. Cela permet de repérer en quoi ce séquencement est cohérent avec les objectifs annoncés au début. Un des problèmes des organismes de formation est d'annoncer des objectifs, puisque leur énoncé est devenu l'un des usages de la formation, mais aussi de composer leur programme dans une logique académique classique. La lecture attentive de la fiche descriptive permet au moins de dépister les incohérences les plus flagrantes (par exemple si pour « initier » au traitement de texte on commence à vous proposer deux jours d'exposé sur l'informatique) et de choisir les organismes qui donnent à voir dans leurs fiches descriptives une bonne articulation entre les objectifs et le contenu.

■ *Les méthodes pédagogiques*

Elles sont importantes parce que ce sont elles qui vont permettre le passage de l'objectif au résultat. Deux recommandations peuvent être faites ici (on peut se reporter au chapitre VII pour le descriptif des principales méthodes). La première est de repérer, dans le séquencement du programme, si la partie d'entraînement actif est suffisamment importante, au regard de l'objectif, par rapport à la partie théorique.

La seconde est de se méfier des gadgets, qui font partie de la panoplie du marketing des organismes de formation. Si certains d'entre eux sont indiscutablement utiles, la présence dans la salle de toute une panoplie audiovisuelle ne palliera jamais l'insuffisance de compétence de l'animateur. Attention donc aux organismes qui font miroiter les prodiges de leur didacticiel exclusif ou de leur méthode brevetée qui a « fait ses preuves » aux États-Unis ou au Japon. Il ne s'agit là que de moyens. L'important est l'objectif. Il y a un moyen très simple de s'assurer du sérieux de l'organisme : accorde-t-il l'essentiel de l'argumentation à la description de son outil ou aux fins qu'il est supposé servir ? Dans le premier cas, il est le plus souvent urgent de s'abstenir.

■ *L'animateur*

Il n'est pas toujours nommé. Quand il l'est, cette information n'a en réalité un intérêt que lorsque cet animateur est un expert reconnu dans son domaine, ce qui n'est le cas en France que de quelques dizaines de personnes qui ont atteint dans leur spécialité une notoriété incontestable.

Dans le cas du stage interentreprises dont l'animateur est inconnu du prescripteur potentiel, il est difficile d'exiger, sauf s'il s'agit d'un stage à très fort enjeu, un contact personnel avec l'animateur avant décision. Il vaut d'ailleurs mieux parfois un animateur moins célèbre, et mieux centré sur les objectifs, qu'une « vedette » qui va faire son numéro habituel. Souvent d'ailleurs, l'animateur centré sur les objectifs fera appel à des intervenants d'une certaine notoriété, mais sur des temps limités. La rencontre avec des intervenants reconnus, dans un petit groupe dans lequel le dialogue est facile, est indiscutablement l'un des attraits de certains stages. Mais ce peut être aussi une facilité pour un organisme de formation qui finit par se comporter en « imprésario » organisateur de spectacles en perdant de vue la finalité pédagogique.

■ *L'organisation pratique*

Elle indique la date, le lieu, les horaires et permet au décideur de vérifier que le stage aura lieu au bon moment par rapport aux objectifs poursuivis et sera compatible avec les contraintes de temps et de calendrier.

■ *Le coût*

C'est évidemment un point non négligeable pour le choix, mais qui, à nos yeux, ne doit venir qu'en second. C'est en réalité le rapport qualité/coût qui est important. À partir du moment où deux organismes sont à égalité, et à un haut niveau, sur des critères de qualité sur les six points précédents, le coût peut devenir un critère de choix. Si ces critères de qualité ne sont pas réunis (ou du moins le pronostic de qualité compte tenu des informations dont dispose le responsable), mieux vaut faire une économie radicale en renonçant à l'inscription et en relançant la recherche. Notons au passage que trop souvent dans les entreprises on va étudier longuement la pertinence de l'achat d'un matériel de quelques centaines d'euros et décider sans examen approfondi l'achat d'un stage de plusieurs milliers.

Ces sept points permettent de prendre une décision sur le choix de l'organisme offrant des stages interentreprises. La démarche sera en partie différente pour le choix d'un organisme devant intervenir dans l'entreprise.

Le choix d'un partenaire dans un projet interne à l'entreprise

■ *L'appel d'offres*

La base du choix est la capacité à répondre aux exigences du cahier des charges. La procédure de l'appel d'offres restreint est peut-être alors la plus appropriée, pour jouer sur la concurrence (et l'émulation) (1). On présélectionnera quelques organismes auxquels on adressera le cahier des charges en leur demandant de manifester, dans un délai fixé, leur intérêt de principe. Le nombre des organismes consultés dépendra de l'ampleur du projet et de sa nouveauté dans l'entreprise (dix est un maximum, on peut parfois se limiter à deux ou trois pour ne pas alourdir le temps d'analyse des offres). Parmi ces organismes, nous conseillons de retenir un organisme complètement inconnu de l'entreprise, mais qui a attiré l'attention par la qualité de sa documentation, ou par un « bouche à oreille » favorable dans le milieu de la formation. Cela permet de découvrir un nouveau partenaire, avec lequel on va travailler sur ce projet, ou peut-être sur un autre. Cela permet aussi d'éviter de placer des organismes connus dans des situations de monopole de fait en ne consultant qu'eux.

Une variante est d'envoyer un court descriptif du projet, en demandant aux organismes de manifester rapidement leur intention (ou non) de répondre. Si c'est le cas, on leur envoie alors le cahier des charges complet.

Dans la période entre l'envoi de l'appel d'offres et la fin du délai de réponse, on proposera au minimum aux organismes une conversation téléphonique pour répondre à leurs questions et leur donner des précisions, voire une rencontre directe (2).

Il est souhaitable, pour faciliter la comparaison conduisant au choix final, d'indiquer à chacun un plan type de la proposition attendue. Ce plan type **peut** être le suivant (3).

Plan type d'une proposition

1. Le contexte ; reformulation de la demande. Reformulation succincte des finalités et du contexte du projet (pour s'assurer que le prestataire pressenti est bien « en phase »).

(1) Cette procédure assez lourde doit être utilisée à bon escient. Dans certains cas, si l'on connaît un organisme auquel on fait confiance, on peut engager directement la discussion avec lui !

(2) Certaines procédures d'appels d'offres publics prévoient que les organismes intéressés doivent envoyer leurs questions par écrit. Une note est alors rédigée pour répondre à l'ensemble des questions posées, et envoyée à tous les organismes concurrents. Cette procédure, assez lourde, vise à mettre les candidats en situation d'égalité devant l'information.

(3) Il s'agit ici d'une suggestion, basée sur l'observation des pratiques. On peut ne pas s'interdire d'innover en ce domaine pour rompre avec des routines !

2. Principes généraux. Grands principes qui inspirent la proposition : choix pédagogiques, modalités de relation entre le prestataire et l'entreprise, principes d'organisation des contenus, etc.
3. Organisation de la formation. Objectifs, contenus, séquencement pédagogique, méthodes pédagogiques, animateurs et intervenants (éventuellement), modalités d'évaluation.
4. Développement (éventuellement). Travaux nécessaires pour la préparation de l'action : enquêtes terrain, production de moyens pédagogiques, etc.
5. Éléments de gestion et de pilotage du projet. Logistique (salles, hébergement, administration...), planning indicatif de la phase de préparation, dates proposées pour le démarrage ; structure que le chef de projet mettra en place pour piloter l'opération ; maintenance des supports et des programmes et suivi général de l'opération (y compris l'évaluation).
6. Budget prévisionnel. Coûts (éventuels) de la phase de développement (en distinguant temps, supports et déplacements), coût global pour un cycle complet de formation, en distinguant s'il y a lieu le coût pédagogique (animation, et éventuellement supports non budgetés en phase de préparation) et les coûts d'hébergement et de séjour ; coûts de maintenance et de suivi ; échéances de facturation et leurs montants.

Annexes

- Références d'autres entreprises sur les projets comparables.
- CV du chef de projet et des principaux intervenants.
- Tous documents à la convenance de l'organisme.

La présélection

Autour de chacun de ces points, on aura intérêt à fixer au préalable, sans les communiquer aux organismes (1), une série de critères de jugement.

Le première sélection sera donc opérée après confrontation de différents lecteurs des propositions, et une « short list » de quelques organismes retenus (trois ou quatre maximum). Généralement, ce travail est effectué par les membres du comité de pilotage du projet, parfois (dans les grandes entreprises) avec l'intervention d'un représentant de la direction des achats.

(1) Il arrive cependant qu'ils soient explicitement indiqués dans l'appel d'offres.

■ *La sélection finale*

On recevra ensuite, de préférence à plusieurs (1) pour comparer les points de vue, les organismes intéressés pour un premier contact, en exigeant de rencontrer personnellement le chef de projet que l'organisme envisage de désigner. Le contact avec ce chef de projet est important pour se faire une idée des possibilités de coopération réelles qu'un commercial de l'organisme aura évidemment tendance à survaloriser. Ce contact est important, pour savoir tout simplement si l'on a envie de travailler avec ce chef de projet. C'est souvent, au-delà de la qualité de la proposition et du prix proposé, un critère décisif.

Ces rencontres se feront en principe au cours d'une même journée, les candidats étant convoqués devant le groupe de pilotage à une heure et demie d'intervalle pour présenter oralement leur projet (une heure pour la présentation et l'échange, une demi-heure de discussion entre les membres du groupe en dehors de la présence de l'organisme). Parfois, les membres du groupe se sont à l'avance partagé les questions à poser.

Cette rencontre, qui a parfois l'aspect d'une comparution devant un jury de concours, permettra de préciser un certain nombre de points :

- la précision des réponses qu'il apporte à vos questions ;
- l'attitude générale du prestataire (celui qui s'intéresse à son catalogue ou celui qui s'intéresse à votre entreprise et à votre projet) ;
- son professionnalisme (à travers les questions qu'il pose) ;
- les moyens dont il dispose pour assurer la prestation ;
- les références de l'organisme dans des opérations analogues.

Sur cette base, le choix sera fait en utilisant la grille de critères. Souvent, il sera demandé à l'organisme choisi de remanier sa proposition pour tenir compte des remarques, avant la signature du marché. Dans certains cas, il peut arriver :

- que le choix soit différé, parce qu'aucun organisme ne se détache nettement ; on peut alors demander à certains d'entre eux (les autres étant éliminés) de refaire une proposition technique et/ou financière tenant compte des questions et remarques formulées par le groupe de travail. Ces propositions nouvelles seront remises en concurrence ;
- que l'appel d'offres soit déclaré infructueux, parce qu'aucun organisme ne semble capable de répondre à la demande. Évidemment, cela

(1) En particulier avec le groupe de travail qui a élaboré le cahier des charges.

est à éviter pour ne pas engendrer des coûts supplémentaires et des pertes de temps, mais, dans certains cas, il vaut mieux consentir à des coûts supplémentaires pour éviter un risque d'échec.

Quelques conseils

Ayant nous-même alterné dans notre carrière la position de consultant et celle de client, nous nous permettrons, en nous appuyant sur notre expérience, de rajouter à ces recommandations techniques quelques suggestions déontologiques :

– ne demandez une proposition écrite et détaillée à un consultant que s'il a une chance réelle de travailler avec vous (1) ;

– n'engagez une procédure d'appel d'offres restreint que lorsque le projet a été validé par les principaux décideurs. N'utilisez pas gratuitement les idées des consultants si vous en manquez vous-même, sans intention de donner suite ;

– lorsqu'on envoie une proposition à votre demande, répondez oui ou non, ou expliquez pourquoi la réponse tarde. Tous les consultants ont eu l'expérience du client qui, après les avoir pressés de formuler un projet, devient impossible à joindre.

Ces trois suggestions sont évidemment inspirées par un souci de correction dans les relations avec les organismes. Mais il est évident que la manière dont la relation s'établit est l'une des conditions de la réussite de la suite. Si le partenariat s'engage dans l'imprécision, la méfiance réciproque, le prestataire de services fera ce qui est prévu, sans grande implication, en exécution d'un contrat « alimentaire ». Si la relation se construit dans la transparence, sur la base de règles du jeu claires, et des intérêts réciproques, la probabilité d'un partenariat réussi augmente sensiblement. Nous reviendrons sur cette question plus loin.

Après tout, ce qui est recherché, c'est de réussir ensemble, et non pas de monter une relation qui permettra à chaque partie de désigner l'autre comme responsable en cas d'échec ou de difficultés.

Une dernière remarque sur ce sujet, à propos des intérêts réciproques : le prix. Il existe un prix de marché, connu des professionnels, généralement modulé autour d'un prix de journée en fonction de la notoriété de l'organisme et de l'intervenant et du type d'intervention

(1) Dans certains cas, on a vraiment l'impression, en tant que consultant, que la partie est jouée d'avance et qu'on vous demande une proposition uniquement pour justifier par une procédure apparemment rigoureuse un choix déjà effectué.

demandé. Au moment où nous écrivons ces lignes, le prix de marché varie pour une prestation interne à l'entreprise entre 600 et 2 000 euros/jour, avec des pointes nettement plus élevées pour des prestations ponctuelles de quelques personnalités connues, peu nombreuses, donc rares et chères. En pure logique économique, l'entreprise cliente a intérêt à ce que le prix soit le plus bas possible. Mais il est évident que le prix de journée ne paie pas que la prestation. Il paie l'infrastructure de l'organisme, ses locaux, son secrétariat, le temps consacré à la recherche et à l'innovation, à la formation interne, le temps de prospection commerciale.

Certaines entreprises (ou, souvent, l'État en tant qu'acheteur de prestations de formation) ont voulu imposer des prix bas qui ont conduit les organismes à sous-traiter eux-mêmes l'animation à des vacataires ou à des personnes à contrat déterminé, peu motivées, peu formées et fournissant des prestations médiocres. Il arrive donc un moment où la logique économique se retourne en produisant de la non-qualité. Mais inversement, les entreprises ne doivent pas devenir des vaches à lait achetant n'importe quelle prestation à n'importe quel prix. À l'entreprise de déterminer le « juste prix ». Certaines ont d'ailleurs développé des procédures de rationalisation des achats de formation.

2 – La convention de formation

La convention de formation est un document obligatoire pour permettre à l'entreprise de justifier des dépenses engagées aux yeux de l'administration fiscale. Elle traduit le contrat librement consenti entre les deux parties. Elle peut être bilatérale (entreprise/organisme), multilatérale (organisme/ensemble d'entreprises adhérentes à un groupement professionnel), annuelle ou pluriannuelle (trois ans maximum). On peut y ajouter des contrats de prestations de services, fréquents dans le domaine qui nous occupe ici. Ces conventions sont soumises à quelques règles pour pouvoir être considérées comme libératoires de l'obligation légale. L'organisme doit être légalement déclaré (le terme officiel est « dispensateur de formation »), et son numéro de déclaration d'existence doit être porté sur la convention. Celle-ci doit comporter les rubriques (liste indicative) suivantes (art L. 920-1 du Code du travail) :

– *« la nature, l'objet, la durée, les effectifs des stages qu'elles prévoient ;*

– *les moyens pédagogiques et techniques mis en œuvre ;*

– *les conditions de prise en charge des frais de formation pédagogique des éducateurs et leur rémunération ;*

– lorsqu'elles concernent des salariés, les facilités accordées, le cas échéant, à ces derniers pour poursuivre les stages qu'elles prévoient, notamment les congés, aménagements ou réductions d'horaires dont ils bénéficient en application de dispositions législatives, réglementaires, ou contractuelles ;

– les modalités de contrôle des connaissances et la nature de la sanction de la formation dispensée ;

– les modalités de règlement amiable des difficultés auxquelles peut donner lieu l'exécution de la convention. »

Lorsque la prestation est limitée, la convention, qui doit toujours être écrite, peut prendre une forme simplifiée en comportant le numéro d'existence du dispensateur, la nature, la durée, l'objet de la convention, les effectifs, le coût et l'année de participation sur laquelle doit s'imputer la dépense de l'entreprise. Le non-respect des clauses peut entraîner une suite devant les tribunaux, et la jurisprudence comporte maintenant un nombre significatif de cas de ce genre.

Cette forme limitée est le minimum légal. Rien n'empêche l'entreprise d'y ajouter des dispositions qui lui sont propres, visant à assurer la qualité de la prestation.

3 – Sous-traitance, partenariat et assurance qualité

Il y a deux manières d'aborder la question de l'appel à des organismes. On peut souhaiter acheter une prestation de services plus ou moins standardisée (stage interentreprises notamment), que l'on n'a pas la possibilité ou la compétence de réaliser en interne. On a dans ce cas sous-traitance d'une prestation. On peut aussi souhaiter associer un organisme au succès de l'opération. On recherche alors davantage un partenaire avec lequel vont être définies les conditions de ce succès.

Ce cas se rencontrera plus fréquemment sur les opérations à fort enjeu, menées à l'intérieur de l'entreprise à partir d'un cahier des charges, ainsi que nous l'avons défini précédemment.

Il est maintenant de plus en plus fréquent pour les entreprises de recourir à des formules de partenariat. Cette tendance s'observe d'autant plus que les politiques de formation, basculant de la gestion administrative au management, mettent au premier plan l'obtention de résultats. La relation entre une entreprise et son partenaire va découler du constat que ni l'un ni l'autre, en l'état, ne peuvent réellement mettre en œuvre immédiatement les moyens permettant d'obtenir ces résultats.

L'entreprise va donc, après avoir choisi le partenaire qui lui paraît le plus à même de fournir la prestation souhaitée, engager avec lui un véritable travail de coproduction, en acceptant notamment de financer tout ou partie de l'investissement en moyens, en formation interne, en préparation, en ingénierie pédagogique, que l'organisme devra engager pour pouvoir honorer les exigences du cahier des charges. L'entreprise y gagne de la sécurité sur la qualité des résultats, l'assurance d'avoir affaire à un partenaire qui la connaît bien, et l'organisme l'accès à un marché à moyen/long terme qui conforte sa propre sécurité, plus une expérience qu'il pourra réinvestir ailleurs. L'accord de partenariat se conclut donc sur la base d'intérêts mutuels bien compris.

L'une et l'autre formules sont possibles, et tous les panachages sont envisageables. La tendance générale est cependant la même que celle que l'on observe en ce qui concerne les politiques d'achat : moins de fournisseurs, mais avec lesquels des relations étroites sont nouées pour assurer la qualité des prestations. Telle très grande entreprise française qui a réduit en trois ans, dans le cadre de sa politique de Qualité Totale, le nombre de ses fournisseurs de 2 000 à 900, a pour objectif de procéder de la même manière, et dans les mêmes proportions, avec les « fournisseurs » de formation (à ce jour 600 sous-traitants formation pour 15 millions d'euros de dépenses de formation en application de conventions externes).

On voit donc se développer de véritables politiques d'achat de prestations de formation. Le développement de partenariats est l'une des voies ouvertes au manager de la formation pour constituer un fichier d'organismes référencés. Telle banque, par exemple, a élaboré un répertoire d'organismes qu'elle a agréés sur le rapport qualité/coût de leurs prestations, et auxquels elle confie 70 % de ses commandes. Cette pratique aurait, selon le responsable, permis de baisser de 15 % le budget formation à volume égal.

Une grande firme automobile a édicté (elle aussi !) une liste des dix commandements permettant de maîtriser la sous-traitance formation. Nous la reproduisons, car elle résume parfaitement les idées que nous avons développées dans ce chapitre.

1. Choisir les organismes dans lesquels nous avons identifié personnellement les formateurs et les intervenants.
2. Éviter de confondre partenariat et monopole (le consultant a tendance à sortir de sa spécialité pour conserver le marché ou, si le marché lui semble acquis, ne plus s'améliorer).
3. S'enrichir des expériences extérieures et confronter les nôtres.

4. Obtenir la nécessaire transparence (les consultants ont le goût du secret).
5. Négocier sans relâche (le processus de négociation ne s'arrête pas aux termes du contrat ; il se poursuit durant une mise en œuvre de l'action, et s'adapte aux évolutions).
6. Associer le partenaire le plus en amont possible au processus d'élaboration de produits formation.
7. Développer des demandes et des cahiers des charges clairs et précis, notamment en ce qui concerne les objectifs et le public concerné.
8. Donner à l'organisme les moyens de bien connaître l'entreprise (prévoir entretiens, visites, ouverture de dossiers).
9. Laisser un éventail d'initiatives à l'intervenant extérieur.
10. Sensibiliser le futur formé, qui doit considérer la formation comme un investissement personnel, et être informé très tôt des éléments du cahier des charges... et se convaincre que travailler avec un organisme extérieur exige du **temps**, de la **compétence** et de la **rigueur**.

Ce partenariat, comme certaines expériences le montrent, peut se fonder sur les principes de l'assurance Qualité.

Nous avons sous les yeux un contrat d'assurance Qualité signé entre une entreprise et un organisme de formation, qui précise, après une référence explicite à la norme ISO 9001, l'objet du contrat en ces termes :

« *Le présent document spécifie les exigences en matière de système qualité qui sont applicables lorsqu'un contrat entre deux parties exige que soit démontrée l'aptitude de l'organisme de formation à maîtriser les méthodes et outils pédagogiques qui sont déterminants pour l'acceptabilité des acquis nouveaux et validés des stagiaires. Les exigences spécifiées dans le présent document visent, en premier lieu, à prévenir toute non-conformité pendant la formation, l'adaptation et le suivi sur les lieux de travail, et à mettre en œuvre les moyens pour en prévenir le renouvellement.* »

On est bien ici au cœur du management de la formation. Pour obtenir des résultats, il faut « mettre sous contrôle » le système qui est supposé les produire pour éviter les risques de dérive et permettre des régulations au cas où ces dérives seraient constatées. C'est ce que fait en réalité (ou devrait faire) tout manager.

Nous ne pouvons ici citer tout ce document, mais l'un de ses aspects les plus intéressants est de préciser que l'organisme « *doit prévoir les moyens nécessaires et désigner les personnes formées pour les activités de vérification. Celles-ci doivent comprendre le contrôle de la démarche et des moyens pédagogiques tout au long de l'action de formation et, selon les spé-*

cifications du contrat, au moment de l'adaptation et du suivi sur les lieux de travail ; le contrôle des acquis des stagiaires tout au long de l'apprentissage et des applications sur le lieu de travail ». Il précise que « *les audits du système qualité, de la démarche, des moyens pédagogiques et/ou des acquis nouveaux doivent être effectués par des personnes indépendantes de celles qui ont une responsabilité directe vis-à-vis des tâches effectuées* ». L'organisme doit désigner un chef de projet ayant l'autorité interne nécessaire pour assurer que les exigences du contrat sont respectées. Le contrat prévoit des « revues de direction », c'est-à-dire des moments de bilan en cours de route. Il précise également les tâches spécifiques que l'organisme doit mettre en œuvre pour obtenir la qualité souhaitée (par exemple les mises à jour, les équipements, la mise par écrit des procédures et instructions relatives au système qualité, etc.). Il reconnaît que le temps nécessaire pour ces tâches doit être inclus dans le contrat.

Ce dernier point paraît particulièrement intéressant parce qu'il constitue l'épreuve de vérité du passage des intentions à l'acte. Tous les spécialistes de la qualité montrent que la réduction des coûts de non-qualité a elle-même un coût, dit « coût d'obtention de la qualité ». C'est ce principe qui est appliqué ici, le principe étant que le coût supplémentaire doit être précisé et budgeté, et qu'il est considéré comme une sorte d'investissement récupérable par les gains de qualité (et d'efficience) obtenus. Nous sommes loin de la « convention simplifiée » dont nous avons parlé précédemment !

La qualité se paie et, donc, se budgète. Combien d'entreprises (et d'organismes) prévoient-elles effectivement dans leurs budgets de formation une part explicitement consacrée à l'amélioration de la Qualité ? C'est en fait le véritable test qui permet de faire la distinction entre les velléités et la réalité managériale. La qualité réduite, comme c'est souvent le cas, à un travail confié à un stagiaire n'est pas encore réellement intégrée dans le processus de management. C'est un début, normal, d'un processus de prise de conscience, bien décrit par un spécialiste de la Qualité comme Crosby. Mais la pérennisation et l'extension de la démarche (que Crosby appelle la « phase de sagesse ») ne surviennent que lorsque la démarche qualité est effectivement insérée dans les processus de décision et de budgétisation.

Nous en sommes encore loin dans le domaine de la formation. Une telle démarche n'est concevable pour la formation que lorsque l'entreprise dans son ensemble a intégré, au moins pour les produits et services qui sont l'objet de son activité, la nécessité d'une démarche de Qualité Totale. Les contrats d'Assurance Qualité sont l'un des moyens pour progresser. Leur application au champ de la formation reste largement expérimentale, mais un ensemble d'acteurs, entreprises, formateurs, pouvoirs publics, est désireux de progresser en ce sens. C'est indiscutablement une voie de progrès, qui a marqué ces dernières années. Elle comporte des risques, notamment de transformation d'un concept dynamique en recueil de procédures bureaucratiques. Mais elle est aussi porteuse d'une transformation profonde des pratiques dans le sens d'une meilleure efficience. Elle suppose des outils nouveaux de suivi et de contrôle, que nous développerons dans le chapitre suivant.

Le texte des normes type ISO 9001 parle d'exigences réciproques : le prestataire (ici de formation) ne peut s'engager sur des résultats que si un certain nombre de conditions ont été réunies en amont, ce qui nous renvoie à ce que nous avons développé notamment au chapitre IV sur le management de la formation.

Cela a des conséquences « en rafale » sur l'ensemble du dispositif de formation : nécessité de positionner le niveau d'entrée des stagiaires par rapport aux exigences de compétences requises, adaptation du contenu, des objectifs et des méthodes pédagogiques en fonction de ce positionnement, adaptation du contenu de la formation au contexte spécifique de l'entreprise, individualisation des apprentissages, nécessité d'un comportement actif du stagiaire, mise au point de méthodes de validation adaptées... et engagement du management de la formation à assurer sa part de responsabilité dans le dispositif.

Nous avons entre les mains la note d'un directeur d'établissement qui lance une action d'amélioration de la qualité du plan de formation, et qui se termine par la formule suivante (qui résume parfaitement ce que nous venons d'exposer) : *« une bonne formation donnée au bon moment aux salariés dont les besoins ont été bien identifiés »*. Peut-on exprimer les choses de façon plus simple ?

III. Les organismes mutualisateurs

Nous ne pouvons terminer ce chapitre sans traiter du rôle de ces organismes importants. Le dispositif français de formation comporte un réseau d'organismes dont la finalité est de permettre une mutualisation de tout ou partie des dépenses de formation des entreprises. Ces organismes, sous le nom générique d'OPCA (organismes paritaires de collecte agréés), gérés paritairement entre les syndicats patronaux et les syndicats de salariés, constituent une pièce maîtresse et originale (comparativement à d'autres pays) du dispositif concerté qu'avait souhaité le législateur de 1971.

Ils peuvent être constitués sur une base régionale (OPCAREG), professionnelle (par branche professionnelle) ou interprofessionnelle (cas de l'AGEFOS-PME), le poids principal étant donné aux branches. Ils doivent obligatoirement être agréés par l'État. L'entreprise y adhère librement, sauf dans le cas où un accord interne à sa branche professionnelle prévoit l'obligation de verser à l'OPCA tout ou partie de l'obligation légale de financement de la formation continue. En réalité, dans l'obligation de 1,5 %, ils versent la partie « fiscalisée » de 0,6 % finançant les congés individuels de formation (1) et l'alternance, et tout ou partie des 0,9 % dédiés au plan de formation.

Le rôle de ces organismes est d'être un intermédiaire administratif et financier entre les offreurs de formation, les entreprises et les institutions publiques. Une entreprise cotisante a un « droit de tirage » et, lorsqu'elle a choisi l'organisme, elle transite par l'OPCA pour la mise en forme et le financement de la convention. Le principe de la mutualisation permet à l'entreprise qui aurait, une année donnée, un besoin exceptionnel de financement d'actions de formation de « tirer » sur les fonds mutualisés au-delà de sa contribution (et inversement). Par ailleurs, les OPCA offrent des services d'ingénierie financière en aidant l'entreprise à monter des dossiers lui permettant de recevoir des subventions régionales, nationales ou européennes pour financer des projets exceptionnels ou répondant à des priorités politiques nationales (insertion des jeunes ou des demandeurs d'emploi). Cette aide est particulièrement précieuse pour les petites et moyennes entreprises qui ne disposent pas de professionnels internes capables de conduire eux-mêmes ces opérations.

La réforme introduite par la loi quinquennale de 1993, puis l'avenant du 5 juillet 1994 négocié entre partenaires sociaux ont conduit à un premier palier de simplification d'un dispositif qui reste aux yeux de certains encore très complexe, opaque et relativement improductif. Il existe à ce jour 99 OPCA (il en existait 255 avant les textes de 1994). Cette réforme a permis de résoudre en partie des dysfonctionnements parfois graves de certains de ces organismes (par exemple des coûts de fonctionnement internes démesurés ponctionnant les sommes mutualisées par les entreprises).

Les OPCA ont un poids économique considérable dans le dispositif. Ils drainent environ 1,3 million d'euros au titre du plan de formation des entreprises de plus de dix salariés (13,5 % de leur contribution

(1) Le financement du CIF relève d'OPCA spécialisés, répondant au nom générique de FONGECIF (Fonds de gestion du congé individuel de formation). Cette particularité est actuellement en débat dans le cadre de la réforme de la formation professionnelle, en cours de concertation au moment où nous écrivons ces lignes, en août 2001.

totale), en augmentation rapide, notamment auprès de PME. S'y ajoutent 167 millions d'euros pour les moins de dix salariés. Par ailleurs, ils sont le passage obligé de diverses collectes « affectées » (CIF, Capital Temps, alternance) pour un montant total de 1,8 milliard d'euros. C'est donc plus de 3,2 milliards d'euros qui transitent par ces organismes, soit environ 40 % du financement originel des entreprises (hors apprentissage).

Comme le relève un rapport du Medef préparant la négociation du dossier « formation » de la « refondation sociale », en 2000, *« on peut s'interroger sur le double processus de forte centralisation financière à travers la plupart des OPCA de branche, et la faiblesse apparente de leurs "services de proximité" en termes d'information et de conseil »*.

Du point de vue de l'entreprise, c'est en effet cela qui compte. Ce dispositif est-il opérationnel ? Évidemment, la situation est très contrastée, certains OPCA jouant bien, et de mieux en mieux, leur rôle de conseil aux entreprises, d'autres semblant frappés de léthargie bureaucratique. Le manager de la formation sera donc particulièrement attentif, s'il recourt à ces organismes, à leur capacité à répondre de façon efficace à ses besoins. Ils n'ont pas à jouer un rôle de consultant, ni de formateur, et donc se substituer au marché que le législateur a voulu ouvert, mais ils peuvent apporter un soutien efficace dans le passage du projet à la commande, pour mettre l'entreprise en rapport avec les partenaires *ad hoc*, pédagogiquement et financièrement.

Il faut donc savoir les utiliser. La qualité de leurs prestations dépendra aussi des exigences de leurs adhérents « clients ». Il faut dire à ce propos que trop d'entreprises se contentent de leur verser la « taxe », sans jamais les solliciter sur le montage d'actions de formation.

IV. FICHE RÉSUMÉ

Les cinq principes de base pour le passage de l'objectif à la commande

1. Pour les actions interentreprises, choisissez chaque fois que c'est possible les stages débouchant sur un projet personnel d'application des acquis dans le contexte spécifique de votre entreprise.
2. Sur les projets internes à l'entreprise, établissez un cahier des charges écrit, validé par les acteurs concernés par la réussite du projet, et suivez la procédure d'appel d'offres en l'adaptant à votre situation.
3. Pour une consultation d'organismes extérieurs, laissez le cahier des charges suffisamment ouvert pour leur offrir la possibilité de proposer des méthodes ou des démarches originales. Mais soyez précis sur les objectifs.
4. Cherchez à établir avec les organismes un rapport de partenariat fondé sur les intérêts réciproques bien compris et sur une coresponsabilité dans la recherche des résultats, plutôt qu'une sous-traitance simple. Formalisez les termes de cet accord dans la convention (ou dans un document annexe). Expérimentez des démarches inspirées de l'assurance qualité.
5. Apprenez à utiliser intelligemment les services des organismes mutualisateurs dans le montage d'un projet, en échange de l'argent que vous leur donnez.

Chapitre IX

GESTION ADMINISTRATIVE ET CONTRÔLE

« On travaille mal dans une usine où l'on ne voit pas clair, et pour qu'on y voie clair, il faut un bon éclairage et une bonne comptabilité. »

Auguste DETŒUF.
Propos de O.L. Barenton, confiseur

Notre propos dans ce chapitre sera essentiellement de nous interroger sur les systèmes de contrôle qui peuvent (et doivent) être mis en place pour que le management de la formation soit à la hauteur des ambitions que nous avons cherché à lui tracer dans ce livre. Le contrôle s'entend ici au sens anglo-saxon, c'est-à-dire comme la vérification permanente que le système mis en place ne dérive pas, est « sous contrôle », plutôt que dans le sens de bilan *a posteriori* plus ou moins inquisiteur qu'on lui donne encore trop souvent dans les pays latins.

Les déclarations fiscales obligatoires, qui méritent un arrêt pour l'information du lecteur peu familier avec leurs charmes discrets, et qui sont d'ailleurs toujours susceptibles d'évoluer (alors que nous espérons que ce livre répondra aux besoins des lecteurs pour une longue période, bien au-delà des vicissitudes réglementaires), ne seront donc pour nous qu'une étape. L'essentiel, de notre point de vue, est d'en arriver à cette « mise sous contrôle » et d'examiner les moyens pour le faire, notamment la notion de tableau de bord et l'utilisation des méthodologies d'audit dans le champ de la formation.

I. Les obligations administratives et fiscales

Les entreprises assujetties à la loi de 1971, modifiée en 1984, sont tenues de justifier de leur effort en déclarant chaque année, sur le formulaire dit « 24-83 », les dépenses qu'elles ont effectuées pour le financement de la formation continue. Les entreprises multi-établissements qui ne font qu'une déclaration consolidée sont tenues depuis 1990 de compléter cette déclaration en répondant à une enquête comportant un formulaire par établissement. C'est la déclaration QS9, qui, bien que n'ayant pas le même objet (justifier fiscalement de l'utilisation des budgets consacrés à la formation), est néanmoins obligatoire. Ces formulaires sont la source des enquêtes statistiques annuelles réalisées par le CEREQ (Centre d'études et de recherches sur les qualifications), organisme parapublic mandaté pour ce travail, et qui sont annexées à la loi de finances, et plus généralement diffusées par la presse spécialisée. C'est du moins le cas au moment où nous écrivons ces lignes (septembre 2001), alors que les milieux professionnels bruissent de rumeurs sur les évolutions à venir des textes. Cela n'est pas indifférent : tous les professionnels sont conscients de l'insuffisance de ces données pour rendre compte de l'activité de la formation au niveau national, mais ces données, étant les seules disponibles, sont malgré tout la référence commune. Il en est de même dans l'entreprise. La déclaration annuelle, par ses catégories, a fini par modeler la manière de penser la formation continue et d'en parler. L'exemple le plus spectaculaire est donné par le calcul de l'effort de formation en pourcentage de la masse salariale, qui est demandé par la déclaration annuelle (et, par ailleurs, par le bilan social), et qui fait de la France une bizarrerie exotique pour nos collègues étrangers, dont aucun ne mesure l'effort de formation sur cette base (ils le font plutôt en termes de rapport entre les dépenses de formation et le chiffre d'affaires, ou avec la valeur ajoutée, ou en moyenne par salarié).

La déclaration 24-83. La déclaration 24-83 de l'année N doit être adressée pour le 5 avril de l'année N+1 à l'administration des impôts dont elle relève. Le procès-verbal de la délibération du comité d'entreprise (ou, à défaut, le procès-verbal de carence) y est obligatoirement joint. Elle permet à l'entreprise de justifier fiscalement des sommes dépensées pour apporter la preuve que ces sommes sont au moins égales à l'obligation légale (si elles ne l'étaient pas, la différence serait à verser au Trésor public). Nous reproduisons ci-après ce formulaire (entreprises de plus de 10 salariés) (1). Cela permettra au lecteur peu averti de ces obligations d'en prendre connaissance. Nous le renvoyons aux notices du ministère des Finances pour le mode d'emploi...

(1) Ces formulaires sont maintenant disponibles en ligne. Consulter le site du ministère du Travail.

© Internet - DGI

cerfa

N° 11168 * 03

Formulaire obligatoire en vertu des art. 235 *ter* J et 235 *ter* K du CGI et L 951-2 à L 951-12 du Code du travail et art. 27 de la loi 90-613 du 12 juillet 1990

PARTICIPATION DES EMPLOYEURS AU DÉVELOPPEMENT DE LA FORMATION PROFESSIONNELLE CONTINUE

(Employeurs ayant au moins dix salariés)

RENSEIGNEMENTS RELATIFS À **L'ANNÉE 2000** OU LA PÉRIODE DU .... AU ....

(Lire attentivement la notice n° 2483-NOT avant de remplir la présente déclaration qui doit être envoyée en deux exemplaires au plus tard le 30-4-2001)

N° 2483

Direction générale des impôts

Délégation générale à l'emploi et à la formation professionnelle

Jours et heures de réception du service →

Adresse de ce service où cette déclaration doit être déposée →

Identification du destinataire →

Adresse du déclarant (quand celle-ci est différente de l'adresse du destinataire)

Recette		N° de dossier		Clé		Régime		Insp.

N° SIRET

Rayer les mentions qui ne correspondent plus à la situation exacte de l'entreprise (dénomination, adresse, SIRET) et signaler ci-contre le changement intervenu.

....

....

....

A MONNAIE DE DÉCLARATION

Si votre comptabilité 2000 était tenue en euros, vous pouvez choisir de déclarer en euros ou en francs — EURO ☐

Si elle demeurait tenue en francs, vous devez déclarer en francs — FRANC ☐

(Cocher obligatoirement l'une de ces cases)

B RENSEIGNEMENTS GÉNÉRAUX *(Voir notice)* 1		Ouvriers non qualifiés 2	Ouvriers qualifiés 3	Employés 4	Agents de maîtrise, techniciens et autres professions intermédiaires 5	Ingénieurs et cadres 6	TOTAL 7
NOMBRE DE SALARIÉS *(Voir notice)*	HOMMES 2						
	FEMMES 3						
	TOTAL 4						

DONT : Apprentis .... ⑧

Bénéficiaires de contrats emploi-solidarité, emploi consolidé, emploi-ville .... ⑨

Bénéficiaires de contrats d'adaptation, d'orientation, de qualification .... ⑩

NOMBRE D'ÉTABLISSEMENTS DE L'ENTREPRISE *(Voir notice)*	Moins de 50 salariés	De 50 à 199 salariés	200 salariés et plus

RÉSERVÉ À L'ADMINISTRATION

DATE DE RÉCEPTION

Pénalités				
	Taux %	9000	Taux 5 %	9005
	Taux %	9001	Taux %	9006
	Taux %	9002	Taux %	9007

Somme :

Date ....

N° PEC .... N

N° d'opération .... E

Rég.		Dép.		N° d'ordre	

N° 2483 – Série G – IMPRIMERIE NATIONALE 2001 443131 D – Février 2001 – 0 031077 1 M 5

(Pour tous les cadres de cette page, arrondir, le cas échéant, les sommes au franc ou à l'euro le plus proche - Ne pas inscrire de centimes ou de cents)

C MONTANT DES DÉPENSES EFFECTIVEMENT CONSENTIES *(Voir notice)*

Dépenses de formation interne	①	....
Dépenses d'équipement en matériel et de locaux	②	....
Dépenses de formation externe *(par voie de conventions de formation)*	③	....
dont : • conventions annuelles		
• conventions pluriannuelles		
• conventions de bilans de compétences		
Rémunérations des stagiaires et bénéficiaires de bilans de compétences	④	....
Dépenses de transport et d'hébergement	⑤	....
Dépenses d'évaluation des besoins de formation	⑥	....
Dépenses exposées dans le cadre d'un engagement de développement de la formation professionnelle	⑦	....
Versements à un organisme collecteur paritaire agréé au titre du plan de formation	⑧	....
Versements à un organisme collecteur paritaire agréé au titre du capital de temps de formation *(à reporter ligne 17 du cadre H)*	⑨	....
Versements à un organisme collecteur paritaire agréé au titre du congé individuel de formation *(à reporter ligne 18 du cadre H)*	⑩	....
Financement des formations professionnelles en alternance *(report de la ligne 14 du cadre G)*	⑪	....
Autres versements, financements ou dépenses	⑫	....
Total des lignes 1 à 12	⑬	....
À déduire : subventions publiques effectivement perçues en 2000	⑭	....
DÉPENSES DÉDUCTIBLES : [ligne 13 – ligne 14] *[à reporter ligne 4 du cadre F]*	⑮	....

D DÉSIGNATION ET ADRESSE DES ORGANISMES COLLECTEURS PARITAIRES AGRÉÉS (OPCA), BÉNÉFICIAIRES DE VERSEMENTS *(Voir notice)*

• Au titre du plan de formation et du capital de temps de formation : ....

• Au titre des formations professionnelles en alternance : ....

• Au titre du congé individuel de formation (contrats à durée déterminée et indéterminée) : ....

E EXCÉDENTS REPORTABLES *(Voir notice)*

ANNÉE D'ORIGINE DES EXCÉDENTS DE DÉPENSES 1	EXCÉDENTS DE DÉPENSES REPORTABLES SUR LA PARTICIPATION DE L'ANNÉE 1999 2	EXCÉDENTS DE DÉPENSES MENTIONNÉS COLONNE 2 EFFECTIVEMENT IMPUTÉS SUR LA PARTICIPATION DE L'ANNÉE 1999 3	SOMMES RESTANT À IMPUTER SUR LA PARTICIPATION DE L'ANNÉE 2000 (col. 2 – col. 3) 4
1997	a)	c)	
1998	b)	d)	
1999	»	»	e) ....
		TOTAL	....

CRÉDIT D'IMPÔT-FORMATION

① [ ] – ② [ ] = ③ [ ]

[à reporter ligne e (ci-dessus)]

(Pour tous les cadres de cette page arrondir, le cas échéant, les sommes au franc ou à l'euro le plus proche - Ne pas inscrire de centimes ou de cents)

Montant des salaires versés au cours de l'année ou de la période	(1)	

F PARTICIPATION AU DÉVELOPPEMENT DE LA FORMATION PROFESSIONNELLE CONTINUE

Montant de la participation incombant à l'employeur : Montant de la ligne 1 x 1,50 % *(2 % pour les entreprises de travail temporaire)*	(2)	
Montant de la participation, après éventuellement réduction de 75 % pour les entreprises ayant atteint ou dépassé 10 salariés en 1994, 1995, 1996 ou 1997	(3)	
Montant des dépenses effectivement consenties *(report de la ligne 15 du cadre C)*	(4)	
S'il s'agit d'un excédent de dépenses, différence (4) – (2) ou (3), à inscrire en (5)	(5)	
S'il s'agit d'une insuffisance de dépenses, différence (2) ou (3) – (4)	(6)	
Montant des excédents reportables de 1997, 1998 et 1999 *(total du cadre E)*	(7)	
Différence (6) – (7) à inscrire sur cette ligne, si (6) est supérieur à (7), sinon chiffre 0 *(à reporter ligne 24 du cadre K)*	(8)	

G FINANCEMENT DES FORMATIONS EN ALTERNANCE

Montant de l'obligation incombant à l'employeur : montant de la ligne 1 x 0,4 % *(0,3 % : employeur non redevable de la taxe d'apprentissage)*	(9)	
Montant de l'obligation, après éventuellement réduction de 75 % pour les entreprises ayant atteint ou dépassé 10 salariés en 1994, 1995, 1996 ou 1997	(10)	
Versements à un organisme collecteur paritaire agréé au titre des formations professionnelles en alternance	(11)	
Montant des dépenses forfaitaires imputées directement par l'employeur	(12)	
Insuffisance éventuelle : (ligne 9 ou 10) – [ligne 11 + ligne 12] *(à reporter ligne 29 du cadre K)*	(13)	
Total lignes 11 à 13 *(à reporter ligne 11 du cadre C)*	(14)	

H FINANCEMENT DU CONGÉ INDIVIDUEL DE FORMATION ET DU CAPITAL DE TEMPS DE FORMATION

Montant de l'obligation incombant à l'employeur : montant de la ligne 1 x 0,20 % *(0,30 % pour les entreprises de travail temporaire)*	(15)	
Montant de l'obligation, après éventuellement réduction de 75 % pour les entreprises ayant atteint ou dépassé 10 salariés en 1994, 1995, 1996 ou 1997	(16)	
Versements à un organisme collecteur paritaire agréé :		
– au titre du capital de temps de formation : *(50 % au maximum du montant indiqué lignes 15 ou 16 du cadre H)*	(17)	
– au titre du congé individuel de formation (CIF)	(18)	
Insuffisance éventuelle : [(ligne 15 ou 16) – (lignes 17 + 18)] *(à reporter ligne 27 du cadre K)*	(19)	

J FINANCEMENT DES CONGÉS INDIVIDUELS DE FORMATION DES TITULAIRES DE CONTRATS À DURÉE DÉTERMINÉE (CDD)

Montant des salaires versés aux titulaires de CDD *(non compris les titulaires de contrats visés aux lignes 8 à 10 du cadre B)*	(20)	
Montant de l'obligation incombant à l'employeur : montant de la ligne 20 x 1 %	(21)	
Versement à un organisme paritaire agréé au titre du congé individuel de formation (CIF)	(22)	
Insuffisance éventuelle [ligne 21 – ligne 22] *(à reporter ligne 28 du cadre K)*	(23)	

K VERSEMENTS AU TRÉSOR PUBLIC INCOMBANT À L'EMPLOYEUR

Insuffisance de participation à la formation professionnelle continue *(report ligne 8 du cadre F)*	K 1	(24)	
Versement de régularisation suite à résorption de conventions de formation échues au 31 décembre 2000	K 1	(25)	
Versement pour défaut de consultation du comité d'entreprise *(ligne 2 ou 3 du cadre F x 50 %)*	K 1	(26)	
Insuffisance de participation aux congés individuels de formation *(report ligne 19 du cadre H)*	K 1	(27)	
Insuffisance de participation aux CIF des titulaires de CDD *(report ligne 23 x 2 du cadre J)*		(28)	
Insuffisance de participation aux formations en alternance *(report ligne 13 du cadre G)*	K 2	(29)	
Total du versement à effectuer au Trésor public : lignes 24 à 29		(30)	
Le montant case 30 est en francs et vous payez en euros, report case 30 :	F / 6,55957	(31)	
Le montant case 30 est en euros et vous payez en francs, report case 30 :	€ x 6,55957	(32)	

Mode de paiement : numéraire ☐ chèque bancaire ☐

Pièces jointes :

– nombre de procès-verbaux de délibération du comité d'entreprise, de l'organisme en tenant lieu ou des comités d'établissement ☐

– nombre de procès-verbaux de carence prévus à l'article L. 433-13 du Code du travail ☐

L	NOMBRE DE STAGIAIRES, D'HEURES DE STAGES, SELON LES TYPES DE FINANCEMENTS DE LA FORMATION ET SELON LES CATÉGORIES SOCIO-PROFESSIONNELLES *(Voir notice)*					
1	Ouvriers non qualifiés 2	Ouvriers qualifiés 3	Employés 4	Agents de maîtrise, techniciens et autres professions intermédiaires 5	Ingénieurs et cadres 6	TOTAL 7
PLAN DE FORMATION						
• Stagiaires pris en charge en totalité par l'employeur — Hommes (2)						
Femmes (3)						
Total (4)						
• Stagiaires pris en charge totalement ou partiellement par un organisme collecteur paritaire agréé (5)						
• Heures de stages prises en charge en totalité par l'employeur (6)						
• Heures de stages prises en charge totalement ou partiellement par un organisme collecteur paritaire agréé (7)						
• Nombre de bilans de compétences pris en charge par l'employeur (8)						
CONGÉS INDIVIDUELS DE FORMATION (CIF)						
• Stagiaires pris en charge exclusivement par l'employeur ou bénéficiant d'une simple autorisation d'absence (9)						
• Stagiaires pris en charge par un organisme collecteur paritaire agréé au titre du CIF (hors bilans de compétences) (10)						
• Nombre de bilans de compétences pris en charge par un organisme collecteur paritaire agréé au titre du CIF (11)						
• Heures de stages prises en charge par l'employeur (CIF et bilans de compétences) (12)						
FORMATIONS PROFESSIONNELLES EN ALTERNANCE						
• Nombre de bénéficiaires de contrats de qualification, d'adaptation ou d'orientation (13)						
• Heures de stages prises en charge au titre de contrats de qualification, d'adaptation ou d'orientation (14)						

M	RÉPARTITION DES STAGIAIRES PAR ÂGE ET PAR SEXE *(Voir notice)*			
	Moins de 26 ans	de 26 à 44 ans	45 ans et plus	Total
Nombre de stagiaires — Hommes (1)				
Nombre de stagiaires — Femmes (2)				

À ...., le .... Signature :

II. LES OUTILS DE GESTION ET DE MANAGEMENT DE LA FORMATION

1 – Gestion administrative

La gestion administrative de la formation a, classiquement, un certain nombre de fonctions basiques à remplir : la déclaration fiscale (en France), le suivi du plan de formation, la gestion administrative des inscriptions, le suivi budgétaire. Dans un mode de gestion plus évolué, on peut y ajouter des fonctions d'interface avec la gestion des ressources humaines. On trouvera alors notamment des fonctions de suivi de l'historique de la formation d'un salarié, des moyens de suivi de l'adéquation besoins/ressources. On pourra aussi trouver des fonctions liées à des problèmes plus conjoncturels (par exemple suivi spécifique du crédit d'impôt formation). Enfin, des systèmes plus performants permettront de suivre les indicateurs de tableaux de bord de management de la formation, de tenir des statistiques, de calculer des ratios, etc. Sans entrer dans un niveau de détail qui nécessiterait un livre entier, nous voudrions donner ici quelques indications sur le contenu de ces différentes fonctions, ainsi que des informations sur les systèmes informatiques disponibles, leurs possibilités et leurs limites, ainsi que sur les possibilités de sous-traitance.

• **La déclaration fiscale** a déjà été présentée, et nous n'insisterons pas longuement. La gestion de la formation doit permettre à l'entreprise de rassembler les données nécessaires à la déclaration au fur et à mesure qu'elles sont produites, de manière à éviter, au moment de la déclaration, d'avoir à rechercher des informations dispersées. Dans le même esprit, elle doit pouvoir fournir les indications nécessaires à l'établissement du bilan social (*indicateurs 5.1.1. à 5.2.3.*).

• **Le suivi du plan de formation** doit permettre à l'entreprise de suivre en temps réel la réalisation du plan. Nous avons indiqué au chapitre VI ce que devait contenir celui-ci. La traduction des objectifs en volumes d'heures, en populations concernées et en budgets doit permettre un suivi prévisions/réalisations sur ces trois points. Elle peut aller jusqu'à un suivi action par action.

• **La gestion administrative des inscriptions** peut être plus ou moins étendue. Au minimum, elle doit permettre d'enregistrer le nombre d'inscriptions en stage, avec indication du titre du stage, du nom et des caractéristiques du stagiaire (niveau hiérarchique notamment, puisque la déclaration fiscale doit indiquer ce niveau), et le présentéisme effectif en stage. Les organismes de formation (internes ou externes) sont tenus de donner des attestations de présence en indiquant s'il y a lieu des absences éventuelles, pour permettre à l'entreprise de justifier dans la déclaration fiscale les salaires des stagiaires pendant la formation. Le suivi des versements aux organismes doit être effectué et conservé pour d'éventuels contrôles. La gestion des inscriptions peut s'étendre à une recherche de l'offre adaptée (ce qui suppose un enregistrement systématique de l'offre des organismes d'une manière facilement consultable). Elle peut aussi avoir une fonction d'émission des convocations des stagiaires. Elle devrait aussi (mais c'est beaucoup plus rare dans les faits) enregistrer les évaluations de stage.

• **La gestion financière** consiste à suivre la réalisation des prévisions budgétaires, par action, par catégorie d'objectifs, par population, et, au minimum, le suivi de l'enveloppe globale attribuée. Elle doit aussi faire un suivi de la facturation et du règlement des organismes extérieurs. Une difficulté réside souvent dans le suivi financier des rémunérations des stagiaires, qui comptent parmi les dépenses libératoires de l'obligation fiscale. En effet, si les services de formation connaissent souvent le coût horaire moyen d'une catégorie de stagiaires (par exemple, le coût moyen de l'heure d'un agent de maîtrise), ils disposent plus rarement et difficilement du salaire réel d'un stagiaire particulier. La bonne solution dans ce cas est de disposer pour le suivi permanent d'un coût standard de l'heure par catégorie pertinente et de réaliser des mises à jour régulières en fonction des coûts réels par extraction de données de la base paie.

• **Les interfaces avec la gestion des ressources humaines** sont dans la réalité plus rarement construites, ce qui est l'un des grands points faibles de la gestion de la formation. Il n'est pas rare que les fichiers de la formation et ceux de la gestion du personnel soient distincts. Dans ce cas, il est extrêmement difficile de savoir, lorsque l'on s'interroge sur les possibilités d'évolution de carrière d'un individu, quelles formations il a suivies (1). Il est fréquent, nous l'avons souvent constaté, que les fichiers du personnel n'indiquent que la formation initiale d'une personne, ce qui introduit une distorsion dommageable dans l'appréciation de son niveau réel. La connexion de ces deux fichiers nous paraît le minimum nécessaire pour pouvoir construire une intégration réelle de la formation et de la gestion des ressources humaines.

Bien entendu, l'idéal est de disposer en temps réel de la possibilité de comparer des données à jour entre les exigences de compétences des

(1) Les normes ISO tendent à exiger que l'ensemble des formations suivies soient « documentées ».

postes et les compétences et le potentiel des individus pour pouvoir envisager des perfectionnements ou des évolutions de carrière, et examiner des alternatives entre le recours au recrutement externe et la promotion ou la mobilité interne. Toute une offre de progiciels s'est développée sur le sujet. À défaut de le faire sur l'ensemble, on peut réaliser des embryons de systèmes comparatifs sur des segments de populations ayant une importance stratégique particulière et des emplois clés.

Nous traiterons du problème capital du tableau de bord dans le paragraphe suivant.

Qui gère quoi ?

Il est important d'attirer l'attention ici sur un problème qui relève d'un choix politique : qui gère quoi ? Le problème se pose essentiellement dans les grandes organisations. Il est de savoir en quelle mesure le système de gestion est cohérent avec les orientations politiques de la formation, et en particulier du degré de responsabilité donné aux opérationnels hiérarchiques dans cette gestion. Il est évident que si la politique consiste à déconcentrer au maximum la responsabilité de la formation de leurs équipes aux opérationnels, il serait contradictoire de centraliser le système de gestion à outrance. Il faut donc être extrêmement vigilant sur cette question de cohérence, en choisissant l'équilibre le plus pertinent entre la centralisation de données (par exemple la déclaration fiscale) et les moyens de gestion mis à disposition des opérationnels pour assumer le rôle qu'on leur demande de jouer. Le bon équilibre en ce domaine dépend de la culture de l'entreprise, de l'état de son système d'information et de ses politiques.

Nous sommes convaincus pour notre part qu'une décentralisation opérationnelle, souhaitable, ne peut s'envisager sans risque que s'il y a une centralisation stratégique forte. Attirons aussi l'attention sur le fait qu'une décentralisation de moyens de gestion n'est acceptée par les opérationnels que si elle leur donne des moyens d'action et d'autonomie plus importants et si elle leur fait gagner en efficacité. Attention donc à la tendance, trop souvent constatée, de ne décentraliser sur eux que les tâches routinières dont le service central souhaite se débarrasser !

Informatisation de la gestion

Le développement de l'informatique a évidemment fourni des éléments de réponse à ces différentes questions. Il n'est pas question ici de présenter un banc d'essai de systèmes informatiques de gestion de la formation, d'autant que ces systèmes évoluent très rapidement et que, lorsque ce livre paraîtra, de nouveaux systèmes seront apparus dont nous n'avons pas connaissance aujourd'hui. Les associations professionnelles mettent à la disposition des professionnels des informations sur le sujet.

Une recherche multicritères sur le thème « gestion de la formation » sur la base de données CXP (1), en août 2001, fournit 78 progiciels, dont 33 comportent explicitement le mot « formation » dans les mots clés descriptifs. Cette liste donne une bonne première indication. Il faut indiquer qu'une tendance forte est de faire migrer ces systèmes sur Intranet, et que se développe actuellement une offre de produits de gestion directement conçus pour fonctionner sur un Intranet d'entreprise.

Voici une liste de ces progiciels (2) (les caractéristiques et les noms des distributeurs sont disponibles sur le site CXP).

ACTIVITÉ FORMATION OXYGENE ++ AR RESSOURCES CCMX CS.COM FORMATION FOEDERIS FOEDERIS COMPETENCES FOEDERIS EMPLOIS FOEDERIS FORMATION FORMATION MANAGER FORMATION PERMANENTE FORMVIEW GES'FORM GESTFORM GESPER + G-XP GESTION DU PERSONNEL INSER CENTRE INSER COMPETENCES INSER INTRANET FORMATION	LOCUS FORMATION MSCI (gestion des congés, dont congés formation) NEMAUSIC FORMATION (spécial agents fonction publique) ORACLE HUMAN RESSOURCES PLANIFORM PROFORM PEOPLESOFT SIRH PLEIADES QUALITEL FORMATION R/2 RP SAGE GESTION DE LA FORMATION SCHERZO VIRTUALIA VISA GRH WINCFA PLANNING

On trouve dans cette liste des produits assez divers : des modules de systèmes intégrés type SAP (R/2 RP), Peoplesoft 8 ou Pleiades, des progiciels dédiés spécifiquement à la formation (Gestform), ou à un

(1) Cette base de données (payante) peut fournir des fiches détaillées sur la plupart de ces progiciels. Consulter le site www.cxp.fr

(2) En mettant à jour en 2001 cette liste, il est frappant de constater les changements par rapport à l'édition antérieure de ce livre !

aspect particulier de la formation (par exemple la gestion de centres internes de formation, comme Inser Centre ou Wincfa Planning, spécialisé dans la gestion de centres proposant de la formation en alternance), ou des progiciels établissant un lien entre la formation et d'autres aspects de la GRH (notamment, évidemment, la gestion des compétences, comme Foederis, ou la gestion des temps, comme CCMX CS.COM Formation). On note aussi que deux sociétés (Foederis, Inser) proposent plusieurs outils adaptés à des situations particulières de la formation.

Comme on le voit, l'offre est abondante. Généralement, les fonctionnalités offertes sont les suivantes :

- l'enregistrement des besoins de formation ;
- la préparation et la mise en forme du plan ;
- la consultation de l'offre de formation ;
- l'historique de la formation (individuellement et collectivement) ;
- la préinscription aux sessions ;
- la consultation des sessions (état de réalisation) ;
- le suivi administratif et budgétaire du plan ;
- l'édition de la déclaration fiscale ;
- l'édition de tableaux de bord.

Certaines offres (par exemple celle d'Inser) proposent en plus des fonctionnalités comme un enregistrement et un suivi des fiches d'évaluation, ou la gestion des temps. L'auteur de ces lignes, étant parfaitement indépendant des sociétés proposant ces produits, n'a pas l'intention de conseiller tel ou tel, mais propose ici quelques critères de choix. Ce qu'il faut prendre en compte :

1. La cohérence avec le schéma directeur informatique de l'entreprise. Si l'entreprise a choisi d'implanter un ERP (1), il est difficile de se présenter en proposant un système différent. Cependant, l'expérience prouve que les modules « ressources humaines » des grands systèmes intégrés sont jusqu'ici perçus comme lourds par les managers des RH, prenant peu en compte des préoccupations autres qu'administratives (2). C'est pourquoi nombre d'entre eux acquièrent un système

(1) Certains experts estiment que le coût (actuel) d'un ERP ne se justifie pas en dessous de 50 millions d'euros de chiffre d'affaires.
(2) Mais les producteurs de ces ERP travaillent à les améliorer, ou passent des accords avec des sociétés qui développent des progiciels spécialisés compatibles.

dédié, mais pouvant être connecté sur un ERP, pour extraire et transmettre les données nécessaires, tout en offrant des fonctionnalités plus satisfaisantes pour les managers de la formation. Il est particulièrement important qu'existent des relations simples entre la formation, la gestion des compétences, la base de données individuelles sur le personnel et la base paie (pour calculer de la même façon la masse salariale de référence et pour extraire les données relatives au coût réel des heures stagiaires).

2. Dans le même esprit, si votre entreprise envisage d'utiliser Intranet pour la gestion, placez-vous tout de suite dans cette logique en recherchant les solutions conçues pour cet environnement. Il existe des solutions web client-serveur opérationnelles pour la formation. C'est le cas d'Inser, qui est le seul de la liste CXP à afficher explicitement une offre de solution Intranet. Pour une entreprise d'une certaine taille, c'est sûrement la voie d'avenir vers laquelle il faut se porter si ce n'est pas déjà fait.

3. La capacité du progiciel à traduire la politique de formation est essentielle. Si vous voulez suivre les recommandations que nous avons données sur la formulation de la politique et du plan de formation par objectifs, ne vous laissez pas piéger par un outil qui ne propose que les contenus de stages comme entrée possible. Vous devez donc vérifier la capacité du système à accepter le paramétrage qui correspond à votre politique. Évitez les systèmes structurés selon une conception dépassée de la formation (addition de stages et déclaration fiscale).

4. De plus en plus de systèmes permettent l'édition directe de la déclaration fiscale 24-83 sur des supports homologués par le ministère des Finances. Choisissez l'un d'entre eux. Bien entendu, leur usage suppose que la base de données soit bien renseignée !

5. Vérifiez aussi que le système vous permettra, en dehors de la déclaration 24-83, les « sorties » dont vous avez besoin : bilan social, suivi par objectif, par personne, par service, par direction, consolidée, suivi budgétaire, tableaux de bord. Les progiciels comportant une base de données relationnelle permettant d'exploiter une même donnée sous plusieurs angles sont à préférer. Prévoyez aussi la possibilité de faire des simulations.

6. Accordez une très grande attention à l'architecture générale du système, pour qu'elle soit bien cohérente avec votre politique. Le point clé est ici la capacité de travail en réseau, avec la possibilité offerte aux managers, voire aux salariés, avec des droits d'accès précis, d'accéder directement à des informations (par exemple pour préparer l'entretien annuel, consulter l'historique de la formation suivie par un salarié), et/ou d'entrer directement des données (par exemple pour les inscriptions) sur des systèmes client-serveur accessibles sur des postes de travail standard équipés d'un navigateur. C'est évidemment un choix d'organisation majeur. Dans les grandes entreprises en tout cas, et sans doute de plus en plus dans les moyennes, le développement de plates-formes de services RH utilisant les ressources des nouvelles technologies est l'un des changements majeurs en cours. Si vous voulez responsabiliser les managers et les salariés sur leur formation, ne leur proposez pas des systèmes lourds et centralisés. Mais donnez-vous les moyens d'un contrôle stratégique !

7. N'informatisez pas la complexité de votre système actuel. Profitez-en pour remettre à plat tous vos processus, pour les simplifier et les optimiser ! De façon générale, recentrez-vous sur les activités à forte valeur ajoutée et automatisez au maximum (ou externalisez) la gestion administrative.

2 – Faut-il externaliser la gestion de la formation ?

Dans le mouvement général de recentrage sur le cœur de métier qui caractérise les entreprises, les pratiques d'externalisation d'activités de services de support interne (du gardiennage à l'informatique) sont devenues courantes. La formation est-elle externalisable ?

En réalité, elle l'est déjà, puisque existent en France plus de 40 000 organismes de formation se partageant un marché estimé à 6 milliards d'euros (en incluant les formations financées par les pouvoirs publics).

Pour leur gestion, les PME s'appuient souvent sur les services d'organismes externes, de branche ou régionaux (les OPCA : organismes paritaires de collecte agréés), à qui elles versent tout ou partie de leur budget de formation en échange de services de conseil et d'orientation pour le montage et le financement du plan de formation. On a vu au chapitre précédent que ces organismes géraient chaque année environ 3,2 milliards d'euros.

La question est par contre assez nouvelle dans les grandes entreprises qui disposent pour la plupart de responsables de formation internes, et parfois de centres de formation. Elles font souvent largement appel à des organismes extérieurs pour la réalisation des formations, mais conservent le management de la formation en interne.

Mais on observe diverses initiatives dans le sens d'une extension de l'externalisation, d'abord sur le traitement administratif de la formation, souvent très lourd et très faiblement créateur de valeur. Il arrive que les responsables de formation passent l'essentiel de leur temps à gérer les aspects administratifs au détriment de leur rôle de contributeur au progrès de l'entreprise et de son personnel. La question se pose donc pour la formation comme elle se pose pour d'autres activités comme la paie ou la gestion administrative du personnel, amplifiée par le développement d'une offre de solutions informatiques permettant un traitement à distance.

Certaines grandes entreprises (IBM, France Télécom) ont abordé la question en créant des centres de service RH. Ces structures sont en charge de gérer à distance un certain nombre de processus administratifs et de répondre (par télécommunications) aux questions des managers et des salariés. Ce sont, si l'on peut dire, des structures externalisées internes, dans la mesure où elles restent dans le périmètre de l'entreprise tout en fonctionnant comme des centres autonomes.

Des entreprises, encore rares en France, ont pris le parti de confier à des organismes extérieurs privés la gestion de leur formation, considérant qu'ils peuvent leur offrir un niveau de service supérieur à celui des OPCA. Elles ne peuvent pas sous-traiter la politique de formation et les choix d'orientation, mais peuvent se faire assister dans le traitement des opérations par des expertises et des moyens de traitement extérieurs. Des offres existent sur l'intermédiation pour l'achat de formation.

L'offre actuelle en termes d'externalisation de la formation reste faible, alors qu'elle est très forte sur, par exemple, la paie. Mais il est certain que la question sera posée de manière de plus en plus pressante dans les années qui viennent. Certains opérateurs estiment que le coût initial lié à l'externalisation peut se rentabiliser, selon le contexte, entre un et trois ans, par les économies générées. Mais le recul manque encore pour proposer un modèle économique réellement démonstratif.

Ce qui est certain, c'est que ce contexte pousse encore plus le responsable de formation à passer de la gestion administrative au véritable management de la formation.

Plutôt que de se sentir menacé, il pourrait voir là une opportunité de prendre l'initiative de proposer une optimisation des dépenses, par la réduction du coût des activités à faible valeur ajoutée, lui permettant de se recentrer sur les activités créatrices de valeur.

Dans la grande entreprise, il conserve sur ce terrain un rôle essentiel. En revanche, la tendance est de plus en plus de dissocier les aspects politiques du management de la formation, en les incluant dans une fonction plus globale de développement des compétences et des ressources humaines, et la fonction de manager des activités de formation (chargé de construire et réaliser les programmes de formation interne, et éventuellement de gérer le centre ou l'université d'entreprise).

Dans les PME (1), qui, de toute manière, ne pourront pas se payer le service d'un professionnel de la formation à temps plein, mais où les besoins existent, et dans lesquelles la conscience de l'importance de la formation est en croissance, un marché d'intermédiation peut s'ouvrir, avec des organismes appuyant le chef d'entreprise sur la définition de sa politique de développement des compétences, l'élaboration et le suivi d'exécution du plan de formation, etc. Ce marché existe déjà, mais subventionné par les diverses formules d'aide publique au conseil (FRAC) ou des financements européens.

L'avenir dira si ce marché deviendra solvable parce que des organismes sauront proposer des services à forte valeur ajoutée que les entreprises, même petites, seront prêtes à payer pour des prestations qui leur apportent de la valeur pour leur développement dans une économie de plus en plus fondée sur l'intelligence. Il est clair que cela ne pourra advenir que si les professionnels font de gros efforts d'innovation !

3 – Suivi qualitatif : tableaux de bord

Qu'est-ce qu'un tableau de bord ?

Quelles sont les caractéristiques d'un bon tableau de bord ?

Un tableau de bord est un moyen de **mise sous contrôle** d'un processus et de **pilotage d'une action**. Il est composé d'un nombre limité d'indicateurs concernant des points sur lesquels le destinataire de l'information a effectivement un pouvoir de décision, ou au moins d'influence. Les éléments qu'il contient lui servent à piloter les actions dont il est responsable directement, mais aussi à communiquer avec d'autres responsables, soit pour rendre compte de résultats obtenus, soit pour envisager avec eux, sur une base objective, des actions correctives à des dérives constatées. Ce point est particulièrement important compte tenu de l'importance des acteurs dans la formation.

Moyen de mise sous contrôle et de pilotage d'ensemble, le tableau de bord n'exclut pas des enquêtes ou des audits plus approfondis sur des

(1) Rappelons que les établissements de moins de 50 salariés concentrent en 2000 plus de 55 % des salariés contre 42 % il y a trente ans. Dans l'industrie, les établissements de plus de 500 salariés rassemblent 22 % des effectifs contre 35 % en 1975. Cependant, parmi les toutes petites entreprises, qui rassemblent plus de 4,2 millions de salariés, près d'un quart sont concernées par des systèmes de franchise ou d'intégration à un groupe.

points particuliers nécessitant une analyse plus détaillée (voir *infra*, p. 323).

Qu'est-ce qu'un indicateur ?

Un indicateur est une valeur convenue permettant de mesurer une progression par rapport à un indicateur de base, le référentiel (dont nous reparlerons plus loin à propos de l'audit). Il permet donc des comparaisons entre une situation observée à un moment donné et ce référentiel. Ce dernier peut être un **objectif** (exemple : réduire en un an de 30 % le taux d'annulation d'une inscription en stage dans les trois jours précédant celui-ci pour réduire les coûts générés par l'obligation de rajouter des stages supplémentaires afin de former toutes les personnes concernées) ou une **procédure** (exemple : toute formation doit être suivie, dans les huit semaines suivant le stage, d'une évaluation différée permettant de vérifier que les connaissances acquises ont été appliquées sur le terrain, à l'aide du formulaire standard mis à disposition par le service formation).

L'indicateur permettra de mesurer des écarts entre le référentiel et la situation observée dans le temps (tous les ans, par exemple), ou dans l'espace (comparaison entre établissements), ou les deux. On saura ainsi que, si le référentiel est que tout cadre ayant une fonction d'encadrement doit mener chaque année un entretien professionnel avec chaque membre de son équipe, la première année 50 % des entretiens ont été faits, la seconde année 60 %. Si la seconde année le chiffre est de 30 %, on s'interrogera sur les actions correctives à mener. Si l'on sait que dans l'établissement de X, ils sont faits à 100 %, et à Y à 10 %, on saura où mener ces actions correctives.

Les indicateurs peuvent porter sur des **résultats** (par exemple, le taux de réussite à un examen professionnel) ou sur des **variables de fonctionnement** (par exemple le taux d'annulations d'inscription en formation dans les trois jours précédant le stage). Ils peuvent donner une information sur la **conformité** au référentiel (telle procédure est respectée dans x % des cas), mais aussi sur la **pertinence** de ce référentiel. Si x % = 10 %, vaut-il mieux obliger les gens à respecter la règle... ou revoir la règle pour qu'elle soit applicable ? L'indicateur est généralement une valeur chiffrée.

Qu'est-ce qu'un bon indicateur ?

Un bon indicateur présente, selon une étude passionnante de Michel Berry, déjà ancienne mais qui conserve tout son intérêt (1), quatre caractéristiques principales :

– Il donne une **représentation fidèle et fiable** du phénomène que l'on veut observer

Exemple : si l'on veut observer la réalisation d'une politique de formation des responsables hiérarchiques au management, il ne suffit pas de compter le nombre de stagiaires ou d'heures. Il vaut mieux avoir défini les critères de la population cible et observer le taux de conformité de la population visée avec ces critères.

– Il est **cohérent avec les normes institutionnelles** en vigueur

Exemple : la périodicité de la saisie des données relatives à la formation renseignant les indicateurs ne doit pas être différente de celle relative à d'autres types de données.

– Il est **cohérent avec la culture** de l'entreprise

Exemple : ne pas introduire trop brutalement des indicateurs de résultats économiques de la formation dans une culture marquée par la dépense d'enveloppes budgétaires définies *a priori* selon des normes comptables.

– Il est **utile aux acteurs** qui en sont destinataires et leur permet, selon leur rôle dans le processus de décision, d'analyser, de décider, d'agir et de contrôler

Exemple : un taux élevé d'abandons en cours de formation pour un type déterminé de stage peut amener les acteurs que sont le formateur et le prescripteur de la formation à réexaminer à la fois le contenu et les méthodes pédagogiques, et les procédures d'inscription (respect des prérequis ou mode de désignation...).

Le tableau de bord de suivi d'une action

On trouvera plus loin un exemple de fiche de suivi d'une action, qui n'est pas un modèle, mais qui peut servir de base au lecteur pour élaborer la fiche la plus appropriée à sa situation. Elle est présentée sur une base manuelle, mais rien n'empêche de l'informatiser. Elle est composée de quatre parties :

– Une partie **informative** : le titre, le n° de code, mais aussi le responsable en charge de la mener à bien, le formateur interne ou externe qu'il choisit et l'indication du client principal, qui sera le plus souvent le responsable opérationnel ou fonctionnel pour le compte duquel cette action est menée. L'identification du client est indispensable et utile-

(1) Michel Berry, « Une technologie invisible : l'impact des instruments de gestion sur l'évolution des systèmes humains », Centre de recherches en gestion de l'École polytechnique, 1983.

ment contraignante : elle oblige les formateurs à clarifier pour le compte de qui ils travaillent et qui ils doivent satisfaire.

– Une partie **qualitative**. Pour comprendre les quatre critères indiqués, le lecteur peut se référer au chapitre IV sur le management de la formation, p. 105 : échec ou réussite : les facteurs clés. Ce sont ces quatre facteurs clés qui sont repris ici : la population cible est-elle bien choisie (et est-on sûr de contrôler les flux d'entrée pour éviter l'accès de personnes ne correspondant pas aux critères d'entrée) ? Le montage pédagogique est-il pertinent (objectifs, programmes, méthodes, durée, choix des formateurs, équilibre théorie/pratique) ? La synchronisation (la formation viendra-t-elle au bon moment par rapport aux besoins ?). Et la sensibilisation du milieu (les futurs stagiaires et leurs hiérarchiques sont-ils bien informés, et convaincus de l'importance de cette formation et des résultats qui en sont attendus ?). Techniquement, on peut donner à ces critères une valeur chiffrée en élaborant une sorte de check-list de vérification que chaque élément constitutif de chaque facteur clé a bien été vérifié et est maîtrisé (en cotant par exemple de 1 à 5). Une note de synthèse, établie par moyenne des quatre scores sur chaque facteur clé, permet d'avoir un pronostic d'ensemble de réussite. Si le maximum théorique est 5, le pronostic sera d'autant plus favorable que le score se rapprochera de la note maximale. Dans cette même partie de la fiche, on indiquera les points à surveiller (exemple : contrôle des prérequis d'entrée dans le critère « population cible ») et le responsable en charge du suivi d'ensemble. On indiquera aussi les étapes et les indicateurs choisis pour faire le point.

– Une partie **quantitative**, permettant de comparer prévisions et réalisations, en budget et en volume (nombre de stagiaires et de groupes). À noter que le budget est fait globalement, puis ventilé s'il y a lieu dans le temps entre l'année N du plan de formation et les années suivantes.

– Une partie sur les **résultats** en fin de stage et après évaluation différée (voir dans le chapitre X le développement sur ces deux types d'évaluation). Selon les cas, on peut porter dans cette partie une moyenne des évaluations sur une période donnée ou la succession d'évaluations de groupes différents permettant d'observer des tendances.

L'intérêt de ce type de fiche est de rassembler des éléments clés trop souvent dispersés et de permettre une vue d'ensemble, quantitative et qualitative, et interroger périodiquement le responsable du programme qui devra pouvoir fournir détails et commentaires appropriés. Elle permet aussi de cerner les points d'amélioration essentiels. C'est donc un outil de pilotage et de suivi, orienté sur le progrès permanent (du moins pour les actions répétitives), plus qu'une fiche de constat. Elle permet au responsable d'engager avec ses clients une communication cohérente avec ce que nous avons développé dans le chapitre II.

Le tableau de bord de suivi de la politique de formation

Un tableau de bord, nous l'avons dit précédemment, est un outil de pilotage d'une politique, susceptible de permettre aux décideurs de jouer leur rôle. Son élaboration ne peut donc survenir utilement que lorsque la politique existe, lorsque les rôles sont précisés, et en particulier lorsque a été définie quelle information est nécessaire à qui, et pour faire quoi.

Cette précision est importante, lorsqu'on sait que certaines entreprises, notamment les plus grandes, ont parfois mis en place des systèmes d'indicateurs complexes (nous en connaissons une qui en a 84), mais qui ont la caractéristique de ne donner que des informations *a posteriori*. On est donc dans le domaine du constat, sans possibilité réelle d'action. La notion de tableau de bord, qui évoque celui d'une automobile, amène à se poser la question suivante : y a-t-il quelque chose sous le capot et qui est le chauffeur ?

On ne peut donc réellement raisonner sur l'élaboration du tableau de bord que si l'on est engagé dans le management de la formation (et non pas simplement dans sa gestion). On va donc, dans ce cas, se demander quelles sont les informations utiles pour piloter la politique de formation au cours de ses différentes phases, qui vont de l'élaboration du plan à l'évaluation (et qui correspondent pour l'essentiel aux différents chapitres de cette seconde partie). Un tableau de bord managérial portera essentiellement sur les variables clés qui déterminent la qualité du résultat. Ces variables peuvent avoir un caractère permanent, et/ou correspondre à des objectifs spécifiques que l'on s'est fixés pour améliorer le fonctionnement du système, dans un esprit « qualité ».

De plus, il est évident qu'aucun responsable ne peut suivre simultanément, avec une possibilité réelle d'action, plus de cinq indicateurs, dix au maximum.

La constitution d'un tableau de bord va donc être très liée au système de décision. Le directeur général n'a pas besoin d'une information détaillée. Il a besoin de suivre les indicateurs qui sont de son niveau, c'est-à-dire les points réellement stratégiques. L'agent de maîtrise, de son côté, n'a pas besoin d'avoir une vue d'ensemble de la politique de formation, mais il a besoin de suivre l'évolution des compétences des gens qui travaillent dans l'équipe qu'il dirige. Le manager de la formation, pour sa part, a besoin des informations qui lui permettront le

Fiche de suivi d'une action de formation

Désignation de l'action :		**code :**
Responsable du programme :		Formateur :
Client principal :		Date de création de la fiche (ou mise à jour) :
Éléments qualitatifs :		
Population-cible		Points à surveiller :
Montage pédagogique		Points à surveiller :
Synchronisation		Points à surveiller :
Sensibilisation		Points à surveiller :
Pronostic total :		
Points à surveiller suivis par :		
Commentaires (indicateurs, échéances) :		
Éléments quantitatifs/Budget prévisionnel établi le :		
Prévision		**Réalisation (date :)**
Nombre de stagiaires prévus : N =		
Nombre de groupes prévus :		
Coûts de développement :		
Frais pédagogiques pour N stagiaires :		
Coût salarial estimé pour N stagiaires :		
Frais de déplacements pour N stagiaires :		
Frais de séjour pour N stagiaires :		
Autres frais non pédagogiques :		
Total coût prévisionnel :		
Coût prévisionnel moyen par stagiaire :		
Coût prévisionnel moyen par groupe :		
Budgeté au plan annuel :		
Prévisions de report années suivantes :		
Résultats évaluation fin de stage :		
Résultats évaluation différée :		

Commentaires (actions engagées ou à engager pour amélioration) : au dos de la fiche.

pilotage d'ensemble, le suivi du niveau d'atteinte de ses objectifs, et l'aideront à rendre compte de l'efficience de l'utilisation des ressources qui lui sont confiées. C'est dire si le choix des indicateurs pertinents est contingent à une situation donnée. Au risque de décevoir le lecteur, notre conviction est qu'il n'y a pas de tableau de bord type. Nous chercherons néanmoins à indiquer quelques constantes.

■ *Les indicateurs légaux d'activité*

La déclaration fiscale, en France, modèle le système d'information sur la formation. L'obligation d'avoir à renseigner certaines rubriques conduit naturellement à utiliser ces rubriques dans le tableau de bord général. On y trouvera donc les indicateurs classiques : pourcentage de masse salariale consacrée à la formation, coût global, pourcentage des frais pédagogiques par rapport aux salaires des stagiaires, répartition de l'effort par catégories de personnel, par sexe, nombre d'heures consacrées à la formation, flux de trésorerie externes (organismes extérieurs) par rapport aux actions internes, nombre de congés individuels de formation, etc. Ces indicateurs ne sont pas sans intérêt. Ils ont, comme l'on dit, le mérite d'exister, permettent des comparaisons interentreprises, et de disposer de statistiques nationales. Il faut toutefois savoir que la France est le seul pays dans lequel une déclaration de ce type existe, et que les spécialistes qui ont essayé de comparer l'effort de formation continue en France par rapport à d'autres pays ont eu les plus grandes difficultés. Il faut aussi être conscient qu'ils mesurent un effort financier sans concerner la pertinence des choix politiques de l'entreprise, le bien-fondé des actions engagées, les résultats obtenus. Des informations de cette nature sont évidemment en dehors du champ de ce que l'État peut légitimement demander aux entreprises, et les aspects qualitatifs sont entièrement de la responsabilité de ces dernières.

Cela dit, c'est essentiellement sur ces données que reposent la plupart des tableaux de bord des entreprises en ce qui concerne la formation. Certaines entreprises éditent des plaquettes reprenant ces données et s'en servent dans une politique de communication en direction des partenaires sociaux et des salariés.

Il est facile de transformer certains de ces indicateurs en ratios de suivi de paramètres comme le coût moyen de l'heure de formation, par catégorie, par nature, etc.

■ *Les indicateurs relatifs à une politique d'entreprise*

Il s'agit là d'indicateurs construits par l'entreprise en fonction de priorités d'action qu'elle s'est fixées. Ils peuvent porter sur toutes sortes de domaines :

• Le suivi de l'**équilibre entre les différents objectifs**. Il s'agira ici de suivre en permanence, sur le moyen terme, le rééquilibrage entre les catégories d'objectifs à court et moyen/long terme. Nous avons donné dans le chapitre III (Quelles priorités ?) un exemple d'entreprise sur ce point capital.

• Le suivi de certains **indicateurs financiers**, par exemple du coût pédagogique de l'heure/stagiaire par rapport à l'augmentation de l'indice des prix, pour éviter des dérives inflationistes.

• Le suivi de la **mise en place de procédures** particulières : par exemple, par vérification lors d'une inscription que celle-ci résulte d'un entretien avec l'encadrement conforme à la procédure. Ou encore la vérification que les plans à moyen terme des établissements incluent un volet ressources humaines et formation articulé sur les objectifs industriels et économiques, si une telle décision (hautement souhaitable) a été prise. Ou encore, le pourcentage de projets d'investissement matériels qui incluent dans leur cahier des charges la formation du personnel concerné. Ou aussi, pour anticiper sur un exemple que nous donnerons au chapitre X (p. 342), qu'une procédure d'évaluation différée systématique quelques semaines après la formation a été effectivement mise en œuvre.

• La vérification d'**application d'une politique particulière**. Par exemple qu'une politique de requalification d'une population spécifique a été engagée (mesurée par le pourcentage de personnes correspondant à cette population inscrites dans des formations qualifiantes). On peut, dans le même esprit, vérifier que des actions de formation permettant l'apprentissage de nouveaux métiers qualifiés à des personnes occupant actuellement un emploi en régression quantitative ont été engagées. On peut aussi mesurer le pourcentage de salariés simultanément en formation (qui est un indicateur beaucoup plus significatif pour des opérationnels chargés de contrôler au plus près leurs effectifs, surtout dans le contexte des 35 heures, que le pourcentage de masse salariale), par rapport à une politique de gestion des effectifs (et éventuellement de la sous-traitance et d'appel à l'intérim).

• Le suivi de **paramètres ayant un effet sur la qualité de la formation** et/ou sur les coûts de non-qualité. Par exemple, on vérifiera que le taux d'annulations d'inscriptions à un stage dans les trois jours précédant celui-ci est en régression, ou que la vérification des prérequis d'inscription permet de réduire l'accès à des stages à des personnes qui ne pourront pas réellement en profiter. Nous connaissons un établissement industriel de 2 200 personnes qui a économisé environ 13 700 euros sur son budget annuel en réduisant en un an de 20 à 10 % le taux d'inscriptions mal finalisées. Nous connaissons inversement un établissement industriel dans lequel un audit a montré que, si le volume de stagiaires dans une opération de requalification était conforme aux prévisions, le taux de personnes correspondant à la population cible parmi la population effectivement en formation était... de 7 %. C'est l'un des plus beaux exemples dont nous avons eu à connaître de non-pertinence de l'indicateur (ici le nombre de stagiaires) par rapport au suivi d'une politique (il aurait fallu vérifier en permanence que les flux d'entrée correspondaient bien à cette population cible, pour repérer et corriger immédiatement la dérive).

- Des **indicateurs de résultats**. Par exemple, taux de réussite à des examens professionnels, ou augmentation significative des flux de mobilité réussie vers des métiers nouveaux dans le cadre d'une politique de reconversion.

Ce n'est là qu'une liste probablement incomplète et illustrée de quelques exemples qui n'épuisent pas le sujet. En réalité, un tableau de bord utile doit fournir aux acteurs des éléments qui leur permettent de juger de la mise sous contrôle de la formation sur trois axes :

– la *pertinence* des actions engagées par rapport à des objectifs ;

– les *résultats* obtenus ;

– le *fonctionnement* du système, observé à travers les paramètres clés qui en déterminent la qualité.

Ce dernier axe nous paraît tout à fait essentiel, et conforme à l'ambition de qualité de la formation. Il repose en fait sur une idée simple : il vaut mieux vérifier avant de produire que la machine va bien fonctionner que constater après coup, lorsque c'est trop tard, que les produits sont défectueux. Nous aurons l'occasion, dans le paragraphe suivant sur l'audit, d'introduire une distinction entre quatre niveaux d'indicateurs :

– Les indicateurs de *conformité* : ce que l'on observe est-il conforme à ce qui était souhaité ou prescrit ?

– Les indicateurs de *cohérence* : ce qui est mis en place est-il cohérent ou contradictoire avec d'autres politiques ou procédures dans l'entreprise ?

– Les indicateurs de *pertinence* : ce qui a été mis en place était-il adapté à l'objectif visé ?

– Les indicateurs d'*efficience* : ce qui a été mis en place produit-il les effets escomptés en coût, qualité, quantité et délais ?

À défaut de pouvoir proposer au lecteur un modèle de tableau de bord type, nous pouvons ainsi lui proposer une grille d'interrogation sur les indicateurs les plus pertinents dans son cas particulier :

Grille pour le choix des indicateurs

Indicateurs	conformité	cohérence	pertinence	efficience
Légaux				
Équilibre entre objectifs				
Financiers				
Procédures				
Application d'une politique				
Qualité				
Résultats				

Le suivi du plan de communication d'un projet de formation

Nous avons fortement insisté, dans le chapitre II ainsi que dans les paragraphes précédents (lorsque nous avons développé le critère de qualité « sensibilisation du milieu »), sur l'importance de la communication. La traduction de ce principe dans les faits peut supposer, pour le lancement d'une action de formation particulière, et notamment de celles qui ont un fort enjeu, la mise en place d'un véritable plan de communication. On a pu parler (*cf.* en bibliographie le livre de P. Dupouey) de la nécessité de développer dans l'entreprise un véritable marketing de la formation.

Un tel plan de communication comporte trois parties :

– l'identification des acteurs destinataires des messages ;

– la définition du bon moment de diffusion de ces messages, avec une matrice présentant l'aspect suivant, dans laquelle sont positionnés les acteurs précédemment identifiés :

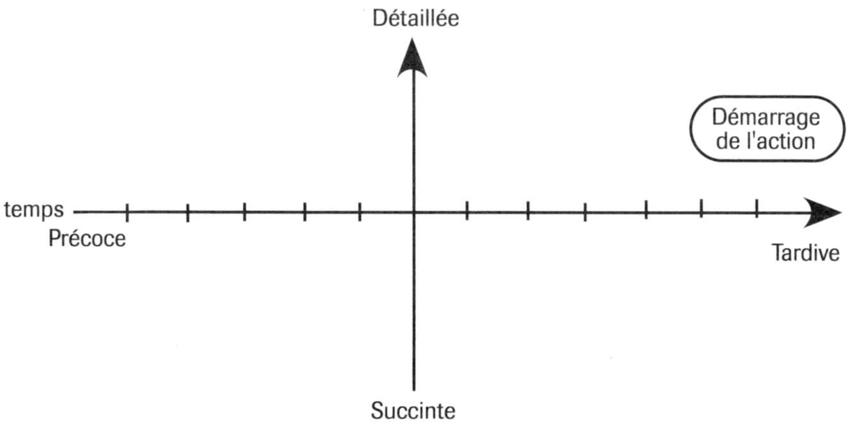

– la planification du plan de communication dans un support permettant également d'en assurer le suivi. Ce support peut avoir la forme suivante :

Suivi d'un plan de communication

Actions / Publics cibles	Enjeux et thèmes clés	Objectif à atteindre	Stratégie	Contenu	Forme/ Support	Calendrier	Responsable opérationnel	Budget

Cet ensemble d'outils, qui doivent être adaptés à chaque cas particulier, faciles à développer, concourt indiscutablement à l'amélioration du processus de lancement d'une action, en contraignant utilement les promoteurs d'un projet à se poser les questions pertinentes sur l'acceptabilité de leur projet et en traduisant cette réflexion en plan d'action. Bien entendu, le tableau de bord de suivi du plan de communication sera le suivi du plan lui-même, étape par étape.

Pour conclure ce paragraphe sur le tableau de bord, rappelons une fois encore que ce doit être avant tout un outil de décision managérial.

Le relatif flou qui subsiste sur ce qu'il pourrait ou devrait être est un reflet de l'actuelle mutation de la formation en entreprise d'une logique de gestion à une logique de management. Cette mutation n'est pas achevée, et le développement d'outils venant l'accompagner et la consolider est l'une des nouvelles frontières à conquérir pour les directions de ressources humaines. Cette remarque ne vaut pas uniquement, notons-le au passage, pour la formation. Il en est de même pour la gestion anticipatrice des emplois, le recrutement, la gestion des politiques salariales, et la plupart des domaines d'activités d'une DRH. L'avantage de la formation dans cette mutation est, malgré toutes les critiques que l'on peut lui faire, l'appareil statistique lié à l'obligation légale, et qui a au moins le mérite de fournir quelques données de base. Toute la question est dans la capacité des équipes de DRH à s'arracher à cette logique de gestion administrative et à se donner les outils pertinents pour rendre compte de leur activité en termes de résultats et de fonctionnement.

III. L'AUDIT

1 – Définition de l'audit et application à la formation

■ *L'audit*

L'audit est un mode d'investigation consistant à comparer, grâce à des indicateurs pertinents, une situation réelle à une situation prescrite ou souhaitée (le référentiel), à mettre en évidence des écarts et les faiblesses éventuelles des moyens dont l'entreprise dispose pour les contrôler. Il cherche à expliquer ces écarts et à apprécier les risques encourus. Il peut, si la demande en est faite, aboutir à des recommandations sur un référentiel plus pertinent, sur les mesures à prendre, et sur les systèmes de contrôle de l'application de ces mesures.

L'audit peut s'appliquer à des éléments du système (par exemple : l'analyse des besoins de formation) ou à l'ensemble du système de formation de l'entreprise, dans ses relations avec d'autres systèmes (notamment la gestion des ressources humaines pour ce qui nous concerne ici). La démarche d'audit peut se résumer dans le schéma de la page suivante.

Déclinons les différents éléments de ce schéma général en ce qui concerne plus précisément la formation (il pourrait se décliner aussi bien, par exemple, sur le recrutement, le contrôle de la masse salariale ou la gestion de la mobilité, et de façon générale sur tout aspect de la politique sociale de l'entreprise) :

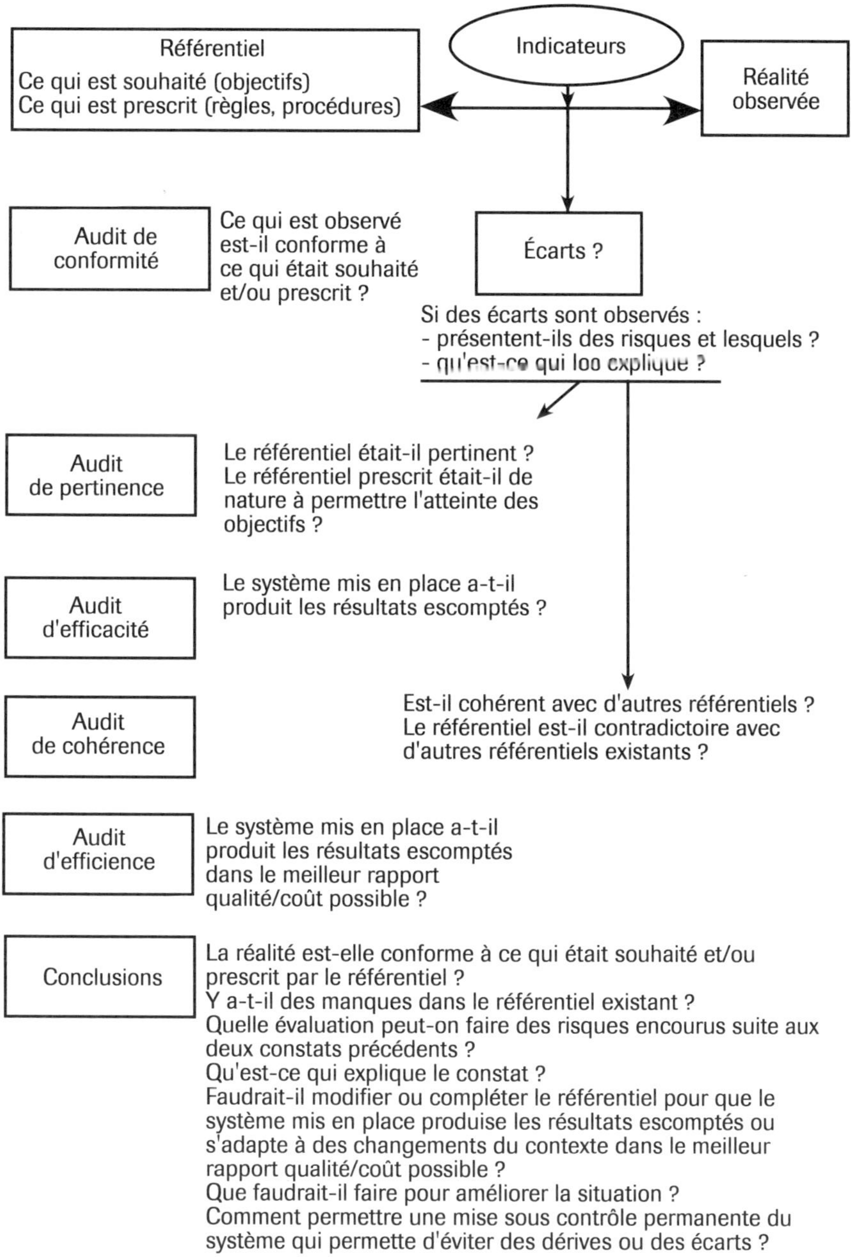
Référentiel
Ce qui est souhaité (objectifs)
Ce qui est prescrit (règles, procédures)
Indicateurs
Réalité observée
Audit de conformité
Ce qui est observé est-il conforme à ce qui était souhaité et/ou prescrit ?
Écarts ?
Si des écarts sont observés :
- présentent-ils des risques et lesquels ?
- qu'est-ce qui les explique ?
Audit de pertinence
Le référentiel était-il pertinent ? Le référentiel prescrit était-il de nature à permettre l'atteinte des objectifs ?
Audit d'efficacité
Le système mis en place a-t-il produit les résultats escomptés ?
Audit de cohérence
Est-il cohérent avec d'autres référentiels ? Le référentiel est-il contradictoire avec d'autres référentiels existants ?
Audit d'efficience
Le système mis en place a-t-il produit les résultats escomptés dans le meilleur rapport qualité/coût possible ?
Conclusions
La réalité est-elle conforme à ce qui était souhaité et/ou prescrit par le référentiel ?
Y a-t-il des manques dans le référentiel existant ?
Quelle évaluation peut-on faire des risques encourus suite aux deux constats précédents ?
Qu'est-ce qui explique le constat ?
Faudrait-il modifier ou compléter le référentiel pour que le système mis en place produise les résultats escomptés ou s'adapte à des changements du contexte dans le meilleur rapport qualité/coût possible ?
Que faudrait-il faire pour améliorer la situation ?
Comment permettre une mise sous contrôle permanente du système qui permette d'éviter des dérives ou des écarts ?

• **Le référentiel.** Il est supposé exprimer par ses objectifs la politique de formation de l'entreprise et par les règles et procédures le dispositif qu'elle a mis en place pour atteindre ses objectifs. Un bon référentiel est « auditable », c'est-à-dire susceptible de se prêter à une vérification. Il est évident qu'une formulation du type « favoriser l'épanouissement de l'homme », pour sympathique qu'elle soit, se prête difficilement à la mesure, de même qu'une prescription générale du type « l'encadrement doit jouer un rôle essentiel dans la formation des hommes ». L'intérêt de l'audit est de poser une question simple aux décideurs de l'entreprise : à quoi voit-on que ce que vous avez décidé se réalise effectivement ? Le premier souci d'un auditeur va être de se procurer les référentiels, c'est-à-dire la formulation par l'entreprise de ce qu'elle souhaite et prescrit en ce domaine. Du coup, il va souvent constater que les référentiels sont incomplets, flous, voire inexistants. Il existe des référentiels externes qui s'imposent (la loi, les conventions collectives...), et pour lesquels un audit peut être intéressant (c'est plutôt le domaine de l'audit juridique) mais ce sont surtout les référentiels internes qui permettent à un audit d'apporter une aide au management. Les contrats d'assurance Qualité comme ceux que nous avons présentés au chapitre VIII constituent évidemment un référentiel qui a le mérite de la précision.

• **Les indicateurs.** C'est ce qui permettra à l'auditeur de mesurer des écarts éventuels entre la situation qu'il observera et le référentiel. Nous avons déjà développé p. 312 cette notion d'indicateur. Ces indicateurs seront soit prédéterminés par l'entreprise (exemple : tout hiérarchique doit mener au moins une fois par an un entretien professionnel permettant d'orienter chaque salarié vers des actions de formation adaptées), soit construits par l'auditeur en fonction du problème qui lui est posé. Sur les indicateurs prédéterminés par l'entreprise, l'auditeur peut être amené à porter un jugement de pertinence ou de non-pertinence (par exemple : le pourcentage de masse salariale consacré à la formation comme indicateur de l'ampleur de l'investissement-formation).

• **Les écarts.** C'est ce qui est éventuellement mis en évidence par la comparaison du référentiel et de la situation observée à travers les indicateurs. Ils mesurent la non-conformité. Par exemple, on constatera que l'entretien professionnel annuel n'est réalisé que dans 60 % des cas. Un écart gagne à être analysé de façon relative, par comparaison dans le temps (par exemple, on constatera que l'écart entre le budget prévu et le budget effectivement consommé se creuse chaque année un peu plus) ou dans l'espace (un établissement a sur un point donné des écarts nettement supérieurs aux autres).

• **L'identification des risques.** Les écarts peuvent entraîner des risques. Par exemple, on constatera que les populations auprès desquelles l'entretien professionnel annuel n'est pas pratiqué sont précisément celles qui sont potentiellement les plus fragiles face à des évolutions techniques à venir. Le risque est alors que l'entreprise ait à faire face à des problèmes d'inadaptations trop tardivement constatés pour qu'elle puisse prendre des mesures correctives appropriées.

• **L'explication des écarts.** Un écart peut être assimilé à un problème de non-qualité. C'est en fait un défaut du système. Si le risque est considéré comme important, il faut analyser les causes de l'écart pour pouvoir agir. Ces causes peuvent être de l'ordre de la pertinence ou de la cohérence.

• **La pertinence.** Le référentiel fixé par l'entreprise peut être plus ou moins pertinent. Si une procédure n'est respectée qu'à 20 %, ce peut être parce que les acteurs ne sont pas suffisamment disciplinés... mais aussi parce que la procédure est inapplicable ! L'un des intérêts de l'audit est donc d'amener les décideurs à réinterroger leurs propres référentiels.

• **La cohérence.** C'est un élément essentiel pour ce qui nous préoccupe ici. La cohérence peut s'apprécier à l'intérieur du système de formation lui-même (par exemple : la procédure d'évaluation est-elle cohérente avec les objectifs de la formation ?), mais aussi, et peut-être surtout, dans l'interface avec d'autres systèmes. C'est là que l'on décèle le plus souvent les dysfonctionnements les plus importants. Par exemple, les incohérences entre le planning de la formation et celui des flux d'accès aux situations professionnelles auxquelles elle est supposée préparer (se reporter au chapitre V sur les « piliers » de la qualité de la formation). Par exemple encore entre le contenu de cette formation et ces mêmes situations professionnelles. Dans un autre domaine, l'examen de la cohérence entre les fonctionnalités d'un système informatique de gestion de la formation et la politique qu'il est supposé servir. Ou, enfin, entre les procédures de promotion interne et le recrutement externe (on recrute directement à l'extérieur aux postes que l'on pourrait pourvoir par promotion interne). Les exemples sont très nombreux, et c'est là l'un des axes de progrès principaux de l'articulation entre gestion des ressources humaines et formation dans l'entreprise.

• **L'efficacité.** C'est la vérification que les résultats visés sont atteints. Mais cette question ne prend tout son sens que par la suivante, celle de l'efficience.

• **L'efficience.** C'est l'une des questions de fond, sur laquelle il faut bien dire que les professionnels restent encore peu armés : les résultats atteints auraient-ils pu l'être à meilleur coût ? Le coût s'apprécie ici en argent, mais aussi en temps consacré. Le chapitre X sur l'évaluation indiquera quelques pistes, mais il est évident que c'est en progressant dans la maîtrise de l'efficience que les spécialistes gagneront le droit d'affirmer qu'ils managent la formation. Le rôle d'un manager est bien d'optimiser les ressources qui lui sont confiées pour obtenir le meilleur résultat possible au moindre coût. L'audit, dans la mesure où il permet des comparaisons dans le temps et l'espace, pourra amener des éléments de réponse.

On voit l'enjeu de l'audit : permettre aux décideurs de vérifier que les points clés qui déterminent l'efficience de leur système de formation sont bien sous contrôle. Comme pour la fonction comptable, financière, ou la gestion des stocks, c'est un outil spécifique et irremplaçable d'investigation, fondé sur les faits et non des opinions, et permettant d'éclairer les décideurs à partir de données objectives. L'audit, par sa démarche inductive et ses principes, se distingue nettement du diagnostic et de l'intervention.

■ *Le diagnostic*

Le diagnostic est la recherche des causes de toute nature de dysfonctionnements constatés dans une organisation, considérés comme des symptômes. Il opère de façon déductive, un cadre théorique d'analyse rendant compte des observations sur le terrain. Le diagnostic à caractère sociologique en est une parfaite illustration, et il est regrettable que certains sociologues, même réputés, aient introduit dans l'esprit des prescripteurs éventuels une confusion en baptisant audit leurs pratiques habituelles (qui ont leur intérêt en elles-mêmes et ne gagnent rien à changer fictivement d'étiquette). Le diagnostic aboutit à des recommandations sur le traitement de ces causes. Certaines méthodologies de diagnostic peuvent être utilisées lors d'un audit pour expliquer les causes d'un écart constaté.

■ *L'intervention*

L'intervention est une démarche construite visant à opérer un ou des changements dans une organisation. Elle peut faire appel à des moyens divers, dont les méthodologies d'audit ou de diagnostic, mais finalisés sur un effet attendu en termes de fonctionnement de cette organisation. Elle est généralement menée par un organisme extérieur. Il est évident que l'objectivité et l'indépendance d'un auditeur pourront (à tort ou à raison) être mises en doute si ses propositions correspondent précisément à ce qu'il est capable de faire lui-même après l'audit.

2 – Audit interne ou audit externe ?

La réponse dépend de la taille de l'entreprise et, évidemment, de l'existence en son sein d'un service d'audit interne. Techniquement, toute mission d'audit doit faire l'objet, qu'elle soit confiée à un auditeur interne ou externe, d'une lettre de mission concertée avec l'auditeur choisi, définissant les questions auxquelles il lui est demandé de répondre, les personnes destinataires de ses conclusions, et les conditions générales de la mission (durée, volume...). La mission d'audit pourra souvent se décomposer en deux temps : un préaudit permettant de bien cerner le problème à étudier et l'audit proprement dit.

La plupart des grandes organisations disposent d'un service d'audit interne qui, le plus souvent, fait essentiellement de l'audit comptable ou financier ou, de plus en plus, de l'audit qualité (1). Les auditeurs internes (surtout comptables et financiers) sont regroupés professionnellement dans un organisme, l'IFACI (Institut français des auditeurs et conseillers internes), qui entretient lui-même des rapports soutenus d'échange et de concertation avec ses homologues d'autres pays. Ces professionnels s'intéressent de plus en plus à l'application des méthodologies d'audit au champ des ressources humaines, et il arrive que des audits de formation soient menés par des auditeurs internes, souvent associés dans ce cas à des spécialistes externes du social.

Il existe en France un institut, l'IAS, ou Institut de l'audit social, fondé par Raymond Vatier, qui s'attache à promouvoir le développement des méthodes d'audit dans ce domaine. Des consultants spécialisés ont acquis une expérience en ce domaine.

La pratique personnelle de l'auteur l'amène régulièrement à réaliser de tels audits, qui peuvent porter soit sur les aspects réellement stratégiques (en quoi notre politique et notre organisation de formation sont-elles adaptées aux besoins induits par un nouveau contexte stratégique ?), sur des aspects contractuels (comment tel accord signé avec les partenaires sociaux est-il réellement appliqué ?), sur des procédures (par exemple la préparation du plan de formation), soit sur des actions particulières à fort enjeu. Ces audits débouchent naturellement sur des préconisations. Les besoins sont importants et très variés. Les acteurs de la formation en place prennent parfois l'initiative de com-

---

(1) Le développement des démarches Qualité et de la certification a amené à généraliser les pratiques d'audit de conformité. Du point de vue méthodologique, l'approche est strictement la même. Dans certains cas, le manager de la formation a intérêt à faire appel aux auditeurs Qualité internes, notamment sur les points ayant des relations avec le chapitre 6.2. de la norme ISO 9000, version 2000, plutôt qu'à des experts spécialisés.

manditer un audit pour faire le point et envisager des axes de progrès. D'autres fois, l'audit est commandité par une direction générale, et il arrive qu'il soit perçu plus comme une menace par les acteurs que comme une occasion de progrès !

Sur les aspects plus juridiques de l'audit social, des professions comme les avocats, les conseillers juridiques proposent également leurs services. La plupart d'entre eux restent cependant dans une problématique éloignée des sujets qui nous intéressent ici, et se consacrent essentiellement aux questions de droit du travail, de litiges et de procédures avec les partenaires sociaux.

3 – Vers l'auditabilité des systèmes

On voudra bien nous pardonner l'inélégance de ce terme d'auditabilité que nous venons d'utiliser, mais c'est celui qui nous paraît le mieux rendre compte de l'une des tendances majeures de l'évolution des pratiques de gestion des ressources humaines.

De manière générale, si l'audit peut être, à un moment donné, une prestation interne ou externe indispensable pour une « mise à plat » systématique d'un système de formation, il est souhaitable que le souci de tout responsable de gestion des ressources humaines et de formation soit de faire en sorte que ses activités soient « auditables ». Autrement dit, le management de la formation passe d'abord par la capacité du manager à définir des référentiels d'objectifs et de procédures clairs, permettant un suivi objectif, un contrôle des résultats et, de façon générale, un système de pilotage sous contrôle. C'est l'une des bases du nouveau professionnalisme de ces responsables et l'une des exigences croissantes des directions générales vis-à-vis d'eux.

L'audit est une méthode pouvant faire l'objet de missions ponctuelles ou globales confiées à un moment donné à un spécialiste, mais c'est aussi un état d'esprit, une certaine façon d'aborder les problèmes et de construire des plans d'action. S'il est important d'avoir une philosophie de l'action, il ne l'est pas moins de savoir la traduire en actes. L'audit est un complément du tableau de bord dont nous avons parlé précédemment. Ce dernier permet un suivi permanent. L'audit permet, à un moment donné, de mettre à plat le dispositif, de prendre du recul, de remettre en cause des routines. Dans les contrats d'Assurance Qualité, le principe même d'audit est admis et budgeté, comme nous l'avons vu au chapitre VIII.

L'audit, à sa manière, questionne ceux qui confondent philosophie de l'action et discours creux, en leur posant sans relâche son impertinente question : ce que vous dites, à quoi voit-on que cela se réalise dans les faits ? En des temps de compétition internationale croissante, de rigueur et de ressources rares, il deviendra de plus en plus difficile d'éviter de répondre !

IV. LES POSSIBILITÉS D'AIDES PUBLIQUES

Les pouvoirs publics ont depuis de nombreuses années ouvert la possibilité d'aides financières pour les entreprises qui font un effort particulier pour la formation de leurs salariés afin d'améliorer leurs compétences et qualifications, d'accompagner les changements, de faire face à des problèmes d'emploi. Les PME et PMI sont généralement prioritaires.

Ces dispositifs sont souvent assez mal connus, surtout justement des PME. Ils peuvent pourtant apporter un soutien important, pouvant aller jusqu'à 50 % des coûts de la formation. L'une des missions des OPCA est de procurer à leurs adhérents une compétence dans l'ingénierie financière d'un projet de formation, en recourant à ces diverses possibilités.

Ces dispositifs ont des aspects contraignants (montage du dossier, obligation d'accord des partenaires sociaux, rigueur du suivi administratif, délais de paiement, notamment pour les financements européens), mais ils offrent aussi de belles opportunités pour les entreprises qui savent s'en servir intelligemment. Avec le recul, on peut observer nombre de belles réussites, ces aides ayant aidé l'entreprise à franchir un cap important de son développement.

Bien entendu, ces dispositifs se modifient rapidement avec les évolutions des politiques publiques. Le lecteur devra vérifier si celles que nous indiquons sont encore d'actualité, ou si d'autres mesures sont accessibles. On peut citer, à l'été 2001, parmi les plus importantes (1) :

1 – Les aides de l'État

L'engagement de développement de la formation (EDDF)

Article L. 951-5 du Code du travail, articles R. 950-25 et suivants du Code du travail

(1) Cette liste n'inclut pas les financements directement dédiés à l'insertion professionnelle des jeunes.

Il s'agit d'une convention conclue avec l'État au niveau d'une branche professionnelle ou d'une entreprise. Il est proposé aux employeurs qui s'engagent, sur plusieurs années, à accroître – en qualité et en quantité – leur effort de formation en rapport avec un projet (investissement par exemple). Le point de départ doit être au moins l'obligation légale de 1,5 % de la masse salariale brute. À la participation financière de l'État peuvent s'ajouter des cofinancements de la Région et de l'Union européenne (Fonds social européen – FSE). C'est à notre point de vue l'un des dispositifs les plus intéressants, car clairement orienté sur l'aide à la concrétisation d'un projet.

Les conventions de formation ou d'adaptation du Fonds national de l'emploi (FNE)

Article L. 322-1 du Code du travail, articles R. 322-1 et suivants du Code du travail

Ces conventions répondent aux besoins de formation liés à des problèmes d'emploi rencontrés par l'entreprise. La convention de formation concerne les actions conduites hors production. La convention d'adaptation est centrée sur des actions menées en situation de travail. Dans les deux cas, l'aide de l'État porte sur les frais de fonctionnement des formations et sur la rémunération des stagiaires.

L'aide au remplacement d'un salarié parti en formation

Article L. 942-1 du Code du travail, articles R. 942-1 et suivants du Code du travail

Destinée aux entreprises de moins de cinquante salariés, l'aide au remplacement d'un salarié absent permet à l'entreprise de recevoir une compensation de l'État pour la rémunération du salarié embauché pour remplacer la personne absente pour formation.

Les nouvelles filières d'ingénieurs (NFI)

Circulaire DFP n° 91-18 du 1er octobre 1991

Les NFI sont une aide au départ en formation de salariés titulaires d'un diplôme de niveau III (bac + 2) et d'une expérience professionnelle de cinq ans. L'objectif est l'acquisition d'un titre d'ingénieur. L'État apporte une aide directe à l'entreprise d'un montant, par salarié formé, de 10 671 euros ou 15 245 euros, selon la taille de l'entreprise concernée.

Les aides européennes : le FSE (Fonds social européen)

L'objectif 3 du Fonds social européen (FSE) pour la période 2000-2006, « Moderniser les politiques d'éducation, de formation et d'emploi », et en particulier son axe 3 « Promouvoir la formation professionnelle et l'éducation tout au long de la vie », visent à faciliter l'adaptation des salariés – notamment ceux menacés par le chômage – aux mutations industrielles et à l'évolution des systèmes de production.

Il existe une grande variété de mesures que nous ne pouvons reproduire ici. Il faut savoir que le budget alloué à la France sur la période de référence est de 4,713 milliards d'euros, ce qui ouvre de réelles possibilités.

L'aide du FSE intervient toujours en complément d'une autre aide publique (engagement de développement de la formation (EDDF), convention FNE, contrat pour la mixité des emplois) ou d'un financement par un OPCA. Les directions départementales ou régionales du travail, de l'emploi et de la formation professionnelle (DDTEFP ou DRTEFP), ou bien la direction régionale de l'industrie, de la recherche et de l'environnement (DRIRE) sont les structures auxquelles l'entreprise doit s'adresser pour présenter un dossier.

Les aides locales

Au niveau des régions, chaque conseil régional propose aux entreprises des aides à la formation, qui peuvent venir compléter les financements de l'État, du Fonds social européen. De leur côté, communes et départements (conseils généraux) sont susceptibles de mettre en place des programmes d'aides aux entreprises.

Une incitation fiscale : le crédit d'impôt formation

Article 244 *quater* C du Code général des impôts ; loi de finances et loi de finances rectificative pour 1999

Le crédit d'impôt formation est une réduction d'impôt accordée aux entreprises qui augmentent – au-delà de leur participation obligatoire – leurs dépenses de formation d'une année sur l'autre. Bien qu'assez critiqué pour sa complexité, le dispositif du crédit d'impôt formation a été reconduit pour la période 1999-2001.

* *
*

Voici donc un panorama des aides publiques principales à ce jour. D'une manière générale, la tendance est de transférer de plus en plus les choix et les aides au niveau régional et local, en fonction de projets précis. C'est une chance pour l'entreprise qui peut ainsi monter des projets concrets, dans un environnement connu, avec des acteurs de proximité. Mais attention : agissez local, mais pensez global !

V. FICHE RÉSUMÉ

Les cinq règles de base pour la mise sous contrôle du système de formation

1. Ne jamais oublier qu'un tableau de bord est un instrument de pilotage. Il doit donc être construit pour permettre à des décideurs identifiés de disposer au moment opportun des éléments qui leur permettront d'agir (et non de constater *a posteriori*).
2. Un tableau de bord utile ne doit pas comporter plus de 5 à 10 indicateurs, choisis en fonction de ce sur quoi le destinataire de l'information a réellement une responsabilité et une influence. Il peut donc être construit en paliers, allant du contrôle stratégique d'ensemble au suivi d'une action particulière.
3. Un bon indicateur doit avoir quatre caractéristiques : donner une représentation fidèle et fiable du phénomène que l'on veut observer ; être cohérent avec les normes institutionnelles en vigueur ; être cohérent avec la culture de l'entreprise ; être utile aux acteurs.
4. Il n'existe pas de tableau de bord type. Chaque entreprise doit construire celui qui lui convient en fonction de ses politiques, de ses priorités, de ses objectifs de résultats et de son fonctionnement.
5. Les méthodologies d'audit peuvent être d'une aide précieuse pour apporter aux décideurs des éléments objectifs sur la conformité, la pertinence, la cohérence, l'efficacité et l'efficience des politiques et des procédures qu'ils ont mises en place.

Chapitre X

ÉVALUER ET UTILISER LES RÉSULTATS

« Il suffit de bien juger pour bien faire, et de juger le mieux qu'on puisse faire pour faire aussi tout son mieux. »

DESCARTES, *Discours de la méthode*

Tout ce que nous venons de détailler dans ce livre n'a de sens que par l'obtention de résultats. Le développement des ressources humaines n'est pas pour l'entreprise une fin en soi, pas plus qu'on ne forme pour former. La rigueur nécessaire sur laquelle nous avons autant insisté en ce qui concerne la formulation d'une politique, les plans pluriannuels de formation, le choix pertinent des méthodes d'analyse des besoins et des méthodes pédagogiques, va rencontrer ici l'épreuve de vérité : quels sont les résultats obtenus ?

Ce n'est certes pas d'aujourd'hui que les entreprises, et les professionnels de la formation, s'interrogent sur les moyens d'évaluer les résultats et les effets de la formation. Dans la mesure où les enjeux stratégiques et opérationnels de la réussite des actions de formation sont perçus dans leur vraie dimension par les dirigeants des entreprises, il est légitime de chercher à répondre (et d'avoir à répondre) sur les résultats obtenus. Mais il est vrai qu'on peut parfois relever une assez nette contradiction entre l'ambition du discours sur l'investissement-formation et l'existence d'outils de gestion de la formation qui peuvent rarement témoigner d'autre chose que d'une augmentation des dépenses. C'est l'un des aspects essentiels (souvenons-nous du « cinquième pilier » de la qualité de la formation, dans le chapitre IV : La visibilité des résultats) du management de la formation que de chercher à surmonter cette contradiction. Des études concordantes montrent qu'en France, comme dans d'autres pays comparables, les entreprises étudiées ne pratiquent que rarement ou jamais des évaluations de formation cherchant à apprécier l'impact de celle-ci sur des indicateurs physiques ou économiques et que, parmi les outils de contrôle de la gestion sociale dont ils disposent, ceux concernant la mesure du retour de l'investissement-formation viennent très largement en queue de liste.

Pour surmonter cette contradiction entre l'ambition et les outils disponibles, il faut d'abord bien poser le problème, en sachant ce que l'on désire évaluer, pourquoi et dans quelles conditions cette évaluation est réalisable. Il faut, et cela nous paraît essentiel, se poser la question de son utilité : à qui serviront les résultats de l'évaluation et pour quoi faire ? L'absence de réponse claire à cette question est, nous le verrons plus loin, l'une des causes essentielles de la faiblesse actuelle des pratiques d'évaluation.

I. LES QUATRE NIVEAUX D'ÉVALUATION

Interroger sur les effets de la formation suppose que l'on ait bien défini les questions auxquelles on désire des réponses. Nous décrirons ci-dessous quatre niveaux possibles d'évaluation :

Niveau 1 : le niveau de satisfaction

Niveau 2 : le niveau pédagogique

Niveau 3 : le niveau du transfert sur les situations de travail

Niveau 4 : le niveau de l'évaluation des effets

1 – Niveau 1 : l'évaluation de satisfaction

L'évaluation de satisfaction consiste à interroger les stagiaires, le plus souvent « à chaud », c'est-à-dire à la fin du stage, avant qu'ils ne se dispersent, sur leur niveau de satisfaction sur la prestation fournie. Cette évaluation est la plus répandue, et bien souvent la seule pratiquée. L'interrogation peut être informelle (tour de table) ou plus formalisée par un questionnaire que les stagiaires sont invités à remplir. Dans ce cas, les items sur lesquels l'opinion des stagiaires est le plus fréquemment sollicitée sont les suivants :

- leur appréciation globale du stage ;
- leur appréciation de l'adéquation de la formation à leurs besoins et à leurs attentes ;

Les niveaux de l'évaluation

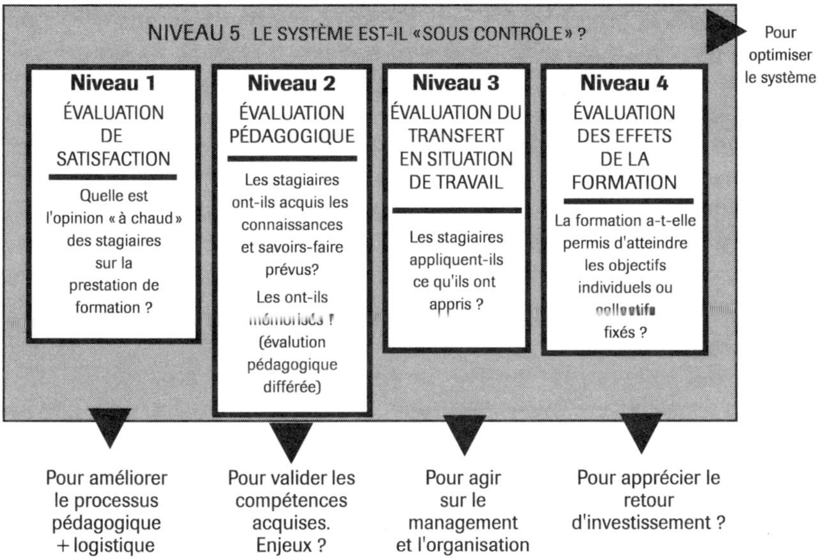

- la qualité des contenus (niveau, adaptation, intérêt) ;
- la qualité des méthodes et supports pédagogiques et de la documentation remise ;
- la prestation de l'animateur et des intervenants ;
- la possibilité d'appliquer les acquis en situation réelle de travail ;
- les conditions générales de déroulement du stage (locaux, hébergement...) ;
- leurs suggestions pour améliorer les points précédents.

Les réponses des participants peuvent avoir plusieurs destinations. Elles peuvent être destinées au seul usage du formateur. Elles lui servent alors à améliorer sa prestation dans une prochaine édition du stage. Elles peuvent être destinées à l'institution de formation. Elles servent alors à un suivi qualitatif global des prestations et permettent au responsable du centre d'intervenir en cas de dégradation de cet indicateur qualité ou de l'une de ses composantes. Parfois, le centre de formation diffuse périodiquement dans l'entreprise (en interne), tous les trimestres par exemple, un rapport sur son activité dans lequel l'indicateur qualité est diffusé et commenté. Comme tout indicateur, le chiffre obtenu n'a d'intérêt réel que comparé dans le temps, ce qui permet de mettre en évidence des progrès ou des régressions, ce qui suppose évidemment que le questionnaire d'évaluation soit stable dans le temps. En externe, il arrive qu'un centre de formation diffuse des « morceaux choisis » de ces évaluations comme argument publicitaire.

Cette pratique n'est pas sans intérêt. Elle permet d'évaluer le degré de satisfaction des clients et de repérer les domaines dans lesquels des améliorations doivent être apportées. Elle donne aux intervenants du centre de formation des indications sur les axes de progrès. Si le cahier des charges le précise (voir chapitre VII), un centre de formation organisant une formation pour le compte d'une entreprise va rendre compte à celle-ci de son activité en lui communiquant les résultats obtenus.

Par contre, les limites de cette pratique ne sont pas moins évidentes. La première est que l'opinion d'un stagiaire ne préjuge en rien de la réalité de ses acquis. Je peux en toute bonne foi penser que j'ai acquis en anglais un bon niveau et me révéler incapable de converser en cette langue en situation réelle, ou avoir le sentiment d'avoir consolidé mes connaissances en chimie sans être pour autant capable de les appliquer en situation professionnelle. On imagine sans peine ce que seraient les résultats du baccalauréat si l'on se contentait de demander aux élèves en fin de classe terminale s'ils estiment avoir acquis le niveau suffisant.

L'autre limite tient à la forte sensibilité de l'indicateur au climat relationnel du stage. C'est ce qu'un spécialiste américain, Jac Fitz-Enz, appelle le *smile sheet* (« si le formateur sourit beaucoup, les résultats seront bons »). Il est tout à fait possible d'avoir suivi un stage inutile et d'en avoir une bonne opinion fondée sur l'ambiance et le degré de sympathie qu'inspirent l'animateur et les autres participants.

Autre limite encore, cette méthode met les stagiaires en situation d'évaluer le stage, et non l'inverse. On imagine sans peine les conséquences sur les indicateurs de la prévention routière de ce qui se passerait si le permis de conduire était délivré sans autre formalité que l'expression d'une opinion du candidat sur l'auto-école et d'un certificat de présence aux cours.

Enfin, et surtout, cet indicateur ne permet en aucun cas de préjuger ni de l'application réelle par les stagiaires de ce qu'ils ont appris ni des effets que cette application va avoir pour l'entreprise. Le discours sur l'investissement-formation trouve ici son épreuve de vérité. Les responsables de l'entreprise ne se contenteraient certainement pas d'évaluer les effets d'un investissement dans une ligne de production en demandant au personnel concerné s'il en est content. C'est pourtant ce qu'ils font le plus souvent en ce qui concerne le fameux investissement-formation.

Encore une fois, cette pratique de la mesure de satisfaction est utile mais ne permet en aucun cas de mesurer réellement les résultats de la formation. Les niveaux suivants nous permettront de nous rapprocher de cette mesure.

2 – Niveau 2 : l'évaluation pédagogique

La question est : quelles connaissances, savoir-faire ou comportements nouveaux les stagiaires ont-ils acquis au cours de la formation ?

L'évaluation pédagogique mesure les acquis des stagiaires à l'issue de la formation, ou la mémorisation des notions acquises après la formation, à une échéance plus ou moins éloignée. Elle suppose que des objectifs, fondés sur des critères permettant une observation et une mesure, aient été définis.

Tout un courant de la pédagogie des adultes a été influencé par les travaux d'un Américain, R. F. Mager *(voir bibliographie)*. Ce courant est fondé sur le principe selon lequel les effets de toute activité éducative doivent pouvoir être mesurés par des indicateurs, qui sont eux-mêmes à rechercher dans l'observation de l'acquisition effective de connaissances, savoir-faire ou comportements, à partir d'objectifs définis au préalable par des objectifs opératoires. C'est ce qu'on appelle parfois un référentiel de formation.

Un objectif opératoire définit une capacité que le stagiaire doit être en mesure de manifester de façon observable et mesurable. Il se formule souvent en termes de « être capable de... ». L'évaluation suppose qu'un ou des indicateurs pertinents, et les formes de test adaptés, aient été prévus.

Cette démarche exclut donc par principe toute action dont les intentions seraient exprimées uniquement par des programmes académiques ou des objectifs imprécis (du type « comprendre » ou « se sensibiliser à... »). On ne s'intéressera donc qu'à ce que le stagiaire est en mesure de prouver par un acte.

EXEMPLE

- **Objectif :** étant donné un ordinateur modèle X1 dans son emballage d'origine, être capable d'installer et de régler la machine pour qu'elle soit prête à l'utilisation.
- **Critères :** la machine montre un état de marche normal et la zone d'installation est nette de tous débris et cartons.
- **Test :** choisissez un des cartons contenant un ordinateur X1 et installez-le dans le bureau de la secrétaire, salle 45. Assurez-vous que l'ordinateur est prêt à l'utilisation et que la zone est laissée propre.

NB. On pourrait ajouter un critère de temps.

Ce test en fin de formation pourrait, dans son principe, être renouvelé dans un délai de quelques semaines, pour vérifier la persistance du savoir-faire acquis.

(emprunté à R.F. Mager)

Mager et les auteurs qui ont travaillé sur cette approche ont bien montré qu'elle pouvait s'appliquer à de larges pans de la formation, notamment professionnelle. Elle suppose des précautions techniques (dans la pertinence des indicateurs notamment : on n'évalue pas un athlète sur la maîtrise de sa discipline en l'interrogeant sur l'histoire des Jeux Olympiques, ni un pianiste en lui faisant accorder l'instrument). Comme toute méthode, elle a des limites, que l'on trouvera ici dans le cas des formations comportementales (comment formuler de façon objective des capacités observables et mesurables à l'issue d'un stage d'analyse transactionnelle ?), ou plus généralement dans les formations de développement personnel qui n'ont pas, et ne peuvent avoir, d'objectifs préétablis en termes de « bon » comportement à transmettre, et relèvent donc d'une autre démarche d'évaluation.

Ces limites certaines ne doivent pas faire perdre de vue qu'une grande partie des actions de formation dans l'entreprise pourraient se prêter à ce type de démarche. On observe d'ailleurs que l'habitude s'est largement répandue, dans les milieux de la formation, de présenter, dans les fiches descriptives des stages, les objectifs, souvent formulés en termes de « être capable de... ».

Le problème est que, bien souvent, cette présentation ne va pas jusqu'au bout de sa propre logique. On formule assez bien les objectifs, mais on ne se donne pas réellement les moyens de vérifier s'ils sont atteints par chaque stagiaire. Pourquoi ?

L'explication est plus sociologique que méthodologique. La question est de savoir quelle va être la destination de l'information ainsi recueillie. Monsieur Untel, à l'issue du stage, est « capable de... ». Que faire de cette information ? Va-t-elle être réservée au seul formateur pour vérifier les résultats de son action ? Sera-t-elle livrée au stagiaire pour l'aider à se situer par rapport à un standard de performance ? Et, surtout, sera-t-elle communiquée à des tiers, et notamment la hiérarchie du stagiaire ? Ce problème est d'autant plus sensible que le test final peut montrer que ce Monsieur Untel « n'est pas capable de... ». Ce qui est un problème pédagogique à l'origine devient alors un problème d'un tout autre ordre, puisqu'il se pose alors en termes de jugement public sur les capacités d'une personne à un moment donné.

Il est frappant de constater que cette difficulté s'évanouit dès lors que l'ensemble des partenaires s'accorde sur l'importance de l'enjeu. Si quelqu'un n'est pas capable de conduire un poids lourd, ou n'a pas satisfait aux épreuves de l'habilitation à travailler sur des lignes haute tension, il ne sera pas question de passer outre et de considérer que le fait qu'il ait été présent au stage suffit pour l'autoriser à exercer. Par contre, dans la majorité des actions de formation, cette information reste confidentielle, à supposer même que le formateur se soit donné les moyens d'une vérification individuelle des capacités. Quoi qu'il en soit, le stagiaire aura son « attestation de présence » et sera, du même coup, supposé avoir acquis des connaissances. En vérité, personne n'est dupe, comme en témoignent les difficultés bien connues du « retour » : à une formation non validée correspond bien souvent une non-mise en application.

L'alternative est claire : ou bien l'entreprise dans son ensemble s'accorde à considérer que les acquis individuels d'une formation doivent être validés d'une façon visible pour l'environnement, et que cette validation a des enjeux pour les personnes, ou bien elle doit accepter de rester sans réponse à sa question de mesure des effets pédagogiques. Un responsable de formation à qui nous faisions un jour cette suggestion a eu ce cri du cœur : « mais si on fait cela, ils ne viendront plus ! ». Tout le problème est là : vaut-il mieux remplir des stages avec des personnes ayant des objectifs flous ou arbitrer en faveur des actions clairement finalisées, ce qui implique nécessairement l'énoncé d'une volonté politique (qui, d'ailleurs, ne peut revenir au seul responsable de formation) et une négociation avec les différents partenaires sur les règles du jeu ?

Entendons-nous bien. Nous ne prônons pas par principe une évaluation personnalisée diffusée à l'encadrement pour toutes les formations. Nous voulons essentiellement indiquer que, si l'on veut mesurer les résultats pédagogiques d'une action de formation, dans les deux tiers des cas au moins, c'est méthodologiquement possible. Les blocages sont à la fois dans une certaine culture de la formation (longtemps réputée « terrain neutre » sans enjeux) et dans les incohérences des systèmes de décision dans la gestion des personnes (liaisons entre qualification, appréciation, formation, gestion de carrière et gestion anticipatrice des emplois).

On observe d'ailleurs que lorsque cette évaluation présente pour les acteurs des **enjeux forts** – reconnaissance d'acquis donnant droit à une nouvelle qualification, habilitation à utiliser un matériel particulier, essentiellement pour des raisons de sécurité (habilitation électrique par exemple), ou, bien sûr, formations diplômantes –, la difficulté à évaluer disparaît comme par enchantement. Cela montre bien que l'évaluation est au moins autant un problème sociologique qu'un problème technique.

3 – La mémorisation

Le problème sera ici de savoir si les stagiaires ont acquis des connaissances ou des savoir-faire durables. Il y a évidemment de fortes différences individuelles dans la capacité de mémorisation, mais les travaux des chercheurs ont mis en évidence un certain nombre de constantes. La mémoire fonctionne comme un processus de traitement de l'information, avec des « mises en magasin » (que les Américains appellent *storage*), et qui peut être représenté comme sur le schéma ci-dessous :

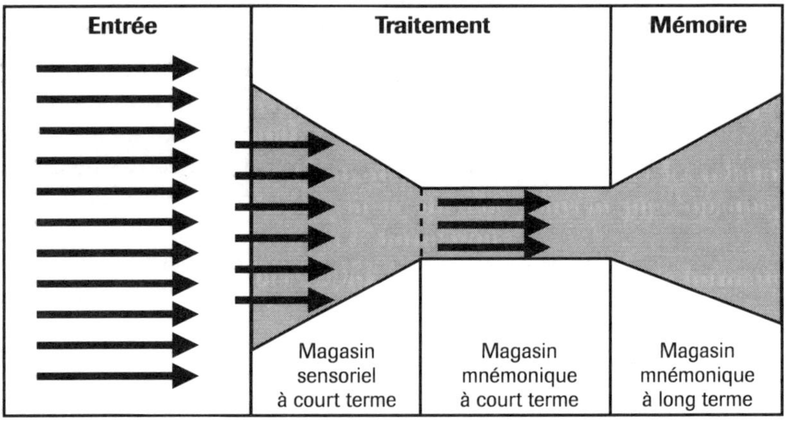

Le schéma fait apparaître une réduction du nombre d'informations qui passent de l'entrée au magasin sensoriel à court terme, c'est-à-dire ce que le sujet soumis à l'apprentissage est capable d'emmagasiner. On a montré qu'un apprenant moyen est capable de retenir sept éléments d'information plus ou moins deux, et qu'il n'en conserve durablement qu'une partie. C'est d'ailleurs l'expérience que tout le monde peut faire en assistant à une conférence. Il est rare, même si le conférencier est passionnant, que l'on en retienne plus de deux ou trois idées nouvelles. D'autres travaux (Peterson) ont porté sur les effets positifs de la répétition, ou les effets perturbants dans le processus d'interférences (produites en intercalant une perturbation dans la situation d'apprentissage). En réalité, les processus de mémorisation sont encore mal connus sur le plan scientifique, mais suffisamment pour affirmer qu'il existe un fort processus d'oubli après l'apprentissage. Dès 1913, Ebbinghaus avait montré qu'un processus d'oubli de 60 % du matériel acquis est banal 72 heures après l'apprentissage si aucun processus de renforcement ne survient, et que la perte est déjà de l'ordre de 50 % une heure seulement après.

La conséquence de cela pour notre sujet est évidemment très importante. Un test de mémorisation des connaissances acquises quelques semaines après une formation se révèle souvent décevant si l'on n'a pas intégré cette notion de la normalité d'un oubli de la majorité des connaissances acquises. Nous n'aborderons pas ici les conséquences pédagogiques, mais managériales. Il est clair qu'aucune formation, quelle que soit sa qualité pédagogique, ne peut avoir d'effets d'apprentissage réels et durables en l'absence de renforcement de cet apprentissage en situation de travail. C'est l'un des enjeux majeurs du niveau 3 (transfert) que nous aborderons un peu plus loin.

Notons simplement ici que différentes techniques de contrôle de la mémorisation sont possibles : autocontrôle par tests mis à disposition des stagiaires (certaines entreprises ont conçu des sortes de quiz qui fonctionnent sur messagerie interne) et différentes formes de « piqûre de rappel » par regroupement des anciens stagiaires dans des séances de suivi.

4 – Cas particulier : l'évaluation formative

Nous avons évoqué ici le cas des évaluations en fin de formation. Il est souvent pertinent de construire la formation en séquences à la fin desquelles les moyens d'évaluer ses acquis sont donnés aux stagiaires. L'évaluation pédagogique prend alors non plus l'aspect d'un bilan final (avec lequel elle n'est pas contradictoire), mais celui d'une technique permettant aux acteurs que sont le stagiaire et le formateur de faire périodiquement le point, et éventuellement d'envisager des compléments individuels. C'est ce qu'on appelle l'évaluation formative, ainsi nommée parce qu'elle joue un rôle dans le dispositif d'apprentissage, en permettant des évaluations partielles à des étapes significatives de la formation, et qui fonctionne comme une sorte de tableau de bord de suivi des acquis individuels. Elle devient alors surtout un moyen pédagogique. Plusieurs entreprises, comme Rhône-Poulenc, ont systématisé ce type d'évaluation.

5 – Niveau 3 : évaluation du transfert sur les situations de travail

La question est : en quelle mesure les acquis des stagiaires (niveau 2) sont-ils **effectivement utilisés** par eux en situation de travail ? En effet, nous avons déjà indiqué que l'une des causes majeures de non-qualité de la formation (et de gaspillage de ressources) réside dans le fait que des stagiaires, rentrés dans leur entreprise ou dans leur lieu de travail, n'appliquent pas ce qu'ils ont appris.

La réponse suppose qu'un dispositif et des critères d'observation aient été définis.

EXEMPLE

Cette compagnie d'assurances souhaite développer les ventes de contrats. Une analyse de l'impact des différents modes de prospection commerciale lui montre que la prospection par mailing auprès des personnes ayant déjà un contrat avec la compagnie n'a un rendement que de 1,2 %. La prospection par contact direct, introduit par une prise de rendez-vous téléphonique, a par contre un rendement de 46 %. Elle décide donc d'intensifier la prospection téléphonique. Un plan de formation est construit, qui doit permettre en trente mois la formation de 1 500 personnes (145 stages de 3 × 2 jours). Les objectifs sont définis à deux niveaux :

– au niveau pédagogique, le stage doit permettre aux participants une meilleure expression au téléphone et une meilleure maîtrise de l'argumentation sur les produits. Ces objectifs pédagogiques sont formulés sous une forme qui permet une vérification par des tests pendant la formation ;

– au niveau du transfert sur les situations de travail, l'objectif est, sur une période de référence de six semaines, que chaque stagiaire obtienne vingt contacts de plus que dans une période identique de référence avant formation.

Quelques indications permettront d'évaluer le transfert sur les situations de travail :

Premier stage :

Nombre de stagiaires	**Objectifs de transfert**	**Contacts suppl. réalisés**	**Rendez-vous suppl. obtenus**
12	240	165	122

Soit : 68,7 % de l'objectif atteint

51 % de l'objectif se traduisant par un rendez-vous effectif

74 % des contacts se traduisant par un rendez-vous

Deuxième stage :

Nombre de stagiaires	**Objectifs de transfert**	**Contacts suppl. réalisés**	**Rendez-vous suppl. obtenus**
9	180	123	93

Soit : 68,3 % de l'objectif atteint

51,6 % de l'objectif se traduisant par un rendez-vous effectif

75,6 % des contacts se traduisant par un rendez-vous

On a là typiquement une évaluation du transfert, fondée sur un critère classique d'activité. Les exemples de ce type sont relativement nombreux. Il est inutile de les multiplier. Venons-en à l'essentiel.

Dans ce type de cas qu'évalue-t-on ? Bien sûr, on évalue les effets induits par une formation. Mais on évalue aussi une modification de l'activité de services opérationnels. On évalue donc au moins autant la capacité du management à valoriser les acquis des stagiaires que la formation elle-même. Il y a, en ce domaine comme dans d'autres, de bons et de mauvais managers. Il y a des services dans lesquels l'absentéisme ou le turnover sont plus élevés que dans d'autres, à conditions de travail et population comparables. Il en est dans lesquels la formation est moins appliquée qu'ailleurs (ce sont parfois les mêmes).

On se trouve en réalité ici dans une situation très voisine de celle exposée à propos de l'évaluation pédagogique : l'évaluation n'est possible que s'il existe des objectifs, et l'affirmation de ceux-ci est au moins autant une question de volonté managériale que de méthodologie.

L'exemple cité plus haut est éclairant. L'origine de l'action de formation est un objectif managérial, lié à l'activité normale de l'entreprise : vendre davantage de contrats d'assurance. Un tel objectif ne peut être défini par le formateur, pour lequel il sera l'un des éléments essentiels du cahier des charges qui lui est proposé. On pourrait le reformuler ainsi : étant donné un objectif opérationnel pour lequel l'analyse montre que la compétence du personnel dans un domaine précis (ici l'aptitude à obtenir des rendez-vous par prospection téléphonique) joue un rôle décisif, réaliser, dans le meilleur rapport qualité/coût possible, une action de formation contribuant à atteindre cet objectif. Un indicateur (ici le nombre de rendez-vous supplémentaires obtenus sur une période de référence) permettra de juger de la réussite de l'action. La démarche est cohérente. Mais, dans la réalité, combien d'actions de formation sont-elles montées sur ce modèle ?

Là encore, pour l'essentiel, le problème n'est pas tant dans la méthodologie strictement pédagogique que dans la méthodologie d'engagement d'un processus de formation. Les actions de perfectionnement dans un poste de travail se prêtent parfaitement à ce type de démarche. Il en est de même des actions de type formation-action dont la finalité est précisément d'obtenir un transfert rapide sur les situations de travail.

Les exemples connus convergent tous sur le même constat. À partir du moment où, en amont d'une action de formation visant une modification à relativement court terme d'un comportement individuel ou collectif au travail, on a défini des indicateurs de transfert et un processus de suivi concerté entre les formateurs, l'encadrement et les stagiaires, il est possible d'évaluer de façon suffisamment précise le transfert des acquis de la formation dans la situation de travail.

La méthode de l'évaluation différée, par questionnaire, interviews ou prélèvements statistiques, dans un délai de quelques semaines à six mois après la formation, se prête parfaitement à cet objectif d'évaluation du transfert. Des précautions de méthode sont à prendre, notamment de calquer les indicateurs sur ceux habituellement utilisés pour mesurer l'activité. Le placage sur une situation d'indicateurs sophistiqués inhabituels pour les acteurs échoue presque toujours faute de système de collecte de données fiable, ou, au mieux, réussit par exception, mais ne peut être généralisé.

Mais le problème, très complexe, est essentiellement un problème d'interprétation des résultats et d'utilisation de ces résultats. Une secrétaire s'est formée à utiliser, par exemple, un logiciel de type Excel. Au niveau 1, elle était satisfaite du stage. Au niveau 2, elle a montré qu'elle était capable de l'utiliser. Mais on constate qu'elle ne l'utilise pas en situation de travail réelle (niveau 3). Pourquoi ? Est-ce parce qu'elle a été mal formée ? Est-ce parce que sa hiérarchie ne lui demande pas d'effectuer des opérations pour lesquelles Excel serait utile ? Est-ce tout simplement parce que le matériel nécessaire n'est pas disponible à son poste de travail, ou l'a été dans un tel délai qu'elle a oublié ce qu'elle a appris faute de pratique ? Est-ce que, pour des raisons psychosociologiques, son environnement de collègues est résistant à l'introduction de l'informatique et qu'elle ne veut pas se marginaliser ? Est-ce parce que sa hiérarchie l'a laissée s'inscrire sans vérifier que cette inscription correspondait à un besoin professionnel réel ? Les explications possibles sont nombreuses.

Inversement, voici un cadre intermédiaire qui, au retour d'une formation au management, manifeste dynamisme et efficacité. Est-ce un effet direct du contenu de la formation ? Est-ce parce que le fait qu'on lui ait proposé cette formation a été perçu par lui comme une reconnaissance de son potentiel, et que se sentir valorisé lui a redonné du tonus ?

On voit bien que, dès l'instant où l'on se pose le problème de l'évaluation de la formation en dehors du champ strictement pédagogique, on est inévitablement conduit à se poser des questions qui sont de l'ordre du management et du système de décision : en amont, a-t-on bien défini le besoin, la cible, les résultats attendus et les conditions dans lesquelles ils peuvent être atteints ? En aval, a-t-on créé ces conditions favorables ?

Et l'on retrouve le problème de l'utilisation de l'information obtenue. Supposons que l'on constate, dans le cas de la secrétaire qui a suivi un stage Excel, qu'elle ne l'applique pas parce qu'elle a été inscrite au stage beaucoup trop tôt par rapport à la mise à disposition du matériel, et que tout est à refaire parce qu'elle a oublié. Que faire de cette information en termes de management ? Logiquement, les acteurs concernés (le formateur, le chef de service, le responsable de l'informatique ou des achats) devraient s'en saisir pour éviter que cela ne recommence et éviter ainsi un gaspillage de ressources. C'est le seul bon réflexe managérial possible, s'apparentant à la recherche collective du zéro défaut.

Mais il suppose un mode de travail entre ces partenaires (nous l'appelons le « chaînage ») qui soit fondé sur la recherche commune de solutions. Dans la réalité, cette situation conduit souvent à des comportements d'évitement, chacun justifiant ce qu'il a fait, en reportant plus ou moins la responsabilité sur les autres. Cette situation étant plutôt désagréable et conflictuelle, la meilleure façon de l'éviter est de ne **pas** faire d'évaluation systématique du transfert. Le questionnaire de fin de stage de cette secrétaire, dans lequel elle exprimera sa satisfaction pour l'intérêt du stage, sera la seule information disponible pour le management de la formation. Ce stage sera donc reproduit à l'identique, peut-être ouvert à un public plus large de salariés « parce qu'il marche bien ». Un jour, un responsable interrogera le service formation sur le « retour de l'investissement »...

L'absence de dispositifs d'évaluation du transfert a donc une fonction très claire : éviter les conflits entre la formation et l'encadrement. Ces dispositifs apparaissent par contre, comme par miracle, dans tous les cas où il y a des enjeux forts, sous l'autorité de responsables d'un niveau de direction, ou sous l'influence d'un responsable de formation saisissant habilement l'opportunité d'un projet important (souvent lié à des technologies nouvelles) pour débloquer un système finalement fondé sur des habitudes défensives et un zeste de culture taylorienne (chaque structure fonctionnelle et opérationnelle tendant à s'autojustifier).

Par contre, de tels dispositifs sont rares lorsque l'évaluation des besoins de formation n'est pas couplée avec un processus d'appréciation (l'entretien annuel étant une occasion privilégiée de faire le point sur les acquis de l'année et les besoins pour la suite). Ils sont encore plus rares lorsque l'encadrement, dans sa propre évaluation, ne veut pas prendre en compte sa capacité à valoriser les compétences acquises par les salariés dont il est responsable. Nous avons eu l'occasion de visiter aux États-Unis une entreprise (Norton, fabricant de produits abrasifs) qui intègre dans les décisions d'augmentation individuelle des managers la réussite des projets d'application des formations reçues par des membres de son équipe. Cette pratique a le mérite de la cohérence, en introduisant le principe de la coresponsabilité dans le résultat.

L'accès au résultat est semblable à ces coffres-forts qui ne peuvent être ouverts que par plusieurs clés détenues par des personnes différentes. Le formateur en a une. Le salarié aussi. L'encadrement, à l'évidence. Mais aussi, au-delà d'une situation particulière, les responsables qui fixent les règles du jeu qui régissent le comportement de ces acteurs. Si l'évaluation du transfert des acquis dans les situations de travail n'a ni enjeu ni conséquences et est potentiellement conflictuelle, il ne faut pas chercher longtemps les raisons pour lesquelles elle est si peu pratiquée.

Inversement, si une culture commune de recherche positive de solutions solidifie le chaînage des acteurs, et si des outils de travail pertinents facilitent la communication entre eux, l'évaluation du transfert deviendra une pratique managériale courante, et somme toute banale. En effet, le principe de cette évaluation (ou de ce suivi) sera établi lors de la décision de lancement de l'action, ou d'inscription d'un salarié. Cela suppose précisément des moyens de communication dépassant le titre d'un stage et instrumentant la décision.

Cette question du suivi du transfert est évidemment centrale sur les questions de mémorisation que nous avons évoquées précédemment. L'application des acquis donne au salarié l'occasion de consolider ce qu'il a appris, en étant confronté en permanence à un processus intellectuel d'aller-retour entre ce qu'il a appris et sa mise en œuvre sur le terrain. La formation, faut-il encore le répéter, ne s'arrête pas à la fin du stage. Celui-ci n'est qu'un temps fort du processus d'apprentissage, qui n'aura d'intérêt réel que s'il devient un apport significatif pour un individu donné pour s'adapter activement à son environnement.

EXEMPLE

Cette entreprise, filiale française d'un grand groupe multinational, dispose d'un dispositif de mesure et d'évaluation correspondant aux quatre niveaux que nous avons décrits : 1/ enquêtes d'opinions ; 2/ connaissances et compétences acquises ; 3/ utilité et application au poste de travail ; 4/ effets sur les résultats d'affaires.

Une évaluation des connaissances a lieu avant et après chaque stage et mesure de l'écart. L'évaluation de satisfaction est considérée comme négative si elle obtient moins de 80 % de satisfaction. Dans ce cas, une analyse des causes est effectuée et des actions correctives menées.

Un questionnaire est rempli par chaque formé sur ce qu'il a acquis en stage, complété d'une interview systématique de la ligne de management sur les compétences acquises par les collaborateurs.

Une enquête sur le transfert en situation de travail (évaluation différée), correspondant au niveau 3 ci-dessus, est menée après six mois en fonction des résultats réels sur le terrain. La direction de l'Éducation s'est fixé des « objectifs de couverture », pour suivre la généralisation des pratiques d'évaluation aux différents niveaux, en mettant l'accent dans un premier temps sur les niveaux 1, 2 et 3. La situation fin 1989 est résumée dans le tableau suivant :

Type de formation	ÉV. NIV. 1	ÉV. NIV. 2	ÉV. NIV. 3
Formations métiers	100	55	0
Formations techniques	100	75	28
Développement personnel	100	62	7
Formations management	100	pas d'info.	15

Chiffres en % de cours évalués aux différents niveaux

Il est intéressant de noter ici que la généralisation de cette évaluation différée de niveau 3 a, en elle-même, des effets induits sur les résultats de l'évaluation de niveau 2 (connaissances et compétences acquises). Une étude récente de la direction de l'Éducation (nom de la direction de la formation dans cette entreprise), portant sur 15 actions de formation et 150 évaluations différées, donne les résultats suivants :

Critères	Sans ÉV. NIV. 3	Avec ÉV. NIV. 3
Objectifs atteints	4,28	4,52
Efficacité pédagogique	4,2	4,51
Connaissance préalable	2,52	2,3
Valeur ajoutée (*)	3,91	4,21
(*) *Évaluation globale.*		

Chiffres à comparer à la note maximale de 5.

Tout se passe donc comme si l'introduction de la mesure différée avait en elle-même des effets positifs sur la qualité des actions mesurée au niveau 2. Ce résultat est très intéressant pour ce qui nous intéresse dans ce paragraphe : il montre que les niveaux d'évaluation ne sont pas cloisonnés mais fonctionnent avec un effet de système. C'est en fait une question de bon sens : les stagiaires apprennent mieux quand ils savent qu'eux-mêmes et leur management devront rendre compte de l'application concrète des acquis.

6 – Niveau 4 : l'évaluation des effets de la formation

La question est : la formation a-t-elle permis d'atteindre les objectifs individuels ou collectifs fixés ? Nous sommes ici au cœur du sujet. Dans l'exemple présenté plus haut (compagnie d'assurances), il s'agissait de vérifier l'hypothèse que le nombre de contacts commerciaux supplémentaires obtenus grâce à la formation ont effectivement généré 46 % de contrats nouveaux. Il s'agit ici d'un objectif formulé en termes de performances. Dans ce registre, et dans d'autres cas, les critères pourraient être, par exemple, un nombre de pièces, un taux de rebuts, le coût des reprises sur travaux (dans le bâtiment), la consommation en énergie, le taux de fréquence des accidents du travail, le nombre d'erreurs d'entrée de données en informatique, le nombre de dossiers traités par semaine, la durée moyenne de traitement d'un dossier, etc.

Mais les objectifs peuvent être d'une autre nature. Nous avons présenté dans les chapitres III et VI une typologie des objectifs qui peuvent être poursuivis à travers une action de formation. L'amélioration directe des performances collectives n'est qu'un cas particulier. On peut aussi, par exemple, comme nous l'avons vu dans ces chapitres, former aux métiers, développer l'adaptabilité d'une catégorie de salariés, faire évoluer la culture d'entreprise, etc. Dans ces cas, la mesure du résultat se formulera en termes d'indicateurs associés à ces objectifs : disposons-nous à l'échéance fixée du personnel compétent et motivé pour assurer les flux d'accès à un métier clé ? Le taux de mobilité professionnelle d'une population « sensible » s'est-il accru d'une manière satisfaisante ? La notion de qualité du service est-elle entrée dans les esprits et dans les pratiques ? etc.

La difficulté, pour tous les objectifs à moyen/long terme, réside dans le fait que la fiabilité de l'évaluation repose de façon impérative sur la démonstration que la formation soit clairement identifiée comme le seul paramètre explicatif du résultat.

Cette dernière remarque est très importante, car elle limite l'ambition de mesure des effets de la formation. C'est l'une des causes majeures (avec l'ambiguïté du mode d'utilisation des résultats) de la situation actuelle de sous-développement des pratiques d'évaluation.

II. Court, moyen et long terme : différencier les approches

Pour bien poser le problème, il nous apparaît à l'expérience qu'il faut clairement considérer deux situations distinctes :

– **Les actions de formation visant explicitement une amélioration de performance à court terme.** C'est le cas essentiellement des actions de perfectionnement d'un salarié dans son poste de travail et des actions de formation collectives cherchant à obtenir un résultat précis dans une performance d'ensemble (sur des critères semblables à ceux évoqués plus haut).

– **Les actions de formation accompagnant une transformation plus globale à moyen et long terme** (investissement technologique, transformation d'un métier, action sur la structure des qualifications, diffusion d'une culture d'entreprise, etc.) et pour lesquelles il est méthodologiquement impossible et managérialement vain de chercher, après coup, à isoler l'impact spécifique de la formation.

Nous décrirons maintenant ces deux types de situation.

1 – Les actions à court terme

Ces actions visent à obtenir une amélioration dans une performance individuelle ou collective, ou une suppression d'un dysfonctionnement ayant des conséquences de dégradation des résultats d'exploitation. Ces résultats sont attendus à court terme (dans les jours ou les semaines suivant la formation). Les actions de formation sont destinées à des individus, à une équipe homogène de travail (atelier, service) ou à un groupe professionnel (informaticiens, vendeurs, etc.).

C'est dans ce type de formation que la mesure des effets de la formation est le plus facilement réalisable. L'objectif est clairement ici un résultat dans la performance, mesurable par les indicateurs physiques habituellement utilisés pour mesurer l'activité. La formation est l'un des moyens mis en œuvre pour obtenir le résultat et ne constitue pas une fin en elle-même. La réussite de l'action suppose souvent des actions d'accompagnement (organisation, matériel).

S'agissant d'actions ayant pour but d'agir sur la performance des services, le maître d'œuvre de l'action ne peut être que le responsable du service concerné. La formation agit ici comme conseil sur la démarche et comme partenaire dans la recherche du résultat. La définition d'un cahier des charges préalable à l'action (voir chapitre VIII), considérée comme une garantie que les objectifs et les conditions de réussite ont été étudiés avec soin, est l'une des conditions d'intervention de la formation (et d'affectation de budgets).

Toutes les méthodologies utilisables ici sont des variantes du même type de calcul, comprenant :

– une comparaison avant/après formation des performances réalisées, mesurées avec les indicateurs physiques habituellement utilisés ;

– une valorisation monétaire de l'écart ;

– un rapprochement du résultat avec son coût d'obtention, c'est-à-dire le coût de la formation et des mesures d'accompagnement.

Ce dernier élément du calcul peut être utilisé, avant l'action, pour comparer différentes solutions possibles (formation interne ou externe, durée du stage, volume de population visé, choix d'organismes, etc.).

Les indicateurs physiques permettant une mesure peuvent être répartis en quatre catégories :

Le coût : économies de main-d'œuvre, de frais de fonctionnement, de matières (fournitures, énergie, mètres carrés, etc.), réduction des taux d'accidents, réduction des coûts en trésorerie, etc.

La quantité : productivité, volume (tonnage, nombre de pièces ou de dossiers, etc.), chiffre d'affaires (contrats de vente).

La qualité : taux de rebuts par rapport à une norme, nombre de retouches.

Le délai : respect des plannings, temps de traitement.

Les approches méthodologiques disponibles peuvent être réparties en trois grandes catégories :

La méthode des courbes d'apprentissage

Étant donné une population homogène mise au travail sans formation particulière sinon des explications « sur le tas », on observe, après un temps d'apprentissage, et toutes choses égales par ailleurs sur le plan technique et organisationnel, que le volume de production se stabilise à une certain niveau, que nous appellerons 120 par convention.

Une population comparable est mise au travail de façon différée, après une formation systématique d'entrée. Dans une première étape, elle ne produit pas, mais on espère que, dans une seconde étape, son volume de production atteindra un niveau moyen supérieur, que nous appellerons 150. On pourrait aussi considérer que le niveau de production brute est équivalent, mais que le taux de rebut est inférieur pour la seconde population, et que sa production « utile » nette est donc supérieure.

La rentabilité se calcule, si l'on suppose que les salaires sont équivalents, en comparant le coût des salaires et de la formation de la seconde population pendant la période initiale, et le gain en surplus de production et/ou de qualité généré. Le point de rentabilité est atteint quand les deux coûts s'équilibrent, et l'entreprise gagne de l'argent au-delà. On peut compliquer le calcul si des primes de production ou de qualité sont versées à la seconde population, ce qui retarde l'atteinte du point d'équilibre, mais offre plus de chances de voir se pérenniser le résultat.

On peut aussi intégrer les prévisions de turnover. La courbe ci-dessous illustre cette démarche simplifiée :

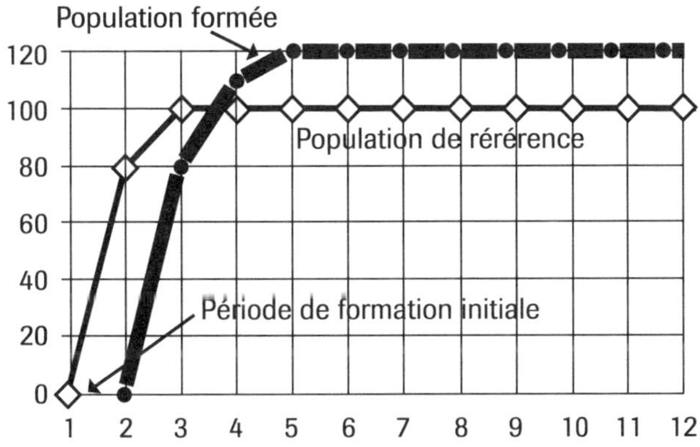

La méthode du GAP (gain d'amélioration potentiel)

Nous avons déjà présenté cette méthode dans le chapitre V sur l'analyse des besoins de formation (p. 152). Nous ne la citons donc ici que pour mémoire. Rappelons simplement que le triple intérêt de la méthode est d'impliquer au premier chef le responsable final du résultat, d'intégrer la formation dans une démarche globale d'analyse et de résolution de problème et de faire apparaître d'importants gisements d'efficacité. Elle a aussi, et peut-être surtout, l'avantage de rendre visible le résultat économique espéré avant même le lancement de l'action et de solidariser les différents acteurs dans l'atteinte de ce résultat.

La démarche de Jac Fitz-Enz (1)

Ce consultant américain a publié un livre sur la mesure du management des ressources humaines. Le chapitre 14 est consacré à la formation. Cet auteur, après avoir établi une nette distinction entre l'éducation *(éducation)* et la formation *(training)*, estime que seul le training basé sur l'apprentissage de comportements et d'habiletés *(skills)* se prête à la mesure. La référence à Mager, déjà cité plus haut, est explicite. L'auteur estime qu'il y a trois mesures de base pour la formation : le coût, les changements produits et l'impact.

(1) Fitz-Enz Jac, *How to measure Human Resources Management*, McGraw Hill, 1987. *ROI of Human Capital*, Amacon Books, 2001 (USA).

Le **coût** est calculé de façon classique en additionnant les coûts directs : rémunération des consultants et des formateurs, location de salles, fournitures, consommations, voyages et séjour, et les coûts indirects : salaires des stagiaires, quote-part de fonctionnement du service formation, etc. (Dans la situation française, il conviendrait de déduire les éventuelles subventions.)

On peut donc rapporter le coût global à une unité de stagiaire pour calculer le coût par stagiaire, ou par heure stagiaire, ou pour toute unité jugée utile. Ces calculs permettent de comparer différentes hypothèses de programmes : internes ou externes, comparaison de propositions externes, etc.

Une analyse plus fine peut être faite avec une approche matricielle croisant les différentes phases du processus de formation (diagnostic, conception, développement, animation, évaluation) avec les différents postes de coûts : personnel, matériel, équipement, etc.

Le **changement** peut s'observer au niveau du savoir, des comportements *(skills)* acquis, des attitudes et de la performance. Dans tous les cas, la démarche s'appuie sur une mesure avant/après, ce qui suppose de disposer des outils de mesure et des indicateurs pertinents. En ce qui concerne le changement de performance, qui nous concerne plus particulièrement ici, il se mesure par la formule : $PC = \frac{Pa}{Pb}$, dans laquelle :

PC : le changement dans la performance au travail, mesurée par le système d'appréciation des performances en vigueur dans l'organisation.

Pa : la mesure du niveau de performance, effectuée au moins 90 jours après la formation.

Pb : la mesure de la performance avant la formation.

L'auteur suggère deux précautions : celles d'appuyer l'appréciation sur le maximum de mesures pour valider les résultats, et sur la prudence d'interprétation liée à l'effet de halo, les ex-stagiaires s'attendant à une mesure et cette attente influençant les résultats. Cette remarque en appelle une autre, que nous relierons à l'exemple que nous avons donné à la fin du paragraphe précédent : du point de vue de l'entreprise, si le dispositif d'évaluation génère en lui-même des résultats supérieurs, elle ne peut que s'en féliciter.

L'**impact** correspond à ce que nous avons appelé le niveau 4. C'est le calcul des gains liés à l'augmentation de performance. Si une ouvrière du textile coupe 80 unités par heure et qu'après formation elle en coupe 100, l'impact est de 25 %, qui peut être valorisé en valeur monétaire puisque l'on connaît le prix de l'unité.

2 – Résumé et précautions de méthode et d'interprétation

Pour ces trois approches, qui se rejoignent sur l'idée de la mesure avant/après, une grande prudence doit être observée dans l'interprétation du résultat, qu'il sera quelquefois abusif d'attribuer à la seule formation. L'exemple suivant est intéressant à cet égard.

Il s'agit d'une opération de formation-action dans un service achats. Le point de départ était le constat que le comportement valorisé par ces acheteurs était la négociation financière sur le montant du contrat. Par contre, ils accordaient assez peu d'importance au respect des délais, ce qui avait de nombreux effets de désorganisation pour la production.

L'évaluation de l'action, six mois après, a montré :

- que le temps d'engagement des demandes d'achat avait diminué : 90 % des demandes des services étaient traitées en moyenne en cinq jours (douze jours avant formation) ;

- que le respect par les fournisseurs du délai contractuel avait progressé (75 % de respect après formation, 60 % avant) ;

- que le nombre de litiges de facturation était en baisse (chiffre non communiqué) ;

- que les demandes d'achat difficiles étaient traitées en trois semaines (contre deux mois avant formation).

Mais, dans le même temps, d'autres paramètres avaient évolué : une réorganisation du service avait réduit les effectifs de 25 %, et une intervention du directeur avait amené à une rationalisation des demandes d'achat, puisqu'à l'occasion de la formation, on s'était aperçu que, souvent, les services demandaient que soient achetés des matériels qui se trouvaient en stock dormant dans d'autres services.

Il nous paraît intéressant de terminer ce paragraphe par ce cas, qui vient rappeler opportunément les ambiguïtés de l'interprétation des résultats obtenus. Certes, on peut considérer ici qu'il y a eu un progrès entre l'avant et l'après de la formation. Mais l'interprétation de ce résultat comme effet **direct** de l'action éducative serait abusive.

La première précaution de méthode essentielle porte sur l'**interprétation**. Elle est particulièrement importante lorsque les performances sont largement soumises à des facteurs d'environnement qui ne doivent rien à la compétence des salariés : fluctuations du carnet de commandes, sensibilité aux taux de change des monnaies ou au cours des matières premières, variations saisonnières, influence des performances des services amont, etc.

La deuxième précaution porte sur la **pérennité des résultats**. Pour diverses raisons, qualité de la formation, effet Hawthorne (l'existence même d'un processus expérimental valorise les salariés dont la motivation au travail va augmenter de ce seul fait), des résultats positifs sont observés dans les performances de l'équipe. Ces résultats vont-ils se maintenir dans le temps ? La réponse à cette question dépendra largement de facteurs extérieurs à la formation, tels que l'implication réelle de l'encadrement dans le suivi, le taux de turnover de la population formée, etc. Au-delà d'un temps assez court (quelques semaines), ces facteurs d'environnement prennent le relais dans l'explication des résultats (positifs ou non).

La troisième précaution de méthode porte sur la **délimitation de la zone concernée par les résultats**. La notion de « productivité globale », qui se développe actuellement, appelle à la vigilance. Dans certains cas, on a observé que des gains de productivité dans des secteurs amont de fabrication avaient des effets pervers de détérioration des résultats des secteurs aval.

Encore une fois, il ne s'agit pas de brandir triomphalement les résultats prodigieux du service formation (ou de l'organisme), mais de proposer aux opérationnels les moyens d'un dialogue sur les résultats attendus, les moyens d'y parvenir et les bases aussi objectives que possible d'un bilan permettant de progresser.

3 – Les actions de formation accompagnant une transformation plus globale à moyen et/ou long terme

Du point de vue qui nous intéresse ici, la problématique de l'évaluation des effets des différents types d'action visant des objectifs à moyen/long terme (voir la typologie des objectifs aux chapitres III et VI) présente de grandes similitudes. Elles ont quatre caractéristiques communes, qui toutes ont des conséquences directes sur l'évaluation :

• **Les résultats attendus ne seront réellement évaluables qu'après une période de plusieurs années.** Il est clair qu'à cette échéance il sera impossible d'évaluer scientifiquement l'impact spécifique de la formation, dont les effets se fondront dans un ensemble complexe dans lequel elle ne sera pas isolable. De plus, à une telle échéance, ce n'est pas tant le résultat final qui intéresse les responsables, qui ne peuvent pas attendre trois ou quatre ans pour s'apercevoir que les résultats sont insuffisamment satisfaisants. Ce dont ils ont besoin, c'est d'un **outil de régulation** pendant le déroulement de l'opération pour détecter à temps d'éventuels dérives ou facteurs de non-qualité et agir de façon corrective. L'évaluation finale n'a donc qu'un intérêt constatatif très secondaire, et il faudra construire des étapes d'évaluation intermédiaire et d'explication des résultats.

• **Elles sont subordonnées à des actions plus larges, poursuivant des objectifs organisationnels.** C'est l'atteinte de ces objectifs qui est l'essentiel, et l'entrée dans le problème ne se fait pas par la formation. Le client de l'évaluation est le responsable du projet. C'est à lui de définir le référentiel d'évaluation, avec l'aide des fonctionnels spécialisés. Mais sa fonction de coordination et de synthèse devra l'amener à être attentif aux interfaces entre les différents « compartiments de jeu ». En particulier, pour la formation, à l'optimisation de son articulation dans le temps avec les phases du projet (*cf.* chapitre IV sur le management de la formation : ni trop tôt ni trop tard, optimisation des flux, etc.) et avec d'autres parties prenantes du projet (dans un projet de reconversion interne, par exemple, s'assurer que l'affectation administrative aux emplois de destination se fait dans un délai raisonnable après la formation). Il agit en « ensemblier » faisant intervenir plusieurs corps de métier, dont la bonne coordination est un facteur essentiel de qualité et d'efficacité.

Trente pour cent du chiffre d'affaires du Bâtiment serait grévé par le coût des malfaçons, dont une grande partie serait due à une mauvaise coordination entre les différents corps de métier. Nous ne serions pas étonné que les proportions soient du même ordre pour le sujet qui nous intéresse ici. Un responsable de formation d'une grande entreprise nous a donné récemment une telle estimation du coût de la non-qualité dans son plan de formation (alors que, par ailleurs, il mène des efforts résolus et soutenus par sa direction générale pour améliorer la situation, ce à quoi il parvient chaque année un peu plus).

L'expérience prouve que les conditions de réussite d'un projet complexe résident dans la qualité de l'interaction des différents partenaires, **dès le stade de la conception**. C'est toute la question de l'intégration de la formation dans les projets complexes qui est posée. Nous ne pouvons faire mieux ici que de citer les auteurs du livre *Réussir l'investissement productif (voir bibliographie)*, qui met en forme méthodologique l'expérience du groupe Danone : *« Il est tout à fait décisif que le planning de ces actions et de l'intégration du personnel soit établi et intégré au planning technique de montage, d'essai et de démarrage des équipements. C'est à cette seule condition que ces actions concernant le personnel seront prises au sérieux et garanties dans leur mise en place effective et tenues dans leurs délais. »*

• **Les actions de formation à moyen/long terme contribuent à l'évitement de risques.** Réussir un projet, c'est aussi déjouer ou minimiser les risques. Un risque se définit par la probabilité d'occurrence d'un événement non souhaité. Pour les projets d'investissements, ces risques résident dans le non-respect des délais prévus (mise en service, montée en cadence), la mauvaise maîtrise des coûts (assistance technique du constructeur, dysfonctionnements, perte de matières et de production), l'apparition de mouvements sociaux du fait d'une prise en compte insuffisante des questions d'emploi et de qualification, etc. En ce qui concerne la dimension « emploi » de la gestion des ressources humaines, l'obligation de gérer à chaud des problèmes de sous-effectifs de personnels peu qualifiés pour lesquels aucune action de formation préventive n'avait été réalisée, la nécessité de recourir quasi exclusivement au recrutement coûteux et aléatoire de personnels pour certains postes qualifiés, alors qu'existait à l'intérieur de l'entreprise un potentiel d'évolution qui aurait pu être valorisé par des actions de formation sur une longue période. Dans tous ces cas il y a risque, économique et social.

Il y a donc dans ce cas un problème d'évaluation *a priori* du risque de non-formation. En réalité, personne ne dispose d'une méthode réellement fiable pour cela, la piste la plus sérieuse étant à chercher du côté des méthodologies de l'audit. Mais l'idéal est de parvenir à ce que la **procédure** d'instruction d'un projet d'investissement inclue obligatoirement des étapes de vérification que sa partie ressources humaines et formation a prévues de façon sérieuse et/ou que les plans opérationnels à moyen terme incluent également obligatoirement une simulation de leurs conséquences en termes d'emploi/formation.

Un certain nombre d'entreprises ont mis en place de telles procédures. Certaines ont établi des ratios entre, par exemple, le budget de formation affecté à un projet et le budget du projet lui-même. La procédure est bien rodée lorsque l'on a affaire à des opérations reproductibles (par exemple, l'ouverture d'une tranche de centrale nucléaire), évidemment moins lorsqu'il s'agit d'une opération isolée sans antécédent. L'expérience aidant, ces entreprises apprennent à fixer un montant indicatif de la part des dépenses de formation dans les projets et à mettre au point les procédures *ad hoc*.

La difficulté méthodologique tient évidemment à la possibilité de faire une estimation fiable, crédible et convaincante de ce que serait le coût de la non-formation. Le problème est assimilable aux problèmes de sécurité (combien faut-il payer pour avoir une probabilité raisonnable d'éviter des accidents ?), ou de qualité (coût d'obtention du point supplémentaire de qualité), ou de prime d'assurances (quel prix est-on prêt à payer pour se couvrir d'un risque ?). Certaines compagnies, avant d'assurer un contrat de transfert de technologie, se font communiquer les *curriculum vitae* des chefs de projet, considérant que leur niveau de formation et surtout d'expérience est un élément à prendre en compte dans l'estimation du risque.

L'extension du nombre de cas dans lesquels les clients industriels d'une entreprise de biens intermédiaires demandent à celle-ci d'appliquer les principes de l'Assurance Qualité, et notamment la norme ISO 9001 qui prévoit une vérification que le personnel du fournisseur a reçu une formation adaptée, est l'un des facteurs d'accélération de ce type de procédure.

• **Elles cherchent l'obtention de résultats.** Les résultats sont à observer sur deux registres distincts :

Une évaluation **séquentielle** de la formation selon les quatre niveaux décrits précédemment, et en particulier aux niveaux 2, 3 et 4, mais par unités homogènes de formation (modules) plutôt que sur l'ensemble de l'opération. On aura alors recours aux méthodes décrites précédemment.

– Une évaluation permanente des **paramètres de pilotage** de la qualité du dispositif (*cf.* chapitre IV sur le management de la formation et les « cinq piliers » de la qualité et chapitre IX sur les tableaux de bord).

Si la première démarche nous est maintenant bien connue avec ce que nous avons développé au début de ce chapitre, la seconde est moins familière. Il s'agit en fait d'introduire un raisonnement probabiliste : si tel et tel paramètre sont bien « sous contrôle », alors la probabilité que l'action de formation donne les résultats escomptés est grande. Inversement, si tel paramètre dérive, alors la probabilité de voir se dégrader les résultats de la formation s'accroît, avec des effets de seuil. Par exemple un certain taux de stagiaires ne correspondant pas aux prérequis d'entrée (par exemple 10 à 20 %, selon la personnalité plus ou moins forte des stagiaires en question) provoque une détérioration notable de la qualité du résultat. Nous avons eu à connaître d'un cas dans lequel le taux de non-conformité aux prérequis était... de 90 %, resté invisible au responsable de formation qui ne prenait en compte que le nombre de stagiaires par rapport aux prévisions. Les méthodologies de l'audit sont ici précieuses pour construire des systèmes d'information basés sur de tels paramètres.

Le développement d'outils du type de « Balance » dont nous avons parlé dans le chapitre IX sur l'engagement du plan de formation est l'une des voies prometteuses en ce domaine.

4 – Cas particulier des actions liées à la gestion de l'emploi

Vouloir évaluer les actions de formation liées à la gestion de l'emploi suppose évidemment qu'il y ait dans l'entreprise une gestion de l'emploi pouvant formuler des objectifs suffisamment précis pour que des actions de formation viennent y jouer un rôle. Cela paraît évident, mais la gestion de l'emploi étant à un stade de développement qui n'est pas encore généralisé par les entreprises, il n'est pas inutile de le rappeler. Inutile de chercher à mesurer après coup les effets d'une formation s'il n'y a pas de référentiel emploi défini pour la population considérée (à cet égard, le titre de l'ambitieuse opération conduite par Merlin-Gérin dans les années 1980, 1 000 = 1 000, donne, en lui-même, l'un des critères de réussite). À partir du moment où ce référentiel existe, il définit une cible de devenir quantitatif et qualitatif de la population concernée, et des scénarios pour les modalités de passage de la situation actuelle à la situation souhaitée, dans un délai défini.

Ces scénarios inclueront un ensemble d'actions de gestion de personnel (recrutement, décrutement, mobilité, etc.) parmi lesquelles la formation viendra s'inscrire. On pourra évaluer :

- Au **niveau 2** (pédagogique), par l'évaluation des acquis : tel stagiaire a-t-il acquis les compétences nécessaires pour accéder à un poste de travail, ou pour s'y maintenir après une modification importante du contenu de l'emploi ?

- Au **niveau 3** (transfert), le résultat est très dépendant de la cohérence d'ensemble du dispositif. Tel stagiaire a acquis les compétences nécessaires pour un poste, mais celui-ci n'est pas disponible. C'est le dispositif qui doit être évalué. Si, par contre, tout s'est passé comme prévu, les moyens d'évaluation différés sont pertinents, après une période de quelques semaines d'occupation du poste, et en s'appuyant sur l'encadrement. La consolidation des résultats individuels fournira une évolution d'ensemble.

- Au **niveau 4** (effets), c'est en fait l'ensemble des objectifs de la politique d'emploi et le dispositif qui doivent être évalués. Chercher à isoler la seule variable formation dans la réussite ou l'échec de l'évolution d'une population à moyen terme risque d'avoir peu de vertu démonstrative. En réalité, c'est un suivi permanent avec un tableau de bord permettant d'ajuster en permanence le dispositif qui est l'essentiel, beaucoup plus qu'une évaluation finale.

L'évaluation de niveau 1 (satisfaction) est ici quasi anecdotique.

5 – Le problème de l'efficience

Reste le difficile problème de l'**efficience**, c'est-à-dire du rapport entre le coût d'obtention du résultat et le résultat produit. À supposer que le résultat visé ait été atteint, est-on sûr de l'avoir atteint au meilleur coût ? On peut observer qu'une reconversion a réussi, mais rien ne permet d'affirmer de façon rigoureuse que le même résultat n'aurait pas été atteint en mobilisant moins de moyens. Il faut convenir que, jusqu'à présent, les méthodes manquent pour répondre à ce type de question. Les méthodologies de l'audit permettent de progresser sur cette question, et l'avenir amènera probablement, du moins dans les grandes entreprises, à effectuer des simulations, peut-être appuyées sur des systèmes-experts, permettant de comparer l'efficience prévisionnelle de scénarios alternatifs. Mais il s'agit d'un domaine qui reste à défricher.

Là aussi, si le résultat final espéré peut être défini *a priori*, la véritable question n'est évidemment pas de constater, après coup, l'échec ou la réussite, mais de disposer des outils de pilotage permettant de détecter des dérives et d'agir en temps réel pour adapter en permanence le dispositif.

6 – Pourtant, tout le monde évalue la formation !

Cette faiblesse des pratiques n'empêche évidemment pas les acteurs de se faire une opinion sur le sujet. Dans l'entreprise, stagiaires, formateurs, hiérarchiques, direction n'hésitent pas à exprimer des jugements de valeur sur telle ou telle action, fondés sur telle rumeur, tel écho, telle expérience plus ou moins limitée. L'absence de mesure objective laisse le champ libre aux impressions, voire aux rumeurs. Mais il est clair que l'on ne mesure pas la rentabilité d'un investissement sur des impressions. Le décalage apparaît d'autant plus saisissant entre l'ambition affichée et l'opacité des résultats réels.

Ce qui manque, ce ne sont donc pas les opinions plus ou moins implicites sur l'évaluation des actions, ni d'ailleurs les conséquences de ces opinions sur le devenir des actions (puisqu'une opinion, même non fondée, a toujours un effet d'image), mais c'est l'existence d'un processus explicite, visant à alimenter le management de la formation par des informations factuelles objectives lui permettant de prendre ou de proposer des décisions de lancement ou de prolongation, ou de suppression, ou de réorientation, d'une action en fonction des résultats attendus et/ou constatés, d'observer et de corriger d'éventuelles dérives en cours d'action, et de rendre compte, au final, des effets produits.

C'est sans doute l'un des points clés du passage de la formation d'une fonction définissant son professionnalisme comme essentiellement technique à une fonction réellement stratégique dans l'entreprise.

III. LES ENJEUX DE LA VALIDATION

Ce qui précède pose la question de l'évaluation sur un plan essentiellement technique. Mais elle a également une dimension sociale et politique.

Entre les 10 % qui ont effectué les études les plus longues et les 10 % qui ont effectué les études les plus courtes, l'écart est aujourd'hui supérieur à neuf ans de scolarité, contre six pour les générations nées dans les années 30 (1).

De nombreux rapports ont vu le jour ces dernières années, en particulier à l'approche des trente ans de la loi de 1971, sur le fait que, dans la réalité, son objectif politique visant à favoriser l'égalité des chances des citoyens ne fonctionnait pas et qu'au contraire l'écart se creusait. La probabilité d'accès annuel à la formation d'un ouvrier d'une entreprise de 10 à 59 salariés est de 2,6 %, contre 61 % pour les cadres des entreprises de plus de 2 000. Les correctifs apportés par l'État par des formules comme les contrats de qualification, les emplois-jeunes, le développement de l'apprentissage, ont contrebalancé ce phénomène, sans suffire à le neutraliser.

Bien entendu, toutes ces formations ne sont pas sanctionnées par un diplôme. La sanction par une certification reconnue concerne 9 % des stagiaires, contre 30 % en 1977. Par ailleurs, leur durée a tendance à raccourcir à moins de 40 heures en moyenne, ce qui à l'évidence ne permet pas l'acquisition d'une qualification nouvelle, mais plutôt un perfectionnement (2).

Or, quel que soit le discours ambiant, et justifié, sur l'importance de la gestion des compétences, le niveau de diplôme reste largement un facteur clé lors du recrutement et un repère central dans les grilles de classification des conventions collectives.

---

(1) La plupart des données de ce paragraphe sont issues du rapport « La formation professionnelle, diagnostic, défis et enjeux », présenté par Nicole Perry, secrétaire d'État au Droit des femmes et à la Formation professionnelle en mars 1999.

(2) Certains font valoir que, réparties sur une vie de travail et cumulées, ces journées de formation représentent en moyenne 600 heures par citoyen français, soit une durée équivalente à celle d'une formation solide.

L'approche des compétences en tant que savoir-faire opérationnel ne pouvant être validé qu'en situation professionnelle, si elle est légitime du point de vue de l'entreprise, montre ici ses limites dans une approche plus politique et collective du problème. Celui-ci est simple à poser, sinon à résoudre : si un salarié voit sa compétence reconnue, même de façon formelle, par son employeur, comment pourra-t-il valoriser cette reconnaissance hors de l'entreprise si les circonstances l'amènent à chercher du travail ailleurs ?

On voit donc se mettre en place la recherche d'une solution à cette contradiction.

Les pouvoirs publics, au nom de l'intérêt général, souhaitent associer à la compétence acquise une reconnaissance « portable », pour faciliter les mouvements sur le marché de l'emploi. On s'oriente donc, par les textes comme la loi de modernisation sociale de 2001, et par les pratiques, vers l'ouverture d'un grand chantier de validation des acquis et des expériences professionnels (VAEP), permettant de trouver les voies et moyens les plus opportuns pour permettre à un salarié de faire valider sa compétence en « équivalent diplôme ». Cette préoccupation n'est pas que française et figure parmi les mesures de l'Objectif 3 du Fonds social européen, sous le titre « développer l'accès à la validation de l'expérience professionnelle ».

Il s'agit donc, pour reprendre la terminologie que nous avons utilisée dans ce chapitre, du niveau 2 de l'évaluation (évaluation des acquis), mais externalisé sur des structures académiques ayant leurs propres critères. Le débat n'a pas fini de se déployer sur la pertinence de ces critères. N'oublions pas que la logique de la formation « par objectifs », assez caractéristique de la formation des adultes, s'est constituée en partie en réaction à une logique de validation académique de connaissances !

Les approches tendent à se multiplier. Essayons d'identifier les principales, au moment où nous écrivons, en incitant le lecteur à s'informer sur l'état de l'art au moment où il en aura besoin.

1 – La VAP (validation des acquis professionnels) et les référentiels des diplômes

725 000 diplômes sont délivrés chaque année en France, dont 565 000 par l'Éducation nationale, 45 000 par le ministère de l'Agriculture, le reste étant des titres homologués délivrés par l'AFPA (43 000), la Défense (8 700) et les autres ministères (28 000), l'artisanat (6 300), et par des organismes privés (6 000).

Ces diplômes foisonnants sont, en principe, accessibles aux adultes en formation continue. Ceux-ci étant le plus souvent peu désireux de s'inscrire dans un cursus scolaire classique, l'idée de délivrer des diplômes par validation de niveaux acquis par expérience professionnelle, qui constituerait une équivalence de la partie pratique de ces diplômes, s'est progressivement répandue. Dans l'avenir, la possibilité d'accéder à un diplôme entier par cette voie est, du moins théoriquement, ouverte.

La VAP deviendrait donc l'une des formes d'accès à des diplômes, en particulier ceux délivrés par les ministères. Bien entendu, la partie « connaissances » des diplômes resterait validée selon des formes plus classiques, mais, après tout, la capacité d'un technicien à effectuer un montage complexe, démontrée en situation de travail, pourrait être considérée comme un acquis qui le dispenserait d'avoir à prouver cette capacité par des épreuves scolaires. Il s'agit donc pour le salarié, finalement, de déposer une dispense d'épreuves pour accéder à un diplôme technique ou professionnel.

L'enjeu est maintenant d'élargir notablement le champ d'application de ces dispositifs. L'AFPA, par exemple, en coopération avec l'ANPE, a intégré dans ses pratiques des CCP (certificats de compétences professionnelles) qui s'appliquent à des sous-ensembles des unités requises pour l'obtention de l'un des 400 diplômes professionnels qu'il délivre.

L'avenir des VAP est donc ouvert pour les personnes souhaitant obtenir un diplôme. Mais on peut comprendre que les institutions ne souhaitent pas élargir cette possibilité au-delà d'une limite qui déconsidérerait le diplôme en laissant supposer qu'il est « bradé » : se former, c'est aussi faire un effort d'acquisition de connaissances et de modes de pensée qui font franchir un seuil par rapport au point où l'on se trouve.

En 1997, 15 000 demandes de renseignements ont été formulées à l'Éducation nationale. Il n'y en n'avait que la moitié deux années auparavant. 2 500 dossiers ont été déposés, et pour la plupart menés à bien. 12,6 % des candidats n'ont obtenu aucune dispense d'épreuves (contre 16 % en 1995). Dans l'enseignement supérieur, 7 000 demandes ont été déposées, dont 70 % aboutissent.

Ce n'est certes pas un raz-de-marée, mais le processus est en marche.

2 – Les certificats de qualification professionnelle (CQP)

Les CQP résultent de l'initiative, à partir de 1986, de branches professionnelles, un décret venant en 1988 légitimer la possibilité qu'ils offrent de certifier des qualifications, non pas par l'État, mais par une instance paritaire au sein des branches professionnelles (les commissions paritaires nationales de l'emploi, CNPE). La plus puissante des branches, représentée par l'Union des industries métallurgiques et minières (UIMM), délivre 180 certificats sur les 320 existant à ce jour.

Ils ont vocation à organiser des parcours qualifiants pour des salariés en place, voire à des demandeurs d'emploi, en répondant à des besoins de compétences non satisfaits sur le marché du travail. Ils cherchent à proposer une alternative au diplôme en préparant à des qualifications définies par la profession, directement opérationnelles en situation de travail.

On part d'une situation de travail que l'on décrit à travers les compétences requises, pour aboutir à un « référentiel d'activité ». La formation sera construite en fonction de ce référentiel. On est donc bien ici dans un cas de recherche de faire « coller » au maximum compétences requises par les situations de travail et formation, avec des enjeux qualifiants, et de manière concertée entre partenaires sociaux.

Le système, dans son principe cohérent avec la logique compétences, a dans sa mise en œuvre des limites. Il s'est peu éloigné dans les faits d'une approche diplômante classique, avec ce facteur supplémentaire qu'il accorde une faible place à la validation des acquis et repose sur des durées standard de formation.

La diversité des branches a entraîné une non moins grande diversité d'approches, ce qui rend plus difficile de décrire de l'extérieur un dispositif ayant une cohérence d'ensemble. Enfin, la logique de répondre en priorité aux besoins non satisfaits a parfois été oubliée, et il est arrivé qu'une branche cherche à faire homologuer un CQP concurrent d'un diplôme existant de l'Éducation nationale.

Les CQP sont une réalité, reposant sur des principes parfaitement adaptés aux besoins des entreprises. Mais, comme toujours en cette matière, leur mise en œuvre relève d'un art d'exécution qui n'échappe pas toujours à l'influence des approches classiques, ni aux logiques de différenciation des institutions.

3 – Les NVQ's (National Vocational Qualifications)

Les NVQ's sont une initiative du gouvernement britannique en 1986. Il s'agissait de clarifier et d'homogénéiser les systèmes de validation professionnelle des différents secteurs et branches professionnels. La coordination nationale du dispositif a été confiée au National Council for Vocational Qualifications (NCVQ), la validation elle-même étant réalisée par des organismes homologués comme la Royal Society of Arts, la City and Guilds ou le BTEC. Ces organismes sont obligatoirement sous Assurance Qualité.

Un NVQ est un certificat qui valide la capacité d'une personne à exercer une fonction dans l'entreprise, décrite par les compétences qui sont requises pour l'exercer de manière efficace. La validation est donnée quelle que soit la manière dont la personne a acquis ces compétences. La formation n'est donc pas un passage obligé, et il n'existe pas de prérequis de niveau pour postuler. Chaque compétence constitutive du NVQ peut être validée séparément.

Les NVQ's comprennent cinq niveaux, et la certification porte donc sur deux points : le titre du NVQ et le niveau. Les niveaux sont les suivants :

Niveau 1 : maîtrise de tâches répétitives et prévisibles.

Niveau 2 : compétences variées avec un certain degré de responsabilité.

Niveau 3 : compétences mises en œuvre dans une grande variété de contextes avec un caractère complexe et non répétitif, et un degré supérieur de responsabilité.

Niveau 4 : mêmes compétences que niveau 3, plus la responsabilité d'une équipe.

Niveau 5 : maîtrise de principes fondamentaux et de techniques complexes, avec des responsabilités importantes.

40 % des entreprises britanniques employant plus de 11 personnes proposent des NVQ's (2/3 pour les plus de 500). Le score de satisfaction, impressionnant, est de 90 % parmi les employeurs et les salariés. Les syndicats (TUC, Trade Union Congress) poussent leurs adhérents à en demander la mise en place à leur employeur. 300 000 NVQ's sont délivrés par an.

Cette démarche britannique qui permet un accès souple à des qualifications reconnues par des professionnels a traversé le Channel. Par exemple, une expérience réussie a été menée par le conseil régional du Nord-Pas-de-Calais, avec l'aide du Fonds social européen, pour la certification de techniciens d'exploitation et de maintenance (dans ce cas, avec formation).

Il semble, selon des informations récentes, que le système soit menacé par son propre succès : le nombre de demandes de validation est supérieur à ce que le système est capable de traiter.

4 – Les CCE des CCI

Les chambres de commerce ne pouvaient pas rester à l'écart de cette recherche. Elles ont donc mis en place en 1999 un dispositif de certification, les CCE (certificats de compétences en entreprise), avec une ambition affichée de reconnaissance internationale. Comme les NVQ's, ils n'imposent aucune exigence de prérequis en formation. Ils s'appuient sur des référentiels de compétences élaborés dans des secteurs professionnels comme la vente, le secrétariat, la maintenance, etc.

Contrairement aux CQP, les partenaires sociaux ne sont pas associés à leur définition, et les CCE ne sont pas reconnus à ce jour dans les classifications. L'AFCI (Assemblée française des chambres de commerce) a créé une association pour la certification des compétences professionnelles, dans l'espoir de se positionner comme organisme de référence.

Il est un peu tôt pour évaluer l'impact de cette initiative, mais, dès 1999, 400 premiers CCE ont été délivrés, et il semble que la formule rencontre le succès qu'elle attendait.

5 – Les certifications d'entreprises liées à leurs produits

Certaines entreprises ont compris l'intérêt pour elles de valider officiellement les compétences des personnes utilisant leurs produits. Cela leur permet à la fois de renforcer la qualité de l'utilisation (et donc de ne pas risquer des mauvais fonctionnements qui leur seraient imputés), et de disposer d'un réseau d'alliés. Microsoft, toujours lui, dispense de tels certificats, après formation. Et il est certain que la personne titulaire d'un certificat Microsoft disposera d'un plus si elle est candidate à l'embauche dans une entreprise utilisant les progiciels de la marque.

6 – Validation des acquis : un grand chantier dès aujourd'hui ?

Toutes ces initiatives modifient le contexte dans lequel les pratiques d'évaluation se déroulent. Nous avons insisté sur le fait que la faiblesse des pratiques réelles d'évaluation était beaucoup plus liée à une absence de demande sociale de cette évaluation qu'à l'insuffisance des méthodologies elles-mêmes.

Les choses vont peut-être changer avec la VAP. Ce ne sera pas un raz-de-marée, mais de plus en plus de salariés, ayant entendu les discours qu'on leur tient depuis vingt ans sur l'employabilité, vont en tirer les conséquences. Ils vont demander que ce qu'ils ont appris à faire puisse trouver une reconnaissance formelle. Beaucoup renonceront devant la course d'obstacles que cela représente, mais d'autres iront jusqu'au bout.

Il y a là un chantier important pour les managers de la formation. Vont-ils appuyer ces efforts ? Comment vont-ils intervenir dans les lieux où se décident des critères de validation pour faire valoir les compétences professionnelles réellement utiles ? S'ils ne le font pas, ou s'ils laissent faire à leur place des retraités de leur branche professionnelle parfois un peu déconnectés de l'actualité des compétences requises, il leur sera trop facile de dénoncer la « résistance au changement » des institutions académiques !

IV. Fiche résumé

Les sept règles de base pour l'évaluation

1. Évaluer suppose de comparer des résultats à un référentiel définissant avant la formation ce qui était souhaité (objectifs) et/ou prescrit. Aucune action ne devrait être engagée sans que formateurs et clients se soient posé la question suivante : « À quoi verrons-nous après l'action que nous aurons réussi ensemble ? » et y aient répondu de façon précise.
2. Trouver les indicateurs pertinents pour évaluer, à partir des critères de performance observables et mesurables définis par le référentiel. La pertinence s'apprécie techniquement par sa capacité à exprimer simplement et directement le résultat à mesurer.
3. Un bon système d'évaluation s'apprécie aussi par sa capacité à être accepté positivement par les acteurs concernés par l'évaluation. Choisir le niveau d'évaluation (1 à 4) qui correspond à ce critère tout en créant les conditions pour faire évoluer progressivement. Mieux vaut un indicateur fruste, mais accepté, qu'un système complexe techniquement bien construit mais inassimilable par les acteurs et qui sera rejeté ou mal renseigné.
4. S'assurer que la formation est bien le seul élément explicatif du résultat observé. Pas de triomphalisme excessif en cas de bons résultats. D'autres éléments peuvent expliquer le résultat, surtout sur une longue période. Vérifier que le bon résultat obtenu dans un secteur d'activité n'a pas généré des effets pervers dans un autre.
5. Ne pas vouloir tout évaluer. Certaines actions, notamment de développement personnel, ne sont pas évaluables par rapport à un référentiel préétabli. Par ailleurs, vérifier que le coût de l'évaluation n'est pas supérieur aux résultats qui peuvent être attendus de la formation. Réserver les opérations d'évaluation systématique aux actions de formation à fort enjeu pour l'entreprise ou pour certains acteurs clés. Rester pragmatique, tout en étant ambitieux.
6. Diffuser les résultats aux clients de la formation. S'ils sont bons, cela donnera à chacun une occasion de célébrer le succès, s'ils sont moyens, cela permettra d'engager des actions d'amélioration sur les points faibles, et s'ils sont mauvais, cela donnera l'occasion d'une autocritique de l'ensemble des acteurs sur leur manière d'engager des actions. Se poser avant toute action la question de la diffusion des résultats et de l'utilisation que l'on veut en faire est un excellent test de l'utilité réelle de l'évaluation et de son acceptabilité (voir règle n° 3) et d'ailleurs de l'intérêt de l'action elle-même.
7. L'intérêt essentiel de l'évaluation n'est pas toujours dans le résultat lui-même, mais dans ce qui permet de l'expliquer. C'est cela qui permet de progresser dans un esprit de développement de qualité de la formation. Un bon système d'évaluation est un outil de management.

CONCLUSION

LE SAVOIR ET L'ENTREPRISE : UN NOUVEAU PARADIGME

« Nous irons chercher le savoir dans le monde entier. »

L'un des cinq serments des anciens nobles japonais à l'empereur

Les entreprises ou les organisations n'ont, fondamentalement, pas de problèmes de formation. Elles ont des problèmes que seule la compétence **en actes** du management et du personnel peut contribuer à résoudre. La question n'est plus (et n'a peut-être jamais été) pour une organisation de faire de la « bonne » formation, mais de mettre en place les processus collectifs d'apprentissage permanent qui lui permettront de satisfaire durablement ses clients (ou ses usagers s'il s'agit d'une organisation sans objectif de profit), et de tenir ses objectifs économiques à un niveau qui, par rapport à ses concurrents, lui assure une pérennité toujours à (re)conquérir, tout en satisfaisant ses actionnaires (privés ou publics).

Nous sommes entrés dans une économie du savoir, dans laquelle la carte de la réussite économique se redessine autour de la compétence des hommes.

La conclusion de cette cinquième édition de *Manager la formation* nous donne l'occasion de faire le point. Le paradigme (1) traditionnel de la formation dans l'entreprise, dans lequel la formation est avant tout

(1) En linguistique, le paradigme est « l'ensemble des formes d'un morphème lexical associé à ses désinences ». Par exemple : les conjugaisons d'un verbe. Par extension, le terme est utilisé ici pour désigner des associations de termes constituant un système de pensée cohérent. Par exemple : formation/loi du 16.7.71/obligation légale/stage/social. Le nouveau paradigme serait quelque chose comme : formation/stratégie/service au client/compétence collective/organisation/management.

un outil d'adaptation de la main-d'œuvre aux exigences de l'organisation du travail, est aujourd'hui largement obsolète. Il fait place à un paradigme plus exigeant dans lequel la gestion de la compétence individuelle et collective est la clé de l'anticipation permanente par l'organisation des exigences de l'environnement qui la finance, directement (clients, actionnaires) ou indirectement (contribuables, usagers).

Pour comprendre et anticiper les évolutions de la formation en entreprise, qui sont déjà là quand on veut bien les observer, nous voudrions ici redéfinir ce qui nous paraît être la problématique actuelle, en 1997, de la formation. Pour cela, nous devrons faire un détour (apparent) par une réflexion sur l'organisation du travail.

I. TAYLOR EST-IL TOUJOURS VIVANT ?

La base du « système Taylor » est, on le sait, le découplage de l'**analyse** du poste de travail de l'**exécution** du travail lui-même. Au moment où l'industrie américaine cherchait à répondre à une demande en pleine expansion en recrutant du personnel peu qualifié, souvent d'origine rurale, Taylor, en inventant l'organisation dite scientifique du travail, avait trouvé la clé d'une adaptation rapide de ce personnel peu préparé aux exigences des rythmes industriels. Des spécialistes définissaient le travail des autres en décrivant les exigences des postes de travail. On a appris plus tard à ranger ces postes les uns par rapport aux autres, pour définir des échelles de classification. Le salaire de base du salarié est dans cette logique essentiellement défini par le niveau du poste. L'autonomie du salarié est faible : il doit faire ce qui est dans sa définition de poste et rien de plus. La formation professionnelle consiste à apprendre à exécuter les tâches requises par le poste.

Ce système a permis l'intégration massive de personnel peu qualifié dans l'économie moderne, à un coût de formation relativement faible. Il a permis des succès spectaculaires dans la grande industrie, jusqu'à une époque récente. Lors de la création de l'usine Renault de Flins, les dirigeants se félicitaient d'avoir su faire une usine moderne avec des « planteurs de poireaux ». La formation, essentiellement adaptative, était un mix entre la méthode TWI, importée des États-Unis après la guerre, et la méthode Carrard utilisée par l'Afpa.

Le taylorisme a marché, et marche encore. Pourquoi le remettre en cause ? Les pays, comme ceux d'Asie du Sud-Est, qui développent eux aussi leur secteur industriel ou tertiaire à partir d'une population d'origine rurale, s'en inspirent aujourd'hui largement et connaissent parfois des taux de croissance à deux chiffres. La mort du taylorisme serait-elle un slogan pour pays développés qui n'acceptent plus les conditions de travail du passé, le taylorisme restant bien vivant dans d'autres pays, à commencer par ceux dans lesquels ils délocalisent leurs productions ?

II. Une remise en cause fondamentale

Je voudrais montrer ici pourquoi ce mode d'organisation du travail, et d'approche de la formation qui lui est liée, est remis en cause.

La première raison, bien connue, en est, dans les pays développés, la modification du niveau culturel de la population. Le fils du planteur de poireaux a le bac, parfois plus, et il n'accepte plus de n'avoir qu'un rôle d'exécutant, sans responsabilité, sans voix au chapitre sur son propre travail. Des conflits sociaux parfois violents ont exprimé ce refus, en Europe, aux États-Unis et, récemment, en Corée (lorsque le gouvernement de Séoul a voulu supprimer les contreparties sociales de cette acceptation). S'il y est contraint par la rareté des emplois, il sera vain d'espérer qu'il « s'implique » par la seule vertu du déploiement des sortilèges de la communication interne.

La deuxième raison est que les avantages du taylorisme, observés dans une situation de croissance forte sur des marchés demandeurs, se retournent et deviennent contre-productifs lorsque les marchés sont stagnants ou en récession avec une concurrence forte. L'un des « pères fondateurs » de la Qualité Totale, Edward Deming, avait montré en son temps que, dans une période de croissance sur des marchés demandeurs de quantité, le système conduit à un taux élevé de non-qualité, c'est-à-dire de production en dehors des tolérances fixées. La production hors tolérance est rebutée, ou récupérée chez le client par les services après-vente si elle passe à travers les contrôles. Le coût supplémentaire de la non-qualité est répercuté sur le client, peu regardant parce qu'il a peu le choix. On connaît encore aujourd'hui des secteurs économiques dont les coûts de non-qualité avoisinent les 30 % du chiffre d'affaires.

Le contexte a complètement changé. Les positions de monopole se réduisent comme peau de chagrin et le consommateur jadis captif est de moins en moins fidèle. La guerre économique se joue dorénavant sur le triangle coûts-qualité-délais et services associés. Des entreprises qui devaient leur succès à l'obligation ou à l'habitude se trouvent plongées, parfois pour le meilleur et parfois pour le pire, en situation de concurrence. Et les clients essaient ailleurs, là où c'est moins cher, là où on est mieux accueilli, là où on leur en donne plus. Tous les secteurs de l'économie sont progressivement touchés : l'automobile, l'informatique, les services marchands, l'industrie traditionnelle, mais aussi ceux qui étaient jusqu'à présent protégés, comme depuis quelques années les télécommunications, la banque et l'assurance, et aujourd'hui le secteur hospitalier.

Quel rapport avec notre sujet ? Il est, et c'est la troisième raison, que plus le personnel est susceptible d'avoir une influence sur les prix (activement, par son implication et ses suggestions, et pas seulement passivement, par son coût salarial), sur la qualité (en agissant de façon préventive sur la non-qualité avant qu'elle ne soit perçue par le client), sur le service (par l'accueil, la fiabilité de l'information, etc.), moins il est possible d'enfermer les tâches qu'il a à effectuer dans le cadre d'une fonction définie en dehors de lui. Un système dans lequel un ouvrier ou un employé, voire un cadre, qui, voyant une cause de défaut possible, ne dit rien parce que ce n'est pas dans sa définition de poste, ou parce que la dernière fois qu'il a pris une initiative, on lui a fait comprendre qu'il avait à faire son boulot, et rien de plus, est contre-productif. Cela coûte de l'argent, mécontente le client (et il y a dans le monde entier des concurrents qui n'attendent que cela pour gagner des parts de marché), crée un climat de démotivation, et c'est à terme mortel.

Dans une économie qui se « servicialise » (1), à la notion même de postes prédéfinis, qui avait fondé l'efficacité du taylorisme, succède une conception neuve d'équipes évolutives, autonomes, auto-organisées autour d'objectifs, de missions, capables de produire de l'innovation collective pour réaliser des progrès. À la relation homme/poste se substitue progressivement la relation entre une équipe et une mission, organisée autour d'un processus générateur de valeur ajoutée. Ce dont ont besoin les entreprises, ce n'est plus d'exécutants, même bien formés et disciplinés, mais d'un personnel engagé, responsable et autonome, attentif au client, compétent (2).

(1) Hervé Serieyx fait de cette évolution une remarquable synthèse dans son rapport pour le Conseil économique et social intitulé : « Les incidences des changements d'organisation des entreprises sur la nature et l'organisation du travail et sur l'emploi ». Ce rapport est publié au *Journal officiel (Avis du Conseil économique et social n° 21, 22 octobre 1996).*

(2) Le gagnant du Prix européen de la Qualité, en 1996, est un fabricant de pneus turc (sous licence Bridgestone), BRISA, qui a complètement modifié son approche du management après une grève de 109 jours en 1990. Il a développé systématiquement une organisation responsabilisante et des démarches participatives pour passer, selon l'expression de son dirigeant, Hazim Katanci, « de la confrontation à la coopération ». Cette entreprise a réalisé en 1995 un bénéfice avant impôts de 83,1 millions de dollars pour 274 millions de dollars de chiffre d'affaires. Ses exportations ont augmenté de 63 % sur cinq ans. Cet exemple conforte l'idée que les évolutions des modes d'organisation du travail et de management ne sont pas un « luxe » pour pays développés, mais une condition du succès économique dans une économie désormais mondialisée. Le problème n'est déjà plus de savoir s'il faut le faire, mais ce qu'il faut faire de plus quand toutes les entreprises de pointe dans un secteur en sont arrivées là.

III. COMPÉTENCES ET COMPÉTENCES POUR

Qu'est-ce que la compétence ? La sidérurgie française a retenu comme définition « un savoir-faire opérationnel validé ». Cette définition simple et opératoire mérite quelques commentaires :

– *savoir-faire* : capacité à mettre en œuvre. Ce n'est pas simplement la capacité de reproduire un acte appris, mais de le faire avec intelligence en y incorporant des connaissances, des expériences antérieures, une appréciation de la situation, peut-être aussi des qualités esthétiques et relationnelles. Connaître l'alphabet et la grammaire, c'est bien. Savoir faire une phrase, c'est mieux. Communiquer efficacement en mobilisant ce savoir au bon moment, là est la véritable compétence. Et si, en plus, on a du style, c'est cela qui fait la différence ;

– *opérationnel* : légitimité à mettre en œuvre (on a aussi « compétence pour » : beaucoup de personnes savent signer, mais peu ont délégation pour le faire) ;

– *validé* : reconnu (par la classification, les pairs, et/ou les clients).

Il n'y a pas de compétence « en soi » (1).

Contrairement au savoir-faire de l'époque taylorienne, la compétence n'est pas la reproduction d'un acte maîtrisé, mais la capacité à mettre en œuvre une combinatoire spécifique devant un problème souvent inédit. Cette capacité combinatoire, qui fonde la compétence, permet de mobiliser immédiatement des savoirs théoriques, procéduraux, expérientiels, empiriques, sociaux, cognitifs pour trouver une réponse innovante à une situation qui n'a pu être entièrement prévue par les bureaux d'études. Cette capacité combinatoire est au cœur de la compétence. Elle engendre la réactivité nécessaire qui va permettre d'apporter au client une « solution », et pas le renvoi à d'autres acteurs (dont ce serait la définition de poste).

Toutes les solutions ne pouvant pas être prévues dans les manuels, la mise en œuvre de la compétence est indissociable d'un mode de management qui place les personnes en situation de responsabilité. Quand telle compagnie aérienne donne à son personnel, présent dans les aéroports, l'autonomie de décider immédiatement de compensations à proposer au voyageur en difficulté du fait de la compagnie, elle donne à la fois une compétence et une « compétence pour ». Dans d'autres, la question est éludée sur le thème « écrivez à la direction ». À terme, qui

(1) La validation des acquis professionnels, hors formation, sera l'un des grands thèmes de réflexion, d'action et peut-être de conflits de ces prochaines années.

gagnera à votre avis ? Ce n'est pas un hasard si les organisations les plus performantes (qui sont aussi les plus à l'écoute des attentes de leurs clients), souvent d'origine américaine, comme Xerox ou Coca Cola, mais pas seulement, adoptent progressivement les principes de l'*empowerment* (1), qui consiste à déléguer, au plus près possible du client, le pouvoir de décision au personnel sur les problèmes qui surviennent, pour permettre une réponse immédiate qui contribue à la satisfaction de ce client. Ces pratiques d'*empowerment* sont le prolongement logique de cette évolution profonde de l'organisation du travail.

Notons au passage que cette approche qui associe compétence et « compétence pour » désamorce l'éternelle question que les formateurs se posent sur l'évaluation du transfert des acquis en situation de travail.

Ici la réponse est simple : on les forme **parce que** l'on a besoin qu'ils appliquent et qu'on les met en situation de le faire.

La logique de compétences remet profondément en cause le modèle par postes. Elle tend à regrouper les définitions traditionnelles des postes dans le cadre d'emplois types moins nombreux, mieux centrés sur la mission, favorisant la polyvalence. Elle tend à individualiser la rémunération : ce n'est plus le poste qui détermine le salaire de l'individu, mais ses compétences. Plusieurs personnes occupant un poste pourront avoir des rémunérations différentes sur ce critère. Elle permet d'envisager plus sereinement, grâce à la polyvalence à l'intérieur d'un emploi type, une diversification des horaires de travail associée à un élargissement des plages d'ouverture des services aux clients ou usagers. Elle permet de proposer aux personnes, comme c'est le cas dans la sidérurgie en application de l'accord A CAP 2000, une évolution de carrière fondée sur l'acquisition de compétences, sans devoir attendre qu'un autre poste mieux classé se libère.

En un mot, elle transforme profondément les modes traditionnels de gestion du personnel. Le contrat se modifie : la gestion par postes « achète » le travail d'un homme dont elle définit les tâches ; la gestion des compétences achète une capacité d'adaptation, une intelligence et une capacité d'innovation. C'est ce qu'avaient abandonné nos planteurs de poireaux à l'entrée de l'usine. Aujourd'hui, les entreprises ont besoin de cette capacité d'intelligence, de créativité. Les seules limites à la suppression des emplois non qualifiés par l'automatisation ne sont,

(1) La traduction en français du mot *empowerment* est difficile. Littéralement, il s'agit de donner plus de pouvoir. Le mot responsabilisation est un peu faible, parce qu'il semble limité à une attitude psychologique, alors que la notion inclut la délégation effective de prendre des décisions (dans un cadre fixé). Certaines entreprises le traduisent par « mise en pouvoir ».

pour l'essentiel, pas technologiques, mais financières (coûts d'investissement) et sociopolitiques. Mais on sait que ces dernières ne résistent pas durablement à la logique de la productivité.

IV. DU CONSTAT À SES CONSÉQUENCES SUR LES MODALITÉS D'APPRENTISSAGE

Les conséquences sont profondes pour la formation, pour la GRH et pour le management.

Pour la formation, il ne s'agit plus seulement d'adapter à un poste de travail, mais de transmettre au salarié à la fois le savoir de base nécessaire, les savoir-faire du métier, les capacités d'adaptation et le pouvoir de faire. Il s'agit de donner du sens et du contenu organisationnel à un engagement nécessaire.

Comme le dit volontiers l'un de nos clients, directeur d'usine très engagé dans cette évolution : *« Un métier, c'est une technique, une dimension économique consciente, et la compréhension des contraintes de l'amont et de l'aval. Si un métier n'a pas une de ces trois dimensions, ce n'est pas un vrai métier. Je le supprime et je le recompose avec d'autres. »*

On comprend que si les formateurs ont un rôle, ils ne peuvent agir seuls. Notre description du nécessaire chaînage des acteurs prend ici tout son sens. Ces évolutions élargissent largement la palette des processus d'apprentissage, parmi lesquels les moyens traditionnels du responsable de formation, même modernisés, restent limités. Les formateurs doivent trouver des modalités de formation moins académiques, plus proches du terrain, faisant appel aux multiples manières de former sans recourir à la formation classique, comme la formation-action, le tutorat, la mise en projet, les centres de ressources équipés ou non de multimédia, l'e-learning, etc. Bref, quelque chose comme un nouvel alliage entre le compagnonnage du Moyen Age, les technologies du XXIe siècle, et une organisation responsabilisante recréant dans les grandes organisations des entités à taille humaine, donnant du sens au travail par une perception aiguë du service rendu à son utilisateur.

Lorsque l'on observe les entreprises, on est frappé de voir combien les nouvelles approches du management, y compris celles qui sont apparemment en dehors du champ de la formation, sont des approches fondamentalement éducatives. Le schéma ci-dessous exprime cette diversité. On y trouve deux axes :

– **l'axe vertical** comporte deux extrémités. En haut, le « savoir constitué », qui préexiste à la situation de formation, est détenu par des spécialistes experts et qui est formulé dans des manuels ou des documents pédagogiques. En bas, le « savoir en émergence », celui qui est produit chaque jour, dans la recherche de solutions à des problèmes inédits : comment fiabiliser l'installation X, comment répondre à un client qui a une question non prévue, quelles solutions originales pourraient nous permettre de progresser, comment contrer les initiatives d'un concurrent, quelles technologies acquérir ? Dans des entreprises qui doivent être toujours plus réactives à leurs marchés, agir pour créer ces marchés par l'innovation en valorisant leurs compétences fondamentales (1), trouver sans cesse des moyens pour améliorer leur compétitivité, c'est ce savoir qui est le plus nécessaire.

On n'a pas le temps d'attendre qu'il soit inscrit dans des manuels. La part relative du savoir en émergence par rapport au savoir constitué s'accroît dans les nouvelles organisations d'aujourd'hui ;

– **l'axe vertical** comporte, à gauche, les moyens classiques de la formation et de l'information. Ce sont les moyens traditionnels d'acquisition. Certaines, en haut, sont relativement passives : dans la zone du savoir constitué, il s'agit d'organiser sa transmission. Plus on va vers le savoir en émergence, moins l'information accessible est structurée. Il s'agit de la **produire**. À droite de cet axe, on trouve le management, ou plus précisément les formes de management qui mettent les personnes en situation d'apprentissage permanent.

Ce schéma délimite quatre zones :

– **la zone 1 (acquisition)** : un savoir constitué existe, et on y accède par les moyens classiques (formation, quelles qu'en soient les formes pédagogiques, y compris les plus modernes, lecture de livres) ;

– **la zone 2 (veille)** : le savoir est en émergence, et on y accède par l'écoute de ce qui se passe dans l'environnement (professionnel ou non). La lecture de la presse spécialisée fournit une information généralement moins élaborée que des livres. Les colloques permettent l'accès à des travaux et à des expériences innovantes.

L'échange d'expériences est très pratiqué. Une institution comme les clubs APM (Association pour le progrès du management), qui s'adressent aux dirigeants, est un moyen extrêmement efficace de formation des participants par l'échange de pratiques innovantes. On trouve des

(1) Voir sur ce sujet, Hamel et Pralahad, *La conquête du futur*, InterÉditions, 1995.

Positionnement des différents modes d'acquisition des compétences

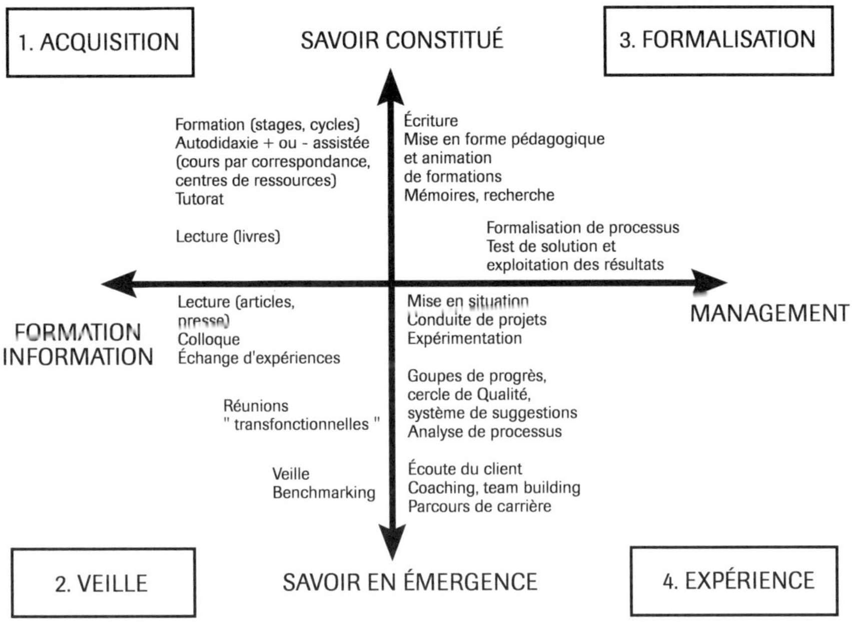

clubs comparables pour les DRH (ANDCP, Entreprise et Personnel), pour les auditeurs internes (IFACI) et, de façon générale, pour toutes les catégories de spécialistes. Aucun n'a LA solution, mais tous profitent de l'expérience des autres, sans apport didactique.

Les réunions « transfonctionnelles », où des spécialistes de différentes fonctions d'une entreprise échangent entre eux pour trouver une meilleure organisation de processus transversaux, sont également un moyen puissant pour faciliter la prise en compte des logiques des autres (c'est un cas particulier de chaînage).

La pratique du benchmarking, qui s'est développée ces dernières années, est fondamentalement une démarche d'apprentissage. C'est une démarche structurée permettant de se comparer aux meilleurs dans leur catégorie. Telle banque va apprendre chez MacDonald des pratiques avancées de gestion de trésorerie. France Telecom va étudier chez Whirlpool la qualité du service de conseil téléphonique aux utilisateurs. Sollac va apprendre dans l'industrie papetière des méthodes de stockage et de gestion des bobines. Dans certaines entreprises, comme Favi en Picardie, tout est fait pour que l'ensemble des salariés participe à la « veille » sur les meilleures pratiques externes. Formellement, il ne s'agit pas de formation imputable sur le budget spécialisé, mais, au fond, qu'est-ce d'autre qu'une démarche d'acquisition de savoir orientée sur l'action ?

Dans ce même esprit, les techniques de veille sont une autre manière d'apprendre en s'organisant pour détecter les opportunités de technologies nouvelles. Certains considèrent d'ailleurs que cette notion est dépassée, et qu'il faut parler maintenant d'« intelligence économique » (1). Acheter (ou se procurer par d'autres moyens pas toujours licites) un savoir-faire technologique est, aussi, une manière d'acquérir du savoir stratégique dans la compétition économique. Les Américains ne s'y trompent pas, qui ont mis en place des *war rooms* pour capter les informations de toute nature susceptibles de servir leurs intérêts. Et, comme le dit le dicton, « les idées appartiennent à ceux qui s'en servent » ;

– **la zone 3 (formalisation)** : le savoir existe, et le mode d'acquisition passe par sa mise en forme pour le transmettre. Préparer un cours, une conférence, rédiger un article, une étude ou les conclusions d'une recherche est une excellente occasion de formaliser un savoir, d'en débusquer les zones de flou, de conceptualiser une approche ou une méthode. Quant à l'écriture d'un livre (l'auteur peut en témoigner), cela oblige à une discipline dans la réflexion parfois difficile, mais très formatrice ;

– **la zone 4 (expérience)** est celle dans laquelle on apprend en faisant. Chacun sait que l'expérience, en elle-même, ne suffit pas. Il faut prendre de la distance par rapport à elle. En partant du bas, un parcours de carrière peut être extrêmement formateur s'il est organisé dans ce but. Les Japonais ne spécialisent les jeunes recrutés qu'après plusieurs années où ils sont amenés à travailler dans la plupart des secteurs de l'entreprise. Ce qu'ils y perdent en spécialistes « pointus » est compensé par le fait que chacun a une vision d'ensemble de l'entreprise qui le conduit à apprendre à mieux coopérer (c'est l'une des grandes faiblesses de nos entreprises). Les parcours de cadres à potentiel d'accès à des fonctions de dirigeants sont la règle dans beaucoup de grands groupes. Dans d'autres, le passage par la vente est obligatoire pour une sensibilisation aux attentes du client.

---

(1) Philippe Caduc, directeur de l'Agence pour la diffusion de l'information technologique (ADIT), dans un article du journal *Le Monde*, du 18 mars 1997, intitulé « L'information, une matière première stratégique ». Le Japon aurait importé, depuis les années 60, 60 000 technologies étrangères. Les Américains, après l'arrivée de Bill Clinton à la présidence, en ont fait un axe majeur de leur politique.

Le coaching (où une personne rencontre régulièrement un « coach » auquel elle expose ses projets et ses difficultés) est un moyen d'apprentissage par reflet miroir qu'offre la situation. Le *team building* est une technique qui permet à une équipe d'apprendre à travailler ensemble.

L'écoute du client, par la participation du personnel à des rencontres avec les utilisateurs de son travail, est un moyen de sensibilisation à la qualité plus efficace que bien des séminaires.

L'analyse de processus, qui est l'un des outils majeurs des démarches Qualité, a également des effets formateurs puissants, associés à des progrès des résultats d'exploitation. Telle compagnie produisant des avions de tourisme a récemment amélioré ses coûts de 15 % en travaillant systématiquement sur les interfaces entre les différents éléments de la chaîne de valeur, produisant à ces interfaces des effets d'apprentissage sur la meilleure façon de travailler entre fournisseurs et clients internes.

De même, les diverses méthodes participatives, qui placent le salarié en situation d'analyse de problème, de recherche et de test de solutions, sont un moyen de formation indirect extrêmement efficace. Chez Citroën, 60 % du personnel participent à des groupes de ce type et « inventent » chaque année un savoir collectif générant des économies de l'ordre de 50 millions d'euros. Leur prolongement naturel, l'expérimentation des idées retenues, fournit une consolidation de l'apprentissage réalisé en permettant d'observer la concrétisation de leur application. Il est à noter que chez les Japonais, toujours eux, l'activité des cercles de qualité est intégrée dans le critère « Formation » de l'important Prix Deming de la Qualité, qu'ont remporté la plupart des entreprises occupant aujourd'hui une position de premier plan dans leur secteur d'activité.

Enfin, les diverses « pédagogies du projet » sont un moyen extrêmement puissant de développement des compétences. Plus simplement, on sait bien qu'une personne mise en situation de réussir un projet est obligée de se mettre en situation d'apprentissage, même si celle-ci n'est pas formalisée.

On voit que, dans ce mode de présentation des approches de l'apprentissage, les formes traditionnelles de la formation n'occupent qu'une place restreinte (dans la zone en haut du schéma). La formation d'aujourd'hui s'inscrit dans un contexte où se développent des « organisations apprenantes ». Ce n'est pas par hasard si cette notion est apparue à la suite du développement des démarches de Qualité Totale, qui sont précisément basées sur un management favorisant l'amélioration continue et les percées innovatrices. Ce terme d'organisation apprenante (1) désigne ces organisations souples, flexibles, réactives, en permanente adaptation aux attentes de leur environnement. C'est-à-dire tout le contraire des organisations tayloriennes, adaptées à une production de masse pour des marchés fortement demandeurs, ou pour des clientèles captives du fait de monopoles.

Cela suppose une évolution des compétences de l'encadrement qui doit, dans de telles organisations, animer, favoriser l'innovation et la créativité, former, encourager. Le modèle d'autorité qu'il exerçait jusque-là est souvent basé sur la transmission et l'exécution de consignes, et la mutation n'est pas spontanée, surtout s'il s'interroge sans réponse sur son propre avenir (2). On se trouve dorénavant dans des modes d'organisation du travail où ce n'est plus l'intelligence et le savoir de quelques-uns qui définissent le travail des autres, mais une forme d'intelligence collective, favorisée par des modes d'organisation, qui favorise l'apprentissage permanent.

Il y a fondamentalement un parallèle entre les modes d'apprentissage et les modes d'organisation. Dans l'organisation taylorienne, le savoir est détenu par des experts qui savent ce que doivent faire les autres. Dans des organisations apprenantes, adaptées aux conditions actuelles des marchés, la nécessité de réactivité ne permet pas d'attendre que le savoir soit dans des manuels, défini par les bureaux d'études ou « stagifié ». Le savoir de base n'est que le ticket d'entrée indispensable. Le savoir réellement utile se crée sur le terrain, au plus proche des situations à résoudre, et dans l'innovation qui ouvre des voies nouvelles de développement des produits, des services, et de progrès des processus de gestion.

Le parallèle est saisissant avec l'évolution des organisations. La capacité à produire des biens ou des services de qualité à un coût raisonnable devient le seuil minimal pour se maintenir sur les marchés. Les certifications ISO deviennent dans certaines entreprises le ticket d'accès indispensable aux grands donneurs d'ordres, comme le savoir de base

---

(1) En anglais, *Learning Organization.* Ce n'est sûrement pas un hasard si, en France, cette notion a souvent été traduite par « organisation qualifiante » qui la réduit à une sorte de technique de formation nouvelle, moins coûteuse. Ce contresens est significatif de l'ancien paradigme : learning = formation = activité spécialisée. Dans le nouveau paradigme, c'est la capacité des dirigeants à penser et à mettre en place des organisations capables d'apprendre plus vite que les concurrents en écoutant les clients, le personnel, les fournisseurs, l'environnement, et en transformant ce savoir en performance durable qui est au cœur du sujet. Voir chapitre VII, p. 257.

(2) Henry Mintzberg, l'un des auteurs les plus perspicaces sur le management, écrivait sous le titre *Managers, méfiez-vous du management,* que « la compression des niveaux hiérarchiques peut se définir comme un processus dans lequel des gens qui savent à peine ce qui se passe se débarrassent de ceux qui le savent », Revue *L'essentiel du management,* n° 22, décembre 1996.

l'est pour l'accès des salariés à l'emploi. Le différentiel de compétitivité se joue sur la qualité des services associés et sur l'innovation.

On voit bien que la représentation de l'homme associée au nouveau paradigme est celle d'un travailleur professionnel, engagé, partenaire conscient du succès de l'entreprise, coopérant avec les autres, et en tirant des avantages sur sa propre carrière. C'est aussi celle d'un homme plus autonome, parce qu'il sait que ses compétences professionnelles lui apporteront un avantage sur le marché du travail s'il devait un jour y rechercher un nouvel emploi. On est plus proche des idéaux de l'éducation permanente que de la formation étroitement adaptative. Cette opposition évoque celle qui était en germe en France dès les années 60. La formation adaptative traditionnelle se donnait pour but de former à des emplois existants. Pour l'éducation permanente, représentée par des hommes comme Bertrand Schwartz, il s'agissait de créer par la formation une dynamique individuelle et collective qui permette l'adaptation permanente. À court terme, la formation traditionnelle avait probablement raison. À long terme, les intérêts bien compris de l'économie rejoignent les idéaux de l'éducation permanente.

Nous avons évoqué jusqu'ici les compétences sous leur aspect individuel. C'est un aspect important, mais il ne suffit pas que chaque joueur soit bien entraîné pour gagner un match. Il faut un entraîneur, un jeu d'ensemble, une stratégie, un engagement... et souvent de la chance. C'est là que se place la notion essentielle du nouveau paradigme : la question des compétences collectives.

V. COMPÉTENCES COLLECTIVES

On peut définir la compétence collective comme la capacité à maîtriser un processus satisfaisant un client interne ou externe dans le meilleur rapport qualité/coût possible. Ce que perçoit le client, ce n'est pas la somme des compétences individuelles, mais le résultat collectif. On l'a livré ou non dans les délais, et entendre X personnes expliquer que ce n'est pas de leur faute l'énerve plutôt. Il a été ou pas bien accueilli dans un hôtel ou une agence commerciale, et c'est cela qui le fera (ou non) revenir et en parler à ses amis (1). C'est la responsabilité fondamentale du management que de rendre possible la création et l'amélio-

(1) Des études montrent qu'un client mécontent en parle à environ douze personnes ; s'il est satisfait, en moyenne, à trois personnes. Et l'on sait par ailleurs qu'il est beaucoup moins coûteux de garder un client que d'en attirer un autre.

ration permanente de cette compétence collective. Le savoir fondamental c'est, ensemble, savoir durablement apporter au client (ou à l'usager) ce qu'il attend ou, en tout cas, ce qu'on lui a promis explicitement ou non.

La réflexion sur les compétences collectives dépasse largement le problème de la formation, mais structure profondément les entreprises d'aujourd'hui. Je voudrais ouvrir ici quelques pistes de réflexion et d'action.

Les entreprises ont tendance à se recentrer sur leur cœur de métier, en sous-traitant tout ce qui n'est pas leur compétence fondamentale. Elles ont commencé par la cantine et le gardiennage, puis la maintenance, le conditionnement, mais le mouvement concerne aujourd'hui des secteurs réputés jadis intouchables. L'informatique : tel grand magasin parisien a sous-traité la gestion de son informatique à un organisme spécialisé, et Du Pont de Nemours a signé un contrat de dix ans et de 4 milliards de dollars avec la société Computer Sciences pour la gestion globale de ses systèmes d'information et de télécommunications. La GRH : France Telecom a entrepris en 2000 un énorme chantier d'informatisation de sa fonction RH, avec création de plates-formes de services. La production : Nike, leader mondial de la chaussure de sport, sous-traite la fabrication dans le monde entier, en centrant ses propres équipes sur le design, le marketing et la communication.

Cela revient à externaliser tout un pan de compétences collectives, et bien entendu à précariser le personnel dont les compétences ne sont pas stratégiques (d'où l'apparition de la notion d'employabilité). Inversement, le jeu des fusions, absorptions, et alliances permet d'acquérir des compétences collectives complémentaires. On voit par exemple aujourd'hui les avantages stratégiques qui sont donnés aux entreprises de télécommunications qui ont compris avant d'autres l'inéluctabilité du rapprochement avec l'informatique. On voit comment des innovateurs dans le domaine de la technologie ont progressé en s'associant à des entreprises ayant la compétence de la distribution. L'exemple du secteur horloger est significatif : l'alliance de la maîtrise de la technologie des montres à quartz, du design et du savoir-faire de réseaux de distribution grand public inédits a dynamité la filière des montres traditionnelles distribuées par les horlogers. De véritables guerres économiques se déroulent entre les entreprises qui cherchent à imposer leurs compétences sur des standards mondiaux comme la TV haute définition ou des standards d'exploitation (IBM a profité longtemps de sa compétence stratégique à imposer le standard MS-DOS, comme Microsoft le fait actuellement avec Windows).

Les entreprises se centrent donc sur les processus clés qui leur assurent une compétence collective stratégique les différenciant de leurs concurrents. Il ne s'agit pas toujours de technologie. Par exemple la capacité à proposer et à respecter le délai de livraison le plus rapide est une compétence stratégique des entreprises de vente par correspondance. La compétence à apporter à son client une valeur ajoutée en lui économisant les besoins de fonds de roulement liés au coût des stocks, tout en fiabilisant ses approvisionnements, est déterminante dans les contrats de sous-traitance signés par des entreprise fonctionnant en flux tendus. D'autres, et parfois les mêmes, s'organisent par projets, flexibles, mouvants, par nature temporaires. La compétence collective consistera à maîtriser ce processus, à mener à bien ce projet. Dans ce contexte, le savoir est producteur de valeur.

Cette évolution transforme profondément les identités professionnelles et les qualifications. Les qualifications, parce que leur définition même est de plus en plus difficile à saisir. Jadis, des savoirs, des savoir-faire, un niveau de diplôme, permettaient de les définir. Aujourd'hui s'y rajoutent des attitudes personnelles, décisives, mais beaucoup plus difficiles à évaluer de façon objective comme la capacité de communication, l'écoute, la volonté d'agir et, pourquoi pas, la résistance au stress. L'identité professionnelle, parce que des personnes se définissant par un métier ont de plus en plus de mal à retrouver une identité dans des systèmes flexibles, mouvants. On a pu montrer que les compétences requises d'opérateurs d'installations automatisées dans des industries aussi différentes que l'agro-alimentaire et la pharmacie présentaient de fortes similitudes. Mais l'identité culturelle reste la plus forte dans les représentations du métier (des opérateurs, mais aussi des dirigeants).

Les compétences par métiers restent indispensables, mais les gisements de progrès résident dans la compétence collective à supprimer les problèmes d'interface entre ces métiers.

VI. L'ÉCONOMIE D'AUJOURD'HUI, C'EST LA GLOBALISATION X LES TÉLÉCOMMUNICATIONS X LES COMPÉTENCES COLLECTIVES

Lénine (qui admirait Taylor) disait que le communisme, c'était les soviets + l'électrification. Tout se passe comme si l'économie d'aujourd'hui était le produit de la globalisation, des technologies de télécommunications et des compétences collectives.

La redistribution des compétences collectives se déroule dans un contexte de mondialisation de l'économie qui n'en est qu'à ses débuts. Elle a commencé par la sous-traitance de tâches d'exécution. Mais il y a en Inde, pour ne citer que ce pays, plus d'ingénieurs qu'aux États-Unis, et leurs salaires sont vingt fois plus bas, alors que les technologies des télécommunications abolissent frontières et distances. Une compagnie aérienne européenne (la Swissair) sous-traite depuis longtemps certaines activités administratives à Bombay. L'édition française a déjà externalisé dans des pays en développement comme le Maroc une grande partie des travaux de mise en forme des manuscrits jadis réalisés en France.

Va-t-on, au XXIe siècle, c'est-à-dire demain, vers une spécialisation des pays dans l'économie mondiale autour de compétences stratégiques, modifiant les formes d'un processus de division internationale du travail qui était autrefois posé par des auteurs comme Samir Amin en termes de relations inégales entre le centre et la périphérie ? La réponse à cette question dépasse notre propos... et notre compétence, mais, pour le sujet qui nous occupe ici, cela pose de sérieux problèmes de lucidité sur le choix des compétences sur lesquelles une organisation, voire un pays entier, doit centrer son effort éducatif.

On voit bien ici les limites de la formation continue. On ne remplace pas des choix stratégiques par des stages de formation. Les compétences collectives sont la résultante d'une vision de l'avenir et d'un engagement des dirigeants, d'un mode d'organisation et de management, de la capacité à acquérir des compétences individuelles par recrutement, formation, mobilité interne, et de la capacité à structurer un système d'information performant (qui est en quelque sorte lui-même de la compétence incorporée dans des systèmes informatiques).

La formation peut, dans ce domaine, jouer un rôle en sensibilisant et en formant les dirigeants et les cadres à ces nouvelles approches, et par l'accompagnement qu'elle peut apporter à l'évolution des mentalités, des comportements et du savoir-faire des équipes et des hommes.

VII. LE REVERS DE LA MÉDAILLE

L'autre face (de moins en moins cachée) de cette évolution est l'exclusion. Les progrès de productivité des grandes entreprises détruisent des emplois, et le développement de l'employabilité de ceux qui doivent en sortir est à la fois un devoir social, une condition du maintien de l'engagement et de la motivation de ceux qui restent (1), et leur intérêt bien compris pour éviter l'élévation des prélèvements sociaux. Encore peuvent-elles décider, si leur type d'activité s'y prête, de délocaliser dans des pays où un ouvrier qualifié, au taux de change actuel, coûte trois fois moins cher qu'un RMIste en France (ce qui, dans son environnement, lui donne un niveau de vie réel bien supérieur).

Dans la guerre économique qui se livre, une perte de part de marchés se traduit par des pertes d'emplois, comme une bataille décime les soldats ennemis. Vues du siège de Hoover, les conditions économiques de production sont-elles plus favorables en Ecosse qu'à Dijon ? On ferme Dijon. Au moins sait-on ici à qui on a affaire. Vue d'on ne sait où (Tokyo ? Singapour ? Taïwan ?), l'usine Akai de Honfleur perd-t-elle de son intérêt ? On coupe les approvisionnements en composants, on ne paie plus, et les salariés ne savent même plus contre qui se retourner.

Cela ne concerne pas que les entreprises confrontées à une concurrence mondiale. Le secteur public est également touché. Les critères de convergence de Maastricht sur les déficits publics l'y poussent. Mais aussi, les services publics contribuent, directement ou indirectement, à la compétitivité de l'économie par la qualité des moyens de transports, de communication, la facilité des démarches administratives, etc.

Une bataille se gagne sur le terrain, mais aussi de plus en plus sur le support apporté par « l'arrière » : renseignement, photos satellites, logistique, transport, etc. Ce raisonnement commence à gagner le secteur public en voie de modernisation, bien que sa tradition régalienne façonne encore fortement ses mentalités. Ce n'est pas un hasard si les premières réformes de grande ampleur, ou les modifications de management public les plus hardies, ont eu lieu dans des secteurs ayant un effet direct sur la productivité de l'économie : transports, équipement, télécommunications, Poste, projetant du même coup les agents dans un monde nouveau, à la fois attirant et inquiétant. Il est clair qu'avoir un emploi dans ce type d'activité, jadis à peu près synonyme de tranquillité et de sécurité, place les salariés de ces secteurs dans une situation certes stimulante, mais nettement moins tranquille, de progrès et d'adaptation permanente.

---

(1) À partir de 1993, année économiquement difficile où l'on a vu pour la première fois des plans sociaux concernant les cadres, on a constaté, comme par hasard, que le taux de pourcentage de cadres, y compris supérieurs, faisant confiance à leur entreprise passait pour la première fois dans les sondages (de l'ANDCP par exemple) sous la barre historique de 50 %.

Dans les fonctions publiques traditionnelles, la catégorie D d'agents de la fonction publique, qui offrait des emplois à des personnes peu qualifiées, est supprimée depuis le 1er août 1993. Les effectifs de catégories C se tassent. Ces évolutions, du fait de la procédure des concours, entraînent l'exclusion de fait de nos compatriotes dont le niveau scolaire ne leur permet pas de concourir avec une chance raisonnable de succès. Les trois fonctions publiques, à leur manière, fabriquent aussi de l'exclusion et abandonnent progressivement l'une de leurs fonctions implicites, surtout dans la fonction publique territoriale, de créer des emplois pour des personnes qui auraient du mal à s'insérer dans l'économie privée.

La machine à fabriquer de l'exclusion est en marche et trouve son carburant dans les évolutions de l'économie mondiale que nous avons décrites. Les nécessités de la compétitivité finiront par exposer au grand jour les « gisements » potentiels de gains de productivité administrative, dont personne, en vérité, ne doute qu'ils soient considérables.

Comment en sortir ? Nous n'avons pas ici la prétention de proposer une solution à un problème dont les politiques cherchent désespérément la solution. L'issue peut être politique, par une transformation du « ras le bol » des exclus en projet politique alternatif (ou par l'exploitation de la situation par des politiques). Comme elle ne sera de toute manière pas mondiale, et que rien n'indique que l'Europe puisse élaborer solidairement une « autre politique » crédible, elle ne serait qu'un épiphénomène, auquel la réalité ferait payer cher le temps perdu (1).

L'autre issue, et sans doute la seule, est plus pragmatique. C'est celle dans laquelle s'engagent, avec des bonheurs divers, les gouvernements des pays développés : limiter au maximum le nombre de personnes enfermées dans l'exclusion, en facilitant les flux d'accès à l'emploi. Ce ne serait pas si grave socialement, finalement (en dehors des coûts), d'avoir en France 3 millions de chômeurs en permanence, si chacun d'entre eux n'était dans cette situation que pour trois ou quatre mois, en retrouvant un emploi après cette période. Le vrai problème est celui de la durée de maintien dans cette situation, et le pronostic de sortie favorable, en agissant, aux deux bouts, sur l'accès des jeunes à l'emploi, et sur les plus exclus de tous, les chômeurs de longue durée.

Les pouvoirs publics semblent parfois perdre de vue qu'un employeur n'embauchera que parce qu'il a des clients, et jamais, durablement, pour des raisons sociales ou pour profiter des effets d'aubaine

(1) On a joué dans un théâtre parisien une pièce intitulée : *Et pendant ce temps-là, les Japonais travaillent.*

liés aux aides publiques. L'essentiel, à terme, est de faciliter les moyens de la compétitivité qui relèvent de la compétence des pouvoirs publics, pour que cet employeur puisse plus facilement offrir à de plus en plus de clients des produits et des services de toujours plus grande qualité, à un coût attractif, en y trouvant son intérêt. C'est là que la boucle se referme, et où, malgré les apparences, la question de la productivité de l'Administration publique se pose solidairement avec celle du secteur marchand. La solution est dans la création des conditions de la croissance du gâteau, pas dans le partage frileux de la pénurie. Dans une guerre, les hôpitaux de campagne sont nécessaires, mais ils ne créent pas les conditions de la victoire.

La formation joue déjà son rôle dans la facilitation de ces flux, et l'entreprise a sa part de responsabilité, par le recrutement, et, pour les salariés, par le développement de leur employabilité. Elle pourrait peut-être le jouer mieux, dans la mesure où elle est présentée parfois comme LA solution, ce qu'elle n'est évidemment pas.

Une autre issue possible, prometteuse, est l'association des acteurs des politiques territoriales. On a vu, dans la région d'Oyonnax, les industriels de la plasturgie unir leurs efforts pour mettre en place des dispositifs concertés avec l'administration territoriale pour développer les compétences du personnel, sauvegarder l'emploi et renforcer la compétitivité des entreprises. D'autres entreprises, dans le Sud-Ouest par exemple, ont monté des groupements locaux d'employeurs permettant à du personnel de passer d'une entreprise à l'autre selon la saisonnalité des activités, rendant ainsi possible une flexibilité indispensable que chaque entreprise, séparément, ne pourrait pas obtenir sans rentrer dans une logique d'exclusion et de précarisation des emplois. La notion d'excellence territoriale se fraye doucement un chemin à travers les habitudes et les conservatismes pour améliorer les conditions locales (infrastructures publiques et privées) de la compétitivité des entreprises locales. Le développement de réseaux locaux maillant des entreprises, une administration territoriale, et des organismes dynamiques crée, dans plusieurs régions, souvent en s'appuyant sur des financements européens, de nouveaux modèles de développement. Là aussi, la formation a son rôle à jouer, parmi d'autres moyens. C'est là un passionnant champ nouveau d'expérimentation qui s'ouvre.

VIII. POUR ENTRER DANS LE XXIe SIÈCLE

Dans beaucoup d'organisations, la première priorité est de « désapprendre » les méthodes du passé. La presse tient chaque jour la navrante chronique des douleurs de la mutation. Elle est malheureusement bien discrète sur le formidable mouvement de changement que conduisent avec succès, dans des organisations petites ou grandes, des managers qui ont compris les règles du jeu du monde dans lequel nous sommes entrés. Ce sont eux qui créent des emplois et qui en créeront encore plus demain si on veut bien écouter ce qu'ils ont à dire (1).

Ceux-là ont compris que, dans ces changements formidables, la formation a un rôle privilégié à jouer, à condition de la comprendre non seulement dans sa forme traditionnelle d'enseignement, même modernisé, mais en donnant au concept une acception extensive, incluant l'ensemble des moyens permettant aux hommes et aux organisations de trouver leur place dans la nouvelle économie basée sur le savoir.

Sur la scène où se joue la relation du savoir et de l'entreprise, la règle traditionnelle des « trois unités » est bouleversée. L'unité de lieu, puisque la compétence peut être externalisée, délocalisée, mutualisée dans des groupements d'entreprises établis sur une base territoriale, et que les nouvelles formes d'acquisition du savoir tendent à réduire la part des formes classiques de la formation en salle. L'unité de temps, puisque, d'une part, la maîtrise des temps (de la conception des produits et services au temps de recouvrement des factures) est devenue l'un des enjeux essentiels du management moderne et que, d'autre part, la diversification et l'individualisation du temps de travail est en train de faire éclater complètement la frontière entre temps de travail et temps personnel (et en particulier celui consacré à l'acquisition du savoir). L'unité de fonction enfin puisque, comme nous l'avons dit, à la relation entre le poste et la personne est en train de se substituer progressivement une relation entre des compétences collectives et une mission.

Là est le nouveau paradigme. Est-il possible, dans le consensus ambiant célébrant trente ans après les vertus de la loi fondatrice de juillet 1971 que le monde entier est supposé nous envier (mais pourquoi ne font-ils pas la même chose ?), d'exprimer quelques idées iconoclastes ?

---

(1) La cérémonie annuelle de remise du Prix français de la Qualité, par exemple, est une magnifique occasion pour qui veut échapper à la morosité ambiante. On y voit des PME actives, dynamiques, qui créent des emplois et exportent... et qui consacrent souvent bien plus que l'obligation légale à la formation continue.

Réaffirmons le principe fondateur du droit à la formation. Admettons que l'on conserve le principe d'un prélèvement fiscalisé, calculé en pourcentage de la masse salariale, pour la formation et l'insertion des jeunes. Conservons sans réserves, et améliorons sans relâche l'efficacité des dispositifs de formation permettant l'accès de tous, salariés et demandeurs d'emploi, à une qualification professionnelle reconnue. Redéfinissons les modalités d'exercice du droit à la formation et des modes de financement permettant de traduire ce droit dans les faits. C'est certainement indispensable.

Mais que se passerait-il si l'on supprimait l'obligation du financement du plan de formation, et que les entreprises françaises, comme la plupart de leurs homologues d'autres pays, aient à déterminer leur politique de formation (et les allocations de ressources qui la traduisent) en fonction de leur seule perception de l'importance de la compétence du personnel dans la réussite de leurs ambitions stratégiques, et de leur responsabilité sociale dans l'avenir de salariés auxquels elles ne peuvent plus promettre l'emploi à vie ?

Et si cette loi, certainement novatrice à une certaine époque, était aujourd'hui un frein au développement de cette économie du savoir, en ce sens qu'elle encourage le maintien du paradigme ancien qui enferme la formation dans la forme du « stage » et la logique de l'obligation fiscale ? Et si ce costume qu'on a contraint les entreprises à porter, trop ample pour beaucoup dans les années 70, était devenu étriqué à l'aube du XXIe siècle ?

Et si l'on faisait confiance aux partenaires sociaux, qui ont su créer ce dispositif dès 1970 sous l'impulsion de Jacques Delors, pour que, sur le terrain, dans les branches et dans les entreprises, ils conviennent des voies et moyens les mieux adaptés au contexte et aux intérêts des employeurs et des salariés, imaginent des approches nouvelles, sans les contraindre dans un cadre administratif qui les enferme, bon gré mal gré, dans une logique quantitative ? Certains grands accords de branche ou d'entreprise ont montré leur maturité et leur capacité d'innovation. Le chantier « formation » de la « Modernisation sociale » initiée par le Medef débordera-t-il sur des innovations majeures dans le dispositif ?

Et si l'on facilitait l'innovation des réseaux locaux d'employeurs et d'institutions qui, souvent loin des stratégies des sièges sociaux parisiens et des directives ministérielles, inventent tous les jours des solutions nouvelles ?

Et si l'on réinventait les formes de la formation en développant les méthodes et les pratiques de l'ingénierie du développement des compétences ?

Et si, et si... Au XXIe siècle, porteur d'espoirs et de craintes, la seule chose dont nous sommes sûrs est que le monde ne ressemblera plus beaucoup à celui d'aujourd'hui. Qui peut croire que la déclaration 24-83 restera l'aulne à laquelle se mesurera la capacité de l'entreprise à investir dans l'intelligence, et que le manager de la formation y sera un simple gestionnaire administratif de stages ?

BIBLIOGRAPHIE

Gestion des ressources humaines

Alpander C., *Pour une gestion stratégique des ressources humaines*, Éditions Chotard, 1989.

Bartoli A., Hermel P., *Le développement de l'entreprise. Nouvelles conceptions et pratiques*, Economica, Paris, 1989.

Besseyre des Horts C., *Vers une gestion stratégique des ressources humaines*, Éditions d'Organisation, Paris, 1988.

Besseyre des Horts C., *Gérer les ressources humaines dans l'entreprise*, Éditions d'Organisation, Paris, 1988.

Collectif, *L'enjeu humain*, CEPP, Paris, 1988 et 1989.

Galambaud B., *Des hommes à gérer*, EME, Paris, 1983.

Jalbert F., *35 fiches-outils de gestion prévisionnelle de l'emploi*, Éditions d'Organisation, Paris, 1989.

Le Boterf G., *Le schéma directeur des ressources humaines*, Éditions d'Organisation, Paris, 1988.

Martory B., Crozet D., *Gestion des ressources humaines*, Nathan, Paris, 1986.

Meignant A., *Ressources humaines : déployer la stratégie*, Éditions Liaisons, Paris, 2000.

Peretti J.-M., *Gestion des ressources humaines*, Vuibert, Paris, 1987.

Sainsaulieu R., *Gestion de l'emploi et développement de l'entreprise*, Rapport pour la Délégation à l'emploi, Paris, 1986.

Thomas J., *La gestion du personnel aujourd'hui*, EAP, Paris, 1981.

Vatteville E., *Mesure des ressources humaines et gestion de l'entreprise*, Economica, Paris, 1985.

Weiss D., *La fonction Ressources Humaines*, Éditions d'Organisation, Paris, 1988.

Formation (ouvrages généraux)

Belanger P., Federighi P., *Analyse transnationale des pratiques d'éducation et de formation des adultes ; la libération difficile des forces créatrices*, Éditions L'Harmattan, Paris, 2001.

Cannac Y., *La bataille de la compétence. L'éducation professionnelle permanente au cœur des stratégies de l'entreprise*, Cegos, Hommes et techniques, Paris, 1985.

Caspar P., *Pratique de la formation des adultes*, Éditions d'Organisation, Paris, 1975.

Caspar P., Carré P., *Traité des sciences et techniques de la formation*, Dunod, Paris, 1999.

Cegos, *Le management par la formation*, Éditions d'Organisation, Paris, 1989.

Collectif, *Agir sur l'organisation du travail par la formation,* Éditions Liaisons, Paris, 1999.

Commission européenne, *Enseigner et apprendre – vers la société cognitive*, le Livre Blanc, Bruxelles, 1995.

Delors J., *L'éducation : un trésor est caché dedans*, rapport à l'Unesco de la Commission internationale sur l'éducation pour le XXIe siècle, Éditions Odile Jacob, 1996.

Dubar C., *La formation professionnelle continue*, Éditions La Découverte, Paris, 1985.

Dupouey P., *Le marketing de la formation*, Éditions d'Organisation, Paris, 1990.

Hauser G., Masingue B., Maître F., Vidal F., *L'investissement formation*, Éditions d'Organisation, Paris, 1985.

Feuillette I., *Le nouveau formateur*, Dunod, Paris, 1989.

Huguet J.-M., *Décloisonner la formation*, Éditions d'Organisation, Paris, 1989.

Landier H., *L'université d'entreprise*, Éditions Liaisons, Paris, 2000.

Lapra J.-P. *et alii*, *La fonction formation dans l'entreprise*, Dunod, Paris, 1989.

Le Boterf G., *La compétence. Essai sur un attracteur étrange*, Éditions d'Organisation, Paris, 1994.

Lesne M., *Lire les pratiques de formation d'adultes*, Edilig, Paris, 1984.

Lorriaux J.-P., *La formation de A à Z*, Éditions Retz, Paris, 1998. *Dicoguide de la formation*, Génération formation, 2001.

Medef, *Les enjeux d'une refonte de la formation professionnelle continue – Bilan pour un futur*, Rapport préparatoire à la discussion avec les partenaires sociaux, 2001.

Meignant A., *La formation, atout stratégique pour l'entreprise*, Éditions d'Organisation, Paris, 1986.

Palazzeschi Y., *Introduction à une sociologie de la formation – Analogie de textes*, Éditions L'Harmattan, Paris, 1998.

Saint-Sauveur A., *Se former après 30 ans*, Livre de poche n° 8025.

Secrétariat d'État aux Droits des femmes et à la Formation professionnelle, *La formation professionnelle – Diagnostic, défis et enjeux*, mars 1999.

Soyer J., *Fonction Formation*, Éditions d'Organisation, collection ANDCP, Paris, 1999.

Soyer J., *Guide pratique et juridique de la formation dans l'entreprise*, Éditions Studyrama, 2001.

Terrot N., *Histoire de l'éducation des adultes en France*, Éditions L'Harmattan, Paris, 1997.

Verdouw J., *Le management de la formation*, Éditions de l'Institut européen pour la Formation professionnelle, Paris, 1985.

Droit de la formation

Centre Inffo, *Les fiches pratiques de la formation continue* (1).

Dejean P., *Guide juridique de la formation professionnelle dans l'entreprise*, Eyrolles, Paris, 1989.

Hertz-Lebrun C, *La formation professionnelle continue*, Lamy, 1985.

Liaisons sociales, « Formation professionnelle 1 : le droit à la formation (décembre 1984) ; Formation professionnelle 2 : la participation des entreprises (septembre 1985) ».

Lorriaux J.-P., *Usages, droits et financement de la formation*, Éditions Retz, Paris, 1996.

Luttringer J.-M., *Le droit de la formation continue*, Dalloz, 1986.

Analyse des besoins

De Montmollin M., *L'analyse du travail préalable à la formation*, Armand Colin, Paris, 1974.

(1) Tout y est ! L'ouvrage de référence, actualisé régulièrement (note de l'auteur).

Dominice P., Rousson M., *L'éducation des adultes et ses effets*, chapitre 2, Éditions Peter Lang, Berne, 1981.

Galligani F., *Préparation et suivi d'une action de formation*, chapitre 2, Éditions d'Organisation, Paris, 1978.

Gillet B., *Améliorer la formation par l'étude du travail*, Éditions d'Organisation, Paris, 1973.

Lesne M., Barbier J.-M., *L'analyse des besoins en formation*, 2e édition, Éditions Robert Jauze, Paris, 1986.

Morrisson J., *Manuel du responsable de formation*, chapitre 7, Éditions de l'entreprise, Strasbourg, 1976.

Muchielli R., *L'étude des postes de travail*, EME, Paris, 1969.

Plessis J.-C., *Concevoir et gérer la formation dans l'entreprise*, chapitres 3 et 4, Éditions d'Organisation, Paris, 1984.

Quivy R., Van Campenhout, *Manuel de recherche en sciences sociales* (voir notamment pp. 179 à 197 sur les méthodes par entretien et questionnaire), Dunod/Bordas, Paris, 1988.

Savall H., Zardet V., *Maîtriser les coûts cachés. Le contrat d'activité périodiquement négociable*, troisième partie, Economica, Paris, 1987.

Talbot J.-R., Ellis C.-D., *La formation dans l'entreprise*, chapitre 4, EME, Paris, 1972.

Viallet F., *L'ingénierie de la formation*, Éditions d'Organisation, Paris, 1987.

Plan de formation

Aubac P., *L'élaboration du plan de formation dans l'entreprise*, Éditions d'Organisation, Paris, 1992.

Centre Inffo, « Construire un plan de formation », dossier coordonné par Hellouin V. *in Actualité de la formation permanente*, n° 136, mai-juin 1994.

Chauchard J.-L., *Bâtir le plan de formation d'un service*, Éditions d'Organisation, Paris, 1989.

Meignant A., *Le plan individuel de formation*, Éditions Pocket-Retz, Paris, 1994.

Regnault G., *Réussir son plan de formation dans une PME*, L'Harmattan, Paris, 1995.

Saint-Sauveur A., *Le plan de formation dans les PMI*, Éditions d'Organisation, Paris, 1988.

Saint-Sauveur A., *Comment réussir son plan de formation ?*, Éditions Demos, Paris, 1994.

Soyer J., *L'achat de formation*, Éditions d'Organisation, collection ANDCP, Paris, 2000.

Striff J., *Plans et besoins de formation. Le plan de formation en environnement incertain et perturbé*, Eska, Paris, 1993.

Objectifs et méthodes pédagogiques

Aubrey B., Tillette B., *Savoir faire savoir*, InterÉditions, 1990.

Bazin R., *Organiser les séances de formation*, ESF, Paris, 1983.

Bellier S., *Ingénierie en formation d'adultes*, Éditions Liaisons, Paris, 1999.

Bellier S., *Le e-learning*, Éditions Liaisons, Paris, 2000.

Birzea C., *Rendre opérationnels les objectifs pédagogiques*, PUF, Paris, 1979.

Bloom B.-S., *Taxonomie des objectifs pédagogiques*, Les Presses de l'Université du Québec, Québec, 1975.

Caspar *et alii.*, *Le savoir à portée de la main. La conduite de projets de formation multimédia*, Éditions d'Organisation, Paris, 1989.

Casse P., *La formation performante*, Les Presses du Management, 1990.

Chalvin D., *Encyclopédie des pédagogies de formation*, tome 1 : « Histoire et principales approches », tome 2 : « Méthodes et outils », ESF, Paris, 1996.

Clouzot O., Bloch A., *Apprendre autrement*, Éditions d'Organisation, Paris, 1981.

Commission européenne, Rapport de la task force, *Logiciels éducatifs et multimédia*, Bruxelles, juillet 1996.

Debesse M., Mialaret G., *Traité des sciences pédagogiques*, PUF, Paris, 1971.

Dumazedier J., *La méthode de l'entraînement mental*, L'Harmattan, Paris, 1995.

Feuerstein R., *Autour du PEI*, Chronique sociale, Lyon, 1992.

Feuillette L, *Le nouveau formateur. Comment préparer, animer, apprécier, une action de formation*, Dunod Entreprise, Paris, 1989.

Hameline D., *Les objectifs pédagogiques en formation initiale et en formation continue*, ESF, Paris, 1983.

Hall B., *Formation.com, former vos salariés par Internet*, Éditions Maxima, 2001.

Knowles M., *L'apprenant adulte. Vers un nouvel art de la formation*, Éditions d'Organisation, Paris, 1990 (traduction française).

Kuperholc J., Mor A., Piettre F., *Développer de nouvelles formes de formation ; les systèmes flexibles*, Éditions Liaisons, Paris, 1993.

Lesne M., *Travail pédagogique et formation des adultes*, PUF, Paris, 1977.

Lochard J., *La formation à distance*, Éditions d'Organisation, Paris, 1995.

Mager R.-F., *Comment définir des objectifs pédagogiques*, Bordas, Paris, 1977.

Malglaive G., *Enseigner à des adultes*, PUF, Paris, 1990.

Marc E., Garcia J., *Guide des méthodes et pratiques en formation*, Retz, Paris, 1995.

Meignant A., Rayer J., *Saute, manager ; les techniques out door dans la formation des cadres*, Éditions d'Organisation, Paris, 1989.

De Montmollin M., *L'enseignement programmé*, PUF, Paris, 1971.

Muchielli R., *Les méthodes actives dans la pédagogie des adultes*, ESF, Paris, 1985.

Palmade G., *Les méthodes en pédagogie*, PUF, Que sais-je ?, Paris, 1972.

Piaget J., *La psychologie de l'intelligence*, Colin, Paris, 1967.

Proust F., Posse P., *Précis de jeu de rôle*, Éditions d'Organisation, Paris, 1991.

Racle G., *La pédagogie interactive*, Retz, Paris, 1983.

Rolland M., *Bâtir des formations professionnelles pour adultes*, Éditions d'Organisation, Paris, 2000.

Schulman S.-L, *La pédagogie de la découverte*, ESF, Paris, 1973.

Warren M. W., *Training for results. Reading*, Mass. Addison, Wesley, 1969.

Audit social

Candau P., *Audit social*, Vuibert, Paris, 1986.

Egg G., *Audit des emplois et gestion prévisionnelle des ressources humaines*, Éditions d'Organisation, Paris, 1987.

Igalens J., *Audit des Ressources Humaines*, 2e édition, Éditions Liaisons, Paris, 1994.

Igalens J., Couret A., *L'audit social*, PUF, Que sais-je ?, Paris, 1987.

Igalens J., Peretti J.-M., *Audit des rémunérations*, Éditions d'Organisation, Paris, 1986.

Le Boterf G., Dupouey P., Viallet F., *L'audit de la formation professionnelle*, Éditions d'Organisation, Paris, 1985.

Peretti J.-M., Joras M., *L'audit de l'aménagement des temps de travail*, Éditions d'Organisation, Paris, 1986.

Vatier R., *Audit de la gestion sociale*, Éditions d'Organisation, Paris, 1988.

Évaluation de la formation

Aballea F., Froissart F., *L'évaluation qualitative ; une approche appliquée à la formation*, Délégation à la Formation Professionnelle, ADEP Éditions, Paris, 1988.

ADEP, *Ingénierie, investissement formation, et ressource humaine*, 1986.

Barbier J.-M., *L'évaluation en formation*, PUF, Paris, 1985

Barzuchetti S., Claude J.-F., *Évaluation de la formation et performance de l'entreprise*, Éditions Liaisons, Paris, 1995.

Bonnell R., *La formation professionnelle continue et l'analyse économique*, Economica, Paris, 1978.

Caspar P., Agriat C, *L'investissement intellectuel*, Essai sur l'économie de l'immatériel, CPE, Economica, Paris, 1988.

Delorme C., *L'évaluation en questions*, ESF, Paris, 1990.

Desgraupes P., Lhomme M., *Évaluer la formation*, Nathan, Collection Les livres de l'entreprise, Paris, 1994.

Dominice P., Rousson M., *L'éducation des adultes et ses effets*, Éditions Peter Lang, Berne, 1981.

Du Roy O., Hunault J.-G, Tubiana J., *Réussir l'investissement productif*, chapitre 9, Éditions d'Organisation, Paris, 1985.

Fitz-Enz J., *How to measure Human Resources Management*, chapitres 13 et 14, McGraw Hill, 1987.

Hadji C., *L'évaluation, règles du jeu*, ESF, Paris, 1995.

Hauser G., Maître F., Masingue B., Vidal F., *L'investissement-formation*, Éditions d'Organisation, Paris, 1985.

Le Boterf G., *Comment investir en formation ?*, Éditions d'Organisation, Paris, 1989.

Le Boterf G., *L'ingénierie et l'évaluation de la formation ; 75 fiches-outils*, Éditions d'Organisation, Paris, 1990.

Mager R.-F., *Comment mesurer les résultats de l'enseignement*, Bordas, Paris, 1986.

Martory B., Crozet D., *Gestion des ressources humaines*, chapitre 4, Éditions Fernand Nathan, Paris, 1984.

Mingotaud F., Minet F., *Rentabiliser la formation ; 47 fiches-outils*, Éditions d'Organisation, Paris, 1995.

Pain A., *Évaluer les actions de formation*, Éditions d'Organisation, Paris, 1992.

Rae L., *How to measure training effectiveness*, Gower, Londres, 1986.

Rummler G., *Méthodologie de la formation et rentabilité*, in Craig R., « Manuel du responsable de formation », Éditions de l'entreprise, Strasbourg, 1979.

Sainsaulieu et le CESI, *L'effet formation dans l'entreprise*, Dunod, Paris, 1982.

Truc R., *Former pour des résultats*, ESF, Paris, 1991.

Van Den Berghe W., *Achieving Quality in training*, Tilkon bvba, Technologie & innovative vzw, Anvers (Belgique), 1995.

Viallet F., Maisonneuve P., *80 fiches d'évaluation pour la formation et l'enseignement*, Éditions d'Organisation, Paris, 1981.

Qualité de la formation

Bercovitz A., Fievet P., Poirier D., *Pour apprécier la Qualité de la formation*, Guide méthodologique, DFI-Formation, L'Harmattan, 1994.

Bonamy J., Manenti Y., Voisin A., *La qualité de la formation continue en France*, CNRS-IRPEACS (contribution non publiée à une étude européenne), février 1995.

Dennery M., *Piloter un projet de formation : du diagnostic des besoins à la mise sous assurance qualité*, ESF, Paris, 1999.

Éducation permanente, numéro spécial 126, « La qualité de la formation », 1996-1.

Éducation permanente, « La qualité de la formation en débat », numéro spécial 147, 2001.

Études et expérimentations en formation continue, n° 6, « La qualité de la formation », DFP, juillet-octobre 1990.

Favry J., *La formation au service de ses clients*, Éditions Eska, Paris, 1995.

Le Boterf G., Barzuchetti S., Vincent F., *Comment manager la qualité de la formation*, Éditions d'Organisation, Paris, 1992.

Leplâtre F., *Qualité et formation : la normalisation en marche*, CUIDEP, *Flash formation continue*, n° 431, 15 octobre 1996.

Meignant A., Dapère R., *La Qualité de la fonction Ressources Humaines*, Éditions Liaisons, Paris, 1994.

Van Den Berghe W., *Achieving Quality in training*, Tilkon bvba, Technologie & innovative vzw, Anvers (Belgique), 1995.

Voisin A., *L'économie de la formation*, *in* Carré P., Caspar P., « Traité des sciences et techniques de la formation », Dunod, Paris, 1999.

ANNEXES

ADRESSES UTILES

Différents acteurs du monde de la formation professionnelle et des ressources humaines (sous réserve de changements d'adresse ou de coordonnées depuis l'édition du livre).

ANDCP : Association nationale des directeurs et cadres de la fonction personnel regroupe des professionnels qui partagent et s'attachent à promouvoir une certaine vision de la gestion des ressources humaines : donner toute sa place à l'homme dans l'entreprise ; prendre en considération les objectifs de l'organisation et les objectifs des personnes.

29, avenue Hoche, 75008 Paris – Tél. : 01 45 63 55 09.

GARF : Groupement des animateurs et responsables de formation d'entreprise réunit les professionnels de la fonction formation dans les entreprises et les administrations.

12, rue Sainte-Anne, 75001 Paris – Tél. : 01 42 61 34 44.

AFREF : Association française pour l'expansion par la formation. L'AFREF a pour vocation de rassembler des personnes dans les entreprises publiques ou privées, organismes de formation et cabinets de conseil, dans le système éducatif, dans les organisations professionnelles ou interprofessionnelles et dans les administrations et organismes publics.

56, rue de Londres, 75008 Paris – Tél. : 01 42 94 29 76.

REFORM : Association des responsables formation de la fonction publique, lieu d'échanges, de recherche et de partage d'expériences pour les responsables formation des trois fonctions publiques : collectivités territoriales, État, hôpitaux.

14, rue Darcet, 75017 Paris – Tél. : 01 41 17 65 70.

FFP : Fédération formation professionnelle représente et défend des intérêts collectifs professionnels, moraux et économiques des personnes morales exerçant d'une façon habituelle une activité de formation ainsi que la promotion et le développement de la profession.

3, rue Léon-Bonnat, 75016 Paris – Tél. : 01 44 30 49 00.

CSFC : Chambre syndicale professionnelle des formateurs et conseils en formation regroupe des formateurs et conseils en formation indépendants.

15, rue Caumartin, 75009 Paris – Tél. : 01 49 24 08 09.

SYNTEC : Chambre syndicale des sociétés de conseil : Syndicat professionnel des sociétés françaises de conseil en études de marché, management, recrutement et relations publiques.

Maison de l'Ingénierie, 3, rue Léon-Bonnat 75016 Paris –
Tél. : 01 44 30 49 00.

ORGAFORM : Conseil national des organismes de formation professionnelle réunit les organismes qui concourent à la formation professionnelle continue quel que soit leur statut juridique. Il s'est fixé pour mission essentielle de défendre les intérêts de la profession.

153, boulevard Haussmann, 75008 Paris – Tél. : 01 45 63 96 90.

Fédération des UROF : Fédération des unions régionales des organismes de formation rassemble surtout des organismes intervenant dans le cadre des commandes publiques.

48, boulevard Marcel-Delprat, 13013 Marseille –
Tél. : 04 91 05 34 44.

SITES INTERNET

Cette liste est un choix, forcément limité. Chaque site propose souvent des liens avec d'autres sites. On y trouve les coordonnées postales et téléphoniques des organismes concernés.

Information générale sur la formation en France

Centre Inffo, centre pour le développement de l'information sur la formation permanente
www.centre-inffo.fr/

Ministère de l'Emploi et de la Solidarité
http://www.emploi-solidarite.gouv.fr/index.html

Centre d'études et de recherches sur les qualifications (CEREQ)
www.cereq.fr/

INTERCARIF (avec liens sur les CARIF régionaux)
www.intercarif.org/

Ministère de l'Éducation nationale, de la Recherche et de la Technologie
www.education.gouv.fr/

Office national d'information sur les enseignements et les professions (ONISEP)
www.onisep.fr/

Associations professionnelles

GARF
http://www.garf.asso.fr/

Instance paritaire de coordination des OPCAREG (IPCO)
www.opcareg.org/IPCO/

FFP : FÉDÉRATION DE LA FORMATION PROFESSIONNELLE – *Syndicat des organismes de formation*
http://www.ffp.org/

Office professionnel de qualification des organismes de formation (OPQF)
www.opqformation.org/

Liste des associations professionnelles de responsables de formation en Europe
http://www.etdf-fefd.org/france/fr_association.htm

Sites fournissant des conseils pratiques utiles aux responsables de formation

FORAGORA (pour l'achat de formation). Sur abonnement.
www.foragora.com/

Formaguide (achat de formation). Sur abonnement.
www.formaguide.com/

Le Formalien (répertoire de sites sur la formation des adultes)
www.chez.com/francoismagnan

Formatel (portail) : www.formatel.com/

50 liens sur la formation : www.em-g.com/index.htm

JSCONSEIL (beaucoup de fiches pratiques en accès libre)
http://www.jsconseil.com/index.htm

IFOveille (veille sur l'Internet de la formation)
www.ifoveille.com/

AMERICAN MANAGEMENT ASSOCIATION. Pages sur le e-learning
www.amanet.org/elearn/index.htm

Le site des Ateliers de pédagogie personnalisée (APP)
http://www.app.tm.fr/

Europe

Centre européen pour le développement de la formation professionnelle (CEDEFOP)
www.cedefop.gr/

Les programmes de l'Union européenne (Centre Inffo)
www.centre-inffo.fr/europe.html#ancre11

Centre de ressources et d'initiatives pour l'international (CR2i)
http://www.cr2i.com/

Europa, le serveur de l'Union européenne
europa.eu.int/

Europs – ADAPT et EMPLOI
http://www.europs.be/

Eurydice, réseau d'information sur l'éducation en Europe
www.eurydice.org/

Racine, Réseau d'appui et de capitalisation des innovations européennes
www.racine.asso.fr

EFMD (association européenne pour le développement du management) ; en charge de la norme EQUIS
www.efmd.be

Réseaux apprenants

SoL International (Society for organizational learning)
www.Sol.solonline.org

SoL France
www.solfrance.org

Center for creative leadership
www.ccl.org

Expériences de e-learning (universités et grandes écoles)

EduFrance. Liste des cours, sites et produits en ligne pour l'enseignement supérieur en France
www.edufrance.fr

Liste d'universités en ligne
http://users.swing.be/aped/documents/d0043universenligne.html

CNAM
www.cnam.fr/EAD

Harvard-Stanford
www.gsb.stanford.edu/news/elearning.html

Cardean (Chicago, Carnegie Mellon, London School of Economics, Columbia, Stanford)
www.cardean.com

Pensare : Harvard, Wharton, Fuqua, Duke
www.pensare.com/

UNICON (Regroupement d'universités sur la formation pour managers en activité)
www.unicodexed.org.

Information sur les universités d'entreprise

Kevin Kweeler (spécialiste)
www.kweeler.com

Annick Renaud-Coulon
www.renaud-coulon.com

Composé par JOUVE, 18, rue Saint-Denis, 75001 PARIS
N° 299613J. Dépôt légal : novembre 2001